丛书主编　曹意强　尹少淳　刘 赦

中小学美术教学论

第 2 版

本书主编
王大根

本书副主编
席卫权

扫描，下载
本书中的学习单

南京师范大学出版社

图书在版编目（CIP）数据

中小学美术教学论/王大根主编. —2 版. —南京：南京师范大学出版社, 2021.11（2024.8 重印）

高等院校美术学专业示范教材/曹意强，尹少淳，刘赦主编

ISBN 978-7-5651-4925-2

Ⅰ.①中… Ⅱ.①王… Ⅲ.①美术课—教学研究—高等学校—教材②美术课—教学研究—中小学 Ⅳ.① G633.955.2

中国版本图书馆 CIP 数据核字（2021）第 145776 号

书　　　名	中小学美术教学论　第 2 版
本书主编	王大根
本书副主编	席卫权
丛　书　名	高等院校美术学专业示范教材
丛书主编	曹意强　尹少淳　刘　赦
策划编辑	何黎娟
责任编辑	杨　洋
出版发行	南京师范大学出版社
地　　　址	江苏省南京市玄武区后宰门西村 9 号（邮编：210016）
电　　　话	（025）83598919（总编办）　83598412（营销部）　83373872（邮购部）
网　　　址	http://press.njnu.edu.cn
电子信箱	nspzbb@njnu.edu.cn
照　　　排	南京凯建文化发展有限公司
印　　　刷	南京迅驰彩色印刷有限公司
开　　　本	850 毫米 ×1168 毫米　1/16
印　　　张	17
字　　　数	510 千
版　　　次	2021 年 11 月第 2 版　2024 年 8 月第 7 次印刷
书　　　号	ISBN 978-7-5651-4925-2
定　　　价	69.80 元
出 版 人	张　鹏

南京师大版图书若有印装问题请与销售商调换

版权所有　侵犯必究

总　序

　　美术教育是建立在美术学科基础上的教育门类，由美术和教育两个概念合成。在美术教育的关系中，美术是其立身之本，没有美术不可能有美术教育，即便是教育功能也是通过美术而生发的。教育不仅使美术得以薪火相传，同时也扩大了美术在社会中的影响和效力。因此，美术教育承担着两个不可偏废的任务：其一，以富有成效的教育方式传承美术文化，使人类的美术文化不断延续和发展；其二，将美术作为教育内容促进人类的基本素质的提高，获得特殊的教育学效果。基于这两个任务，美术教育可以分为美术取向的美术教育和教育取向的美术教育，前者主要指专业美术教育，后者主要为基础美术教育。关于后者还有其他类似的表述，如国民美术教育、中小学美术教育等。鉴于本文主旨，将专业美术教育按下不表，仅对基础美术教育稍做展开。

　　基础美术教育是现代学校教育的基本门类，它随着普及教育的诞生而出现。此前的美术教育除了民间绘画、工艺教育之外，基本上是小众的，只针对上流社会的达官贵人、名人雅士，帮助他们获得所谓的修养和提高品位。17世纪捷克教育家夸美纽斯最早提出了普及初等教育的思想，其时，面向社会成员的普及教育开始蔓延。工业革命之后社会需要拥有知识的劳动者，更是推进了教育的普及，美术（图画）开始作为具有较强实用价值的学科跻身于公共学校的课程之中。由此，美术教育开始了普及的历程，拥有了大众化的特征。中国也是在新式学堂出现之后，开设美术（图画、手工）课程的。1903年清政府制定的《奏定学堂章程》（癸卯学制）被认为是正式确定中小学美术教育地位的官方文件，一般将其视为基础美术教育开始的标志。美术教育在西方中小学中存在了数百年，在中国中小学中也存在了百多年，这一事实本身就说明美术教育在中小学具有不可替代的价值。美术教育的价值大体包括在道德感化、美感陶冶、生命体验、身心治疗、感官训练、信息交流、知识获取、记忆促进、智力发展和表现方法等方面提供正能量（流行的说法），于当代社会更是在培养人的创造力以及传承民族优秀文化和理解多元文化方面具有强大的作用。

　　在推进素质教育的过程中，美术教育在基础教育中的地位得到了空前的提高，其价值和作用得到了广泛的认同。因此，发展基础美术教育恰逢其时。

　　发展基础美术教育固然涉及诸多方面的因素，但关键是培养新型的美术师资——他们不仅需要对美术具有深刻而宏阔的理解，能够掌握基本的美术知识和技法，而且需要拥有现代教育理念，掌握美术教育教学方法以及拥有较强的交流、沟通和组织能力。这些要求远远超越了"教美术就是教技法"的传统认识，因而要成为一个称职乃至优秀的当代美术教师绝非易事。就教育部门和培养方而言，构建合理而有效的课程体系是不能回避的工作。

　　正是基于这一认识，教育部于2005年印发了《全国普通高等学校美术学（教师教育）本科专业课程设置指导方案（试行）》，并在相关说明中提出了设置课程的基本原则："1. 坚持以人为本的理念，克服重技能、轻人文的弊端，丰富课程的人文内涵，以利于促进学生的全面发展。2. 突出课程的师范性，立足于为提高国民文化素养和审美水平培养高素质的基础教育美术教育工作者。3. 强调课程设置的综合性，克服专业面过窄、分科过细的弊端，把相关的学习内容加以整合，建构具有综合特点的课程。4. 注重课程设置的开放性，扩大课程平台，留给学生更大的选择空间，满足不同发展方向的需要，为学生全面而有个性的发展提供课程支持。"基于这样的原则，设置了美术基础、美术教育理论与实践、美术理论与历史、美术表现与创造、美术与人文教育、实践环节等学习领域,并分别设置了必修课和选修课的具体内容。南京师范大学出版社组织策划的这套教材就是针对其中的必修课编写的。

本套教材遵循的编写原则是:1. 知识、技能、创造、艺术和应用相结合的原则;2. 案例(范例)与原理相结合、具象与抽象相结合的原则;3. 艺术表现技能学习与艺术审美素质培养相结合的原则;4. 理论与实践相结合,过程与方法、历史与逻辑相统一的原则;5. 选用教学示范作品应注重多样性与经典性相结合的原则。并通过内容的精心选择、合理架构以及文字的组织、图例的运用,形成了自己课题教学的规范性与示范性、内容设计的创新性与权威性、话题(案例、范例)设计的多元性与典范性和课题资源的多元性与开放性的鲜明特征。

教材的编写者均为业界翘楚,具有良好的专业素质和较高的知识水准,以及较强的实践能力和丰富的教学经验,加之他们对高等美术院校教师教育专业和基础美术教育的长期尊重、关心之态度以及沉潜研究和倾力写作之精神,相信呈献给大家的是一套面貌一新、内涵丰富的教材。这套教材将给我们的美术教育事业提供多样的智力资源,给未来的美术教师的成长提供良好的学术和教育平台,并以此助力于整个中华民族包括美术素质在内的整体素质的提高。

尹少淳

2013 年 5 月 1 日于北京

前　言

一、课程性质

中小学美术教学论是普通高等学校"美术学（师范）专业"学生的一门必修课程。该课程主要研究中小学美术课程理念、教学规律与方法，是"课程与教学论"和"美术教育学"的分支学科之一，也是一门美术教学理论研究与实践应用研究并重的课程，旨在培养师范生形成基于核心素养的美术课程理念，及美术教学理论、方法和能力。

本教材是在南京师范大学出版社 2013 年版《中小学美术教学论》基础上的升级改版。为贯彻新一轮基础教育课程改革精神，本次改版全面落实基于核心素养的美术教学精神和要求，调整章节结构。将原"第六章　美术教学设计"分解为"第四章　美术教学目标"（含大概念和基本问题设计）和"第六章　美术教学设计"（含大单元教学设计）两章；将原"第七章　美术教学模式"的内容并入"第八章　美术教学方法"；为强化美术学科核心素养的美术本质观和美术教育观，将原"第十章　各类美术内容的教学"扩展为"第十章　美术欣赏教学""第十一章　美术创作教学""第十二章　设计与工艺教学"和"第十三章　跨学科美术教学"四章，细化各类美术样式的教学要求；限于篇幅，删除了原"第十二章　课外校外美术教学"。

中小学美术教学论是一门适应网络信息环境的课程，希望任课教师利用校园网建立本课程的智能化"线上学习平台"，包括师生课程共建、线上教学、班级管理、微视频录制、同步课堂、直播教学和相关技术服务等，通过线上、线下相结合的学习方式提高教学效率。

二、教材理念

编写基于核心素养的《中小学美术教学论》，我们必须思考以下三个问题：

- 中小学"美术学科核心素养本位"的课与原先"知识本位"的课有何区别？如何教、学和评价才能提升学生的美术学科核心素养？
- 为实施基于核心素养的美术教学，需要师范生形成什么能力？本教材设定什么目标、内容、过程，运用什么方法，开展什么实践，以及如何评价，才能培养这些能力？
- 高校教师是否明白上述课程改革理念，教材如何帮助他们实施本课程的教学？教材如何才能既便于教师教，又便于学生学？

1. 基于核心素养的美术课该怎么上？

基于核心素养的中小学美术教学是一种引导学生面对真实情境的创作主题（真实性学习），用"基本问题"探索"学科大概念"（深度学习），经历"像艺术家一样创作"的大单元教学过程，体验各种美术活动，通过"做中学"，在完成自己作品的同时，全面提升美术学科核心素养的教学。

2. 需要师范生形成什么能力？

本教材根据教育部师范教育"学生中心、产出导向、持续改进"的专业认证理念，根据新一轮基础教育课程改革提出的"核心素养""美术学科核心素养"等理念和要求，借鉴了美国格兰特·威金斯（Grant Wiggins）和杰伊·麦克泰格（Jay McTighe）《追求理解的教学设计》的教学理念和"逆向设计"的理论框架，结合中小学美术教学论特点设计编写而成。每章都设定指向学科大概念的基本问题，激发学生的高阶思维，指向学科核心观念的深度学习。

本课程希望培养的师范生的课程开发和教学设计等能力，不可能仅仅通过看书、听课或做习题形成，而必须通过参与各种教学实践活动才能逐步掌握。遵循基于核心素养"解决复杂问题""真实性学习"等理念，本教材致力于改变以往"知识本位"的面貌，而围绕师范生"知道—理解—做到"三个层次的学习，设置了三项真实性学习任务："美术教案设计""民间美术校本教材开发"，以及针对本课程的"学生自主教学"，旨在培养师范生教学设计、课程开发和课堂教学能力，打造全新的体现"核心素养本位"的教材。

本教材在先进的课程理念和严谨的学科知识结构基础上，把教学设计、学习单、评价量规、田野调查、校本教材开发等一系列学习工具或设计模板，从改版前教材中的"附件"变成主要的学习内容，让师范生从"能做""能规范地做"提升到"能做到位"，在"做"和不断改进中更好地"知道"并逐步加深"理解"。每一章，师范生都需要自主、合作和探究地学习，通过"任务驱动"和"做中学""学中思"，逐步形成各种教学能力，真正成为适应基础教育课程改革需要的、初步的研究型教师。而且，师范生始终沉浸于全新的学习方式中，切身感悟其神奇魅力，自然能把这种学习方式迁移到日后的中小学教育中。

3. 如何让教师教好这门课？

目前，部分高校教师尚不了解新一轮课程改革、核心素养等的全新要求，也很少采用学生自主学习、建构主义学习等方式教学。为此，我们在每章精心设计了体现"学习共同体""翻转课堂"等理念的"师生共建"栏目，提示高校教师、"小老师"和师范生分别在课前、课中和课后要做的工作。既指导"小老师"的教和师范生的学，同时也帮助高校教师改变以往知识传授者的角色，成为教学的领导者、组织者和管理者，敢于让师范生自主教学，并在教学互动中感受师范生的潜力、智慧和创造力，体验教学的乐趣；也通过"做中学""学中思"，逐步理解核心素养的理念，从而熟悉本教材及其教学方法。

总之，作为一本研究先进美术课程理念和教学方法的教材，《中小学美术教学论》必须以身作则地践行新理念、新方法，否则就会因言行不一而丧失学术价值。同时，我们又以详尽的内容设计让这本全新的教材好用、有效。

三、教材特点

1. 核心素养本位的教材

以往"知识本位"的教材内容主要是系统的理论和学科知识，通常在课后安排一点知识性习题或练习；"课程与教学"类课程，则学到相关章节才要求设计一两篇教案。其实，一篇教案有许多要素、条件及其相关的逻辑关系，由于师范生没有实践经验，根本不可能全面把握并设计出规范、合格的教案。所以，我们希望打造一本以教学实践为主线的、体现"核心素养本位"的教材，先"动员"，列出"师生共建""任务书""日程安排表"等，把这些原先的附件都转为"正事"。

其一，用"试错"的策略，让师范生在学习本课程之前，就根据所分配的课题，按模板要求设计一篇教案初稿，之后，结合目标、内容、策略、方法等课程内容逐步改进，从而打造出全面、规范、优质的教案；其二，同时布置"民间美术田野调查"和"民间美术校本教材开发"任务，培养师范生以小组为单位开发校本课程的能力；其三，安排本课程的师范生在小组内自主教学。三项真实性学习任务交错安排、贯穿始终，形成了科学、严谨的教学方案和学习方法。让师范生在"任务驱动"和"做中学""学中思"的过程中，不断解决问题，在完成各种真实性学习任务中学到所需的理论知识，逐步形成各种教学实践能力。

2. 多元立体的体例

本教材以课文为主线，以多栏目相关内容和案例为辅助，多元立体地呈现本课程知识体系。

主要包括以下栏目：

<u>学习目标</u>——表述学习本章后要"知道"（需要掌握的理论与知识）、"理解"（需要理解的上位大概念）和"做到"（需要掌握的方法和要完成的任务）三方面的学习结果，便于师范生明确目标，有效学习。

<u>师生共建</u>——分别列出高校教师、"小老师"和师范生，在课前、课中和课后需要完成的各项教与学的任务。

<u>教学案例</u>——结合章节内容提供的具有启发性、示范性的教学案例。

<u>示范性案例</u>——每章提供一到两个相关的具有启发性、示范性且比较完整的教学案例。

<u>学术动态</u>——提供相关领域新的学术研究成果，让师范生能进一步拓展、延伸和研究。

<u>文件摘要</u>——提供国际组织，国务院及教育部发布的相关文件的摘要，使师范生能了解政策。

<u>技术促学</u>——课程改革重点之一，提示如何运用现代信息技术解决教学问题，促进学习。

<u>新手导航</u>——对新教师提出基础性建议、注意事项和要避免的问题等。

<u>思考与练习</u>——必须知道、记住和理解的概念与知识性内容。

四、使用建议

1. 课程目标

学生能认识学校美术教育的功能、目的和要素，逐步形成适应新课程需要的观念和品质；学习先进的教学理论、教学设计、教学评价、教学策略、教学方法、现代教学技术；能合作开发校本课程，创造性地设计、评价、实施美术教学活动和本课程教学，获得初步的美术教学实验和研究的能力（教学实习和毕业论文）。通过自主、合作、探究和"做中学""学中思"等方式完成三项真实性学习任务，成为初步的研究型美术教师，理解并热爱美术教师这一职业。

本教材提出的学习目标和三项真实性学习任务等是理想的最高标准，并根据教学进程和工作量进行科学、合理、精确的设计，经师生努力，是能够顺利完成的。当然，教师仍可以根据学院条件和师范生情况酌情调整或改变。总之，师范生必然是干得越多成果越多、干得越多能力越强！试想，在就业形势十分严峻的当下，师范生若能拿着自己开发的校本课程和成套的大单元教学设计去应聘，将会取得多么好的效果。

2. 教学建议

（1）树立基于核心素养的教学观。高校教师要认真学习各种课程改革文件、相关论文和本教材推荐阅读的文献资料，明白核心素养、美术学科核心素养、大单元教学、深度学习、真实性学习等理念和要求，树立基于核心素养的教学观。理解课改的实质是从"知识本位"的学习变为"核心素养本位"的学习，最终能"像专家一样思考"。对于师范生而言，就是以"像优秀教师一样教学"为目标，对接社会需求，提升教学能力、教师素养，<u>在教学中学做教师</u>。

（2）坚信本教材的有效性。本教材是我们二十多年大量教学实践研究的成果。因此，只要认真执行、努力学习、完成各项真实性学习任务，就一定能实现目标，一定能满足教师资格证的考试要求，一定能顺利实习和毕业，一定能适应新课程的美术教学。

时代需要能适应新课程的研究型教师，虽然师范生只是未来的教师，但只要有研究的意识、方法和能力，同样可以做各种教学研究。让师范生在研究中学习研究，可以实现"弯道超车"和"跨越式发展"。实践证明，有先进理念和方法的师范生，就业后就可能超越老教师，成为教学新锐！

（3）教师的敬业和热情。本教材希望高校教师改变高高在上、师道尊严、"一言堂"的角色观念，成为教学活动的领导者、组织者和管理者。这是否意味着教学任务轻松了？实则不然，课前辅导师范生理解教材，检查并改进师范生的教学设计、活动安排等等，加上认真批改师范生的每一篇教案，教师要多付出更多的时间与精力。更重要的是，教师要相信师范生的智慧、能力和创造性，给予实践和参与的机会，他们就会干得很好，甚至出人意料得好。面对全新的教材和教学方法，高校教师也要充满好奇心、充满热情，放下身段与师范生共同学习，不断研究、积累经验，这样既能鼓舞师范生的学习热情，使他们学好这门课程，教师也能从中得到发展。请记住：优秀教师最重要的品质是敬业和热情，教师才是师范生学习的动力！

（4）教学即科研。教师要把本教材倡导的全新的教学当作自己的科研项目，在与师范生共同教学的过程中，不断收集各种动态资料（师生互动、教学指导、教学表现、幕后花絮、师范生反应等），积累各种学习成果（教案、课件、微课、微页、调研报告、民间美术教材、学习小结等），比较以往教学的状态和问题，加上先进的理论依据、国家文件精神，很容易写出论文，总结成研究报告，完成课题，从而实现教师专业发展。教学即科研，要在教学中出研究成果。在教学过程中也别忘记自己的专业发展。

（5）成为最优秀的你！学生都讨厌教师"一言堂"灌输，如今让你自主、合作和探究地学习，给你方法与机会，明确课前、课中和课后的任务，你能否尽力做到最好？我们既要完成具有挑战性的三项真实性学习任务，同时还要完成常规性的学习任务。尤其是"小老师"上课，必须认真负责、齐心协力，认真钻研教材，写出教案，做好课件；上课时要以自己的中小学美术教案为抓手，联系章节内容，突出重点、解决难点。所以，每个人都拿着发展的钥匙，当你学会做人、学会做事，每件事都竭尽全力做到最好，就一定能成为最优秀的你！

五、精诚合作

本教材改版工作于 2020 年 4 月启动，6 月底开始动笔，2021 年 3 月初完稿。15 位编写成员一边教学、一边编书，攻坚克难、精诚合作，高质高效地完成了编写任务，为我国的美术教育事业添砖加瓦。具体内容及分工如下：

王大根（上海师范大学）动员和第四章；段鹏（首都师范大学）第一章；麻丽娟（陕西师范大学）第二章；江启华（福建师范大学）第三章；唐斌（首都师范大学）第五章；朱德义（安徽师范大学）第六章；徐丹旭（浙江师范大学）第七章；黄珊（厦门大学）第八章；李亦扬（贵州师范学院）第九章；梁玥亮（广西艺术学院）第十章；行卫东（山西师范大学）第十一章；席卫权、肖海英（河南大学）第十二章；张锦（上海师范大学）第十三章；周春花（海南师范大学）第十四章。王大根负责本教材的总体策划和体例设计，以及整本教材的协调和统稿。

我们力图体现新课程的理念和方法，尽可能吸收最新研究成果，打造具有示范意义的精品教材。但由于新课程本身在不断发展，我们的理解和认识也日益深化，本教材只代表我们现有水平的阶段性成果；而且教材的编写从启动到交稿不足一年，难免仓促，错误与不足恐在所难免。恳请使用本教材的师生提出宝贵意见，以期进一步的改进和完善。

编 者

2021 年 3 月 5 日

目录

总序 / 1

前言 / 3

动员 / 1
 第一节 学习本课程的意义 / 2
 第二节 本课程的任务 / 3
 第三节 课程行动方法 / 6

第一章 美术教学概述 / 11
 第一节 当代美术教育的背景 / 12
 第二节 美术教育的目的 / 16
 第三节 美术学科核心素养 / 18
 第四节 美术教学论及其研究对象 / 20

第二章 美术教学中的学生 / 28
 第一节 美术教学中的学生观 / 29
 第二节 儿童绘画发展阶段研究 / 31
 第三节 儿童绘画特点与教学指导 / 35

第三章 美术课程与教材 / 50
 第一节 课程概述 / 51
 第二节 美术课程与课程标准 / 52
 第三节 美术教材 / 54
 第四节 校本课程的开发与设计 / 58

第四章 美术教学目标 / 66
 第一节 教学目标概述 / 67
 第二节 美术教学目标的设计 / 68
 第三节 大概念的设定 / 74
 第四节 基本问题的设定 / 77

第五章 美术学习评价 / 83
 第一节 追求真实性的学习评价 / 84
 第二节 确定美术学习的预期结果 / 87
 第三节 确定美术学习的评估证据 / 90
 第四节 美术学习档案袋评价 / 93
 第五节 构成基石性评估的教学 / 94

第六章 美术教学设计 / 103
 第一节 教学设计概述 / 104
 第二节 美术教学设计理念与方法 / 104
 第三节 美术大单元教学设计 / 115

第七章 美术教学策略 / 126
 第一节 教学策略概述 / 127
 第二节 美术教学设计策略 / 128
 第三节 美术教学实施策略 / 133
 第四节 逆向设计（UbD）的WHERETO元素 / 135

第八章 美术教学方法 / 142
- 第一节 教学方法概述 / 143
- 第二节 教师主导型教学方法 / 143
- 第三节 学生建构型教学方法 / 149

第九章 美术资源与技术 / 158
- 第一节 美术教学资源类型 / 159
- 第二节 媒体与技术 / 160
- 第三节 美术教学的媒体与技术 / 161
- 第四节 创客教育 / 164

第十章 美术欣赏教学 / 171
- 第一节 理解美术语言 / 172
- 第二节 美术欣赏概述 / 174
- 第三节 美术欣赏教学 / 179

第十一章 美术创作教学 / 186
- 第一节 美术创作概述 / 187
- 第二节 中国画创作教学 / 191
- 第三节 绘画创作教学 / 195
- 第四节 雕塑创作教学 / 199
- 第五节 版画创作教学 / 201

第十二章 设计与工艺教学 / 211
- 第一节 设计教学概述 / 212
- 第二节 各类设计教学 / 214
- 第三节 工艺教学 / 223

第十三章 跨学科美术教学 / 233
- 第一节 美术跨学科学习概述 / 234
- 第二节 跨学科美术教学概述 / 237
- 第三节 各种跨学科美术教学 / 240

第十四章 美术教师 / 248
- 第一节 美术教师的角色 / 249
- 第二节 美术教师的素质要求 / 250
- 第三节 美术教师的专业化发展 / 254

参考文献 / 259

动员

基本问题：

我们如何成为适应新课程需要的、初步的研究型教师？

🎯 学习目标

【任务一】【任务三】：知道并理解《中小学美术教学论》的学习目标、任务、在整个师范教育中的重要性，以及本课程所采用的"真实性学习"的方式与特点；做到接受【任务一】，设计好【教案1】（中国画、绘画），并于下周上课时带来打印稿；建立教研组，接受【任务三】，熟悉本课程中当"小老师"时要教授章节的内容，积极做好教学设计和教学准备，第四周完成初稿。

【任务二】：听"中国民间美术"讲座，了解民间美术的文化和艺术价值，接受民间美术【调研】任务，小组讨论并确定要调研的民间美术和艺人。

师生共建			
	课前	课中	课后
教师	1. "动员"是本课程的学习动员和总体安排，要准备和布置的文件、任务特别多，且至关重要。 2. 上传本课程教学文件和相关参考文献。 3. 准备课前思考表、学习任务书、分组表、各组教学任务抽签、【教案1】设计分配表、单课时教案设计模板，及"小老师"的教学设计模板。 4. 有饱满的教学热情，按本课任务设计好教案和课件。	1. 让师范生了解本课程的学习目标、三项真实性学习任务、学习方式与特点。 2. 指导师范生填写课前思考表，利用学习任务书明确各项任务；引导师范生建立教研组，起好组名，做好分工；通过抽签分配各组《中小学美术教学论》的教学任务；布置【教案1】设计任务。 3. 指导第一组"小老师"按教学设计模板准备下周的教学。	1. 要求师范生进一步阅读上传的相关参考文献，认真学习各个教学文件。 2. 下周教学的"小老师"是第一次上课，需要教师及时关注并指导他们的教学设计。 3. 指导"小老师"【教案1】的设计，并融入第一章相关的新意。 4. 本周内抽时间请有关教师做"中国民间美术"讲座，给师范生布置民间美术【调研】任务，发调研模板。
"小老师"		1. 认真听讲，积极参与，了解本课程的学习目标、学习任务、学习方式与特点，进一步认真学习各个教学文件。 2. 研究教材和教师提供的参考文献，理解第一章现代美术教育中的各种重要概念；在教师指导下，分工合作完成第一章的教学设计和课件。 3. 按【学习单0-7】的要求设计好【教案1】初稿，并增加与第一章内容相关的新意。	
师范生		1. 认真听讲，积极参与，了解本课程的学习目标、学习任务、学习方式与特点。 2. 建立教研组，起好组名，分好工。	1. 进一步认真学习各教学文件，阅读老师上传的文献。 2. 按【学习单0-7】的要求，以自主或合作的方式设计好【教案1】初稿，并打印。 3. 按调研模板的要求，小组合作开展民间美术【调研】工作。

第一节 学习本课程的意义

一、成为初步的研究型美术教师

人们往往认为美术教育就是教孩子们画画，我们不少师范生也在兼职教美术课，认为美术教育很简单呀，就是用我们所学的美术技法教孩子画画，有必要专门开设一门课学习怎么教吗？要学些什么呢？现在，让我们在【学习单0-1】中写下自己的想法吧。

【学习单0-1】

> **带着你的问题学习《中小学美术教学论》**
>
> 省市：_____ 学号：_____ 班级：_____ 姓名：_____ 日期：20 年 月 日
>
> 请写上省市、学号、班级、姓名、日期后，保存在你的学习档案袋中，作为第一份资料，这是学这门课一直要思考的问题，也是最后写学习小结时"新的认识和体会"的依据。
>
> 一、你是否教过美术课？教了多长时间？
>   家教：   幼儿□   小学□   初中□   上课时间：____月
>   民办教育机构：幼儿□   小学□   初中□   高中□   上课时间：____月
>   公立学校：   幼儿□   小学□   初中□   上课时间：____月
>
> 二、你觉得美术教育重要吗？请写出三点理由。
>
> 三、学习这门课程要掌握多种教学能力，请按重要程度选出三项并排序，简述你的理由。
>   美术教育理论□   美术课程开发□   美术教学设计□
>   美术教学方法□   美术教学技术□   美术教学评价□
>
> 四、写出你认为一位优秀美术教师最重要的三种素质。
>
> 五、你觉得师范生能成为适应新课程的研究型教师吗？能超越现有的一般教师吗？

你是否思考过，美术教育仅仅是教"画画"吗？还有什么重要的功能与目的呢？教孩子画简笔画是有益还是有害，为什么？教孩子临摹大师的国画来学国画技法，这样教对吗？一味强调"原生态"的儿童画，对不对？如何培养孩子的创造力？美术创造力能"教"吗？什么是"美术学科核心素养"，又该如何培养？怎样的美术课才算是好课？好的美术课又该如何设计，如何实施？怎样的美术教师才是好老师？……思考这些问题后，你现在是否觉得美术教育也大有学问。我们都要考教师资格证书，要去教育实习、写毕业论文，未来还要踏入社会成为美术教师，这都需要先进的理论和方法，不但要会教好美术课，还要能说出自己的课为什么好，有何理论依据，用了什么教学策略、方法和技术。这些都与中小学美术教学论这门课密切相关。

二、我们的基本问题

每一位教师所面对的学校、学生、课程、教学等问题都不同，借鉴来的他人经验很多时候并不完全适用，也就是说，教师所遇到的教学问题必须由自己通过研究来解决，即成为"研究型教师"。研究型教师是指能针对教学中的问题，自觉运用先进的教育理论，有目的、有计划地开展课程或教学的实验和研究，从中总结教学规律并不断改进后续教学的教师。因此，"研究型教师"需要具有三种素质：先进的教育观念（理解了什么）、教学实践能力（做了什么）和研究总结能力（写了什么）。

教师的成长通常要经历四个阶段：陌生期，是师范生尚未克服初登讲台紧张感的时期；适应期，是作为实习教师逐步了解教师生活，了解学生，基本适应教学工作的时期；成熟期，是新教师在工作岗位上随着教学经验的积累越来越自如的时期；研究期，是教师能针对教学中的问题，不断实验和研究，从中总结教学规律的时期。

社会在发展，教学研究也永无止境。问题是，教师并非必须成熟之后才能从事教学研究，因为做研究的前提不是熟练，而是发现问题、研究问题、解决问题的动机和能力。事实上，不少成熟教师故步自封，相反，师范生却充满活力和锐气，经过适应期后完全有可能尝试一些教学探究，实现跨越式发展。

为此，我们把本课程的培养目标定为"成为初步的研究型美术教师"，这既是目标，也是大概念。而上述研究型教师的三种素质正好对应我们的三门课程：先进的教育观念——中小学美术教学论；教学实践能力——教育实习；研究总结能力——毕业论文。三者环环相扣、步步推进，从而形成"三位一体"培养研究型美术教师的教学方案。[1]

本课程的基本问题是：

我们如何成为适应新课程的研究型教师？

这是我们学习本课程中时刻都要思考的问题，每学一章都要思考作为"适应新课程的研究型教师"该如何研究学生、课程、目标、评价、设计……从而理解得更深刻、学得更扎实！

第二节 本课程的任务

2017年，教育部颁布了《普通高等学校师范类专业认证实施办法（暂行）》（教师〔2017〕13号），要求深化新时代教师教育改革，全面保障和提高师范类专业人才培养质量，实现师范类专业内涵式发展。根据"学生中心、产出导向、持续改进"的专业认证基本理念，遵循"产出导向，强调以师范生的学习效果为导向，对照师范毕业生核心能力素质要求，评价师范类专业人才培养质量"的精神，本课程认为，师范生的"核心能力素质"不可能只通过听课、看书获得，必须通过如图0-1所示的三项真实性学习任务，采用"做中学""学中思""小老师"等方法，才能奏效。

本课程的首要任务是理解美术课程与教学理论、教学方法，学会规范地设计"美术教案"和"美术大单元教案"，这是合格的美术教师的立身之本，在本教材中，我们将其设定为真实性学习任务一（即【任务一】，以浅橘色底色呈现），共设计三个教案，分别简称为【教案1】【大单元1】【大单元2】。

新课程要求教师不仅是课程的实施者，也要成为课程的建设者、开发者和研究者。为使师范生形成课程意识、教材意识，能把国家教材内容校本化，能利用地方资源开发校本课程，我们把开发民间美术校本教材和配套的民间美术教参作为"真实性学习任务二"（即【任务二】，以草绿色底色呈现），共三项任务，称为【调研】【教材】【教参】。

为了让师范生更好地研究本课程的理论与方法，直接体验教师的教学设计、教学组织、教学评价等工作，我们把由师范生形成"教研组"、当"小老师"、自主地教与学作为"真实性学习任务三"（即【任务三】，以浅蓝色底色呈现）。在教学过程中，教师只要相信学生、精心指导、积极鼓励、严格要求，每个学生都能发挥聪明才智和创造力，就能把课上得精彩、出色、出乎意料！

【学习单0-2】《中小学美术教学论》任务书与评价标准"详细列出了本课程中三项真实性学习任务的具体要求和评价标准。可以看到，本课程的学习过程是多任务并进的，初接触时也许会感到复杂繁多到不可思议。教师组织师范生结合图0-1、【学习单0-5】耐心学习，逐条研究后，将会发现这是一个科学合理、严谨高效的培养初步的研究型教师的学习方案。只要教师，包括"小老师"在内的全体师范生都认真对待、积极投入、齐心协力、严格执行，深刻体验

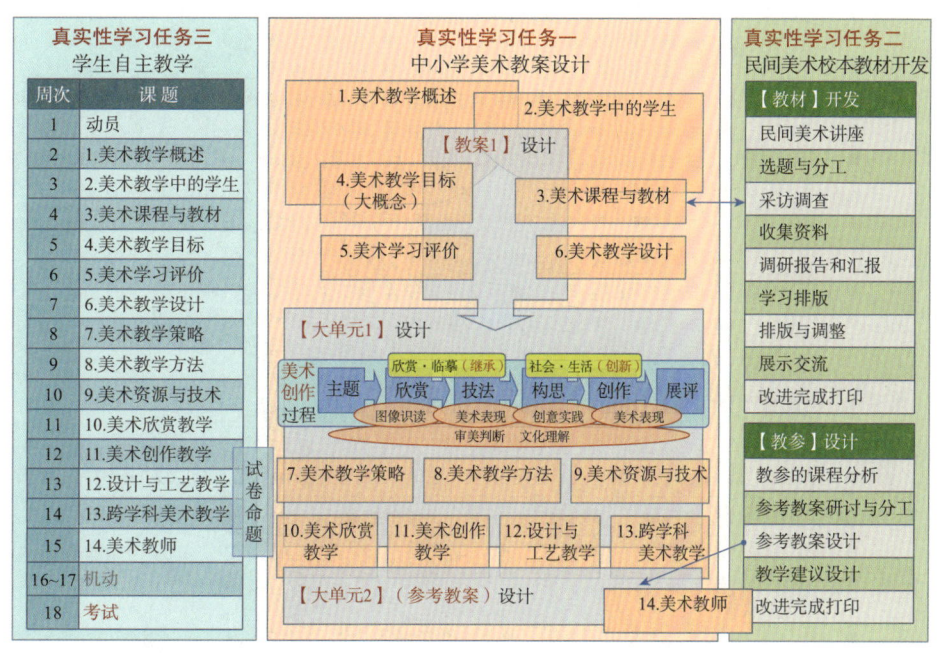

图0-1 三项真实性学习任务示意图

---

1 王大根."三位一体"培养研究型美术教师的教学方案[C]//第五届海峡两岸美术教育交流会论文集.上海：上海师范大学，2005：127-133.

【学习单0-2】

《中小学美术教学论》任务书与评价标准

学习目标： 学生能认识学校美术教育的功能、目的和要素，逐步形成适应新课程需要的观念和品质；学习先进的教学理论、教学设计、教学评价、教学策略、教学方法和现代教学技术；能合作开发校本课程，创造性地设计、评价、实施美术教学和本课程教学，获得初步的美术教学实验和研究的能力（教学实习和毕业论文）。通过自主、合作、探究和"做中学""学中思"等方式完成三项**真实性学习任务**，成为**初步的研究型美术教师**，理解并热爱美术教师这一职业。

基本问题： 师范生能成为研究型教师吗？如何才能成为适应新课程的研究型教师？

行动口号： 学会做人，学会做事，成为最优秀的你！

实施原则： 不学死知识，学真本领。课前预习；课中解决问题，加深理解；课后探究，促进应用。

学习方式： 真实性学习、翻转课堂、做中学、学中思、"小老师"，自主、合作、探究地学习等。

真实性任务一：中小学美术教案设计（12分）（上课就是检查教案、修改教案、试讲、完善教案的过程）

- 每人分配一课绘画教材内容，按"教案设计模板"，联系学生生活设计【教案1】（中国画、绘画）+PPT+微课（6）。
- 把【教案1】按"大单元教学设计模板"的要求扩展为5课时以上的【大单元1】（中国画、绘画）1篇（6）。

真实性任务二：民间美术校本教材开发（26分）（采访、调研、汇报；开发校本课程和教参）

- 寻找当地民间美术、非遗项目，采访民间艺人、非遗传人，了解其艺术特色、发展、传说和现状（文字、照片、视频、实物等）；了解材料、工具、工艺和工匠精神等，拜师学艺，做出作品，写出调研报告（5），并汇报（5）。
- 小组分工合作将民间艺术按"校本课程开发模板"开发出【教材】（8）；按"教参设计模板"设计出配套的【教参】，包括按"大单元教学设计模板"设计的成套"民间艺术"【大单元2】（设计、工艺、跨学科）+PPT+微课（8）。

真实性任务三：《中小学美术教学论》学生自主教学（20分）（教案、课件、教学、自评和互评）

（一）"小老师"（14分）

- **学会合作，学会做事。** 协商确定组名、组长和分工。共同承担《中小学美术教学论》的教学研究、教学设计、教学任务等。严格执行计划，相互沟通、协作、调整和改进，尽力把教学工作做到最好！
- **研究文献，设计教学。** 收集与教学任务有关的图书或文章，共同研究，按"美术课程与教学教案模板"提前设计好美术课程与教案，做好课件，将知识融入教学（参考教材第四、六章）。每组**至少提供5篇参考文献**。重点是找准本章的重难点，分头研究，并以各自完成的【任务一】【任务二】为例，写出如何解决重难点。
- **向教师汇报和改进。** 教学前一周（约定某时间），向教师汇报所设计的教案与课件，经指导后不断改进。
- **发现问题，解决问题。** 教学时不照本宣科，而是征集同学们预习时遇到的问题，或抽查教案、校本课程等，从中发现问题，然后通过讨论、讲解，并以自己完成的【任务一】【任务二】为例，解决问题。
- **用好教学策略与方法。** 要发挥聪明才智，用好教学策略、方法和技术，创造性地组织教学活动，积极开展师生互动（如讨论、抢答、做题、比赛等），吸引同学们的注意力，激发学习兴趣和思维，实现有效教学。
- **控制时间，突出重点。** 教学活动应正确把握教学内容，突出重点，融入外来资料和新观点，**不求面面俱到**，通过提问、答疑、讲解、讨论等手段解决问题，总用时**不超过80分钟**。然后由教师点评、纠错和补充。
- 要求**准备充分、目标明确、内容正确、方法有效、师生互动、表达清晰**。详见"课堂教学自我评价表"的说明。
- **自评互评，交齐材料。** 课后一周将美术课程与教学教案（打印稿、电子稿）（5）、教学课件（5）、自我评价表（2，自评值=自评分与集体评分的"离中率"，差1扣2）、评价组评议书一起提交。
- **找准重点，设计试题。** 第12周布置试卷命题任务，通过不断改进，于第15周完成试卷命题（2）。

（二）评价组（3分×2组=6分）

- 每次各有两组充当评价组，要认真听课，每组至少向执教"小老师"提两个问题，并展开讨论。
- 学会公平公正，严格把握评价标准，认真评分，组长统计并填写"评价组统分表"，课后交给教师；组长综合成员的意见后填"评价组评议书"，写出对整个小组和各"小老师"的书面意见，**课后交给讲课"小老师"**。

（三）全体听课者

- **课前预习。** 课前预习教学内容和查阅网上相关资料，记下不能理解的问题。（自主）
- **课中互动。** 课中认真听课、做好笔记，发现作业中的问题，积极互动、提问与讨论，共同解决问题。（合作）
- **课后探究。** 课后要按教学要求探索研究，努力完成【任务一】【任务二】的各种作业和学习任务。（探究）

学习档案袋[12分=4分（听课笔记）+4分（读书笔记）+4分（学习总结）]

- 预习时发现的问题；为学习、教学查找的资料；听课笔记，尤其是重要的、书中没有的知识、事例和资料等（4）。
- 每周至少看一篇美术教育类文章，可以是图书、杂志中的，也可以是学术论文，写出笔记、文摘和体会（**要标记出处**）（4）。
- 学习总结，对教学方式的看法，对美术教学新的认识，完成学习任务的情况和反思（1500字以上）（4）。

期终书面考试（30分）

评价方案汇总： 教案设计12分+教材开发26分+学生自主教学20分+学习档案袋12分+期终书面考试30分＝100分

这一忙碌而兴奋的学习过程，一个学期之后，相信每位参与者都会收获累累硕果，也必将对自己的成长刮目相看！

为方便大家理解，特归纳【学习单0-2】中的评价方案，如表0-1所示。

为了保证对"小老师"课堂教学质量的激励和监控，我们设计了一整套"小老师"自评、评价组互评的评价体系，见【学习单0-3】各表。最后再结合教师对教学组的教案、课件等进行评价。假如每个教研组6人，教师每次上课都要准备好："小老师"每人一张课堂教学自我评价表，共6张；两个评价组成员每人一张课堂教学评价组评价表，共12张；两个评价组每组一张评价组评议书，共两张，每组一张评价组统分表，共两张。课后教师要收齐、登分统计、保存。

表0-1 《中小学美术教学论》教学评价方案

评估项目	评估指标			分值
真实性任务一 中小学美术教案设计	设计教案一		设计教案二	小计
	绘画类教案 6分		欣赏、设计、工艺、综合教案 6分	12分
真实性任务二 民间美术校本教材开发	民间艺术调研	开发校本教材	教学参考资料	小计
	调研报告 5分 汇报 5分	8页以上 8分	10课以上单元化研究型 教案+PPT+微课 8分	26分
真实性任务三 《中小学美术教学论》学生自主教学	自我评价	评价组评价	教师评价	试卷命题	小计
	2分	3分×2组=6分	教案5分，课件5分	2分	20分
学习档案袋	听课笔记	读书笔记	学习总结	小计
	4分	4分	4分	12分
期终书面考试	识记	理解	运用	综合运用	小计
	6分	5.4分	6.6分	12分	30分

【学习单0-3】

《中小学美术教学论》课堂教学自我评价表（每位"小老师"一张）　　20　年　月　日

课题		教研组：第　组		自评者"小老师"姓名：				
评价指标	说　明				得　分			
					A	B	C	D	E
准备充分 （20分）	充分钻研教材、有关参考文献和资料，认真准备教案、教具和多媒体课件，能熟练讲解和较好地回答同学的提问。				20	16	12	8	4
目标明确 内容正确 （30分）	正确设计教学目标；能通过"基本问题"引发"大概念"；能正确把握教学内容，找准需要解决的问题，不赤面俱到；融入外来资料和新观点，扩大信息量。				30	24	18	12	6
方法有效 师生互动 （30分）	能发挥聪明才智，用好教学策略、方法和多媒体，开展师生交流，如讨论、抢答、做题、比赛等，调动学生的兴趣和加深"理解"，有效解决实际问题。				30	24	18	12	6
表达清晰 （20分）	衣着得体，举止大方；使用普通话，声音响亮，口齿清楚流利；合理利用语言、文字、图表、实物或多媒体技术，有效组织教学。				20	16	12	8	4
说明					合计				

《中小学美术教学论》课堂教学评价组评价表（每位评价者一张）　　20　年　月　日

课题		教学组：第　组　评价组：第　组　评价者：
评价指标	说　明	各位"小老师"课堂教学得分
		填写各位"小老师"姓名
准备充分 （20分）	充分钻研教材、有关参考文献和资料，认真准备教案、教具和多媒体课件，能熟练讲解和较好地回答同学的提问。	
目标明确 内容正确 （30分）	正确设计教学目标；能通过"基本问题"引发"大概念"；能正确把握教学内容，找准需要解决的问题，不赤面俱到；融入外来资料和新观点，扩大信息量。	
方法有效 师生互动 （30分）	能发挥聪明才智，用好教学策略、方法和多媒体，开展师生交流，如讨论、抢答、做题、比赛等，调动学生的兴趣和加深"理解"，有效解决实际问题。	
表达清晰 （20分）	衣着得体，举止大方；使用普通话，声音响亮，口齿清楚流利；合理利用语言、文字、图表、实物或多媒体技术，有效组织教学。	
总体评语		合计

《中小学美术教学论》评价组评议书（每组一张）　　讲课组：第　组　课题：第　章

本评价组对每位"小老师"的点评		
"小老师"姓名	优　点	不　足
填写各位"小老师"姓名		

● 课后及时将评价意见反馈给讲课组。　　评价组：第　组　评价组长：　　　　年　月　日

《中小学美术教学论》评价组统分表（每组一张）　　讲课组：第　组　课题：第　章

评价者 小老师	填写各位评价者姓名	本组评分
填写各位"小老师"姓名		

▲ 各评价者写上自己姓名和所评成绩，由组长计算出平均成绩后交给老师登分。　　评价组：第　组　评价组长：　　　　年　月　日

第三节 课程行动方法

一、建立教研组

本课程中的许多活动都需要小组合作完成，教师请按【学习单0-4】为师范生分组，建立强有力的教研组。教研组人数取决于教学班的师范生人数，但必须形成14组，即每组负责一章教学。较合适的是50～60人的班级，4～5人一组；70～80人的班级就5～6人一组。各组人数须相对平均，不宜过多或过少。每组选一位热心、能干、有领导力的组长，负责教研组工作的组织和管理。

组长要组织组员共同商定一个积极响亮的组名，并写出命名的理由。组名应与地域特征、性别性格、学习信心、理想寄托、某种象征等有关，以助力于小组共识、目标和信心的建立；写出每个人的个性、特长与分工。比如：民间美术采访时，有提问、记录、摄影、摄像、后期剪辑等；编写教材时，有主编、编委、文字编辑、美术编辑等；做微课时，有技法操作者、摄像、编辑、配音等。

教师准备14张教研组序号签，由组长抽签，以确定各组对应的教学章节。

二、填教学日程表

教师汇总各教研组抽到的章节后，依次填入【学习单0-5】"《中小学美术教学论》教学日程表"，明确各组的讲课时间、教学内容与具体要求。教师还要安排好每周两个评价组，然后汇总信息，形成文件，上传到本课程的线上学习平台。

【学习单0-4】

《中小学美术教学论》学习小组分组表

班　级		小组名称		第　　组
命名理由				
学　号	姓　名	职务与分工	个性与特长	

《中小学美术教学论》教学日程表

[学习单 0-5]

周	日期	课题	教学组	评价组	真实性学习任务一：教案设计	真实性学习任务二：学生自主教学	真实性学习任务二：教材开发
1			❶发 " 《中小学美术教学论》任务书"；❷建14个教研组，每组抽签研究一章，第2周开始逐组教学，每人按小中学时教案模板设计 【教案1】（中国画、绘画）；❸做好"学习档案袋"，积累学习资料，进行期终评价；❹随机分配任务设计任务		加"中国民间美术讲座"布置民间美术【调研】任务
2		1.美术教学概述			了解美术教育的时代背景、目的和后现代教学观，美术模板设计好并作来纸的【教案1】（中国画、绘画）初稿		确定【调研】对象与分工
3		2.美术教学中的学生			了解科学的学生观、教学活动和话言特征、儿童绘画和后的语言特点，美术教育关于儿童年龄学的是否体现以学生发展为本？		实地采访、调研、收集资料
4		3.美术课程与教材			了解【教案1】、美术课程标准，生态美术教材观，是否合美学课程标准、美术课程开发的要求？检查《中小学美术教学论》教案初稿是否按要素补充资料	打印【教案+PPT】教学后，教案校本课程开发以学生发展为本？每组教学前修改，真实性学习任务	发教材开发任务卷，教材开发任务分工，按要素补无资料
5		4.美术教学目标			了解教学目标、三维学习任务、真实性学习内容是否合教材初内容，基本问题和小问题的设定是否合适？		交【调研】报告+PPT，开交分享【教材】
6		5.美术学习评价			了解【教案1】真实性评价、学习工具和评价方案、学习任务评价设计评价方案、大单元评价设计、基本任务评价量观？		每人核分工，找资料，加简易微课制作讲座
7		6.美术教学设计			了解UbD【教案1】、单课导体架，大单课教学设计的逻辑和要求，把【教案1】按大单元模板的要求扩展为5课时以上【教案1+PPT+微课】（中国画、绘画）		确定【教材】版式，美编学习排版
8		7.美术教学策略			了解教学策略、教学设计的策略、教学实施中有何良策？用UbD的WHERETO检验自己的教案		完成【教材】初稿，打印
9		8.美术教学方法			了解美术教学方法、教师主导教学方法、学生建构型主学教学方法？是否合建构主义、PBL等学习理论【教案1】+PPT+微课		改进、打印、完成【教材】
10		9.美术资源与技术			如何使用教师主导与使用媒体大技术、美术教学传统技术与现代多媒体与使用现代信息技术、创客教育与基于信息技术加工的学习方法？		发微学编写模板【教参】
11		10.美术欣赏教学			理解美术语言及层次："学会"描述、分析、解释、评价"作品、学会欣赏会四步欣赏方法【大单元2】+PPT+微课		设计【教参】的课程分析部分【大单元2】
12		11.美术创作教学			知道绘画创作和教学方法、观摩意义、临摹创作、知道版画、雕塑创作的方法？小组合作创作？是否正确引导学生表达及呈欣赏会？按自查议【教材】【大单元1】+PPT+微课	发【学习单11-3】布置试卷命题	讨论【教参】的课程分析部分【大单元2】
13		12.设计与工艺教学			知道设计、工艺的原理、特征、创作思路和要求、了解工艺或跨学科美术的特点和要求、工艺或跨学科创作特征、方法和教学要求？【大单元2】	交试题初稿	设计大单元参考教案【教参】教学建议
14		13.跨学科美术教学			了解跨学科美术教学、创作跨学科美术、与创跨学科美术教育相结合的教学？【大单元2】	试题修改稿	设计【学习笔记】和【学习小结】【教参】
15		14.美术教师			了解教师的角色，素质要求和爱岗敬业的精神、打造新型的"转型式发展"。并践行美术教师的"学习共同体"；了解	交试题命题	进一步完善【教材】和【教参】打印稿和电子稿
16		机动					
17		机动					
18		考试			120分钟书面考试。交成"民间艺术"认识、写出：对本课程教学方式的看法：学校活动或考试等影响，对美术教学的认识。因每学期都有节假日，留两周作机动，若课时不够，可将第10、11周合并，或第12、13周合并。灵活处理。		

说明：本日程表按高校常规每学期18周设计（联系开学时对美术教学的认识、写出：对本课程教学方式的看法、学校活动或考试等影响，对美术教学的认识，1500字以上）。

三、分配【教案1】设计任务

教师要上传当地使用的中小学美术课本（电子版）到线上学习平台，让师范生了解美术课本的内容。【教案1】是让师范生学习设计绘画类教案，教师要挑选各年级美术课本中中国画和绘画的课题，随机分配给每位学生1~2个互不雷同的课题，形成【学习单0-6】，并上传到线上学习平台。教师要详细讲解设计【教案1】的具体要求，让师范生了解教案设计任务和各项要求。

接下来教师要打开【学习单0-7】所示中小学课时教案模板，简要介绍其中的项目和要求，及其在教材中对应的某章某节，让师范生通过自学和合作了解教案设计的要求，了解每人课题和内容的区别，尝试按时完成设计任务。

布置了【教案1】设计任务后，教师要让师范生牢牢记住并持续思考本课程的基本问题：我们如何成为适应新课程的研究型教师？提出本课程的行动口号，激励学生的斗志：学会做人，学会做事，成为最优秀的你！并再次强调，从学习本课程开始，每人都是"小老师"，像教师一样备课、上课，请记住你心目中优秀教师的三条标准，并努力按此标准成为优秀教师。

教学动员到此就结束了。由于这样的学习方式跟以前很不一样，师范生可能会有些疑问，教师要答疑解惑。然后请下周要上课的第一小组留下，讨论下一节课的教学任务和要求。

【学习单0-6】

		【教案1】中国画、绘画教案设计任务书	
学号	姓名	教材与课题	教材与课题
		A（第×册）第×课 课题	B（第×册）第×课 课题

注："A"为××出版社；"B"为××出版社。

教材

具体要求：
- 为全面了解中小学美术教育，每班都有中小学各年级的中国画、绘画教学内容，希望大家一起研究，共同受益。每人两个课题，从中选一个，尝试按"中小学课时教案模板"的要求设计教案，于**第2周（×月×日）带来教案打印稿**。并将在今后学习中不断改进。必须独立完成，不得抄袭。
- 参考《中小学美术教学论》第六章第二节"二、教学计划的设计"的要求，尝试编写一篇**详细课时计划**。切记教学不仅仅为了能画出一幅画，而且要关注**教学目标的三个维度**。
- 要联系整套教材确定本课题的定位和意义。参考《中小学美术教学论》第十一章"美术创作教学"中相关要求，联系相关的美术欣赏和常识组织教学，但必须是一节**中国画**或**绘画实践操作课**，应突出该绘画的特点与方法。
- 特别要注意学生的**年龄特点**，要设计一些与他们生活和兴趣相联系的主题、情节和教学活动。
- 要有**生动、有趣**的教学策略、教学活动和教学方法（如抢答、比赛、游戏、表演等），要合理使用现代信息技术和形象化资料，并在教案中写明使用情况。比如：用PPT展示×××作品；播放××视频等。在第8周（×月×日）交教案时，要同时交出相应的**电子课件**。
- 课本内容只是一个主题或素材，可在理解课题意义的基础上进行有机的**改变、拓展和设计**，并在"**设计思路**"中写出自己的想法。

年　月　日

【学习单 0-7】

中小学课时教案模板

××学院美术教育专业中小学美术课时教学详案

班级：_____班　学号：_____　小组：_____组　姓名：_____

课题		教学对象		年级		课业类型	
基本问题 指向学科本质、启发思考的问题		**小问题** 基于基本问题与课题，上位而有启发性的问题					
教材页面：							
设计思路	（分析教材性质与特点、学生情况和教学条件之后，确定教学目标、教学策略与方法等设计思路及其理论依据）						
课程标准	（与本课相关的国家美术课程标准的目标与要求）						

教学目标	（本课学习必须达到的学习目标和真实性学习结果） 知识与技能（学生必须理解、知道和做到的知识与技能、真实性学习成果）： 过程与方法（学生学习或创作经历的环节和过程）： 情感态度与价值观（学生的情感、学习态度以及创作观念上所发生的变化）：
教学重点	（是指在教材的知识体系中要求学生必须掌握的知识或技能）
教学难点	（是指教材中要求学生掌握而学生却难以理解或掌握的知识或技能）
教具准备	（教学必须用到的、需要教师准备的教具和材料，包括实物、模型、图片、材料、工具、电子课件等）
学具准备	（学生学习必须用到的材料和工具，包括实物、参考资料、材料、工具等）
评价量规	（什么水平的真实性成果能证明学生知道、理解和做到了预期目标，并体现出优、中、差的学业水平差异）

教学过程：
（明确目标：用基本问题引发对大概念的思考；设计引发学生兴趣的活动；讲解美术知识和技法要求，落实教学重点；要有启发、引导思维和创意的提问讨论，解决教学难点；具体的作业要求；注明时间分配）

学习单：
（设计出指导学生学习和操作的目标和要求，图文并茂，指令清晰，方法与步骤明确）

参考文献：
（可选，专著、期刊上或网上的论文，必须注明出处）

教学课件：
（教学中必须有启发学生的图片资料、方法步骤的示范等。用 PPT 中"打印—打印内容—讲义"功能，每页 6 幅彩色打印）

四、让"小老师"上好课

让第一组的"小老师"先浏览第一章内容，由组长主持，分配好教学任务。教师简单地介绍第一章的内容、教学思路和要求，提醒师范生"别用自己最讨厌的教学方法上课！"，要动脑筋，用视频、图片、故事等策略引导学生理解美术教育的时代背景、美术教育的目的和美术教学论等概念，能自主建构知识。要求按【学习单 0-8】设计好教案，明确提交教案设计初稿、汇报情况和答疑解惑的时间，交流联系方式。教师提醒"小老师"们设计好【教案 1】初稿，要加入与本章内容有关的新意，用以在教学时启发师范生改进【教案 1】，对师范生提出的问题答疑解惑。

教师要安排好每周辅导下一组"小老师"教学、汇报情况和答疑解惑的时间，形成惯例。

五、开发民间美术校本教材

建议这部分内容能与"校本课程开发""中国民间美术"等课程联合实施，能合理利用课时、师资、学分等资源。在第一周内，教师必须安排半天时间并邀请教授"中国民间美术"课程的老师讲述中国民间美术的概念和历史渊源、列入各级非物质文化遗产的中国民间美术、民间美术与民俗文化、中国民间美术的分类，以及文化多样性与当地民间美术传统、主要类型和传承人代表等。让学生们对中国民间美术，尤其对当地的民间美术有基本了解。

教师布置民间美术调研任务，分发调研模板【学习单 0-9】。

之后，学生教研组就要按调查表的要求开始工作，教师要联系班长，一起监控和推进调研工作。在课程以后的学习中，每章都有针对真实性学习任务二的具体要求，可以指导师范生一步一步有序地完成这一任务。

【学习单 0-8】

美术课程与教学教案模板

××学院美术教育专业

《中小学美术教学论》教学计划

班级：＿＿＿班　小组：＿＿＿组　授课日期：20＿＿年＿＿月＿＿日
组长：＿＿＿　成员：＿＿＿

单元意义：本课内容对我们成为研究型教师有何意义？
提示：别用你最讨厌的教学方法上课！如何吸引同学们，并激发他们的兴趣和思维，从而深化理解？

对"小老师"教学设计和教学的评价指标：
准备充分：充分钻研教材、有关参考文献和资料，认真准备教案、教具和多媒体课件，能熟练讲解和较好地回答同学的提问。
目标明确、内容正确：正确设计教学目标；能通过"基本问题"引发"大概念"；能正确把握教学内容，找准需要解决的问题，不示面面俱到；融入外来资料和新观点，扩大信息量。
方法生动、师生互动：能发挥聪明才智，用好教学策略、方法和多媒体，开展师生交流，如讨论、抢答、做题、比赛等，调动学生的兴趣和加深"理解"，有效解决实际问题。
表达清楚：衣着得体，举止大方，使用普通话，声音响亮、口齿清楚流利；合理利用语言、文字、图表、实物或多媒体教学，有效组织教与学。

课题		内容	
设计思路	（分析本课的性质"大概念"、需知道、理解和做到的学习目标和框架结构；围绕教案设计、课程开发中可能遇到的美术问题或教学方法的问题、用有效的策略与方法进行讲解或研讨，解决实际问题，各任务要明确到人） 本课大概念、目标与逻辑： 重难点一（负责人）： 重难点二（负责人）： 重难点三（负责人）： ……		
学习目标	（本章学习必须达到的课程目标和学习结果） 知识与技能（本课同学们必须理解的知识与掌握的技能）： 过程与方法（本课主要的教学环节、过程与方法）： 情感态度与价值观（与课程内容相关的教师素养和教学理念）：		
教学重点	（本章学习必须理解的"大概念"、掌握的知识与技能）		
教学难点	（本章学习不易掌握的知识与技能，或难以达到的目标）		
评估证据	（哪些真实性成果能证明同学们达到了预期的理解程度，提示：学习目标的整体表述，并设计出三级评价量规） 水平一（优）： 水平二（良）： 水平三（差）：		

教学过程：
（明确目标：用基本问题引发对"大概念"的思考；用实例阐明概念、**讲解**学习内容、**组织**研讨和学习活动；注意 WHERETO 的运用）

一、导入课程：

二、解决问题：
（以下次序可根据出现的问题灵活出场）
1. 重难点一（负责人）：
（要注明谁来讲；讲述的内容必须写出来，读者是不可能去翻书的）
2. 重难点二（负责人）：
3. 重难点三（负责人）：
……
（注意：一是重点一定要少而精，比如最多三四个，因为有些小问题是包含在大问题中的；二是只讲你们认为最重要的，不需要面面俱到；三是不一定光由你们讲，那一定是"最讨厌的方法"，而是用抢答、选题、画示意图或思维导图、案例分析等有趣的教学策略和方法让同学们明白。）

三、小结
（对整个教学进行总结、评价，可布置一些能进一步解决问题、提高认识的小作业）

参考文献：
（至少五项。专著、杂志上或网上的论文，必须注明出处）
1.
2.
3.
4.
5.
附：参考文献的格式
学术著作：[序号]著者，书名[M]. 翻译者. 出版地：出版者，出版年：起止页码.
学术期刊：[序号]著者，篇名[J]. 刊名.出版年，卷号（期号）：起止页码.
论文集：[序号]著者，篇名[C]//主编. 论文集名. 出版地：出版者，出版年：起止页码.

教学课件：
（用 PPT 中"打印—打印内容—讲义"功能，每页 6 幅彩色打印）

【学习单 0-9】

美术教育专业民间美术田野调查表

文化是一个国家、一个民族的灵魂。文化自信，是更基础、更广泛、更深厚的自信，也是更基本、更深沉、更持久的力量。

级班	第 组	选题	××区××民间美术

调研宗旨：深入了解民间艺人的身世、手艺和工匠精神；了解该民间美术的材料、工艺、审美、发展和地域特点，以及与当地传统风俗的关系，深化对地方传统文化的理解，增强文化自信；通过拜师学艺，学会基本的制作技法、步骤和要求，充分收集图文资料，为编写一本 8 页以上的校本教材做好准备。

每个小组成员的主要分工

姓名	分工	姓名	分工

采访调研原则：尊敬、扎根，热情主动，虚心请教，拜师学艺。

一、采访准备
（列出现场采访所需物品，如笔记本、录音笔、相机或摄像机、摄影三脚架、雨伞、必要的礼物等，电子设备要充满电。）

二、采访内容
1. 艺人的情况（了解艺人的姓名、性别、年龄、第几代传人、艺术特色、所获得的荣誉等基本情况，然后思考并**列出要采访的话题**，如人生经历、学艺过程、对艺术的情感、态度和精益求精的工匠精神等。）
2. 他人的评价（别人对艺人的看法、评价和故事等，家人、亲戚、政府部门、媒体等方面的评价，**列出要采访的话题**。）
3. 艺术品的情况（事先要了解艺术的基本情况，建立交流的基础。采访时主要对该艺术的历史面貌、内容、分类与风格、地方特色、材料与工具、技法与工艺流程、配色、艺术价值、文化价值等；在生活中与什么、有何用途，有何问题，与当地传统风俗的关系、有何传说和故事等；制作的材料、工具、工艺、工匠和要求（开发校本课程的重要内容）；该艺术的现状与问题、创新和发展的前景等。）
4. 收集实物（该艺术是典型的作品、不同形式的作品、融入现代元素的作品等；制作该艺术品的原料、工具等；尽可能采购一些实物，或在编教材或上课的材料，也是对民间艺人的支持。）

5. 采访现场照片（采访场景照片，艺人不同工序操作的照片，作坊的环境、场景、设施、货架等；当地其他作坊、加工以及市场销售的情况；采访者与艺人的合影，在作访现场的留影等，**一定要得到对方的允许！**）

三、拜师学艺
（不动手学习就不会知道民间美术的奥秘，以后也无法教学，所以，必须**拜师学艺**，而且采访、调研的目的是开发校本教案，也是为实习准备的；要对**试教和毕业论文**积累素材，教材必须说明所材料、工具、工艺、步骤和每一步的要求，所以必须学会基本的制作工艺和步骤，并**拍摄图片**。）

四、调研计划
（要有明确的时间和具体任务，尽可能详细，责任到明，要注明是谁，干什么，干到什么程度，遇到困难时的预案，齐心协力地完成采访任务。若不能如期完成任务，必须写出原因和补救措施。）

时间	采访任务	具体分工和负责人	完成或未完成的补救措施及原因
第一周	布置中国民间美术调研任务，开始调研并选题		
第二周	交"民间美术选题表"，并开始采访调研		
第三周	实地采访、调研，收集资料		
第四周	汇总调研资料，准备汇报		
第五周	交小组调研报告和 PPT，并交流分享		
……	开发校本教材，继续补充材料		

附："调研报告"的结构（请根据此要求收集素材）
一、引言（简述调研的背景、缘由和要求）
二、××概述（如："顾绣概述"，写出定义、发展、特征、种类、材料、工艺、用途、与文化风俗的联系等——文献和调研）
三、调研的过程（实地调研的时间、地点、人物、重要事件、发展历程等——调研；拜师学艺——体验）
四、调研结果的分析（现状与问题——调研）
五、结语（作为美术师范生的体会与思考，分别写出每人观点）

第一章　美术教学概述

基本问题：
信息时代的美术教育有何新的育人价值和特点，该如何应对？

学习目标

【任务一】【任务三】：知道并理解 21 世纪教育理念、美术教育的目的、美术学科核心素养，美术教学论的学科性质、学科位置、研究对象及其意义，学会思考和持续理解以上理论；做到在【教案1】的教学设计中思考并融入 21 世纪的教育理念。

【任务二】：确定【教材】设计的调研对象与分工，做好前期准备。

师生共建			
	课前	课中	课后
教师	1. 第一章是本课程的宏观背景和理念，看似无关，其实之后所有改革都源自于此，需要慢慢理解。 2. 上传相关的参考文献，了解并指导"小老师"对本章内容的理解并进行教学设计；发现并纠正对各核心概念的误解或理解偏差。 3. 指导"小老师"纠正【教案1】中不符合要求的错误。	1. 密切关注"小老师"对核心素养美术教学特点、各核心概念等重点的理解正确与否，以及教学思路和教学活动的合理性和有效性。 2. 关注"小老师"检查师范【教案1】设计和打印的情况。 3. 组织评价组对讲课组进行点评。对"小老师"的教学进行点评、纠错和补充，突出重点。 4. 了解民间美术【调研】的情况。	1. 要求师范生进一步阅读相关文献，深入学习并理解本章的理论与知识。 2. 布置师范生观看一节优秀的中小学绘画课的视频。 3. 要求师范生运用所学的知识改进【教案1】及相关的学习活动。 4. 要求师范生确定调研对象与分工，做好民间美术【调研】。
"小老师"	1. 认真钻研教材和老师提供的资料，通过图书、网络查阅相关文献，深入学习并理解本章重要概念和相关内容。 2. 理解本章的大概念、基本问题和深度学习等重要概念，分工合作完成本章教学设计和课件。 3. 按要求设计好自己的【教案1】初稿，并能融入 21 世纪教育理念。	1. 抽查师范生的【教案1】，通过提问、讨论发现问题；展示自己教案的改进过程，讲解相关知识和要求，指导师范生按【学习单0-7】的要求设计教案。 2. 运用选择、连线、找碴、抢答等策略与方法，引导师范生进一步认识 21 世纪教育理念、美术教育的目的、美术学科核心素养等概念。	1. 总结本组和个人的教学设计和教学；完成教学反思和自评报告。 2. 把教案与课件改进后上传至线上学习平台；做出本章教学的微页，并发送至班级群。
师范生	1. 预习本章内容，查阅网络、图书中的相关资料，记下不理解的问题。 2. 按【学习单0-7】的要求设计好【教案1】初稿并打印，在上课时带来。 3. 按【学习单0-9】调研模板的要求，小组合作开展民间美术【调研】工作。	1. 带来设计好的【教案1】打印稿，积极参与教学互动；通过听课和小组讨论发现并标注【教案1】的错误，课后改正。 2. 学习 21 世纪教育理念、美术教育的目的、美术学科核心素养等概念。 3. 汇报民间美术【调研】的情况。	1. 进一步阅读本章的示范性案例和网上文献。 2. 观看一节优秀的中小学绘画课的视频。 3. 运用所学知识改进【教案1】。 4. 确定调研对象与分工，做好民间美术【调研】的准备工作。

第一节　当代美术教育的背景

一、21世纪的变革与教育应对

21世纪是一个变化无时不有、变革无处不在的伟大时代。大而言之，以现代信息技术发展为核心、以知识经济为标志的政治、经济、科技、文化进入全球化时期，这极大地增加了世界范围内人口、资源、技术的流动，地球成为一个"村落"；小而言之，以计算机和互联网技术为代表的科技成果，让每一个人都享受其福祉——大数据、云存储、智能机器人、在线教育、互联网经济等，让每一个身处其中的现代人都能感受到科技带来的美好与便利。

图1-1　科幻画，约一百年前的艺术家对2000年的想象和描绘

如果要对20世纪至今社会的诸多变化进行一个宏观概览的话，"由工业时代向信息时代的转变"就是一个较为精准的描述。工业时代，社会的发展多倚重劳动力、原材料等物质资源，对资源的开发与利用成为社会生产和发展的主导；而信息时代则以互联网技术的应用和推广为特征，传统的生产方式、生活方式、思维方式被不断颠覆，信息与资源共享，知识创新成为社会各行各业发展的不竭动力。5G技术的推行，更会为信息时代的各种革新和变化推波助澜，经贸、教育、医疗、文娱等将会以全新的发展面貌呈现，当代人的工作、学习、生活等都会产生翻天覆地的变化。

工业时代向信息时代的转变，自然而然地会对现代生活中"何为人才"的理解产生影响。当下，机械化、重复化、简单化的职业正在被不断冲击，大有被人工智能所取代的态势。因此，"人才"不再仅仅被视为拥有大量专业知识、掌握熟练技能的人，而是在此基础上还应具备某种特定的学科思维，胜任专业和工作领域的诸多挑战，且能不断地解决复杂的现实问题。其间，创新精神、团队协作、解决问题的能力、沟通展示和表达能力等多方面的综合素养亦必不可少。而这些，恰恰是传统学校教育所普遍忽视的内容。基于此，21世纪的信息化时代，培养什么样的人才，如何培养人，成为重要的社会议题，曾引发广泛的讨论。在学术研究领域，国际上知名的经济合作与发展组织（简称经合组织）在2000年到来之际，专门提出的"为了新千年学习者的21世纪技能和素养"（21st century skills and competences for new millennium learners）项目研究计划，就指向了21世纪信息时代对人才培养的挑战与应对。

早在一百多年前，杜威（John Dewey）就说过："如果我们仍然以昨天的方式教育今天的孩子，无疑就是掠夺了他们的明天。"这句话放在现在来看仍不过时，依旧具有一定的启发性，促使我们思考教育的前瞻性及其与学生发展、社会发展之间的关系。毫无疑问，社会、时代、科技的进步和发展，需要在学校教育领域有积极的响应。教育自身（包括教育观念、课程内容、教学方式方法、教学评价等诸多内容）也需要不断变化，以应对未来社会。美国哈佛大学教授霍华德·加德纳（Howard Gardner）也曾指出："人类明日之需要，以及我们今日对智能、脑和师生文化之理解，均呼唤与过去迥然不同的教育。这种未来中心教育，所需要的不只是掌握最重要的学科形式，更是灵活运用这些学科形式解决新问题、创造新思想的能力。"[1]较之杜威的呼吁，加德纳的表述无疑更为具体，已经深入教育领域的本质变化和所要革新的具体内容。

社会的加速发展已使人们无法预见今天的学生在其一生中将会遇到什么问题、需要什么知识、使用什么工具、从事什么职业，但今天的学生必将参与明日世界性的竞争和挑战，要生存、要发展只有依靠他们自己，依靠终身的学习、创造和努力，这种"学习、创造和努力"指向解决新的问题、提升新的能力、发展综合素养。这一方面是着眼于人自身的发展，以更好地适应工作、生活和社会；另一方面也着眼于未来国家和民族的长效发展。就后者而言，教育的意义更能得到最大程度的凸显，恰如在由联合国教科文组织国际教育发展委员会编著的《学生生存——教育世界的今天和明天》一书中曾专门指出的那样，"现在，教育在历史上第一次为一个尚未存在的社会培养着新人"[2]。

二、美术的发展及学校教育的革新

艺术从来没有标准答案，美术自身也处于不断发展、变化的过程中。从原始人打制的粗糙石器到青铜艺术的狞厉之美，从山水画中"人大于山，水不容泛"到"以一管之笔，拟太虚之体"的尺幅千里，从古希腊雕塑中健美的人体到现代雕塑中的抽象与变形，艺术无时无刻不在随时代的变化而改变着自身的形貌。或许，艺术的发展和变化并非是直线式的，也不与人们对"发展"的理解相对应——由小变大、由简单到复杂、由低级到高级进行变化。正所谓"时运交移，质文代变"，不同的时代有不同的艺术。艺术的内容、形式、风格的形成和发生的相应变化，离不开丹纳所言"种族、时代、环境"等外在诸多因素的影响；从艺术的内在动因看，艺术家的思想、情感和对卓越性与创造性的追求，使艺术不断地更新自身的面貌，这在西方现当代艺术中体现得尤为明显。

科技的发展对艺术的影响更为深远。材料、机械、数字科技、生态技术、人工智能等在艺术领域内的广泛应用，激荡出更加丰富、多元的艺术表现。大卫·霍克尼（David Hockney）用 iPad 作画（图 1-2），创造出了新颖的艺术表现形式，艺术作品与视觉图像之间的界限日渐模糊。2018 年 10 月，世界上第一件 AI（人工智能）艺术作品《埃德蒙德·贝拉米》（图 1-3）在佳士得拍卖。如果说大卫·霍克尼的作品还有艺术家的创作处理的话，那么这件作品则再次刷新了民众对艺术的理解——整件作品由 AI 生成，是由计算机算法对 1.5 万幅 20 世纪前后的肖像画进行处理、比对后完成的。

艺术发展至今，由国画、油画等组成的传统艺术形式正在慢慢成为整个社会视觉文化的一部分。视觉文化是用图像的方式表达精神与内涵，其形象性优越于文字媒体，是现代社会特有的现象，具有鲜活的生命力。视觉文化伴随着信息时代、科技时代的到来而到来，它打破了原来文本文化、语言文化为主的传播特点，呈现出具有视觉意义的文化特征。视觉文化时代的艺术形式也愈发多元化，以西方艺术为例，代表公众意识、多元价值观和自由创造精神的后现代艺术（如大地艺术、装置艺术、行为艺术、概念艺术、数字艺术等）渐渐成为主流。艺术观念或形式的更新，又通过相关的设计和产品影响着人们的衣食住行与生活方式，从而使生活艺术化。（图 1-4）

图 1-2　大卫·霍克尼用 iPad 创作的作品

图 1-3　AI 艺术作品，《埃德蒙德·贝拉米》肖像画

图 1-4　美术分类结构示意图

回到学校美术教育，由于艺术是美术教育的重要组成部分，艺术自身的变化和革新，自然也会影响学校美术教育，既体现在学校美术教育观念的变化，也

1　GARDNER H. The Disciplined Mind: Beyond Facts and Standardized Tests, The K-12 Education that Every Child Deserves [M]. London: Penguin Books, 2000.
2　联合国教科文组织国际教育发展委员会.学生生存——教育世界的今天和明天[M].北京：教育科学出版社，1996：36.

体现在美术教学的内容、方法及相应评价等的变化。比如，视觉文化时代的共识是：学校美术教育要避免重蹈"以训练写实性绘画技法为主要目的"之覆辙，要让学生广泛学习各门类的美术知识与技能，更需要了解并学习各种现代或后现代艺术创作的观念和方法，在借鉴大师艺术思维和艺术语言的基础上学习美术技法，联系现实生活情境开展有意义的美术创作活动，使学习更加有效。这是因为视觉文化时代要关注的不仅仅是收藏于美术馆内的经典作品，更要关注充斥于现实生活中的无数视觉对象。就像人们需要掌握"读写能力"才能看书、读报、听广播一样，视觉文化时代的美术教育需要培养学生的"视觉读写能力"，才能使他们便捷地在这个时代生活，参与各个领域，乃至全球性的文化交流。

教学案例

项目式学习：小小蓬皮杜

一、项目概况
"小小蓬皮杜"项目是上海市嘉定区实验小学北水湾分校构建的"美术馆内外"课程中的一个学习项目。2016年10月，"蓬皮杜现代艺术展"在上海展览中心举行，该校美术老师敏锐地发现了这次难得的机会，开启了"小小蓬皮杜"项目，让学生用自己的方式来致敬大师。
二、项目目的
学习不只存在于课堂和学校，希望通过学习空间再造，以主题性项目学习的方式来打开学习的新视角，链接课堂与生活、关联艺术创造与文化理解，建立学生与自己、与他人、与社会、与世界的连接，从而逐渐形成自己的审美观、价值观和人生观。
三、项目的开发与实施

（一）任务驱动（设计学习单）

学生通过自主、合作、探究、汇报的学习方式，分享自己运用文献研究法从书本、网络上查阅到的相关资料，完成学习单；阅读、整理蓬皮杜艺术中心的概况，阅读本次"蓬皮杜现代艺术展"作品简介，从中寻找自己喜欢的10位大师。

在探究过程中，学生们还发现了学习单以外的有关知识，如：皮亚诺和罗杰斯设计的蓬皮杜艺术中心手绘设计稿、设计师在设计中遭遇的质疑等。

（二）活动探究（深入理解）

1. 选择大师作品临摹

学生找到自己喜欢的风格的大师作品并临摹，从构图、造型、色彩、笔触、表现方法等方面学习，揣摩大师创作时的思想。

2. "雅昌流动馆展览"进校

在项目研究过程中，教师邀请"雅昌流动馆展览"进入学校，学生也找到了他们喜欢的大师作品，并进行学习和探究。

续表

 3."蓬皮现代艺术展"推广大使来校做讲座 学校请"蓬皮杜现代艺术展"推广大使罗老师来学校做讲座。因有前期初步探究，学生听讲中积极互动，很多有趣的话题引起了共鸣。	 4. 现场临摹大师作品 对学生来说最激动的时刻是在上海展览中心"蓬皮杜现代艺术展"的现场临摹，近距离观摩大师作品，那份激动只有参与的人才能真切体会。

（三）作品创作（选择大师元素进行创作）

 1."刀刀狗" 学生们把"刀刀狗"当作立体的画纸，艺术大师作品的元素被画在、裹在、贴在立体的"刀刀狗"身上，产生了很多充满趣味的作品。	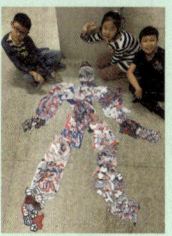 2."我是杜布菲" 快来找找：我们的作品里藏着多少大师的秘密。我们像大师一样创作我们的"搅拌场"，戴一戴，拼一拼，在玩中创作新的作品。
 3. 立体"搅拌场" 插一插、搭一搭，不同组合、不同角度发现美！瞧，我们的"搅拌场"变立体了！	 4. 服装秀 像大师一样创作，把自己的作品穿在身上，超酷！

（四）成果展示

2016年12月10日，本项目研究创作作品在上海展览中心"蓬皮杜现代艺术展"二楼"小小蓬皮杜创造力展"展出。学生说，因场地变化每次布展都会有新的创造，很有挑战、很刺激。穿着自己的作品在展览中走动介绍，就是行为艺术家！

资料来源：上海市嘉定区实验小学北水湾分校陈芳主持、实施并提供。

三、面向未来的教育追求

20世纪末,隶属于联合国教科文组织的国际21世纪教育委员会曾在一份重要的教育宣言中提出了"21世纪教育的四大支柱"——学会认知(learning to know)、学会做事(learning to do)、学会共同生活(learning to live together)、学会生存(learning to be)[1],这为21世纪的人才培养提出了新的要求。当时虽然尚无"核心素养"之概念,但这一要求的提出明显是从人才综合能力与素养的角度来考虑教育的问题。此后,在教育部推行的全国第八次基础教育课程改革中,也把"转变学习方式""学会学习"当作课程改革的首要任务,自主、合作、探究的学习方式受到了前所未有的重视。

"学会学习"就是让学生能承担起学习的责任,并努力使自己优秀;运用各种学习策略来提高自己的学习水平和学习效果;对自己的学习过程和学习结果进行反思。[2] 当今社会是一个终身学习的社会,一旦形成"学会学习"的能力,学生在未来的学习、生活或工作中,就能够通过反思发现问题、分析问题,找到必要的知识或方法去解决问题,促使自己不断地进步和发展。当下,核心素养本位的课程改革,更强调学习者面对现实情境中的真实问题,以强大的学习和探究能力,给出解决问题的策略与方法。

此外,后现代课程理论(postmodern curriculum theory)也是我国此次课改主要借鉴的教育理念,它是在风靡西方世界的后现代主义、后结构主义哲学的影响下产生的。后现代课程是对现代课程的反省和超越,是目前课程研究的一种主流思潮。美国课程理论家小威廉姆·E.多尔(William E. Doll)在其《后现代课程观》中,从混沌学原理出发,吸收了I.普利高津(I. Prigogine)的耗散结构理论、皮亚杰(Jean Piaget)的生物学世界观、自然科学中的不确定原理与非线性观点,以及杜威经验主义思想,勾画出后现代主义课程理论的框架。如表1-1所示,后现代课程理论倡导师生在学习过程中的平等交往,教师更多是"引导者",而非只是单一的"传授者"。学习者自身的学习、探究,以及对课程知识的领悟、体认得到了重视和强调。这也是当下所倡导的人本主义教育理论的另一种形式。

表1-1 现代课程理论与后现代课程理论的主要区别[3]

课程理论 基本观点	现代课程理论	后现代课程理论
科学观	科学的实证主义	反理性的中心主义
知识观	知识是客观的、普遍的、价值中立的	知识是不确定的、情境性、价值介入的
课程观	课程是封闭的、单一的、累积的	课程是开放的、复杂的、变革的
研究范式	科学主义,构造课程图像,课程开发范式	人文主义,理解和描述,课程理解范式
建构标准	泰勒原理,追求科学性	多尔的4R和5C,追求开放性
分析方法	客观的解释,科学的分析和说明	解构、重构、再解构的循环过程
课程目标	线性的,追求达成目标	非线性的,重视过程和目标的不断重构升华
课程体系	孤立的封闭系统	有机的开放系统

教育要面向未来,要与时俱进。当下,信息技术的发展日新月异,因此"基于信息技术的学习革命"亦是此次课改需要关注的重点。"大力推进信息技术在教学过程中的普遍应用,促进信息技术与学科课程的整合,逐步实现教学内容的呈现方式、学生的学习方式、教师的教学方式和师生互动方式的变革,充分发挥信息技术的优势,为学生的学习和发展提供丰富多彩的教育环境和有力的学习工具。"这是《基础教育课程改革纲要(试行)》中的第11条,具有前瞻性。在美术教育研究领域,信息化课程资源的开发、电子教材的推广和应用、课堂教学中多媒体手段的呈现、基于手机和网络端的学习、借助数字技术生产文创产品等,都将会引发美术课程和学习方式的变革。

第二节 美术教育的目的

一、美术教育的含义

美术教育包含"美术"与"教育"两个因素,它们直接或间接、或轻或重地影响着美术教育的价值与目的。为此，我们可以从这两方面对美术教育进行解析。

（一）侧重于教育的美术教育

侧重于教育的美术教育，重在发挥美术教育的工具性价值，旨在使得学生的身心发生良性的改变。在具体的实现方式上，更多是通过美术的手段来达成上述目的。这里，美术知识和技能的传授和练习并非是最重要的，而是以其为媒介指向人综合素养的提升和发展。2006年世界艺术教育大会的《艺术教育路线图》中倡导的教育中的艺术（Arts in Education, AiE），即用艺术来促进其他学科的学习。这也是经合组织《回归艺术本身——艺术教育的影响力》一书的重要关注点，书中还特别强调了视觉艺术教育对认知的影响，与学生的学习成绩、阅读能力、几何/空间推理、观察力等都有直接关系。这无不在一个更大的教育范畴内凸显了艺术教育的工具性价值。

侧重于教育的美术教育，可利用美术的独特属性来促进学习者知、情、意等多方面的发展。例如，儿童早期发展中，美术的形象性特征有助于他们的认知发展，孩子双手的灵巧性也会在美术的手工活动中得以增强，从而因"手巧"而"心灵"；就成人而言，美术中寥寥数笔的手绘图或简单的色彩搭配都可运用于生活之中（如房间布置、着装等），其有助于创造性地解决问题，实现富有审美及创意的生活；美术的非文字语言的交流形式，可以直观形象地表达富含意蕴的观念与情绪。

在当下我国基础美术教育领域的课程改革和实践中，侧重于教育的美术教育，强调借助美术的方式实现学习者"图像识读、美术表现、创意实践、审美判断、文化理解"五大核心素养，就是再一次强调了基础美术教育的工具性，凸显其育人价值和功用。

（二）侧重于美术的美术教育

侧重于美术的美术教育是立足于美术作为文化现象或教学内容，为发展或传播美术而展开的教育，并反过来服务于美术专业知识和技能传承的需要。作为人类重要的文化现象，美术伴随着人类的产生而产生，它的延续与发展由教育维系，美术教育的功用在于努力实现美术知识与技能的时空传承。在没有学校之前，这种传承是通过师徒授受来开展教育活动的。随着学校教育的发展，专业美术教育主要在专业美术院校中存在，以专门培养艺术家或美术工作者为目的。

侧重于美术的美术教育，因为关注的是学科本身，故其教学内容充满着丰富性与复杂性，这其中，美术技法教学是其主干，美术史、美术理论与美术批评也是重要的教学内容。

二、美术教育的目的

教育目的对于明确教育任务、建立教育制度、选择教育内容以及组织教育过程都起着指导作用。教育家们根据不同的文化背景和哲学观点提出了不同的教育目的，这些教育目的既有共同、共通之处，也有差异。若进行大的分类，主要有以下三个方面。

（一）儿童本位价值取向

美术教育中的儿童本位或儿童中心论，是对当时西方教育过于强调科学和实用技能课程、忽视儿童本能等弊端的矫枉过正。其思想基础是法国哲学家让-雅克·卢梭（Jean-Jacques Rousseacc）的自然主义教育观和美国教育家杜威创导的"进步教育运动"。19世纪初，科学心理学逐渐成熟，神经系统和感官生理、心理现象的研究成果被引入美术教育领域，从而提倡"儿童中心课程"（child-centered curriculum）。19世纪末，德国、英国、法国和美国出现了研究儿童和儿童画的热潮，这也与20世纪以来西方现代主义艺术的发展密切相关。他们特别强调儿童在教学活动中的主体地位，强调通过美术教育发展儿童的心智和创造力，追求的是美术教育的外在价值，所以，被称之为"工具主义"美术教育，在世界上有相当大的影响，主要代表人物是英国美术教育家赫伯特·里德（Herbert Read）和美国美术教育家罗恩菲德（Viktor Lewenfeld）。罗恩菲德曾经鲜明地指出，"在艺术教

---

1 联合国教科文组织.教育——财富蕴藏其中[M].联合国教科文组织总部中文科, 译. 北京: 教育科学出版社, 1996: 76-88.
2 钟启泉, 崔允漷, 张华. 为了中华民族的复兴 为了每位学生的发展《基础教育课程改革纲要（试行）》解读[M]. 上海: 华东师范大学出版社, 2001: 309.
3 资料来源: 周宗钗, 张文军. 课程理论的后现代转向[J]. 教育发展研究. 2004（7）.

育里，艺术只是一种达到目标的方法，而不是一个目标；艺术教育的目标是使人在创造的过程中，变得富有创造力，而不管这种创造力将施用于何处"[1]。工具主义者强调让儿童通过美术教学表现美、表达主观情绪或发展创造性，促进儿童全面发展；主张教学要建立在学生的兴趣和自然本性基础上，追求浪漫表现主义的传统。

（二）学科本位价值取向

强调学科本位的儿童美术教育延续了科学理性主义的传统，其思想渊源是布鲁纳的以了解学科科目结构（structure of the discipline）为主旨的教育思想，在国际美术教育界的代表人物是 W. 迪文·古力（W.Dwaine Greer）和 E.W. 艾斯纳（E. W.Eisner）。他们强调美术教育的内在价值，强调学科中心，提出"以学科为本的美术教育"（Discipline-Based Art Education，简称 DBAE），主张以严谨的美术课程实现美术自身的价值，所以，被称为"本质主义"的美术教育。其主要认识是：① 美学、美术批评、美术史和美术创作是完整统一的美术内容；② 教学内容编排应由简入繁，循序渐进，并以各领域的专业表现为教学目标；③ 具有书面课程设计，并进行系统性教学。艾斯纳又认为：① 美术教育的主要价值在于它对个人经验的独特贡献；② 美术能力不是自然成长的结果，而是学习的结果；③ 有益的美术学习领域为创作、批评与历史；④ 良好课程的设计（包括目标、内容、学习活动及材料的拟定）乃是美术教育收效之必备条件；⑤ 评量作品有助于老师及学生了解他们的学习进度。

（三）社会本位与综合取向

社会本位与综合取向的美术教育，更为强调学校美术教育的社会性目的，旨在通过美术教学的手段适应社会发展的需求，造就具有美术素质和创造精神的社会群体，影响和改善社会环境。这里的环境是指人生活于其中又能影响人的一切外部条件之和。这是因为美术教育的目的除了传播美术专业文化知识、技能和促进人身心发展之外，还通过艺术的手段促进国家和民族的发展，对繁荣和丰富社会文化生活具有重要作用。例如，北京有些学校就开展了"北京四合院""首都中轴线之美"等课程，其内容以美术为主体，融合了历史、地理、语文、数学等多个学科，在社会层面对北京的城市规划、古建筑和非遗文化的保护和传承进行呼吁。这样的课程就具有某种程度的"社会取向"，体现了综合育人之特效。此外，近年来国内外较为流行的 STEAM 教育，就是一个较为重实践的跨学科教育概念，提倡 Science（科学）、Technology（技术）、Engineering（工程）、Arts（艺术）、Mathematics（数学）的跨界，解决现实生活中的问题。其中，机器人、机械制造、3D 打印、计算机编程，以及艺术、艺术教育等也在其间扮演了重要的角色。

总而言之，进入 21 世纪后，美术教育的内涵和外延不断丰富，已超越了学校教育的范畴，延伸至社会生活的方方面面。例如，美术教育在繁荣创意经济或文创产业、建构和传播社区文化、融合科技和艺术等多个方面发挥着重要作用。学习者通过美术的手段融入更广泛的社会生活之中，培育了创新精神，并通过艺术的手段反过来对社会生活进行塑造和提升。

第三节 美术学科核心素养

一、核心素养的提出

教育学领域"核心素养"的提出，最早源于经合组织启动的一个项目——"素养界定与选择：理论与概念基础"（Definition and Selection of Competences: Theoretical and Conceptual Foundations），该项目旨在应对信息社会（或数字化时代）科技的急速发展以及由此带来的日渐增长的社会多元化、差异化和全球化现象，思考其对教育或人才培养带来的挑战。据此，项目确定了"素养"的观念。区别于特定的专业知识和技能，素养更多指向的是在特定真实情境中应用学科知识和技能解决问题之能力。经合组织提出，个体必须具备三大核心素养——能互动地使用工具、能在社会异质团体中互动、能自主行动，才能保障人的成功生活与健全社会的建设。与核心素养类似的概念在不同的国家或国际组织的研究中有不同的表述和具体内容，如在美国就被称为"21 世纪技能"，具体包括学习与创新技能，信息、媒介和技术技能，职业与生活技能。

在北京师范大学林崇德教授的主持研究下，我国于2016年发布了《中国学生发展核心素养》，将"学生发展核心素养"界定为"学生在接受相应学段的教育过程中，逐步形成的适应个人终身发展和社会发展需要的必备品格和关键能力"[2]。其中以"全面发展的人"为核心，分为文化基础、自主发展、社会参与三个方面，又细化为人文底蕴、科学精神、学会学习、健康生活、责任担当、实践创新六大素养。

国内其他重要学者也进行了深入研究，如张华比较了世界各地的研究后认为，核心素养亦称"21世纪素养"，是人适应信息时代和知识社会的需要，解决复杂问题和适应不可预测情境的高级能力与人性能力。其中高级能力是人面对复杂问题情境时做出明智而富有创造性的判断、决策和行动能力，即像专家一样去思考。人性能力即建立在人性、情感、道德与责任基础上的能力。[3]

二、美术学科核心素养

随着《中国学生发展核心素养》研究成果的深入，在借鉴国际课程改革先进经验且直面我国基础教育紧迫问题的基础上，教育部自2015年起便明确了以发展学生核心素养为目标的课程改革方向，并且在修订"普通高中课程标准"时，要求凝练各学科核心素养，将核心素养细化到学科和课程层面。《普通高中课程方案（2017年版）》前言中指出，充分挖掘各学科课程教学对全面贯彻党的教育方针、落实立德树人根本任务、发展素质教育的独特育人价值，各学科基于学科本质凝练了本学科的核心素养。这就是说，凝练学科核心素养的目的是让广大教师进一步明

---

1 [美]罗恩菲德.创造与心智的成长[M].2版.王德育，译.长沙：湖南美术出版社，2002：4.
2 本刊编辑部，林崇德.核心素养体系的构建：回到原点的教育追问和反思——访北京师范大学林崇德教授.基础教育课程[J]，2016（9）：8.
3 张华.论核心素养的内涵[J].全球教育展望，2016（4）：19.
4 张华.论学科核心素养——兼论信息时代的学科教育[J].华东师范大学学报（教育科学版），2019（1）：56.

> **新手导航**
>
> "核心素养"和"学科核心素养"的本质是知识观的转变。原先我们仅仅让学生记住书本知识，而学科核心素养则要求学生通过找知识、用知识去解决学科问题，从而理解知识的产生和作用。"知识"不仅是事实性的名词，也是过程性的动词。

确学科本质观和学科教育观，更深刻地认识学科教育的价值。这是教育界的一项创举，有助于学科教师找到"抓手"或"着力点"，确保核心素养教育理念的落实。

学科核心素养（disciplinary key competences），即适应信息文明要求和未来社会挑战，运用学科核心观念，通过学科实践，以解决复杂问题的学科高级能力与人性能力。该能力以学科理解或思维为核心，受内部动机所驱使，贯穿人的毕生而发展。[4]学科核心素养本质上是学科知识观的转型。学科知识的本质是什么？人们往往认为就是书本知识，是一种事实本位的学科知识观。学科核心素养不否认学科事实与信息，但却超越学科事实，走向学科理解，倡导"理解本位的学科知识观"。知识本质上是人类理解并创造世界的过程与结果。所谓学科理解，即运用学科思维解决真实问题、认识并创造世界的过程。学科思维是人面对真实的学科问题和日常生活问题时能够"以学科专家的方式去思考"。

美术学科按"像专家一样思考"的原则，根据美术家的思维、创作与解决问题的过程，提炼出图像识读、美术表现、创意实践、审美判断和文化理解五大美术学科核心素养。至此，学校美术教育进入核心素养新时期，其目标是通过美术教学"立德树人，以美育人"，美术知识和技能仍是重要的学习内容，却不再是唯一目的，而成为提升美术学科核心素养的载体。

各美术学科核心素养的释义："图像识读"指对美术作品、图形、影像及其他视觉符号的观看、识别和解读；"美术表现"指运用传统与现代媒材、技术和美术语言创造视觉形象；"创意实践"指在美术活动中的创新意识、创意思维和创造方法；"审美判断"指对美术作品和现实中的审美对象进行感知、评价、判断与表达；"文化理解"指从文化的角度观察和理

解美术作品、美术现象和观念。

三、美术学科核心素养的落实

运用学科观念，解决真实问题，促进学科理解，发展学科素养，这是信息时代学科教育的基本特征。基于学科核心观念，重建课程内容，是发展核心素养的内在要求。[1] 联系美术学科，就是要指导学生运用美术不同的创作观，围绕情境化主题进行真实性美术创作，在体验各种美术创作活动的过程中促进对美术的理解，从而发展美术学科核心素养。

在图1-5中，"主题—欣赏—技法—构思—创作—展评"总结了美术家思考、创作和解决问题的过程，都是具体的美术实践活动。按"像专家一样思考"的原则，这一过程就是学生学习美术家思考、创作和解决问题的过程，也是美术学科"研究性学习"的过程，这也明确了困惑教师们十多年的"过程与方法"目标。这一美术创作过程和美术实践又与五大美术学科核心素养相互对应、环环相扣。"主题"需要联系学生个人生活情境与社会情境，对应"文化理解"；"欣赏"并借鉴经典作品主要能促进"图像识读"；"技法"就是熟悉材料与工具、学习大师相应的"美术表现"技法；"构思"包括搜集创作素材、构思构图，促进"创意实践"；"创作"需要寻找媒材与工具动手创作（含设计、制作），综合展示自己的"美术表现"素养；"展评"是完成作品、展示交流、评价总结等。此外，任何美术作品都包括形式与主题两大要素："审美判断"主要针对作品的形式，既关注和学习名作的形式，也应不断审视和改进自己作品的形式；而"文化理解"则侧重于作品的主题，既要学习名作表达什么主题、如何巧妙地表达主题，也要思考自己该如何完善形式以更好地表达主题。因此，二者必须贯穿始终。

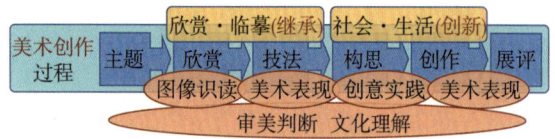

图1-5 "像艺术家一样创作"的学习过程与
美术学科核心素养示意图

素养来自实践，实践须植根于情境。图1-5也表明了通过美术教学落实美术学科核心素养的过程与方法：指导学生围绕情境化主题，经历"像艺术家一样创作"的过程，体验各种美术实践活动，持续探索大概念，在完成自己作品的同时，就必然能不同程度地提升自身的美术学科核心素养。

> **新手导航**
>
> 基于核心素养的美术教学的重要特点是"做中学"。它不是让学生学会美术知识与技能之后，再布置创作任务，而是在创作任务驱动下，对所需知识与技能的主动学习、相互联系的过程性学习。由于每个学生的个人情境、目标任务不同，所学到的知识与技能也是个性化的、各不相同的，"一千个学生就有一千种知识"！

学科核心素养是运用学科核心观念，通过学科实践，解决复杂问题的学科能力。同理，只有当学生经历了"像艺术家一样创作"的过程和相应的美术实践，解决各种问题，完成美术作品，才能证明其美术核心素养得到了全面发展。这样的美术学习改变了原先"一课一练"的碎片化学习方式，成为既有主题又有形式、既有知识又有技能、既有继承又有创新、既有作品又有理解、既有过程又有结果的学习。更重要的是，五大美术学科核心素养是一个整体，是在一个主题性创作活动过程中相互关联、相互作用、步步推进并有机形成的，不可分割又缺一不可。一旦分割，也许能学到某种美术知识或美术技能，却因缺乏有机完整性而不能称之为"美术学科核心素养"。

第四节 美术教学论及其研究对象

一、美术教学论的学科属性

美术教育是由一系列因素及其相互联系构成的（如图1-6所示），其主要的三个系统是：外部社会巨系统、学校教育大系统、美术教育教学系统内部的要素结构。我们要系统地研究美术教学问题，首先必须了解对美术教育、教学产生巨大影响的时代背景（如网络信息时代、视觉文化时代等）、国际国内的社会背景（政治、文化、经济的发展趋势等），认识目前我国全面推行的基于核心素养的素质教育思想。

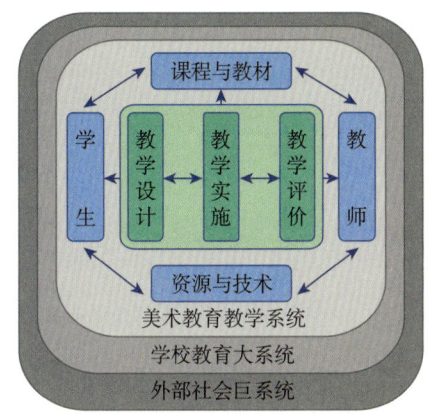

图1-6 学校美术教育系统示意图

美术教育是素质教育的重要组成部分，在"实施素质教育的过程中具有不可替代的作用"（美术课程标准），随着美术教学研究的深化、教学水平的提高，美术教育"独特的育人价值"也将日益凸显。

对美术教学论的学科性质的认识关系到美术教学论的研究目的、研究对象和学科发展的方向。要认识美术教学论的性质，还需从教学论的学科性质入手。

对于教学论学科性质的认识主要有两种：① 西方各国的教学理论认为，教学论是研究具体教学操作方法和技术的应用学科，并推出了大量的教学模式、教学策略、教学设计等操作性较强的理论成果，其不足之处在于忽视了对教学论基本原理的研究，故显得比较零乱、琐碎。② 苏联和东欧各国的一些学者认为教学论是研究教学一般规律的学科，将教学论定位于理论学科，主要关注一般原理的研究，而忽略具体操作技术，从而使教学论内容空洞、抽象、脱离实际。

近年来，教育理论界开始趋向于理论与应用的兼顾和整合，认为"教学论应该为解决教学问题而研究一般教学规律；以研究一般教学规律来帮助解决教学问题"[2]。所以教学论应当是一种既有理论又有应用的研究，即"理论—应用研究"。

基础理论研究旨在揭示、探究事物的本质和规律，回答"是什么"和"为什么"的问题。而应用研究的目的则是根据实际需要，为具体领域或情境提供特定的策略、建议、方案，解决"怎么做"的问题。因此，美术教学论是研究美术教和学的本质规律，以及研究美术教学的策略、方法和技术的科学，是美术教育学和教学论的分支学科之一。

二、美术教学论的学科位置

美术教学论的学科位置是在与其他相关学科的比较中确立的。广义上讲，美术教学论属于社会科学，它与哲学、心理学、社会学、美学、艺术学等学科密切联系，这些学科的发展为美术教学论的创建和发展提供了理论依据，而美术教学论的形成和发展也会在一定程度上丰富或影响这些学科的发展。狭义上讲，美术教学论是教育科学的一个独立的分支学科（如图1-7所示），它有自己的上位学科、平行学科和下位学科，相互间也有渗透与联系。

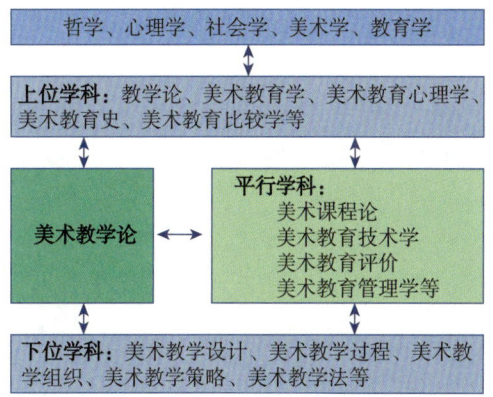

图1-7 美术教学论学科位置示意图

国内外关于教学论与课程论关系及其位置的分歧，会影响到美术教学论学科位置的确立。苏联学者把课程论当作教学论的组成部分；西方有的学者则认为课程（母系统）的范围大于教学（子系统），有的认为课程与教学是不可分割的一个整体，也有的认为课程与教学是两个同等重要的不同领域，各有固有的特点和独立性，都是教育学的并列下位理论等。

20世纪80年代后期以来，人们重新认识了杜威实用主义认识论的价值和认识的"连贯性"（continuum）原则，消解了传统教育中课程与教学二元对立的状态，认为课程与教学、教材与方法之间是

---

1 张华.论学科核心素养——兼论信息时代的学科教育[J].华东师范大学学报（教育科学版）.2019（1）：58.
2 王策三.教学论稿[M].北京：人民教育出版社，1985：56.

> **文件摘要**
>
> 中小学美术教学论的课程性质与目标
> （一）课程性质
> 　　中小学美术教学论是普通高等学校美术学（教师教育）本科专业的一门必修课程。本课程具有理论与实践相结合的特点，通过讲授美术教学的基本理论和基本方法，使学生掌握美术教学的理论知识，培养美术教学实践能力，为形成和完善中小学美术教师的职业素质和能力奠定良好的基础。
> （二）课程目标
> 　　1. 认识美术教学的基本含义和特点，形成对本课程的认知框架。
> 　　2. 了解中小学美术教学的基本内容，形成初步的课程编制能力。
> 　　3. 学习中小学美术教学的基本方法，具备从事中小学美术教学的基本能力。
> 　　4. 基于对课程的认识，逐步形成职业意识和终身学习与发展的能力。
> 　　资料来源：中华人民共和国教育部《全国普通高等学校美术学（教师教育）本科专业必修课程教学指导纲要》之《〈中小学美术教学论〉课程教学指导纲要》，2009 年 8 月。

在交互作用中融为一体的。在新的历史条件下，当教育的核心由"缺席课程"转变为"体验课程"，价值取向由"工具理性"转变为"解放理性"，关注点转向活生生的教学情境时，课程与教学的界限再次模糊和融合。美国学者韦迪（R. Weade）提出了"课程教学"（curriculum instruction）的理念，认为课程与教学过程的本质是变革，教学作为课程开发过程，课程作为教学事件。[1]

三、美术教学论研究的对象

一门学科有无存在价值，取决于它有没有相对独立的研究对象。因此，明确美术教学论的研究对象，对于美术教学论的学科建设与发展是十分重要的。

鉴于对教学论学科性质认识的不同，其研究对象也可以分为研究教学的一般规律和研究各种具体的教学问题两大类。本教材的研究对象是美术教学的规律及解决教学问题的具体方法，主要研究如图 1-8 所示的美术教育教学系统内部各要素及其相互间的关系。

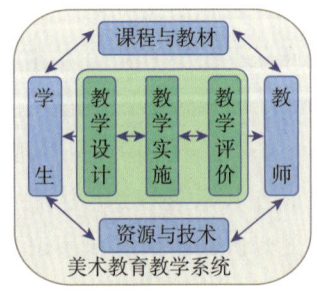

图 1-8　美术教育教学系统要素示意图

美术教学是指以美术课程内容为中介，教师引起、维持或促进学生学习的所有行为。

从静态研究角度看，美术教学系统包括教师、学生、课程、教学物质资源和技术四大要素。其中，教师和学生是美术教学活动必不可少的主体要素。在教师方面，要研究美术教师的素质及特点、美术教师的培养及提高、师生关系等。学生是教学活动中最活跃的要素，要研究学生观、认知结构、学习动机、学习方法、学生美术心理等。美术课程和美术教材是联系"教"与"学"的中介，是美术教学活动的软件，也是区分教学活动和其他非教学活动的主要标志。美术教学的物质资源是美术教学活动得以开展的物质基础，是教学活动的硬件，包括美术教学时空资源、物质设施、教学媒体及教学技术。这些要素相互依存，相互促进，相互制约，共同构成了美术教学的矛盾运动过程，整个美术教学论理论体系中大大小小的规律都是围绕着这四个要素及其依存关系而被揭示出来的。

从动态研究角度看，美术教学是一个过程，包括图 1-8 中小方框里的教学设计、教学实施、教学评价三大阶段。其中涵盖美术教学设计的基本模式、程序和方法；师生之间心心相印的教学共同体的营造，师生之间的互动和班级文化的形成；美术教学理念、教学策略、教学过程与教学方法的研究，各种美术教学方法的适用范围和操作要求；课堂管理的技术和方法，美术教学评价的设计和使用，教学环境的调控、教学技术的运用；不同类型美术课程的教学规律；等等。这是当前我国教学论研究中的薄弱环节。总之，美术教学论研究的最终目的是实施更有效的美术课堂教学。

四、学习美术教学论的意义

现代社会要求教育先行，为尚未出现的未知社会培养人才。教育的发展促使美术教育目的和观念产生转变，也影响到美术教学的内容、教学方法和研究方法。现代教学论的研究与运用，是现代教育与传统教育的重要区别之一，从表1-2中可以看出这一区别。

美术教学论是建立于现代方法论、现代教育科学基础上的对美术教学的整体研究，是现代教育对美术教师提出的基本要求，也是现代美术教学与传统美术教学的重要区别之一。主要表现为以下几个方面。

其一，美术教学论是美术教学的上位理论，是一种现代的教学观念、理论和方法，对美术教学具有高屋建瓴的指导意义，也是现代教学与传统教学的分水岭。

其二，原先的美术教材教法主要侧重于教材和教师教授方法的研究，而美术教学论则更强调教师创造性地引导学生自主建构、学会学习，强调"教法"与"学法"相统一，学科逻辑与学生心理逻辑、生活逻辑相统一，教学的科学性与教学的艺术性相统一，教学过程与教学结果相统一。

其三，原先美术教学法往往个别地研究教学内容、教学方法、教具学具、练习方法等，不注意教学各要素间的联系；而美术教学论则运用先进的理念，整体动态地设计、组织美术教学过程的各要素，谋求教学的有效性，指向"人的全面发展"这一教育终极目标。

其四，原先的美术教材教法带有浓厚的经验主义色彩，而美术教学论十分看重教学设计、教学评价、教学过程等方面的科学性、规范性和可操作性。

总之，学习美术教学论的目的是使美术教师了解现代美术教学理念，研究美术教学的基本规律和具体的策略、方法、技术，确保美术教学活动的科学性、系统性和有效性。所以美术教学论是提升美术教育水平的手段，是现代美术教师必须掌握的一门学科，也是以培养美术教师为己任的高等院校美术教育专业的必修课。

表1-2 不同时代教学特点的比较

时代类别	培养目标	教学内容	教学模式	教学方法	教师的素质
农业时代	学徒	前人和个体的经验	"名师出高徒"	主观经验性	经验技术的传授者
工业时代	标准化人才	统一的大纲与教材	班级制教学	"三中心"[2]	"技术熟练者"
信息时代	高素质人才（会学习、会关心、会合作、会创造）	人类知识精华 学会学习 学会创造	多元化（班级制、小班化、个别化、网络化、终身化等）	教与学相统一 学与做相统一	"反思性实践者"

【学习单1-1】
在课前已设计好的【教案1】（中国画、绘画）初稿的基础上，融入"学科核心素养"和"理解本位的学科知识观"，让学生的创作任务和学习活动更具自主性、选择性。

重点提示：
1. 能否在自己的教案设计中融入21世纪教育理念的变革？
2. 理解美术学科核心素养及其要求，并尝试体现在自己的教学设计中。

---

1 张华.课程与教学论[M].上海：上海教育出版社，2000：75-93.
2 "三中心"即传统教学以教师为中心、以课本为中心、以课堂为中心的简称。

【学习单 1-2】

认真领会【学习单 0-9】的要求，以小组为单位，寻找并确定民间美术调研对象，合理分工，做好调研。

重点提示：

尽可能寻找有当地特色、有历史传统的民间美术，最好是国家级或省市级非物质文化遗产项目，以具有更好的文化价值和艺术价值；要调研和采访的民间艺人，最好是该民间美术或非遗项目的传承人，他们对该民间美术会有更深刻的情感、认识和故事。

示范性案例1

单元课题	山海经异兽	教学对象	一年级	课业类型	造型·表现
基本问题	艺术家如何通过视觉形象连接传说与现实？	小问题			1.《山海经》里的世界是什么样的？（主题） 2. 山海经异兽是真实的，还是想象出来的？（欣赏） 3. 你心中的山海经异兽是什么样的？（构思） 4. 如何让传说中的异兽真实可信？（技法） 5. 视觉形象是如何再现传说的？（创作） 6. 如何让其他年级同学更好地理解《山海经》呢？（展评）
单元设计思路					**学情分析** 一年级孩子开始识字，可阅读《山海经》及相关绘本。《山海经》保存了大量神话传说。我们想以美术创作激发孩子的阅读兴趣，深度了解《山海经》及相关绘本，了解中国传统文化。《山海异兽志》中奇形怪状的异兽是这个年龄段孩子感兴趣的内容，能让孩子放飞想象，与古人对话。 课前学生已经了解了几何形和有机形的概念，并掌握了基本的塑造和组合方法；学生已学过水彩技法，掌控水彩的水分和基本调色；能用综合材料塑造简单的雕塑。本课题中学生将进一步学习形状的组合及变化，多个形态的塑造，水彩细节刻画技法等内容。本单元共8节课，480分钟。 **教学策略与方法** 通过阅读《山海经》、欣赏图片，引导孩子比对真实动物和想象动物的区别，找出异兽的造型特点；通过游戏、讨论理解传说与现实的关系；用思维导图创造心中的山海经异兽，通过讲解、示范、练习让孩子掌握水彩细节刻画方法及雕塑制作流程，并思考如何向其他年级同学介绍《山海经》。 明确项目目标和评价方式。学生将根据《山海经》中异兽的描述，结合现实与想象完成异兽的绘画作品，并据此为校园某处创作一件异兽雕塑作品，能让其他同学更好地理解《山海经》。除了最终的表现性任务外，学生会通过学习单、视觉日志、思维导图、绘画、雕塑等方法经历"像艺术家一样创作"的学习过程。 项目采用差异化教学。造型难度和思维导图数量等设置分级目标，根据学情适当调整难度。 **项目设计遵循** "学—做—反思"程序。如构思部分，学：观察对比艺术家创作的异兽和异兽的现实形象；做：语言传递与图像再现游戏，用思维导图构思草图；反思：如何结合真实与想象。
课程标准					**第一学段（1~2年级）"造型·表现"学习领域** 1. **目标** 尝试不同工具，用纸以及容易找到的各种媒材，通过看看、画画、做做等方法，大胆、自由地表现所见所闻、所感所想，体验造型活动的乐趣。 2. **学习活动建议** 以游戏等多种方式，体验不同工具和媒材的表现效果，开展造型表现活动，并借助语言表达自己的想法。尝试用线条、形状和色彩进行绘画表现活动，认识常用颜色。尝试用纸材、泥材等多种媒材以及简便的工具，通过折、叠、揉、搓、压等方法，进行造型活动。 3. **评价要点** 对造型表现活动感兴趣并积极参与。通过造型表现活动，大胆、自由地表达自己的观察、感受和想象，创作若干件能反映自己学习水平的作品。辨别12种以上的颜色。
单元目标					**知识与技能** 了解《山海经》中异兽的造型特点，理解艺术家是如何将传说中的异兽创作出来的。结合现实与想象，运用水彩细节刻画方法，及雕塑组合与塑造的技巧创作自己心中的异兽。 **过程与方法** 欣赏《山海经》—讨论异兽是真实的还是想象的—探究山海经异兽造型—思维导图构思并完成设计—用水彩创作异兽和用综合材料塑造立体异兽—集中展示并分享自己的作品。 **情感态度与价值观** 欣赏《山海经》，形成对中国神话传说的浓厚兴趣和积极的学习态度，激发对中国传统文化的认同感和自豪感。尝试在现实基础上的想象，敢于突破既有形式，进行创意联想。
《山海经异兽》评价量规					
学习任务	理解山海经异兽造型特点，用水彩和雕塑创作山海经异兽。				

续表

评价项目	评价指标	得分				
状态评价	积极参与讨论，主动表达自己的看法，探究异兽造型特点，分享自己的理解。	0	4	6	8	10
理解评价	能理解神话传说是古人了解世界、记录世界的方式；能清晰理解艺术作品中现实和想象的部分。	0	8	16	23	30
鉴赏评价	能识别作品的现实部分和想象部分；能找到作品的视觉中心；理解视觉中心是通过大小对比、色彩对比等方法强调的。	0	4	6	8	10
创作评价	能用拼接、组合、数量变化、再造、比例变化等方法创作异兽；作品构图有突出的视觉中心和主体；能用水彩技巧完成主体的细节刻画；能借助各种工具材料，用粘贴、组合及揉、捏、压等方法完成异兽雕塑作品。	0	8	16	23	30
展示评价	能根据学习目标客观评价自己在对《山海经》的理解、技法研究、作品创作上的进步，以及在各阶段的表现；清晰表达自己的创作感受；认真倾听同学的分享，以审美眼光欣赏同学作品，并诚恳、流利地交流，体验情感的丰收。	0	5	10	15	20
评语		得分				

一、欣赏	（1）**明确学习任务**。阅读《山海经》、欣赏、讨论等，理解单元学习目标及评估指标。 （2）**探索异兽造型特点**。示范拼接、组合、数量变化、再造、比例变化等方法；引导学生讨论总结山海经异兽造型特点。 （3）**完成造型小练习**。 （4）**联结**。推荐与课程相关的故事书和绘本，对视觉日志要求进行说明；课后作业：收集现实中的奇特动物图片并完成视觉日志。 
二、构思	（1）**听文字找图片**。根据《山海经》中的描述寻找异兽的"现实形象"。学生对比图片并抢答，引导思考艺术作品和现实的关联。 （2）**语言传递与图像再现游戏**。老师悄悄讲给第一个孩子一段话，这个孩子再把话悄悄讲给第二个孩子，依次往下，最后一个（第八个）孩子画出这段话的内容并讲出这段话，找出这段话因语言传递发生的信息变化，讨论最后画出的图像与老师讲的原话的差异，思考语言表达和图像再现的关系，传说和现实的差异。  （3）**草图**。根据《山海经》里对于某种异兽的文字描述，创作异兽草图2~3张。 （4）**展示回应**。展示自己的草图，分享想法。 （5）**利用思维导图创作**。强调加入自己的理解，突出主体。 （6）**为定稿添加细节**。注意自己心中异兽特点的表现。  
三、技法	**雕塑技法** ① 欣赏中国传统雕塑实物（缩小版），讨论、总结艺术形式和创作步骤。 ② 教师示范异兽雕塑骨架的搭建方法，引导孩子根据自己定稿的形态搭建雕塑骨架。 ③ 在制作过程中注意结构的分解，搭建时注意保持平衡，注意材料的合理使用，粘贴的牢固性。 **水彩技法** ① 讲解水彩水分控制和用笔的技法。

续表

	② 示范色彩细节刻画的方法，如用点、线勾勒羽毛、爪子的细节。完成水彩技法学习单。 ③ 深入刻画作品，在上色过程中引导孩子注意水彩颜料的特性，完成水彩学习单。 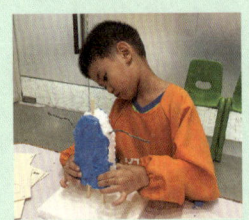	
四、创作	**雕塑创作** ① 教师示范用黏土在雕塑骨架上的造型方法。 ② 孩子们用黏土进行外部形象的塑造。 ③ 根据定稿添加异兽的细节，完成雕塑作品，包括着色和细节的处理。 ④ 总结作业进度和要点，针对作品，与孩子们进行深入沟通，并提供必要的帮助。 **水彩创作** ① 完成水彩作品色彩的填充。 ② 做最后的调整并赋予画作一定的故事性。	
五、展评	① 组织单元总评，完成心愿单，进行自评、他评。 ② 作为艺术家你会将作品放置在校园哪个地方呢？你会如何向其他年级同学介绍你的作品？ ③ 展示回应，讲解作品，描述、分析、阐释作品。	

资料来源：《山海经异兽》是重庆涂乐松果国际美育的全球本土化项目，将传统文化结合创新表达，由涂乐松果国际美育创始人赵麒麟老师设计并提供。作品曾在第八届重庆国际文化产业博览会中展出。

案例点评

《山海经异兽》是一年级的教学案例，赵老师以中国传统文化经典《山海经》组织教学，奇形怪状、天马行空的异兽形象激发了学生强烈的学习与探究兴趣，并以水彩画和综合材料雕塑等形式创造出卓尔不凡的作品。作品以强烈的形式感，大胆表达传统文化经典，渗透着某种后现代创作观。在教学上，该案例采用项目化学习方式，并引入"基于问题学习""追求理解的教学设计"等先进的教学理念，引导一年级小学生"像艺术家一样创作"，体现了核心素养本位的真实性学习，是一份不可多得的示范性案例。

思考与练习

识记：工具主义的美术教育、学科为本的美术教育、核心素养、学科核心素养、美术教学论。

理解：1. 简述当代美术教育的时代背景与特点。

2. 简述由儿童本位、学科本位到社会本位与综合取向等美术教育价值取向的发展与变化。

3. 简述五大美术学科核心素养的释义与落实。

4. 说明美术教学论的学科位置和研究对象。

建议阅读

［美］格兰特·威金斯，［美］杰伊·麦克泰格.追求理解的教学设计：第二版［M］.闫寒冰，宋雪莲，赖平，译.上海：华东师范大学出版社，2017.

［美］林恩·埃里克森，［美］洛伊斯·兰宁.以概念为本的课程与教学：培养核心素养的绝佳实践［M］.鲁效孔，译.上海：华东师范大学出版社，2018.

张华.论核心素养的内涵［J］.全球教育展望，2016（4）.

张华.论学科核心素养——兼论信息时代的学科教育［J］.华东师范大学学报（教育科学版），2019（1）.

第二章　美术教学中的学生

基本问题：

不同学段学生的美术表现有何特点？如何促进他们发展？

学习目标

【任务一】【任务三】：知道并理解科学的学生观、儿童绘画发展规律、"儿童绘画——言语发展相关论"、中小学生美术学习心理和教学指导重点等；做到能按学生的年龄特点设计好【教案1】中的语言、行为和教学要求，发展学生美术学科核心素养。

【任务二】：实地采访、调研，收集民间美术教材开发所需的图文资料。

师生共建			
	课前	课中	课后
教师	1. 第二章研究的学生观、儿童绘画发展规律、美术学习心理和教学指导重点等内容，是本课程的基础。 2. 上传相关参考文献；了解并指导"小老师"对本章内容的理解和教学设计；发现并纠正他们对各核心概念的误解或理解偏差。 3. 指导并纠正"小老师"【教案1】中不适合该学段学生的语言、行为和教学要求。	1. 关注"小老师"对第二章"以学生发展为本"、儿童绘画发展规律、美术学习心理和教学指导重点等内容的理解正确与否；检查教学思路和教学活动的合理性和有效性。 2. 关注"小老师"能否发现并纠正师范生【教案1】中的语言、行为和教学要求的错误。 3. 组织评价组对讲课组提问和点评；对"小老师"的教学进行点评、纠错和补充；突出教学活动的适龄性等重点。 4. 落实【调研】对象与分工。	1. 要求师范生进一步阅读相关文献，深入学习并理解学生观、儿童美术学习心理和教学特点等。 2. 布置师范生观看美术课视频，学习小学、中学教学的语言、行为和方法。 3. 要求师范生改进各自【教案1】中的语言、行为和教学要求。 4. 要求师范生实地采访、调研，收集【教材】所需的图文资料。
"小老师"	1. 认真钻研本章内容和参考文献，理解本章的重要概念和知识，设计好教案和课件。 2. 设计好自己的【教案1】，要适合该学段学生的语言、行为和教学要求。	1. 抽查师范生的【教案1】，通过提问、讨论发现问题；示范自己的【教案1】，指导师范生改正其中的错误。 2. 运用选择、连线、找碴、抢答等策略与方法引导师范生理解学生观、儿童绘画发展阶段和教学特点等。	1. 总结本小组的教学设计和教学活动；完成教学反思和自评报告。 2. 把教案与课件改进后上传到线上学习平台；做出本章教学的微页，并发班级群。
师范生	1. 预习本章内容，查阅网络、图书中的相关资料，记下不理解的问题。 2. 按第二章要求设计好【教案1】中的语言、行为和教学要求。 3. 确定【调研】对象，并进行联系，明确分工好的任务。	1. 带来设计好的【教案1】打印稿，积极参与教学互动。 2. 学习为自己的【教案1】设计适合该学段学生的语言、行为和教学要求，通过小组讨论发现错误，课后改正。 3. 汇报【调研】的进展情况。	1. 进一步阅读本章的示范性案例和网上文献。 2. 观看小学、中学美术视频课一节。 3. 运用本章所学知识，改进【教案1】中语言、行为和教学要求。 4. 实地采访、调研，收集【教材】所需的图文资料。

第一节　美术教学中的学生观

学生观就是对学生的本质属性及其特点的看法，是建构教学理论的重要基石。每个教师都有自己的学生观，它客观地影响着教师的教学态度和教学行为，从而产生不同的、甚至大相径庭的教学效果，也会不同程度地影响着学生的发展和教师的自我发展。

发展学生核心素养的教学观强调，现实生活环境是动态、变化和发展的，美术教学也不应该固定僵化。教师要引导学生以积极的生活方式与态度认同正面的人生观和价值观，应尊重学生，根据学生身心发展特点施教，使学生不仅具备必备的知识与能力，而且逐步形成终身学习的能力和兴趣。因此，基于核心素养发展的学生观，要为学生走向社会和自我发展打下基础，引导学生创意思维的发展，运用美术知识与技能解决实际问题，理解美术文化，进而提升与发展美术学科核心素养。

一、学生观的发展与变化

18世纪法国启蒙思想家、教育家让－雅克·卢梭在《爱弥儿》一书中提出：教育要顺应儿童的兴趣，教育内容要和日常生活有关。他曾猛烈抨击当时教学全然无视儿童学习兴趣而只是进行强迫和干涉的教育状况，主张通过自然教育培养理性之人，强调培养儿童的主动探究精神，鼓励儿童自主学习，激发儿童学习兴趣。卢梭认为，每个年龄、人生的每个阶段都有它适当的成熟时期。儿童在不同时期有不同的特点，不同时期的教育方法也应该是不同的，应采用适合儿童自然发展的教育方式。卢梭的儿童观崇尚自由、平等、自然，主张顺应人的天性，尊重人的发展规律，这一观点仍适用于今天的儿童教育。

杜威把教育看作是"经验再造的继续"，认为教育不应该被看作是生活的预备，而应该被看作是生活本身。心理学家E.L.桑代克（E.L.Thorndike）发展了一种"刺激—反应"（stimulus-response）的理论，他认为学习是由一系列联系或通道的建立而组成的，这些联系是在大脑中由刺激做出的具体反应形成的。反之，格式塔心理学（Gestalt Psychology）主张，整体是主要的，部分的特点和行为方式是源于整体的。学习者获得知识应该从知识的内在联系入手，即通过理解学习过程中的各个部分之间的关系入手。

二、科学的学生观

（一）学生是具有主体性的人

教育教学活动只有在得到学生的主体意识的选择、支持后，才能对其知识、能力、个性、品质、身体等各方面的发展起作用，其主体性特点表现在以下几个方面。

① 对教育影响的选择性。即使在学校教育环境下，学生也是根据自己的经历、知识背景、发展需要和主体意识，积极或消极地选择教育的影响。

② 学习的独立性。学生的学习起点、学习目标与追求、制约学习的个性心理特征等是各不相同的。美术教学尤其要重视让学生发表其独立的感受与见解。

③ 学习的主动性。即学生学习主体性的本质体现，美术教学活动要建立在学生自觉、主动、自我追求的基础上。

④ 学习的创造性。学生完成美术教学任务的方式、方法、思路以及对问题的认识等，都可能表现出一定的创新性、创造性。美术教师特别要允许、珍惜并鼓励这种创造性。

> **新手导航**
>
> 要当好老师，首先要爱学生，要对学生有正确的认识，即树立科学的学生观，才能使教学有效。而作为美术教师，还要了解不同年龄阶段学生的美术表现能力和特点，才能做到教学有方。

（二）学生是发展中的人

学生是处于发展中的人，有其身心发展的特点，教师不能把他们当作"小大人"看待。

发展心理学的研究表明，青少年学生的身心发展具有顺序性和阶段性、稳定性和可变性、不均衡性和个别差异性等特点。因此，教师要用发展的眼光看待学生，根据学生的身心发展水平来组织教学活动。

> **学术动态**
>
> **大脑研究**
> 　　20世纪70年代，对人脑左半球和右半球功能的研究引起了教育界的重视。研究认为：人脑左半球和右半球各有其功能。左半球是分析的、理性的、逻辑的和线性思维的区域，而右半球则是非理性的、直觉的、整体的区域。这项研究支持的观点是：传统教育只是狭隘地强调逻辑—数学和语言的学习，而忽视了学生身上所具有的其他能力，而这些能力能够而且也应该在学校学习期间得到发展。
> 　　大脑研究的大致四项结果似乎对学习会产生影响，因此，对教学、对课程、对总体教育也都产生影响。结果1：大脑随着人一生中生理的变化而变化。大脑工作的环境在很大程度上决定大脑的运行能力。结果2：智商不是出生时就确定的。结果3：有些能力在特定的敏感期或"机会窗口"期更容易获得。结果4：学习会受到情绪的强烈影响。
> 　　资料来源：[美]艾尔·赫维茨，[美]迈克尔·戴.儿童与艺术[M].郭敏，译.长沙：湖南美术出版社，2008：13—15.（有删改）

"可教性"或"可塑性"是发展中的青少年学生的基本特点。由于年幼的学生心灵脆弱，一次不适当的打击也许会导致其终身的心理创伤，而一次充满爱心的关怀也许会助力其获得独特的发展。

（三）学生是有潜能的人

越来越多的研究证明：人体内潜存着大量未被开发利用的能力。如何将这些潜能开发出来是现代教学义不容辞的责任。一般说来，学生的潜能具有如下特点。

① 丰富性。科学家对正常人的潜能的估计结果令人感到惊讶，特别是丰富的人脑潜能。

② 隐藏性。"潜能"是隐藏、沉睡在人体中不为人们所认识的各种特殊能力。

③ 差异性。每个人都有自己的潜能领域，但潜能的能力、能量、能级因人而异。潜能的显现或与心理发展的关键期有关，或与人的社会性实践有关，早晚有别。

④ 可开发性。人的潜能可以通过教育教学的训练而得到开发，美术教学是发现并开发学生美术方面以及各种非美术方面潜能的有效途径。[1]

（四）学生是具有整体性的人

教学是培养人的活动，其对象是一个个完整的人，是德、智、体、美、劳全面发展的人。著名教育家杜威说得好："我们所需要的是儿童以整个的身体和整个的心灵来到学校，并以更圆满发展的心灵和甚至更健全的身体离开学校。"[2] 为此，教师在施教的理念、方法和手段上也应注意完整性。

（五）学生是有差异性的人

教师面对的是有血有肉、各具个性的学生。而且，不同年龄阶段的学生有心理发展水平、绘画发展水平的差别，在知识结构、感知能力、思维水平、想象力、创造力，以及兴趣、情感、美术表现力等方面都会有显著差别。因此，教师必须了解学生及其心理特点并因材施教。

> **学术动态**
>
> **多元智能理论**
> 　　美国哈佛大学心理学家加德纳教授认为，我们的智力是多元的，除了言语／语言智力（verbal／linguistic intelligence）和逻辑／数理智力（logical／mathematical intelligence）两种基本智力以外，还有其他七种智力：视觉／空间关系智力（visual／spatial intelligence）、音乐／节奏智力（musical／rhythmic intelligence）、身体／运动智力（bodily／kinesthetic intelligence）、人际交往智力（interpersonal intelligence）、自我反省智力（intrapersonal intelligence）、自然观察者智力（naturalist intelligence）和存在智力（existential intelligence）。智力之间的不同组合表现出个体的智力差异，每个人或多或少拥有不同的九种多元智力，人们可以根据各自的智力倾向去发展这些智力，这种潜能只有在适当的情境中才能充分发展出来。这一全新的智力理论对于学校教育具有重要的意义。
> 　　资料来源：[美]霍华德·加德纳.智能的结构[M].沈致隆，译.北京：中国人民大学出版社，2008.

第二节 儿童绘画发展阶段研究

美术教学的对象是学生,所以,教学必须与学生的心理发展水平和特点相联系;反之,我们认为美术教育有利于人的发展,也必须从心理学中找到理论根据。教学是培养人的活动,最重要的工作莫过于寻求和认识教育教学的心理学依据。

一、儿童绘画发展基本规律

在认知功能方面,儿童会把自己对世界的认知用绘画表现出来,随着儿童对世界认知的不断深化,也会影响绘画内容的深度。在运动功能方面,儿童手指的灵活性会随年龄增长而发展,在绘画和手工制作时,要充分考虑手指的灵巧性、运动技能以及体力等要素。在感性和情感方面,儿童对事物感知活动的丰富程度,会影响绘画表现的深入和丰富性。儿童其他方面能力的发展也会影响绘画表现的发展。

儿童绘画表现的发展,基本上是遵循儿童成长发展规律的,但也会因为儿童各自生活习惯、受教育方式和接受能力等出现个性差异,尤其会随年龄变化而表现出不同的个性和特点。因此,不该僵化地坚持几岁的儿童应该画出怎样的画的片面观念,而要根据每个儿童的个性特点因材施教。生活环境及其变化,会影响儿童绘画表现的发展并产生差异。在重视自主思考和积极探索的生活环境中成长的儿童,与一切活动都由大人安排的儿童,他们绘画表现的丰富程度也会有所不同。时代不同,国家教育制度的不同,儿童各种能力的发展与表现也会有差异。

二、儿童绘画发展分期的相关理论

由于每个儿童的天赋和客观条件的差异,他们的绘画能力会有显著差别,但这并不能否认儿童绘画发展的基本规律。儿童绘画发展的不同阶段确有其不同的特征,并与年龄、心理发展有一定的相关性,因此,将儿童绘画发展划分为若干阶段有助于儿童绘画发展规律的研究,也是实施美术教育的基本依据。近百年来,诸多学者由于出发点和理论背景的不同,提出了不同的分期和称谓,参见表2-1。纵观各家之言,或是对儿童画某种造型手段或特征的描述,或是较为主观的命名,或是涉及视知觉、思维、主体意识等理论,都难以从心理学理论层面整体地解释儿童绘画发展过程中种种奇怪现象及其内在联系。

三、儿童绘画——言语发展相关论

为了较好地解决儿童绘画发展过程中的难题,王大根从心理学言语发展的角度出发,认为儿童绘画发展阶段的各种特点除了与儿童身心发展水平相关外,最重要的是同儿童言语[3]发展水平直接相关,提出"儿童绘画——言语发展相关论"[4],理顺了儿童绘画发展过程中种种令人困惑的现象,对认识儿童绘画发展的规律、指导不同年龄学生的美术教学等方面提供了重要的理论根据。(表2—2)

---

1 参见:李如密.人的潜能与乐观的教育[J].教育理论与实践,1989(5).
2 杜威.杜威教育论著选[M].赵祥麟,王承绪,编译.上海:华东师范大学出版社,1981:56—57.
3 言语(speech)是指个体借助语言传递信息、表达思想的过程。语言(language)是由词汇按一定语法所构成的复杂的符号系统,是人类特有的重要的交际工具。引自:朱智贤.心理学大词典[M].北京:北京师范大学出版社,1989:828.
4 王大根.儿童绘画——言语发展相关论[J].上海教育科研,1996(4).

表 2-1　儿童绘画发展阶段的各种分期和称谓一览表（单位：岁）

年龄	心理学分期	[法] G.H. 吕凯	[英] H. 里德	[美] V. 罗恩菲德	[台湾] 赵云	常锐伦	屠美如	王大根
2	婴儿期（1~3）（先学前期）	（潦草的）偶然的写实阶段，又称涂鸦期	错画阶段（2~5）画线阶段（4）	自我表现的第一阶段（涂鸦阶段）（2~4）	涂鸦期（1.5~3）	涂鸦期（1.5~3）	涂鸦期（1.5~4）	涂鸦期（1.5~3）
3								
4	幼儿期（3~6/7）（学前期）	（不及格）不完全的写实阶段	图形的象征主义阶段（5~6）	表象符号的形成期（3~4/5）	象征期（3~5）	象征期（4~5）	符号期	"词"的符号期（3~5）
5								
6				首次的表现尝试（样式化前阶段）（4~7）	主观感觉表现期（5~9）	意象前期（5~7）	概念画期（5~8）初期（5~7）后期（7~8）	"句"的符号期（5~7）
7			图形的写实主义阶段（7~8）					
8	儿童期（6/7~11/12）（学龄初期）	（理智性的）知的写实阶段		形体概念的形式（样式化阶段）（7~9）		意象后期（7~9）		陈述的符号期（7~9）
9			视觉写实主义阶段（9~10）					
10				理智之萌芽（党群年龄）（9~11）	客观观察及描摹期（9~11）	萌生写实期（9~11）	写实期（8~15）初期（8~11）后期（11~15）	写实期	陈述的写实期（9~11）
11								
12	少年期（11/12~14/15）（学龄中期）	（视觉的）视的写实阶段	抑制阶段（11~14）	拟似写实阶段（推理的阶段）（11~13）	潜伏或转移期（11~14）	推理写实期（11~13）		分化的写实期（11~13）
13								
14						仿成人写实期（13~15）		视觉的写实期（13~15）
15				决定时期（创造活动中的青春期危机）（13~17）				
16	青年初期		艺术的复活（青少年早期）					理性期
17								
资料来源	朱智贤《儿童心理学》	《中国美术教育》1990年第5期，1991年第5期	《通过艺术的教育》中引用 C.Burt 的分期	《创造与心智的成长》	《儿童绘画与心智发展》	《中国美术教育》1990年第5期	《中国美术教育》1991年第5期	王大根《学校美术教育目的论》

表 2-2　儿童绘画——言语发展相关性一览表（单位：岁）

年龄	心理学分期	言语和心理发展特点	绘画发展分期	绘画（美术）发展特点
2	婴儿期（1~3）（先学前期）	爱听故事和成人说话　词汇量增加　表达能力发展	涂鸦期（1.5~3）	无意识地涂画　有控制地涂画
3				

续表

年龄	心理学分期	言语和心理发展特点	绘画发展分期		绘画（美术）发展特点
4	幼儿期 （3~6/7） （学前期）	词汇量增加 "造词现象" 看图说话才能连贯 "自我中心言语" 最初书面言语需要 对言语的积极态度	符号期 （3~9） 特点： 概念化造型 童话式幻想 各种荒诞现象 重过程轻结果 天性喜爱美术	"词"的 符号期 （3~5）	画简单的形象并命名 形象之间无联系 不注意色彩的使用
5					
6				"句"的 符号期 （5~7）	造型稍复杂，仍概念化 形象间有联系，有陈述性 作画过程的自言自语 使用主观色彩
7	儿童期 （6/7~ 11/12） （学龄初期）	开始学习语文课 独白言语发展 书面词汇开始占优势 写作能力迅速发展 内部言语迅速发展			
8				陈述的 符号期 （7~9）	造型较完整，陈述性很强 画中写字说明 "透明画"空间表达 色彩灿烂、强烈
9					
10			写实期 （9~15） 特点： 造型从符号性转向写实性 对美术的兴趣开始分化 出现"青少年危机" 超越书面言语而走向自觉	陈述的 写实期 （9~11）	从记忆、想象转向现实 画面饱满，造型逐渐成熟 追求厚度，"透明画"消失 追求客观色彩
11					
12	少年期 （11/12~ 14/15） （学龄中期）	言语水平全面发展 积极参与文学创作 审美观逐渐形成 主体意识开始形成 兴趣分化 "气质掩蔽"		分化的 写实期 （11~13）	能体会画中的审美因素 好的学生作品更成熟 喜爱临摹写实的作品 喜爱手工、设计、欣赏等 用美术作品表露气质、情绪 用美术作品寄托深层情思
13					
14				视觉的 写实期 （13~15）	客观色彩的丰富、变化 主观感情色彩的需要
15	青年初期 （15~18）	言语进入成熟水平 心理、个性全面成熟 知识结构日益广博 精力充沛、兴趣广泛 审美态度更成熟 进入理性阶段	理性期 （15~18） 特点： 兴趣定型 自觉学用美术 理性观照美术		对热爱美术者进行专业化美术训练 美术作品欣赏、评论、美术史学习 不同材料的制作 平面装饰设计，机能、工业设计 自然色彩的分析，色彩的心理意义
16					
17					
18					

现将表内"言语和心理发展特点"一栏的部分内容作一解释。

① "造词现象"（phenomenon of coinage）：3~5岁的儿童会根据自己所掌握的词自造新词，如把"鸡蛋糕"说成"蛋黄糕"，把"一条裤子"说成"一双裤子"等。国外学者认为，造词现象是儿童早期创造才能的表现；朱智贤则认为，这主要是由于儿童词汇的贫乏和对词汇的掌握不足所致[1]。其实二者兼而有之，否则只能因词不达意而无奈。

② "自我中心言语"（egocentric speech）：皮亚杰发现，幼儿有自言自语的"自我中心言语"的有趣现象。经研究表明，这是由外部言语机能向内部转化的过渡形态，是儿童的言语机能由交际转向自我调节的中间阶段。[2]

③ 书面词汇开始占优势：儿童书面言语发展极快，在正确的教育下，约从二三年级起就逐步赶上口头言语的水平，约从四年级起就能超过口头言语水平，[3]小学生在中高年级写作能力会迅速发展起来。

④ "气质掩蔽"（masking of temperament）：一个人的气质在童年时期表现较明显，但随着年龄的增长，积累的生活经验日益丰富，其气质特征也就为后天获得的修改特征所掩蔽。[4]到小学高年级，某些活泼的女孩在学校变得文静，但回家却照样撒娇、调皮，胆怯的男孩却假装强大、逗勇好斗。

---

1 朱智贤. 儿童心理学[M]. 北京：人民教育出版社，1980：163.
2 朱智贤. 儿童心理学[M]. 北京：人民教育出版社，1980：168.
3 林崇德，杨治良，黄希庭. 心理学大辞典[M]. 上海：上海教育出版社，2003：1164.
4 朱智贤. 心理学大词典[M]. 北京：北京师范大学出版社，1989：484.

三、儿童绘画——言语发展相关案例

教学案例

儿童绘画——言语发展相关一例

上海市崇明实验小学从1988年起进行小学艺术教育改革实验,其目的是研究增加美术教学对小学生个性发展的影响。实验对象是刚进校的小学生,并逐年跟踪调查。实验者事先分别对实验班和对照班学生的智商、个性品质都做了测定,对各任课教师都做了控制。主要实验措施是:实验班每星期减少语文课、数学课各一节,改为美术课,(当时为六天工作制)然后观察实验班和对照班之间在学习成绩、智力因素、个性品质等方面的差异。美术教学活动主要有写生、临摹和命题创作,为此,学校经常组织实验班学生到崇明森林公园、金鳌山、上海南浦大桥、外滩、动物园等地参观、写生,或到当地农村参观、劳动、体验生活。三年后,统计分析表明,实验班学生各项数据均高于对照班,请见表2-3。

表2-3 崇明实验小学艺术教育改革实验结果分析一览表

分析项目	班别	$\bar{x}$	S	t
算术总评成绩	实验班	93.706	5.289	$t=1.506$ 无显著差异
	对照班	90.765	6.665	
语文总评成绩	实验班	88.000	5.271	$t=2.415\ p<0.05$ 差异显著
	对照班	82.029	11.248	
作文总评成绩	实验班	81.471	10.835	$t=3.565\ p<0.01$ 差异很显著
	对照班	70.647	11.779	
观察能力测量	实验班	9.121	1.256	$t=2.848\ p<0.01$ 差异显著
	对照班	7.025	5.367	
形象思维和创造性思维	实验班	9.572	1.226	$t=2.478\ p<0.01$ 差异显著
	对照班	8.105	4.426	
审美能力	实验班	9.021	2.135	$t=2.831\ p<0.01$ 差异显著
	对照班	7.223	4.263	
智商测验	实验班	110.941	15.650	$t=3.476\ p<0.01$ 差异极显著
	对照班	99.235	17.701	
书面语言能力分析	实验班	2.412	1.064	$t=2.516\ p=<0.05$ 差异显著
	对照班	1.647	0.996	
因果推理严密性分析	实验班	4.529	2.003	$t=2.726\ p<0.02$ 差异显著
	对照班	3.294	1.795	

实验班学生的性格特点是:感知觉敏锐,心扉开放,有开拓精神,不拘小节,对幻想的事物感兴趣;对不合理的、无序的事物持宽容态度,对复杂的和标准不明确的事物感兴趣;不屈于压力,勇于承担困难,不因循守旧,思考和行动具有独立性,有自信心、我行我素;好奇心强、爱冒险、不满足现状;有时爱扰乱正常的课堂教学。

研究结果表明,实验班在每周减少语文、数学课时各一节,增加美术课之后,语文成绩反而明显提高。尤其是在发展学生智力、能力方面,明显优于对照班,且差异极显著;更重要的是,学生的观察、思维、审美、个性、艺术才华、人格因素都得到发展。

资料来源:该研究课题由崇明实验小学原副校长、美术教师王晓主持,并提供有关数据和材料。

产生案例中结果的原因主要是，儿童的心理特点具有具体形象性和无意性。儿童的发展有赖于广泛接触自然和生活，积累丰富的知觉表象和经验，更需要儿童在自主活动中积极体验、创造和成长。儿童在美术活动中不仅发展了绘画能力，同时也发展了观察、思维、表达和创造的能力。他们把画画当作书面言语，表达他们的所见所闻、所想所爱，显然具有与写作文同样的言语功能和过程，所以对作文成绩有显著影响。同时作为一种自主创造行为又促进了智商、审美、思维，乃至各种个性品质的全面发展。

> **新手导航**
>
> 你曾想过美术对语文、对写作有如此之大的影响吗？所以，不能只局限于美术学科本身、为技能学技能，而要看到其跨学科的作用和影响力，为学生的全面发展而上好美术课。

第三节　儿童绘画特点与教学指导

儿童的心理、思考、智力、身体的发育，会随着成长阶段的变化发生质的改变，3岁、9岁、13岁被认为是儿童脑部发育的转折点。在美术教学中，厘清学生身心发展与绘画表现的关联，对于我们选取和开发教材至关重要，同时也能更好更深入地对学生进行相应的美术教学指导。

儿童绘画发展特点是其身心发展水平在绘画中的视觉化呈现，也是实施学校美术教学指导的依据。本节依据王大根"儿童绘画——言语发展相关论"绘画发展分期以及国内外相关理论，结合不同成长阶段学生的特点及绘画特点，从材料、主题、表现技巧、教学语言及教学评价等方面，提出相应的美术教学指导建议，供读者参考。

一、涂鸦期（1.5～3岁）婴儿绘画特点与教学指导

这一时期是心理学的婴儿期。婴儿会拿着蜡笔或铅笔在纸上敲击或乱画线条，他们并非要画画，仅仅是体会手部运动的快感；随后能慢慢控制手部，画出平行的线，逐渐以手腕为轴左右运动并画出"山"形线等；随着手更灵活，能同时用肘和腕作画，画出点或短线、横线、竖线、电光线、波浪线、螺旋形线，以及独立的形象（如图2-1所示）。2岁前后的婴儿能一边画线一边想象，嘴巴模仿如汽车、火车的声音，一边绘画一边自言自语（如图2-2所示）。这些变化非常重要，是从无意识涂鸦转向有各种想象的涂画。同时，婴儿手的运动机能逐渐发展，如打开抽屉、撕破报纸、翻腾各种玩具，开始对周围的事物感兴趣，反复探索其功能及作用。

图2-1a　点或短线　　图2-1b　横线　　图2-1c　竖线　图2-1d　电光线、波浪线　　图2-1e　螺旋形线　图2-1f　独立的形象

（图片来源：东山明）

图2-2a　1～2岁　涂鸦期　　　　图2-2b　2.5岁　涂鸦期　　　　图2-2c　3岁　有控制的涂鸦

该阶段美术教学的指导重点：

这一时期教师可以按"儿童中心主义"理论，创设能充分自由绘画的环境，准备一些较大的纸张，提供便于涂画的水性彩笔或蜡笔，鼓励婴儿尽情涂鸦、自由表现，释放天性，激发兴趣。教师要避免反复问婴儿"这是什么"，或指定"画个什么"等限制；和绘画相比，更应关注婴儿熟悉纸张、体验蜡笔等工具材料的性能和使用方法。教师尽可能在其作品背面附上婴儿当时的言语表达、绘画内容和日期，可成为了解儿童发展变化、儿童绘画成长的记录。

> **新手导航**
>
> 幼儿的美术教学相对比较容易，只要教师提出主题或讲个故事，幼儿就能大胆表达。教师应以积极鼓励为主，鼓励幼儿表达心声和故事，避免强调审美、好看等成人标准。

二、符号期（3~9岁）幼儿绘画特点与教学指导

1. "词"的符号期（3~5岁，幼儿园小班～中班）

这一时期是心理学的幼儿前期。从3岁开始，幼儿自立心增强，事事都要自己尝试。4岁左右的幼儿能讲述身边的故事，开始观察家人和朋友，如模仿妈妈的某些行为、做模仿买东西的游戏，这些活动不仅能丰富表象，也能锻炼语言表达，对培养社会性有积极作用。这一时期，幼儿的手指开始活跃，会根据自己的想法使用自然物、器具、玩具等，做游戏、堆拆积木，造型活动的内容更加丰富。

幼儿的绘画出现了形状，并能象征性地表现事物。3岁左右的幼儿能画出螺旋形线条、圆形、独立形状，并给形状命名，如这是"妈妈"，那是"车"等，这都与"造词现象"相关。由于此时儿童言语尚不能连贯，因此绘画形象散乱、拼凑，相互无联系，互不遮挡，只有"词"的意义，故称为"词"的符号期。

此时幼儿绘画已从"动感线条"转向以绘画为中介的"想象思考"，这是重要变革。认知机能的发展，自我表现欲以及内心意象的出现，手指灵活度的提升，这些都促进了儿童的绘画表现。3岁前后的幼儿能画出各种符号，用四个圆圈表示汽车、用方框表示房子等，出现了在圆形上添加眼睛、嘴巴、手和脚而形成的"人"，即"头足人"（如图2-3a），能画出妈妈的特征，也会夸大重要部分，如图2-3b夸张了妈妈的嘴巴。教师应理解此时幼儿"画其所知"的特点，避免"哪有这么大，应该画小才对"之类的指责。4岁半之后，幼儿的绘画逐渐形成画面的上下关系，在画面下方出现表示地面的"基底线"（如图2-3e），在线上画人物、房屋、树木和花卉，物体之间不会重叠，也没有纵深感。

该阶段美术教学的指导重点：

此时幼儿绘画处于"书画同源"阶段，可按"儿童中心主义"理论鼓励自由表现，又可按"儿童绘画——言语发展相关论"，把绘画当作表达内心故事的书面言语。教师可提出与幼儿生活经历有关的主题，如家庭、公园、游乐场、逛街、游戏等，或听过的故事、看过的影视等，让幼儿自由地画日记画（如图2-3f）、记忆画、想象画，表达所想所爱。教师可引导幼儿在动笔前聊聊印象深刻的或感动的瞬间、自己发现的或想象的内容，激发想象力。绘画结束后，教师要避免关注造型或美感，即使看不懂也要耐心倾听幼儿描述其所画的故事，发现幼儿画中符号的意

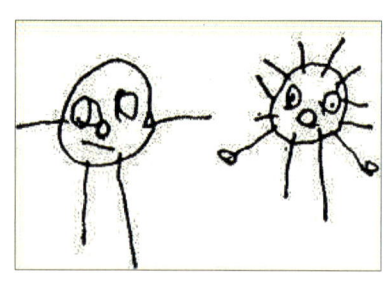

图2-3a　3岁前后

图2-3b　3岁

图2-3c　4岁

图 2-3d　4 岁　　　　图 2-3e　4 岁　　　　图 2-3f　5 岁

义，了解其内心。教师可准备容易操作的蜡笔、油画棒、水性彩笔、水粉颜料等画材；幼儿多以手臂运动为主，最好用 4 开以上的纸张，不同颜色的纸张能产生不同的效果。教师鼓励幼儿大胆表达，因人而异地予以理解和充分尊重，不能把成人的价值观强加给幼儿。

2. "句"的符号期（5～7 岁，幼儿园大班～一年级）

此时幼儿的认知力、空间感知力、想象力又有了新的发展，喜欢一边想象一边画，越画越多。由于幼儿把形象当作符号，会出现概念化现象，该特点会持续一个阶段。若要幼儿的造型样式有改变，就要让他们去表达新对象，引导他们观察造型、结构等特点。但是一旦画他们习惯的东西，仍是概念化符号。此时，女孩爱画仙女、公主类的童话世界；男孩会崇拜强大、能跑、会动的事物，如怪兽、恐龙、机器人、火车、飞机、火箭等，也会画些自己感兴趣的昆虫。在空间表达方面，会出现直接在羊妈妈肚子里画小羊的"透明画"现象（如图 2-5b），把一群人物画成放射状（如图 2-5c），把自己感兴趣的部分扩大表现。

他们用自己独特的符号描绘自己知道的、喜欢的事物。

该阶段美术教学的指导重点：

幼儿的活动领域日益广阔，生活日益多样，想象力更加丰富，往往在现实世界和想象世界间自由转换。教师可继续按"儿童绘画——言语发展相关论"，引导幼儿使用更多有表现力的画材，大胆地画日记画、记忆画、想象画，表达内心故事和生活情境，表达所想、所见、所爱。教师应充分重视幼儿爱想象和爱装饰的特点，逐渐增加美术技法和制作的比重，重视保护和开发幼儿独特的构思和创意表现，多鼓励多支持，承认和肯定幼儿就是对其最大的鼓励。幼儿使用工具时更灵巧，还能学会折纸、剪纸，用胶水粘贴，做动物、房子等造型游戏或手工制作，会获得快乐。教师需要在工具使用和安全方面指导和提醒幼儿。幼儿的集体意识开始萌发，此时可以安排些装饰教室、戏剧表演或集体创作等活动，使幼儿通过活动或担任某项任务学会合作和沟通，体验完成任务后的喜悦和成就感。

图 2-4　幼儿从"头足人"到人的表现发展变化示意图（图片来源：东山明）

图 2-5a　《年夜饭》5 岁　　　　图 2-5b　《羊的一家》6 岁　　　　图 2-5c　《运动会》7 岁

3. 陈述的符号期（7~9岁，一~三年级）

7~9岁儿童的画仍然有概念化倾向，重复地画所喜爱的事物，但在形象特征上已比较完整，比例大体正确，还能画出一些细节，能较好地区别男女、老少的人物特征。在空间表达方面，仍会出现在房子中画家具、汽车中画人物的"透明画"现象。画面的颜色更加鲜艳、强烈，大多使用主观色彩，绘画的表现力更强了。9岁左右，有的儿童开始追求客观色彩的丰富性和复杂性。此时儿童颇具"童话式幻想心理"[1]，致使此时儿童的记忆画、想象画最有特色，能较完整地表达故事情节或某事件的场面，有很强的陈述性，故称为"陈述的符号期"。虽然他们已学习语文课，却尚无足够的文字表达能力，对言语的积极态度仍保留于绘画之中。此时儿童爱在画上写字说明，这也是陈述期特点的反映。（图2-6）

5~9岁是最典型的儿童画时期，学者们对该时期的称谓分歧最大，"出现过'演化期''容易说''粗心说''能力缺憾说''唯理智说'等等"[2]称谓，尚无定论。

该阶段美术教学的指导重点：

7~9岁儿童仍处于感性经验、具体形象思维、"童话式幻想心理"时期，此时儿童画、想象画最具艺术魅力，充满了天真的幻想、纯朴的造型、绚丽的色彩、大胆的表现，也有种种可爱的荒诞现象，是儿童绘画教学最佳时期。儿童可以继续画所经历的家庭生活、逛商场、旅游以及参与班级活动等；或画有趣的童话故事、神话故事等想象画；或画绘画日记，记录所发生的有趣的、难忘的故事，既是率真自然的绘画作品，又是联系生活经验的创作素材；或为社会、语文、科学等学科内容创作插图、四格漫画、科幻画等，使绘画表现领域不断扩大。教师可以引导儿童尝试水墨画、水粉画、拼贴画、拓印画等多种绘画方式，也可加入中外各流派名作欣赏，开阔其审美视野；通过临摹农民画、大写意国画，以及野兽派、表现主义作品，感受各种绘画技法和色彩的运用，丰富儿童的绘画表现力。此时儿童的动手能力也有所发展，能更好地使用各种工具，可开展各种纸艺、陶艺、手工制作、实物拼贴、综合材料创作等造型游戏活动，儿童能做出非常有创意的作品；或让他们制作头饰、服装、道具，开展课本剧表演或歌舞表演，学会合作、沟通和共同完成任务，体验合作和表演的乐趣，获得成就感。此时儿童的心理仍有无意性和情景

> **新手导航**
>
> 陈述的符号期是最典型的儿童画时期，儿童对绘画也有极大的兴趣，一定要抓住这最佳时机。教师要提出有趣的主题，并给学生各抒己见的机会，鼓励他们说出与众不同的想法，教师只赞赏其独特性，而不必评判对错，激发思维碰撞，打开学生的创作思路。

图2-6a 《花果山》 王公坚 7岁

图2-6b 《武汉加油》 李佳韵 7岁

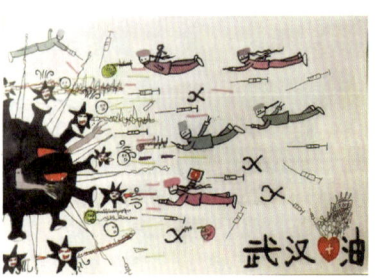

图2-6c 《逆行者无畏》 张智远 8岁

图2-6d 7岁

图2-6e 8岁

图2-6f 9岁

性特点，所以美术课还应适当体现游戏性特点，提高他们的兴趣。

4. 关于儿童画的若干问题

（1）荒诞性现象　儿童画中会出现种种荒诞可笑的现象，具体可概括为以下六个方面。

① 构思的荒诞性。即画面上表现出不合逻辑的情景或事物，如挂在弯弯的月亮上打秋千，一棵树上结出各式各样的水果等。

② 构图的荒诞性。儿童不懂得在一个画面表现一个主题，常循着联想把毫不相干的事物画于一纸，如在一条鱼旁边画一辆汽车，或画一棵树等，想到什么就画什么。

③ 造型的荒诞性。即与客观对象不相符、不合比例、缺这少那等造型偏好，而且即使他们已经认识到，但还是宁愿那样画。[3]

④ 色彩的荒诞性。此时儿童不按客观现实的色彩，而是依自己的气质、兴趣和情绪想当然地使用色彩，色彩具有主观性、任意性、装饰性等特点。

⑤ 空间的荒诞性。可表现为几种情况：透明画空间，如在房子里直接画上人和家具，在小猫的肚子里画一条鱼等；鸟瞰式空间，像小鸟在空中俯瞰地面那样，把人画成围成一圈的放射状，把足球场画成平面的等；多维度空间，即将平视、俯视与想象，空间与时间都综合在一起的画法等。如图 2-7 所示。

⑥ 设计的荒诞性。美术课程中有各类设计内容，然而儿童受认知水平所限，其设计作品也像儿童画一样，具有主观性、随意性和幻想性。常出现只顾造型不顾功能、只想象功能而不顾造型等现象。其中空间、设计上的荒诞性将一直延续到初中阶段。

（2）儿童画与大师的作品　儿童画具有独特的艺术魅力，深受艺术家乃至艺术大师的青睐，甚至有人把儿童画与艺术大师的作品相提并论。其实，所谓的"艺术魅力""创造力"大多指上述荒诞性现象，是儿童无知和无意识创造的表现，与艺术大师作品有着本质区别。儿童画的"艺术魅力"是因心理水平所限，其本人并无意识，是"天赋支配着他们，而不是他们支配他们的天赋"。美国哈佛大学加德纳博士曾解释道：成人艺术家是故意忘掉自己能画出的复杂形式，忘掉能传达的多种情绪，而有意识地、蓄意地把握那种常与儿童相联系的形式与感觉。我们对其作品的赞赏之处，部分便（确实）在于他能够压抑自己之所知，并获得一种新鲜的简单性。加德纳又指出：幼儿艺术的繁茂阶段是真实的、强有力的，但它正像植物一样，是有季节性的。……到了儿童一开始上学时，它便烟消云散了。……因为当处于儿童中期阶段时，个体便被对现实主义的和确切的真的追求所迷惑了。[4]

（3）重过程而轻结果　儿童作画十分专注，但对画好的作品却随手乱扔。这是因为儿童把绘画看作一种言语过程，画中之人只是"人"的符号，未必指特定的某人，无所谓美不美、像不像。画完后，记录言语过程的画也就无意义了，因此，儿童尚未意识到画

1　朱智贤. 儿童心理学［M］. 人民教育出版社，1980：356.
2　常锐伦. 关于儿童绘画发展阶段的称谓及其理论——与屠美如等同志切磋［J］. 中国美术教育，1990（5）：5.
3　美国哈佛大学零点艺术教育研究中心主任加德纳教授6岁的女儿凯伊在画人时将手臂从腰间伸出，经加德纳启发后，她改画成从肩部长出。然而，当她再画另一个人时，又让手臂从腰间伸出，并说："我知道和你说的方法不一样，但我喜欢这么画。"引自［美］H. 加登纳. 艺术涂抹——论儿童绘画的意义［M］. 兰金仁，高金利，译. 北京：中国商业出版社，1994：86—87.
4　［美］H. 加登纳. 艺术涂抹——论儿童绘画的意义［M］. 兰金仁，高金利，译. 北京：中国商业出版社，1994：160—161.

图 2-7a　透明画空间　孙楠楠　6岁

图 2-7b　鸟瞰式空间　5岁

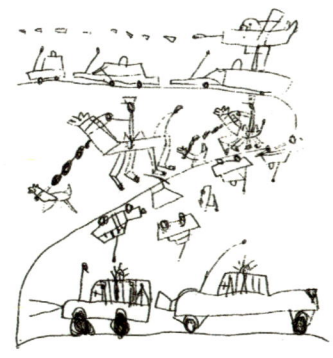

图 2-7c　多维度空间　马健翔　5岁

本身的价值。

（4）儿童是"画其所知"还是"画其所见" 如写生一串香蕉，儿童只能意识到是画香蕉而不是其他水果，并不在乎所画香蕉与所见香蕉是否一致，数量多或少，组合关系对或不对。然而，从言语意义上说，儿童正是用香蕉的符号表达了对象。美国美术教育家艾斯纳曾说过，"儿童不完全画其所知，亦不完全画其所见，有时还画其想象与感情"[1]。

（5）小学生天性喜欢美术[2] 由于对言语的积极态度（朱智贤），致使此时的儿童普遍对其书面言语形式——绘画抱有积极、主动的热情，且容易画出相当好的效果，这是其他年龄阶段都不具备的儿童画黄金时期。

三、写实期（9～15岁）儿童、青少年绘画特点与教学指导

1. 陈述的写实期（9～11岁，三～五年级）

小学三～五年级学生已进入陈述的写实期，好奇心增强，身体和心理两方面都很活跃，精力沛。此时儿童开始关注男女性格差异和每个人的不同个性，自我主张增长，对自己身边和周围事物反应积极，朋友圈扩大，喜欢集体或者团队游戏，相比父母，更看重与朋友的约定。由此也会出现和朋友间的摩擦，这一时期也是培养儿童社会性和社交能力的好时机。

他们开始对写实性作品感兴趣，羡慕成人作品，不满足于儿童画的表达方式，作品中那些大胆、泼辣、感人的童趣开始减弱，从记忆、想象转向对客观现实的描绘，喜欢更丰富的内容、更细的描绘和更强的陈述性。在造型方面，开始脱离符号化而出现写实性造型，追求细节的描绘等。空间表达也有进步，知道"透明画"与现实不符而逐渐放弃，产生深度知觉，开始用三维轮廓线、相互遮挡等方法。懂得近大远小，但仍有反透视、错误透视的情况，仍存在主观象征性空间表达。色彩表达能力有所发展，更熟练也更自觉，总把画面涂得很充分，和谐美丽，具有装饰性，开始使用调色或涂色叠加的方法追求色彩的丰富、变化和客观性。

罗恩菲德把9～11岁划分为写实主义的开始，这一时期的儿童从具体思考转换为抽象思考，有了质的变化。他们作品的陈述性更强了，又从符号化造型转变为写实性造型，所以，我们称之为"陈述的写实期"。然而，一些学生却进入"青少年危机"，即部分10岁左右的学生主观上希望逼真地描绘对象与客观技能跟不上的矛盾日益突出，进步困难，从而产生焦虑情绪[3]，甚至出现不喜欢绘画、再也不敢绘画的现象。

马丘卡（Machotka）的研究表明，直到11岁，儿童对绘画的情绪还是建立在一种个人关系之上，到12岁，才对绘画建立起一种儿童自身以外的情绪关系，也就是说，对整个绘画的气氛和特性建立起一种情绪关系。马丘卡把这种变化与自我中心主义的衰减联系起来。[4] 自我中心主义衰减，主体意识才发展起来，才开始把绘画当成独立的客体来创造、欣赏。

该阶段美术教学的指导重点：

8岁前的儿童，经常不经意地观察对象，然后却仍然"画其所知"。9～11岁的儿童则能发挥知觉优势，有敏锐的观察力和细致的表现力，但还不会整体观察。此时儿童的理解能力、审美能力、自我意识迅速发展，开始喜欢写实性作品。教师要调动儿童的五感来认识对象，引导儿童学会正确的观察方法（详见第十一章第三节），从自己最感兴趣处下笔，逐渐扩大表现范围，画出写实而生动的写生作品（如图2-8a至图2-8c）。此时儿童既有视觉观察能力，又有大胆表现的性格（会随年龄增大而逐渐胆小拘谨），所以是学习写实性速写的最佳时机，这也是解决"青少年危机"、保持儿童美术学习兴趣的有效措施。

在创作题材方面，要进一步引导儿童从画幻想画，转向联系自己生活、其他学科内容创作插图、绘本、科幻画等。在表现形式方面，这一时期的儿童要加强对中外各流派名作的欣赏，开拓视野、建立更丰富的审美趣味；可适当临摹各种经典作品，体验其中的绘画表现技法和色彩运用，提高绘画表现力。教师引导儿童经历"像艺术家一样创作"的学习过程，创作中国画、水粉画、拼贴画、版画等，发展美术学科核心素养。

图2-8a 《水乡写生》 江澜 四年级

图2-8b 《孔雀标本写生》 曹博 四年级

图2-8c 《盆栽写生》 佚名

图2-8d 四年级

图2-8e 五年级

图2-8f 五年级

该时期儿童手部肌肉和动作协调性迅速发展,也越来越喜欢剪纸、陶艺及其他手工制作,教师可以引导儿童利用纸盒、纸箱或各种废旧材料开展创意制作,不断激发儿童的创作欲望,指导他们运用测量、折叠、拼接等方法创作多种新作品。

2. 分化的写实期(11～13岁,五～七年级)

11～12岁已进入小学五六年级。女孩身高增长较快,男孩身高也开始增长,运动能力和肌肉增长突出;感知力增强,能客观地、有目的地观察事物;智力方面,能进行客观科学、符合逻辑的抽象思维。绘画表现力方面,能力强的儿童开始能整体观察并取得平衡,能表现纵深、重叠、远近等三维空间,展现出明暗、阴影、立体感、质感、量感等的表现能力,教师需要有意识地指导和强化。但也出现了分化现象:一部分儿童对美术的兴趣日益增强,在造型、构图、色彩、表现力等方面都日趋成熟;而另一部分儿童的画面则日益拘谨,构图、造型小气而呆板,用橡皮改擦的痕迹随处可见,失去了原有的生气和活力,并失去了绘画的信心,即"青少年危机"现象。

罗恩菲德曾注意到,"这一阶段标志着他们美术发展的结束。当要求成人画画时,我们常发现他们的画是非常典型的十二岁儿童画"[5]。屠美如等曾推测,"可能由于教育的不重视,读、写、算的压力和儿童开始建立起客观评价标准,因而对自己的绘画能力丧失信心"[6]。加德纳博士也发现,"儿童早期的成长易于进行,但至少在美国,天才儿童经常在青少年时期遭遇到许多困难,而我们叫'青少年危机',它使许多青少年想要停止实践,我们不清楚这个危机的原因"[7]。这一时期已成为世界公认的美术教育困难期。其中的原因很复杂,例如儿童审美观逐渐形成,知识面扩大,逻辑思维发展,童话式幻想转向理性想象和科学幻想,兴趣的分化,自我意识进一步发展等。"儿童绘画——言语发展相关论"认为,这两种截然相反的分化现象却同出一源:此时儿童的书面言语水平已大大超过口头言语水平,足以通过写作表达他们的思想、情感和意见,这与儿童画的陈述功能相比要丰富和深刻得多,绘画已失去言语功能的意义,儿童

---

1 转引自宋征殷. 美国的美术教育思潮[J]. 美术教育, 1989(2): 17.
2 [美]希尔达·路易斯. 教育百科全书[M]. 麦克米兰公司, 1971. 参见其中的"小学美术教育"条目. 王传文, 译. 中国美术教育, 1989(2): 18.
3 王大根. 关于美术教育中"青少年危机"的探讨[J]. 中国美术教育, 1994(5): 9.
4 [美] V. 罗恩菲德, W. 朗伯特·布里顿. 创造性与心理发展[J]. 尹少淳, 节译. 中国美术教育, 1991(1): 30.
5 [美] V. 罗恩菲德, W. 朗伯特·布里顿. 创造性与心理发展[J]. 尹少淳, 节译. 中国美术教育, 1989(6): 21.
6 屠美如. 儿童绘画发展阶段初探[J]. 美术教育, 1988(5).
7 [美]加德纳. 艺术教育与儿童成长[J]. 美术教育, 1987(5).

开始把绘画当作审美对象。只是绘画能力强的儿童乐于创作,而有"青少年危机"的儿童只爱观赏而不愿实践罢了。

我们称这一阶段为"分化的写实期"的理由是:① 儿童开始把绘画与主体相分离而当成独立的客体来对待;② 儿童开始把绘画与言语功能分离而当作独立的美术作品和审美对象来对待;③ 儿童兴趣开始分化,对美术和美术活动中各种课业都开始表现出不同的兴趣。[1]

> **新手导航**
>
> 这是美术教学最困难的时期,作为教师,不仅仅是单纯提高教学水平,还要理解其中原因,积极尝试我们介绍的多种形式的美术活动,拓宽学生的视野和提升学习兴趣,就能有针对性地闯过这一难关。

该阶段美术教学指导重点:

"青少年危机"主要出现于写实性绘画之中,解决的策略可从三方面着手。

一是"学会写实"。其实,对这一阶段的儿童来讲,写实绘画并非难事,只要学会正确的观察方法,就能写实地描绘对象,建立信心,从根本上解除"青少年危机"。只要能画出较写实的形体、结构,加上明暗、阴影,就有可能画出立体感、空间感、质感、量感等。绘画题材可选择他们生活中常见的事物,如对书桌、床头、鞋子、书包、窗台小盆栽等进行素描写生(如图 2-9a 至图 2-9c 所示),引导儿童除了描绘细小变化外,更关注对象物的本质特点,以及表现内心情感。

二是"装饰与表现"。让学生明白绘画的目的不仅仅是"写实",还要创造能表达自己个性、思想的"第二自然",鼓励他们尝试装饰性、表现性、大写意、抽象(如图 2-9d 所示)等不同风格,提高绘画兴趣。

三是"多种尝试"。少年期学生兴趣广泛、精力旺盛、思维活跃,理解能力、设计能力、动手能力都随年龄的增长而不断提高。美术教学重点是尝试多种美术活动,增加版画、雕塑、设计、工艺,以及美术常识、美术欣赏等内容,让学生扬长避短,取得较好的学习效果,从而激发起他们学习美术的积极性。心理学研究表明,少年期学生处于兴趣分化期,出现对各学科、各美术活动的"兴趣分化"是正常现象,却未定型。他们更喜欢那些教材内容丰富,老师讲授生动,自己学有所得,并能取得好成绩的学科。[2] 只要教师能根据学生心理特点因材施教,就可能帮助他们渡过"青少年危机"。引导学生关注更大的主题,可以面向社会、地域历史、区域产业和周围生活,不仅关注事物表面,还要思考事物内涵,形成自己的观点。另外,富有想象力的创意画也是这个年龄段学生的最爱,可以结合古代神话、科技动态、新农村建设、旅游发展等主题进行创作(如图 2-9f 至图 2-9i 所示)。因此,教师要指导学生学习如何查找资料,学习和思考如何表现与创作。

3. 视觉的写实期(13～15 岁,七～九年级)

初中生的儿童特征逐渐消失,进入青春期,处于多梦、爱憧憬的年华段,思维、想象特别活跃,既有反抗期行为又有不断探究未来的热情,是内心发展和形成自我意识的重要时期。他们开始思考人生,对未来走向社会有着不安和苦恼,期待自律的愿望强烈,也能体会孤独,是友情确立的时期,同时逐渐进入独立人格的完成期。这一时期的学生也特别喜爱艺术,

图 2-9a 孙越 五年级

图 2-9b 葛怡雯 五年级

图 2-9c 《书桌》 七年级

图2-9d 抽象画 兰娟 八年级

图2-9e 凹版画 七年级

图2-9f 八仙·张果老 云涛 八年级

图2-9g 太空站 刘明明 七年级

图2-9h 青春 八年级

图2-9i 歌声 八年级

热衷流行音乐、小说、影视等。有绘画天赋的学生已能画出非常出色的人物速写、静物素描、风景等；其余学生或自发临摹成人作品、卡通人物或插画作品，或自主鉴赏作品，丰富内心的情感体验和追求更高层次的审美意识，或能认真完成美术作业，却并非喜爱美术，只是当成一种课业；也有不少学生缺少造型和表现技能，丧失了信心，就不再画画了，但比较喜欢手工、欣赏、设计、版画等非写实性课业。初中生意识到美未必仅仅因为写实性，开始体会到美术作品、艺术设计中的各种形式美感，惊讶于超现实主义、立体主义、概念艺术等现代艺术形式的巧思与神奇。总之，初中生对美术的态度十分复杂。从言语发展的角度看，又出现一些新现象。

"气质掩蔽"是一种心理压抑，被掩蔽的气质特点在轻松愉快的美术活动中，通过特有的造型、色彩、笔触而自然释放，这是难以言表的情绪、心态、潜意识言语的流露。此时美术活动成为展示个性和缓解心理压力的"宣泄"。

初中是个"错综矛盾的时期"（朱智贤），学生的主体意识和审美趣味逐渐形成，社会竞争加剧了心理冲突，信息爆炸促使思想情感复杂和早熟。学生会制作小作品或小摆设装点案头、居室，或在日记本、作业本、草稿纸上随手画出内心的喜怒哀乐（如图2-10所示），或制作图片、视频、贺卡诉说少男少女的情怀等，这些都是隐秘、复杂、深沉的言语，女生尤甚。对此，加德纳指出："青少年经常从艺术作品内寻找个人的意义或借艺术形式来表达个人的思想和感受。加之，艺术本身也有使青少年表达一些难以用其他方式表达的事情的作用。"[3]这是超越书面言语之后更高级的言语功能，走向美术的自觉。

该阶段美术教学的指导重点：

初中生身心发展日趋成熟，对于有美术兴趣的学生而言，已进入美术专业学习的最佳时期。教师要指导学生探究描绘对象的形体、结构、明暗、光影、体

新手导航

随着年龄的增长，学生心理和对美术的态度越来越复杂，继续上好美术课的策略：一要理解当下学生心理特点和思想，将其作为创作动力；二要改变传统艺术观，介绍各种现当代艺术观念与形态，拓宽学生视野并帮助他们找到感兴趣、能驾驭、可表达的形式；三要用新的教学理念与方式，让学生自主理解、思考艺术形式，创作并表达自己用其他方式无法言说的情感、思想与观点。

---

1 王大根.学校美术教育目的论[M].长沙：湖南美术出版社，2014：87.
2 吴凤岗.青少年心理学[M].北京：北京师范大学出版社，1991：209.
3 [美]茄德纳.艺术教育与儿童成长[J].美术教育，1987（5）.

a. 被批评之后……　　　b. 爸爸发火，我哭了，妈妈假装安慰

c. 数学题做不出而乱画　　d. 早上常吃饺子，我不爱吃　　e. 月考考得不错而画

图 2-10　某初二女生用随意涂画表达自己的各种心情

初中美术教学不仅仅是要提高写实造型技法，更要引入美术创作的大概念，追求美术创作的人文意义和文化价值。尤其是现当代艺术创作不再强调写实性造型能力，而是重在寻找文化元素和象征意义，在教学中可以采用创意素描（图 2-11）、抽象表现、实物组装、电脑处理、立体装置等手法，通过象征或寓意表达思想，追求更深刻的艺术创作大概念，能更好地解决"青少年危机"。因此，引入"多元创作观"是解决"青少年危机"的第四种策略。此外，还可以将传统工艺、现代文创和数字媒体艺术引入课堂以提高初中生学习美术课程的兴趣。

四、理性期（16岁之后）高中生绘画特点与教学指导

积、质感、空间等物理性原理，探究不同美术风格的线面、虚实、表现力等艺术手法，指导学生在理解的基础上有效学习。但也有学生会因为羞耻或自卑而对绘画失去兴趣，需要教师利用解决"青少年危机"策略中的"学会写实""装饰与表现""多种尝试"等予以帮助。初中生也常有叛逆、不安、孤独或苦恼等情绪，教师可以引导学生通过表现内心世界的"自画像"（不同于再现性风格，参见本章示范性案例）、超现实绘画、抽象绘画等方式，敞开心扉，宣泄和释放内心负面情绪，起到心理疏导的作用；或以英雄、和平、幸福、灾难、命运、环保等人类永恒的大概念为题，引导学生讨论其中的价值观，思考人类命运，然后联系社会重大事件，以象征性、抽象性或观念性手法表达自己的观点，走出狭隘的个人主义，健全人生观、世界观。

此时是高中阶段，学生已进入青年初期。高中生在身心发展各个方面都已进入成熟期，思维正向理论型、辩证逻辑型发展，言语发展相

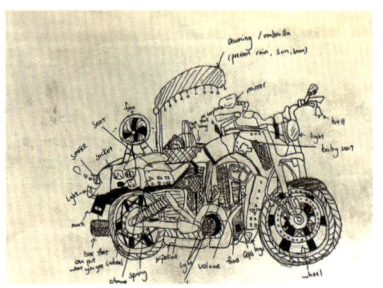
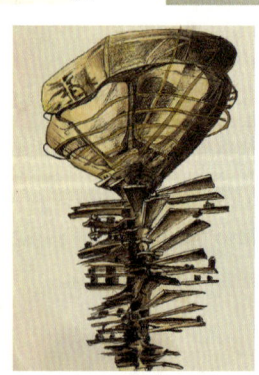

图 2-11　北京"真艺坊"初中生"创意素描"作品（上）和"空间想象"作品（下），倪雪老师指导并提供

当完美,充满理想和憧憬,主体意识正在确立,个性品质等方面都达到一定的水平,兴趣广泛,对艺术有特别爱好。有志于未来从事美术工作的学生可以开始专业化美术学习。学校可以为高中生提供服装设计、手工小制作、雕塑、装饰画、计算机设计等选修课,让他们参与设计、创作和交流。高中生也乐于参观美术作品展、听美术讲座,他们可以从形式、主题到作品深层意蕴等更深的层次体验、欣赏、理解不同流派、不同种类和不同表现形式的美术作品,开展真正的审美体验和艺术鉴赏,实现深刻的言语交流。罗恩菲德指出:"高中生不再囿于具体操作;喜欢有机会从事抽象思维。他的协调和精力这类巨大的进步能在其艺术作品中看见。但有时这些技巧被错误地引导,学生可能模仿和摹画他们认为伟大的艺术品,他的鉴别能力可能达到顶峰,尽管各人差异很大,但可能这是研究审美问题的最好年龄。"[1]

该阶段美术教学的指导重点:

高中生身心发展更加成熟。对于有志于从事专业化美术或设计学习的学生而言,只有在理解客观对象原理和绘画作品艺术性法则的基础上进行学习,才更有效;同时也需要学习更多美术的创作思维和风格化表达方法,才能真正触及美术的本质。对于大部分高中生而言,要学会运用不同的美术创作观念和样式进行创作,或宣泄自己的负面情绪,或表达自己的情感与思想,或关注人类发生的事件和命运,或表达对某些哲理性问题的思考和观点等(如图 2-12 所示),丰富自己的内心。也可以结合理工学科,尝试进行产品设计、环艺设计、数字媒体艺术设计(如图 2-13 所示)等,为当地的旅游开发、新农村建设、旧城改造等贡献自己的创意;或运用当地的传统工艺,结合新材料创新开发文创产品,制作现代工艺品,既锻炼动手能力,又能装点生活;等等。

以上系统梳理了从婴幼儿到青年前期以绘画为主的发展历程,以及种种令人困惑的现象,并以"儿童绘画——言语发展相关论"分析其中的心理学依据,提出解决策略,同时也给出各阶段美术教学指

《白宫与眼镜蛇》 陈明潇 高二

《手之梦》 陈海菁 高二

《思绪》 陈海菁 高二

《家园》 陈炜 高二

《钻研精神》 陈炜 高二

《蒙娜丽莎与蜘蛛侠》 罗馨怡 高二　《消逝的回忆》 陈海菁 高二

图 2-12　学生作品,深圳中学吴健晖老师指导并提供

---

[1] [美] V. 罗恩菲德,W. 朗伯特·布里顿. 创造性与心理发展[J]. 尹少淳,译. 中国美术教育,1991(1):30.

图 2-13　上面三幅图是上海进才中学一年一度的"霓裳杯"学生服装设计走秀活动，下面三幅图是学生为参加"同济大学上海市中学生建筑模型竞赛"设计并制作的纸板箱实体作品，张玉林老师执教并提供

导重点的建议。希望可以通过"学会写实""装饰与表现""多种尝试""多元创作观"等四种策略来解决"青少年危机"这一美术教育之难题。在具体教学过程中，还必须结合各地学生实际以及学生个体的特点因材施教，并在教学实践中反复探究、反复思考，不断总结与探寻。

其实，学生的美术基本能力并非千篇一律、一成不变，优秀教师能更有效地影响学生，教师或强调造型，或重视创意，或关注废旧材料制作等，渐渐地，学生就带有教师的"影子"，形成不同的美术能力——学生的能力是教师"教"出来的。优秀教师培养出的学生能力强、作品优秀、学习兴趣高，不但课好上，教师还能体验幸福感，形成良性循环。反之，不负责任的教师教学效果差，学生水平低、学习兴趣弱，教学就处处被动。因此，因材施教不是被动迁就学生，而是一个积极施教、动态发展的概念。

【学习单 2-1】
检查你所设计的【教案1】的对象属于哪个年龄段的学生，他们的身心发展和绘画有何特点？你所设计的教学活动和语言是否符合学生的年龄特点？是否体现以学生发展为本？
观看相应学段的美术课视频，改进【教案1】的教学语言、行为和方法，使之更符合该学段学生的年龄特点。
重点提示：
1. 不要站在自己的立场以为学生什么都懂，教学的语言、行为和方法都需要细化，要想得更具体、细致。
2. 也不要以为学生什么都不懂，切忌手把手教、面面俱到，要留给学生想象、创造和发挥个性的空间。
3. 教师首先要了解学生身心发展规律，更要深入观察和了解你所教学生的特殊性，也许每个班都不一样。

【学习单 2-2】
按【学习单 0-9】的要求，以小组为单位，认真做好民间美术【调研】工作，尽可能充分收集各种资料。
重点提示：
1. 要充分做好采访准备，带齐现场采访所需物品和材料，还要带好备用的物品。
2. 我们的采访其实也打扰了民间艺人的工作，尽可能向他们购买一些实物，既能作为编教材或上课的材料，也是对民间艺人的支持。
3. 采访民间艺人不可能一蹴而就，或许要为补充材料、拜师学艺等而采访多次，要有思想准备，不怕麻烦。

示范性案例 2

单元课题	自画像	教学对象	八年级	课业类型	绘画创作
基本问题	我们如何审视和认识自己？	小问题	1. 艺术家是如何通过自画像表达自己的？ 2. 艺术家如何通过自画像表达内心情感？ 3. 创作自画像需要掌握哪些技法？ 4. 如何将自己的外形特征与内在力量表现在自画像中？ 5. 你感觉你创作的自画像是成功的吗？		
单元 设计思路	《自画像》单元将上海少年儿童出版社中学美术课本《美术家如何创作》和《像与不像》两课整合，是以自画像为主，将五官造型、人像比例等知识与技能结合的大单元美术创作课程。单元课共分为五个单课时，依次为《画为心声——品大师自画像》《解密大师——读懂弗里达·卡洛》《学习借鉴——自画像技法》《自我表达——我画我人生》《展评小结——自我认同》。 　　初中生对肖像画感兴趣，但大部分学生的造型观念与审美意识处于写实期，认为肖像画只是简单的写生。初中生的自我意识和自尊心不断增强，受"美颜文化"和追星潮流的影响，审美取向趋于大众化，如何看待自己显得尤为重要。为此，启发学生"像艺术家一样创作"，通过自画像创作探索"我是谁""我是个怎样的人"，思考如何把自画像当作一面镜子，将自己的形象特征和内在精神融入作品，由此引出"身份"这个大概念。自我身份认同是一个人一生都要追寻的问题，在今天全球化的时代，面对知识爆炸和信息获取的便捷，我们很容易受外在世界的影响，比如娱乐媒体、"美颜文化"都在影响我们的价值判断，致使我们失去独立见解，我们很少思考自己是谁，导致思想认识的肤浅和单一，由此形成"如何审视和认识自己"的基本问题，探索并理解艺术家是如何运用独特的创作方法表达自己的。 　　本次课程围绕"身份"这个大概念，将"如何认同自己"作为基本问题，探索并形成自己的创作方式和想法，引导学生观察五官神态、形象特征、服饰装扮和细节特征等要素，理解艺术家创作的手法与思想，创作一幅反映自己个性和身份的自画像作品。在评价方面，用过程性评价来评估对肖像画基础知识的掌握，用结果性评价来评估学生对艺术创作的理解与表现程度。 　　整个教学运用了基于美术学科核心素养的大单元教学设计的理论与方法，启迪学生在借鉴艺术家创作手法和风格的基础上，形成鉴赏、评述与创作相结合的"像艺术家一样创作"的学习形式。				
单元目标	**知识与技能**：理解自画像创作是艺术家对自我身份的认同，知道如何通过五官神态、形象特征、服饰装扮和细节特征等表现人物身份，能运用肖像画创作的表现技能，以及象征符号和隐喻等表现手法，创作自画像。 **过程与方法**：学会欣赏自画像作品，在示范和练习的基础上，体会确立主题构思、搜集素材、创意表现等肖像画作品创作方法，感受美术创作过程。 **情感态度与价值观**：对美术创作感兴趣，敢于表现和创作作品，形成主动探索、创意构思与表现等美术创作观念；关注和理解社会现实，体会美术创作的乐趣和成就感。				
评价方案	1. 根据描述，请用"是"或者"不是"做出判断。 （1）画自己是自画像，画别人是肖像画。　　　　　　　　　　　　　　　　　　　　　　（　　） （2）弗里达·卡洛的自画像是否运用了再现性和超现实主义（隐喻）的创作方法？　　　　（　　） （3）知道人脸比例并能画出五官造型。　　　　　　　　　　　　　　　　　　　　　　　（　　） （4）能够有意图、有步骤地完成肖像创作。　　　　　　　　　　　　　　　　　　　　　（　　） 2. 是否能用外表特征和象征符号表达出你的个性特征和身份？　　　　　　　　　　　　　（　　） 　A. 完全表达出来了　　　　　　　　B. 基本表达出来了　　　　C. 没有表达出来 3. 会运用深浅对比、色彩对比表现画面的层次感。　　　　　　　　　　　　　　　　　　（　　） 　A. 有层次，表现出了我想要的画面　　B. 基本表现出来了　　　　C. 没有表现出来 4. 从构图、象征符号、服饰、道具、场景、姿势和表现手法（写实、夸张和变形等）等方面说明你是如何创作自画像的。 5. 总体上我感觉我创作的自画像是＿＿＿＿（成功/不成功）的。为什么？ 6. 如果让我再创作一次，我要在作品的哪些地方进行改进？ 7. 家长认为这幅作品最值得点赞的地方在哪里？请说明。				
画为心声——品 大师自画像	**小问题**：艺术家是如何通过自画像表达自己的？ **学习目标**：理解艺术家通过自画像表现自己的外貌特征、感想、感受和所关注的事情，学会欣赏自画像。 **主要教学活动**： 　　每组发一套艺术家自画像作品卡片，观察和比较作品并探讨：艺术家是如何表达自己的？（丰子恺、张大千、凡·高、毕加索、弗里达·卡洛等艺术家自画像）小组讨论后教师将汇集的答案张贴并分享给全班同学。				

解密大师——读懂弗里达·卡洛	**小问题**：艺术家如何通过自画像表达内心情感？ **学习目标**：在启发与欣赏、对话与交流、分析与归纳的过程中学会欣赏自画像作品。 **主要教学活动**： 　　重点学习欣赏弗里达·卡洛的自画像，学生描述看到的人物形象、表情和服饰装扮，观察脖子上的项链和头上的发带等细节特征，判断画中是一位什么样的人，并尝试分析和理解符号的象征性。 　　学生阅读艺术家背景资料，小组讨论：艺术家通过自画像作品，想表达怎样的内心情感？知道艺术家不仅画出自己的长相，更表达了内心情感。通过对艺术家的了解，围绕造型、构图、色彩和背景等方面进行思考：艺术家运用了什么样的创作方法去表达内心？小组讨论并上台汇报。	
学习借鉴——自画像技法	**小问题**：创作自画像需要掌握哪些技法？（如何画五官和人脸比例） **学习目标**：在知道"三庭五眼"概念的基础上，能初步画出五官的形态和比例。 **主要教学活动**： 　　教师演示五官的画法、讲解人脸比例等美术知识，学生观察并在速写本上进行半脸或全脸的人脸比例和五官的练习。 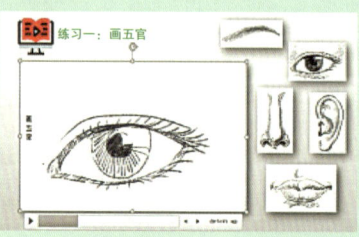 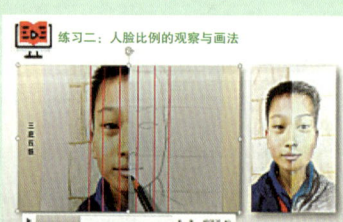	
自我表达——我画我人生	**小问题**：如何将自己的外形特征与内在力量表现在自画像中？ **学习目标**：在构思主题、搜集素材的基础上，画出自画像创意草图，再选择适当的创作材料和工具完成自画像。 **主要教学活动**： 　　教师演示自己的自画像并说明创作过程：构思立意—素材准备—起稿落幅—涂色描绘—调整完成［自画像运用了再现性或表现性（象征）手法，突出自己个性、爱好和追求］。学生了解自画像的创作过程和创作要求，在速写本上完成构思并画出自画像草图。  	

续表

展评小结——自我认同	**小问题**：你感觉你创作的自画像是成功的吗？ **学习目标**：展示作品，学会评价自己的作品，并记录不断调整和完善的过程，以及对自我的认同。 **主要教学活动**： 展示学生的自画像作品，学生相互观看，学会自我评价；用文字写出构思、调整和完善的过程，写出通过自画像创作产生的新的自我认同。	 学生作品欣赏与参考

资料来源：本案例由上海市中远实验学校赵宝仓老师执教并提供。

案例点评

针对处于"青少年危机"期的初中生关注自我及自我内心世界的特点，该案例中的教师选取了"身份"这个大概念，以"我们如何审视和认识自己？"为基本问题，引导学生借鉴大师自画像的表现手法，将自己的外形特征与内在力量表现在自画像中。教师既介绍人物肖像的基本比例和五官的画法，又强调运用象征符号和隐喻等表现手法创作自画像。这种创作方法不强调写实性，对此学生不太为难，能更关注内心想法的表达，能让学生"一吐为快"，所以受到学生的欢迎，也画出了反映内心的、独特的作品。

思考与练习

识记：学生观、青少年危机

理解：1. 简述"青少年危机"的原因和解决的策略。

2. 结合具体作品谈谈儿童、青少年不同成长阶段的绘画特点。

3. 谈谈初中生和高中生的美术教学指导的重点和难点有哪些。

4. 结合"儿童绘画——言语发展相关论"等理论，谈谈你认为美术教育对学生发展有何作用。

建议阅读

朱智贤. 儿童心理学[M]. 北京：人民教育出版社，1980.

[美]罗恩菲德. 创造与心智的成长[M]. 王德育，译. 长沙：湖南美术出版社，1993.

[美]艾尔·赫维茨，[美]迈克尔·戴. 儿童与艺术[M]. 郭敏，译. 长沙：湖南美术出版社，2008.

[美]迈克·帕克斯，[美]约翰·赛斯卡. 美术教学指南[M]. 郭家麟，孙润凯，译. 长沙：湖南美术出版社，2015.

王大根. 学校美术教育目的论[M]. 长沙：湖南美术出版社，2014.

第三章 美术课程与教材

基本问题：
美术课程要让学生知道、理解和做到什么？

学习目标

【任务一】【任务三】：知道并理解美术课程、美术课程标准、美术教材、生态型美术教材观，以及开发校本教材的要求。做到在【教案1】"设计思路"中按美术课程标准和美术学科核心素养的要求，正确写出教材分析，并合理安排后续的教学活动。

【任务二】：发放【学习单3-2】"教材开发任务书"，确定主编和分工，按要求为【教材】准备图文资料。

师生共建			
	课前	课中	课后
教师	1. 第三章主要研究美术教学内容，是认识美术本质、开展教学活动的基础。 2. 上传相关的参考文献；指导"小老师"对本章内容的理解和教学设计；发现并纠正他们对各核心概念的误解或理解偏差。 3. 纠正"小老师"的【教案1】"设计思路"中教材分析的错误，并指导修改。	1. 密切关注"小老师"对第三章美术课程、美术课程标准、美术教材、生态型美术教材观等重点的理解正确与否，以及教学思路和教学的合理性和有效性。 2. 关注"小老师"能否发现并纠正师范生【教案1】"设计思路"中教材分析的错误。 3. 组织评价组与讲课组提问交流；对"小老师"的教学进行点评、纠错和补充；突出重点。 4. 检查师范生调研民间美术的情况；发放【学习单3-2】"教材开发任务书"并逐项讲解，启动【教材】开发。	1. 要求师生进一步阅读相关文献，深入学习并理解美术课程、课程标准、美术教材和校本课程等概念。 2. 要求师范生改进各自的【教案1】。 3. 要求师范生确定主编和分工，按教材开发任务书的要求补充资料、开发【教材】。 4. 检查各组"小老师"的本课程教案初稿是否按要求完成。
"小老师"	1. 认真钻研教材，理解美术课程、课程标准、美术教材和校本课程等概念，设计好教案和课件。 2. 按本章要求写好自己的【教案1】"设计思路"中的教材分析。	1. 抽查师范生的【教案1】，通过提问、讨论发现问题；展示自己对【教案1】的改进过程，讲解相关知识和要求，指导师范生修改"设计思路"的教材分析。 2. 运用多种教学策略引导师范生理解美术课程、课程标准、美术教材和校本课程等概念。	1. 总结本组和个人的教学设计和教学；完成教学反思和自评报告。 2. 把教案与课件改进后上传至线上学习平台；做出本章教学的微页，并发送至班级群。
师范生	1. 预习本章内容，上网阅读相关文章，记下不能理解的问题。 2. 按第三章要求写好【教案1】"设计思路"的教材分析。 3. 完成实地采访、调研、收集图文资料的任务。	1. 带来设计好的【教案1】打印稿，积极参与教学互动。 2. 通过听课和小组讨论发现并标注【教案1】"设计思路"教材分析中的错误，课后改正。	1. 进一步理解本章的重要概念，阅读网上文献。 2. 用本章的知识，改进【教案1】"设计思路"的教材分析。 3. 确定主编和分工，按要求为【教材】补充资料。

第一节 课程概述

一、课程的概念

我国有关课程的论述可追溯至先秦时期，如《学记》中有"比年入学，中年考校。一年视离经辨志，三年视敬业乐群，五年视博习亲师，七年视论学取友，谓之小成；九年知类通达，强立而不反，谓之大成"。可见我国古代的"课程"实际上是"学程"。课程作为独立的研究领域，始于美国课程专家博比特（F.Bobbit）1918年出版的《课程》一书，这是教育史上第一本课程专著。随后的几十年中，课程理论受实用主义哲学和行为主义心理学的影响，产生了对现代课程研究领域最具影响的泰勒的课程原理，也称"泰勒原理"[1]，其理论构架围绕着确定教育目标、选择教育经验、组织教育经验、评估教育计划四个基本课程问题展开。随着建构主义、多元智能及脑科学等理论的发展和影响，传统的课程模式无法解决当下出现的社会问题和教育问题，亟须寻找解决问题的新原则、新观点和新方法。后现代课程观所提出的新"4R"理念，即丰富性（Richness）、回归性（Recursion）、关联性（Relation）、严密性（Rigor），可能有助于我们思考和解决这些问题。

在我国，课程侧重于研究教师教什么和学生学什么，及其计划或方案等。课程曾被定义为：为实现学校教育目标而选择的教学内容。[2] "课程"（curriculum）一词由拉丁语"currere"派生而来，不仅指"跑道"（名词），而且指"奔跑"（动词），在英语中的定义为"学习的进程"（course of study），简称学程。因此，西方的"课程"概念更重视学生所获之经验。本教材把课程定义为：学生通过各种学习活动后所获得的经验，包括为实现学校教育目标有计划地组织和在教学过程中生成的教学内容。

二、课程的构成

目前，我国的中小学课程主要由课程方案、课程标准和教科书三部分构成。

① 课程方案，也曾称为教学计划、课程计划[3]，是课程编制的第一个层次。课程方案是根据教育目的和学校的培养目标，由国家教育主管部门所制定的有关教育和教学工作的法规性文件。具体规定了学校应设置的学科门类及活动，以及它们的开设顺序及课时分配，并对学年、学期、假期进行划分。课程方案体现了国家对学校的统一要求，是办学的基本纲领和主要根据，是编制课程标准和编写教科书的依据，也是督导、评估学校教育教学工作的依据。

② 课程标准，也曾称为教学大纲，是课程编制的第二个层次。课程标准是国家教育行政部门制定、颁布的对应各级各类学校教学和教育工作的政策及规范，依据课程方案的规定，对某一具体学科的课程与教学进行编订的指导性文件。国家课程标准是教材编写、教学、评估和考试命题的依据，是国家管理和评价课程的基础。应体现国家对不同阶段的学生在知识与技能、过程与方法、情感态度与价值观等方面的基本要求，规定各门课程的性质、目标、内容框架，提出教学和评价建议。[4]

③ 课程内容和教材，是课程编制的第三个层次。课程内容是依据课程标准的分目标及内容要求，选择和组织的课程基本材料，具体包括知识技能、过程和价值三部分。课程内容是课程结构中的主要成分，是课程目标的具体体现。影响课程内容选择的主要因素：文化、知识、学习者、意识形态。[5] 教材是教师和学生据以进行教学活动的材料，是教学的主要媒介。教材通常按照课程标准的规定，分学科门类和年级顺序编写。[6]

三、课程的三级管理

教育是一种社会制度，是国家意志的集中体现。世界各国的课程管理制度一般可分为中央集权制和地方分权制两大类。20世纪，我国一直实施"一纲一

---

1 "泰勒原理"的理论构架围绕四个问题展开：① 学校应该试图达到什么教育目标？② 要提供什么教育经验以便达到这些目标？③ 如何有效地组织这些教育经验？④ 我们如何确定这些目标是否达到？
2 顾明远.教育大辞典：增订合编本[M].上海：上海教育出版社，1998：892.
3 自1952年起，我国使用"教学计划"的概念，1992年起改为"课程计划"，2001年推出《义务教育课程设置实验方案》，其所指相同。
4 中华人民共和国教育部《基础教育课程改革纲要（试行）》，2001年6月。
5 顾明远.教育大辞典：增订全编本[M].上海：上海教育出版社，1998：898.
6 顾明远.教育大辞典：增订全编本[M].上海：上海教育出版社，1998：695.

> **新手导航**
>
> 三级课程管理的制度既给了一线教师开发有地方特色的校本课程的机会，使课程内容丰富多样。同时也向教师提出了新的要求：要具备理解课程观、教材观，了解地方资源，掌握课程开发的理念、方法、流程等的知识与能力。

本"高度集中的国家课程开发模式和课程管理体制。课程相对单一，不能适应我国幅员辽阔，不同地域文化、经济、资源差异显著等情况，也不能充分发挥广大教师的教学智慧和创新才能。为改变这一现状，2001年发布的《国务院关于基础教育改革与发展的决定》指出："实行国家、地方、学校三级课程管理。国家制定中小学课程发展总体规划，确定国家课程门类和课时，制定国家课程标准，宏观指导中小学课程实施。在保证实施国家课程的基础上，鼓励地方开发适应本地区的地方课程，学校可开发或选用适合本校特点的课程。"接下来的基础教育课程改革重新划分了国家、地方、学校课程在整个课程计划中所占的比重，收缩了国家硬性规定的成分，在课程内容和课时安排上，体现了一定程度的弹性和灵活性，让地方和学校真正拥有选择和开发课程的空间。

实施三级课程管理的制度，有助于国家、地方、学校承担起各自不同的责任，赋予地方和学校参与课程开发的权力，充分调动各方面的积极性和优势，提升课程对地方、学校及学生的适应性。

三级课程管理的内容及其特点如下。

① 国家课程是国家教育行政部门规定的统一课程，它采用自上而下的方式，体现国家意志，是为确保未来的公民接受基础教育之后所要达到的共同的基本文化素养而开发的课程，是国家基础教育课程体系的主体。例如，在义务教育阶段所开设的语文、数学、外语、物理、化学、历史、地理、音乐、美术、体育等都属于国家课程。

② 地方课程是在国家规定的各阶段课程计划内，由省一级教育行政部门依据当地的政治、经济、文化和民族等实际情况与发展需要而开发的课程。地方课程在充分利用当地教育资源、反映地域文化特点、增强课程的地方适应性方面，有着重要价值。

③ 校本课程是以学校为基地，以教师为主体开发的课程，是充分利用当地社区和学校的课程资源，根据学校的办学思想和特色，为学生的发展提供个性化服务而开发的多样性、可供选择的课程。

第二节　美术课程与课程标准

一、美术课程的含义

在我国中小学阶段实施的美术课程，是指以国家美术课程标准理念、原则为指导，通过对课程内容的组织和教学计划的实施，提高学生美术核心素质，以促进学生全面发展为目的的教育活动。

美术课程是学校美术教育的核心，涉及教学中"为何教""教什么"的问题，同时也包括教师怎样教、学生如何学等问题，需要有较明确的原则指导。美术课程标准体现了国家基础教育课程改革的基本理念，同时也在基础教育的课程序列中表现出自身的学科特点和发展方向。

二、美术课程的改革

（一）基础教育课程改革的背景与目标

随着经济增长方式的转变与文化转型，欧美发达国家自20世纪六七十年代起先后掀起了影响深远的教育改革，尤其是基础教育课程改革，从教育观念到教学方法都发生了重大变革。为了适应我国经济文化等的快速发展和国际教育形势的变化，1999年，《中共中央国务院关于深化教育改革，全面推进素质教育的决定》提出，要"调整和改革课程体系、结构、内容，建立新的基础教育课程体系"；2001年，《国务院关于基础教育改革与发展的决定》进一步明确了"加快构建符合素质教育要求的新的基础教育课程体系"的任务，从而掀起了新一轮的基础教育课程改革的序幕，教育部制定了《基础教育课程改革纲要（试行）》，确定了改革目标，并组织研制了各学科课程标准和指导纲要。

（二）美术课程的改革趋势

新中国成立以来，我国美术教育在发展中积累了

文件摘要

《基础教育课程改革纲要（试行）》中明确指出，基础教育课程改革的目标是：

改变课程过于注重知识传授的倾向，强调形成积极主动的学习态度，使获得基础知识与基本技能的过程同时成为学会学习和形成正确价值观的过程。

改变课程结构过于强调学科本位、科目过多和缺乏整合的现状，整体设置九年一贯的课程门类和课时比例，设置综合课程，以适应不同地区和学生发展的需求，体现课程结构的均衡性、综合性和选择性。

改变课程内容"繁、难、偏、旧"和过于注重书本知识的现状，加强课程内容与学生生活以及现代社会科技发展的联系，关注学生的学习兴趣和经验，精选终身学习必备的基础知识和技能。

改变课程实施过于强调接受学习、死记硬背、机械训练的现状，倡导学生主动参与、乐于探究、勤于动手，培养学生搜集和处理信息的能力、获取新知识的能力、分析和解决问题的能力，以及交流与合作的能力。

改变课程评价过分强调甄别与选拔的功能，发挥评价促进学生发展，教师提高和改进教学实践的功能。

改变课程管理过于集中的状况，实行国家、地方、学校三级课程管理，增强课程对地方、学校及学生的适应性。

资料来源：中华人民共和国教育部《基础教育课程改革纲要（试行）》（教基〔2001〕17号），2001年6月。

一些基础和经验，但也存在明显的问题。比如，长期以来对基础美术教育的性质、内涵和任务等定位不够明确，忽视了美术学科育人的意义；过于强调学科知识和简单技法，教学内容脱离学生的生活经验，忽视学生的主体性；教学方式单一，课程的综合性与多样性不足；等等。

基础教育课程改革是顺应信息社会发展和未来社会发展的挑战而采取的重要举措，其"培养目标是进一步提升学生综合素质，着力发展核心素养，使学生具有理想信念和社会责任感，具有科学文化素养和终身学习能力，具有自主发展能力和沟通合作能力"[1]。这就要求走出原有误区，在美术课程中强调"立德树人，以美育人，培育健康审美观念，陶冶高尚情操；认识文明成果，坚定文化自信，树立正确的文化观；激发想象力和创造力，培养创新精神，促进学生全面而有个性地发展"[2]。

三、美术课程标准简介

美术课程标准是国家教育行政部门制定和颁布的美术课程教育教学的法规性文件。我国现行的《义务教育美术课程标准（2011年版）》是在2001年颁布的实验稿的基础上，经过多年的实验、调研和修订后，于2011年正式推出的；《普通高中美术课程标准（2017年版）》是在2003年颁布的实验稿的基础上，经过多年的实验、调研和修订后，于2017年正式推出的。美术课程标准由教育部组织有关美术课程专家和一线优秀美术教师共同制定，确立了我国美术课程的总体规划与设计，也体现了国家的意志以及新时期对美术课程的认识和要求。美术课程标准是对美术课程与教学的指导性文件，每位美术师范生和从业者都要认真学习、深刻领会、全面贯彻、严格执行。

（一）《义务教育美术课程标准（2011年版）》简介

《义务教育美术课程标准（2011年版）》将美术课程定位为"美术课程以对视觉形象的感知、理解和创造为特征，是学校进行美育的主要途径，是九年义务教育阶段全体学生必修的基础课程，在实施素质教育的过程中具有不可替代的作用"。还明确了美术课程应凸显视觉性、具有实践性、追求人文性和强调愉悦性等性质。提出面向全体学生、激发学生学习兴趣、关注文化与生活、注重创新精神等基本理念。

《义务教育美术课程标准（2011年版）》改变了单纯以学科知识体系建构课程的思路和方法，从促进学生素质发展的角度，根据美术学习活动方式划分为"造型·表现""设计·应用""欣赏·评述"和"综合·探索"四个学习领域。根据学生的身心发展水平，将义务教育阶段的美术学习分成1~2年级、3~4年级、5~6年级和7~9年级四个学段，形成依次递进、前后衔接的课程结构。

美术课程的总目标按"知识与技能""过程与方

---

[1] 中华人民共和国教育部. 普通高中课程方案：2017年版[M]. 北京：人民教育出版社，2018：3.
[2] 同上，第1页。

法""情感态度和价值观"三个维度设定。学生以个人或集体合作的方式参与美术活动，激发创意，了解美术语言及其表达方式和方法；运用各种工具、媒材进行创作，表达情感与思想，改善环境与生活；学习美术欣赏和评述的方法，提高审美能力，了解美术对文化生活和社会发展的独特作用。学生在美术学习过程中，丰富视觉、触觉和审美经验，获得对美术学习的持久兴趣，形成基本的美术素养。

在"课程内容"部分，分别介绍了四个学段在四个学习领域的学习目标、学习活动建议和评价要点。在"实施建议"中分别提出了教学建议、评价建议、教材编写建议和课程资源开发与利用建议。

（二）《普通高中美术课程标准（2017年版）》简介

《普通高中美术课程标准（2017年版）》由课程性质与基本理念、学科核心素养与课程目标、课程结构、课程内容、学业质量、实施建议等六部分内容组成。

此次高中课程改革提出的学科核心素养是学科育人价值的集中体现，是学生通过学科学习而逐步形成的正确价值观念、必备品格和关键能力。美术学科核心素养主要包括图像识读、美术表现、审美判断、创意实践和文化理解。

在课程内容设置上，为学生提供了多种选择机会。按照美术门类将学习内容划分为美术鉴赏、绘画、中国书画、雕塑、设计、工艺和现代媒体艺术七个学习模块。由于文化和创作观的差异，特别将"中国画"从原来的"绘画"中分离，与"书法""篆刻"整合为"中国书画"，以强化中国传统书画艺术特点。整个课程分为必修课程、选择性必修课程和选修课程三类。必修课程为美术鉴赏，其余六个学习模块为选择性必修课程，供学生自主选择，以学分管理和选课的方式实施。另设美术史论基础、速写基础、素描基础、色彩基础、创作与设计基础五个选修模块，以满足学生发展或升学考试的要求。

本次高中美术课程标准制订了学业质量水平的内容与要求，与五个核心素养挂钩，使每一位学生的学业水平和美术学科核心素养都可测、可评、可操作。

在"实施建议"中提出了教学与评价建议、学业水平考试命题建议、教材编写建议、地方和学校实施本课程的建议。

第三节 美术教材

教材是课程与教学内容主要的集中体现方式。随着教育观念的变化，人们的教材观也发生了显著变化，开放、多元、生态、综合兼顾的教材发展趋势成为主流。教材已不是对课程的限定，而是服务于教学的基本素材。

一、不同的教材观

1. 目的型教材观

目的型教材观将学生的发展直接受制于教材的选择和编排，把某种特定课业的教材习得视为教学本质。这样编写出的传统美术教材以学习并掌握美术技能为目的，是"一课一练的教本"，在每一课都规定了要画的对象、使用的工具材料、作画的方法与步骤、每一环节的要求以及最终的效果等，让教师循序渐进地"教"，学生亦步亦趋地"学"。对于这样的教材，教师无须再动什么脑筋，也没有什么研究、开发和创造教材的可能性，所能实现的目标也十分有限。

2. 手段型教材观

手段型教材观是将儿童借助教材而产生的主体方面能力的变化，视为教材的作用。这样的教材与目标之间存在一定的距离，为教师和学生提供了对话或互动，以及发展智慧和能力的空间。教材仅仅是一个主题、一点启示、一种资源或一些范例，为师生提供可选择、可开发、可创造的契机，成为可拓展、可探索、可研究的平台。

这是两种截然不同的教材观。目的型教材观是"教"教材，强调如何把书本知识传递给学生，以知识为本位；手段型教材观是"用"教材，立足点是学习对象，注重教与学的同步协调，注重教学过程中能力和创造力培养。

对教师而言，教材是一种课程资源，应该"用教材教"，即借助教材，根据地域、学校和学生的特点进行设计、开发和再创造，上出有个性、有特点的课；对学生而言，教材是"学习资源"或"学材"，学生借助教材，在教师的启发和引导下，激发想象和思维，能自主建构知识，并能进一步创造出更加无限多样的作品来。

所以，新课程倡导的开放性、生态型教材观应如图3-1所示，即一本教材根植于不同地域或学校的"土壤"，会因各位教师的创造性而多样生发，并引发广大学生无穷的创造。

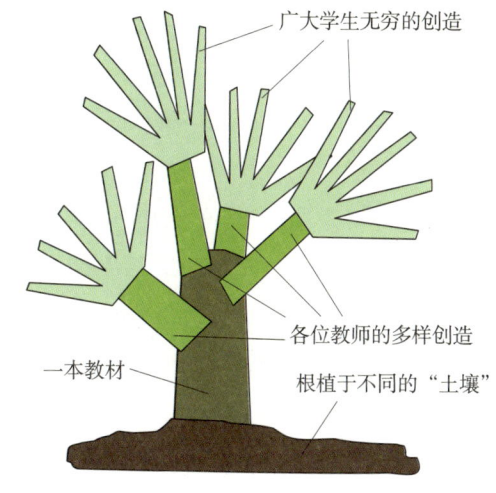

图3-1 开放性、生态型教材观示意图

二、美术教材及其特点

美术教材是根据美术课程标准的目标和任务，选编和组织具有一定范围和深度，便于学生学习的有关课题和美术知识技能体系，是美术教育、教学的主要依据。

教材有狭义和广义之分。狭义的教材泛指教科书，亦称课本、教本，是根据各学科课程标准编写的教学用书，教材的主体，是师生教学的主要材料，考核教学成绩的主要依据。[1] 广义的教材指课堂内外师生使用的便于科目学习的一切素材和手段，包括课本、讲义、课件、辅导资料、自学手册、影像资料、实物道具以及计算机软件、电子书、教学网站等。无论表现为何种形式，教材作为课程和教学中的关键环节历来备受重视。而且，随着教育观念的变化，人们对教材的理解不断深化，对教材的期待也不断提高。

由于美术教学的特殊性，美术教材与其他文化课教材有很大的差别，其特点如下。

1. 学科性

美术教材必须贯彻美术课程标准的精神，体现美术本质观，具有科学而严谨的结构，严格遵循内容编选、教材组织和编排的原则。由于美术是个不断发展和变化的学科，新观念、新形式和新技术不断涌现，美术教材要体现学科发展动态。

2. 图像性

美术学科高度视觉化的特点，要求美术教科书不仅应当有简练的文字，更需要提供大量古今中外经典的美术作品、中外同龄儿童的优秀美术作品，以及各种与现实生活相联系的图片，图文并茂，印刷精美，才能直观、准确、形象地传达图像信息。虽然会有越来越多的电子图像用于教学，但美术教科书呈现的是最基本的知识体系，不容忽视。同时，电子书也要体现这一特点。

3. 多样性

一是美术教材的形式多样，不仅有教科书等纸质教材，还有图像教材、实物教材和数字化教材等；二是美术门类（绘画、雕塑、设计、工艺等）和操作形式的多样性，势必需要不同的材料、工具和操作设备等。

4. 可开发性

课程改革前的美术教材强调传授固定的美术知识技能，要求学生做出规定的作业，却难以创新与拓展。新教材则提出有弹性的学习任务，教师能通过选择、改变和校本化等方式，让学生接触自己感兴趣、有意义的主题或项目，创作有新意的、鲜活的作品。

5. 综合探索性

美术课程标准设置"综合·探索"学习领域，提倡在美术学习中融各学习领域的内容于一体，美术与其他学科相综合，美术与现实社会相联系，使美术学习内容更具综合性和探索性，给学生提供选择和拓展的空间。

---

[1] 顾明远.教育大辞典：增订全编本［M］.上海：上海教育出版社，1998：698.

三、美术教学内容的选择原则

美术教学内容是美术课程的基本构成要素，也是连接其他课程要素的关键，主要指相对系统化的美术知识，具体包括适合年龄特征和认知水平的相关美术学科的知识、技能、方法、原理、活动及其意义价值等有助于教学目标实现的学科内容。在选择教学内容时需要把握好学科知识的基础性、优质性、系统性和递进性等特点。

1. 基础性

基础教育的性质决定了美术教学内容的基础性特征。提倡以学生为本的教育思想，面向全体学生的教学观，使得教材内容应选择具有一定的通识性、常识性、概要性的美术知识，有一定广度、深度，且难易程度适宜的美术技能，即"知识与技能"方面的内容，在美术课程中强调的是"美术语言"及相关知识；同时选择与心智年龄、认知水平、生活经验相关的综合性育人知识，也就是"过程与方法""情感态度与价值观"方面的内容。选择的内容必须从学生接受度、感兴趣与否、生活感受等方面进行全面考量，并在此基础上构建基础美术教育的教学内容体系。

2. 优质性

教学内容永远存在着人类经验的无限丰富性与个人学习有限性的矛盾，因此，教学内容必须精选。于美术课程而言，应选择在古今中外人类文明进程中具有影响力的经典美术作品，有利于为学生提供高层次的审美参照；课本中的文字也应当言简意赅地表述出当前最具权威性的知识或理论，还要综合考虑文化发展、生活习俗、区域、意识形态和伦理道德等各方面的差异。

当然，面对纷繁复杂的美术文化现象，既要继承传统，也要倡导诸如影像、电脑美术、观念艺术、装置艺术、行为艺术等各种新的美术形式与创作观，使美术教学内容具备时代性和先进性，同时，引导学生形成开放包容的心态和宽广的眼界。经过经验参照、反复比较、论证调查和实践检验的教学内容才能确保美术课程的质量。

3. 系统性

美术课程涉及的艺术门类繁多、风格迥异，各有相对的独立性、灵活性和随机性，是一种非结构化的知识体系，不像数学、物理、化学等学科有着严密的逻辑性和连贯性。美术课程的知识系统应能够较为全面地覆盖图1-4所包含的种种内容，构建相对全面的知识结构，并有合理的分配比例，让学生能较全面地了解美术的范畴。对于各类美术知识与技能，在各学段设置递进式发展的内容，循序渐进。对于每个美术门类的学习，都应该体现美术的学习规律，既有美术欣赏和技能学习，也有联系生活的构思和美术创作（或设计、制作），还应安排一定的综合探究活动，让学生经历"像艺术家一样创作"的过程，学到美术的真谛，最终能够提升美术学科核心素养。

4. 递进性

在学校美术教学中，从小学到初中，再到高中，学生的身心会伴随年龄增长而变化，经历着一个个重要的成长时期。美术课程将根据各个课业特点，针对不同学段安排由易到难、循序渐进的学习内容、实践方式及评价标准。

《义务教育美术课程标准（2011年版）》的课程目标和内容通过四个学段呈递进性关系。以"造型·表现"为例，第一学段是"尝试"和"体验"，第二学段则是"初步认识""激发丰富的想象"和"唤起创造的欲望"，第三学段的要求是"运用""选择"和"发展美术构思和创作的能力"，第四学段则强调"有意图地运用""探索不同的创作方法"和"发展具有个性的表现能力"。而且在认知和运用造型元素与形式原理方面的要求也呈递进性关系。

四、美术教材的编写原则

《义务教育美术课程标准（2011年版）》在"教材编写建议"中提出：依据美术课程标准编写美术教材；实现内容组织的综合性和合理性；妥善处理传统与现代、中国与外国的关系；鼓励美术教材呈现方式多样化。美术教材虽然都依据美术课程标准的要求编写，但由于编写者理解的不同和各地域条件等的差异，会造成内容选择、教材编排形式、体例等的不同，有助于美术教材的多样并存和相互促进。同时，也要认识到，教材要体现国家意志，有一定的基础性和严肃性，在教材的开发和编制中，应注意以下基本编写原则。

1. 思想性原则

美术教科书要体现国家意志，以社会主义核心价值观为导向，切实贯彻学校教育立德树人的根本任务。教材选材既要让学生了解西方文化与艺术的精华，尊重世界多元文化的多样性和差异性，引导学生提高文化和艺术鉴别能力；更要弘扬和展现中华优秀传统美术的文化内涵及独特艺术魅力，坚守中华文化立场，坚定文化自信，促进学生形成正确的审美观、人生观和价值观。

2. 直观性原则

美术是一种视觉艺术，许多内容无法用文字或语言来描述，必须展现大量的图片资料。教材要注意体例、版式的设计，使之具有视觉美感和可读性，促进学生直观、形象而有效的学习。

3. 适龄性原则

教材要根据不同年级学生的特点，兼顾知识性、情感性、趣味性、过程性、综合性，使之易于激发学生自主学习的愿望与兴趣。

4. 学科逻辑原则

教材要体现美术知识体系的学科特点和逻辑性。内容编排要突出重点，分散难点，适当采取直线式或螺旋式的编排方式；可采用单元式、项目式或综合式等多种方式；结构安排既要兼顾学科知识逻辑，又要联系现实生活逻辑，还要符合学生学习的心理逻辑。

5. 可开发原则

教材在系统介绍基础知识和基本技能的前提下，要能方便地与不同的地方资源、文化特色、生活方式相结合，创设适宜的学习情境，便于课程的校本化处理或校本课程开发。

新手导航

这五条美术教材的编写原则，同样是我们民间美术校本教材开发和编写的原则，所以需要认真学习和领会，并结合【学习单3-2】的要求灵活运用。

五、美术教材的编排结构

教材的结构是指在教材编排形式上若干基本要素所组成的逻辑与形式的关系。美术教材的学科内容是一个有机的整体，各要素根据一定的理念，依照一定的构成逻辑进行分类、关联、编排与配合，呈现合理的结构。如图3-2所示，教材结构可以包括七个基本部分。

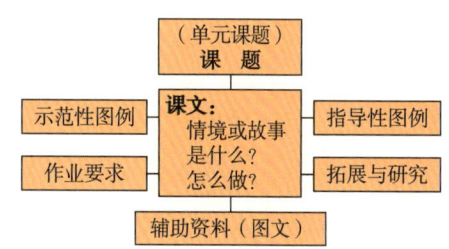

图3-2 教材形式结构示意图

（1）**课题** 课题是本课要学习的学科大概念，应当是有关美术语言或形式某一方面的，或是与学生生活、人文或科技相联系的主题大概念。有时包括单元课题及小课题。

（2）**课文** 课文是传授美术知识体系的主体，要求既能够准确传达该课题的内容，又要言简意赅、口语化（小学低年级可儿歌化），便于学生接受。主要包括：①"情境或故事"，设置有趣的情境或故事，联系学生生活等，形成相应的情感态度与价值观；②"是什么？"即简洁明了地介绍概念、术语、知识和观念等学科知识，是知识与技能的内容；③"怎么做？"即介绍使用的材料、工具、方法、操作步骤和要求，是过程与方法的内容。

（3）**示范性图例** 教材一般采用两类图片作为示范图例：一是挑选该艺术样式中的经典作品，具有很高的审美和示范价值，也是美术欣赏环节的主要对象；二是选择国内外同龄学生的作品，易于使学生感觉亲切、受到鼓舞。高质量的现代印刷技术能确保最大限度地还原作品的基本面貌。

（4）**指导性图例** 指导性图例可包括作品某种关系的分析图、制作的步骤图、说明某种概念的示意图、展示某种结构的剖面图、用于参考或比较的实物照片、正确操作姿势的照片，以及学生学习和活动的场景照片等，帮助学生更直观地理解、学习美术知识与技能。

（5）**作业要求**　作业要求是本课题需要学生完成的美术创作任务，是教学目标的具体化。完整的作业要求包括：用什么材料、工具或方法，在什么条件下，完成以什么为对象的什么作业，需注意的问题或要求。此外，还应提出允许自由发挥的提示以及可供选择的建议等，以适应不同水平学生的学习需求和教师不同的教学需求。

（6）**拓展与研究**　这是要求学生联系本课题动脑思考、讨论，或进一步综合、探索和创意的空间，也是提供给教师进一步开发有特色的校本课程的机会。

（7）**辅助资料**　辅助资料是一些与主题相关的资料，多以"小贴士""小栏目"的形式灵活呈现，有助于学生自主学习和拓宽艺术视野，教师也可以运用其中的资料来说明某些问题。有的教科书后还附有博物馆和艺术点地图、艺术元素和原则、艺术家图库、词汇表、艺术家和艺术作品索引、艺术史年表等资料，篇幅不多，效果却很好。

📖 技术促效

用 Adobe InDesign 为校本教材排版

师范生要想模拟编写教材，应该学习使用专门的排版软件，Adobe 公司的 InDesign 是一款使用起来非常简便，但功能又十分强大的专业排版软件。它能统一设置出版物的页面大小、页边距等基本规格，使每一页都保持一致；能方便地置入文字，并使多个不同位置的文字框内的文字保持连贯，随意调整文字框的大小会自动改变文字框内文字数量的分布，各文字框内的文字依然连贯；可以自定义文字的格式，如大标题、小标题、正文、说明等的字体、字号、字色，能个性化地设定文字风格；所置入的图片处于链接状态，使所生成的 InDesign 文件很小，便于编辑和保存；可以便捷地设置图文的前后层次、对齐、均空、文字环绕等形式；可以随时利用辅助线帮助排版；一个文件中可以做一本书，窗口下有许多标签，可随意打开各页面。

【学习单 3-1】
　　对照本章内容和概念，检查【教案 1】"设计思路"中的"教材分析"是否符合美术课程标准的要求？所教内容是否符合美术学科核心素养的要求？"教材分析"的表述是否抓住了学科大概念？（参见第四章）
　　重点提示：
　　1. 要明确所教内容在美术课程中的位置，在什么基础上学，又将影响后续什么内容的学习，重点是什么？
　　2. 所教内容的表述和作业要求，如何与当地情境相结合而形成真实性学习任务，以更利于学生的学习。

第四节　校本课程的开发与设计

一、校本课程及其开发目标

校本课程是以学校为基地开发的课程，它的开发主体是教师，特别是由同一学校或不同学校教师组成的开发小组。校本课程是教师在实践中，根据当地文化资源、学校条件、学生需要和教师特长开发的课程。校本课程的开发与设计使教学内容地方化和多样化，并能形成办学特色，也能提升教师的课程意识和课程建设能力。

中小学美术教师开发校本课程的目标如下。

（1）**知识与技能**　了解校本课程开发的理论与要求，利用当地资源开发一门美术校本课程，设计出有地方特色的美术校本教材和配套的教学参考资料，并不断完善。

（2）**过程与方法**　寻找当地美术资源—完成调研报告—开发美术校本教材—设计教学参考资料（含单元化参考教案）—进行教学实践并反思改进。

（3）**情感态度与价值观**　通过研究当地文化资源或物质资源，更热爱自己的家乡或民族；养成全面有序的开发校本课程的工作态度；形成新课程所要求的课程观念和"课程与教学一体化"的专业素养。

校本课程开发应遵循教育部有关文件的精神，具体包括需要评估、确定目标、组织与实施、评价等四个阶段。校本课程开发包括选用、改编、新编三种类型。

二、校本课程开发的思路

校本课程的开发一般依托地方资源，按美术学科大概念确立最终要完成的基本样式，然后进行横向的拓展或深入的研究，形成如图 3-3 所示的模型。

（一）基本内容

美术校本课程的基本内容就是课程最终的美术样式，如素描、版画、陶艺、剪纸等，及其美术知识与技能，处于图 3-3 所示校本课程开发的核心地位。所以，对课程的学科大概念、课程性质、操作特征等都要仔细推敲、深刻领会，否则将导致整个课程误入歧途而丧失价值。比如，色彩课变成了游戏课，陶艺课变成了泥塑课等，都是源于对美术大概念的不理解，需要避免。

> **文件摘要**
>
> **校本课程开发的程序和类型**
> 校本课程开发是学校课程管理的组成部分。总体上说，校本课程开发的程序主要有四个阶段：
> 需要评估是设计校本课程的基础研究。主要涉及明晰学校的培养目标，评估学生的发展需要，评估学校及社区发展的需要，分析学校与社区的课程资源等。
> 确定目标是学校对校本课程所作出的价值定位，它是在分析与研究需要评估的基础上，通过学校课程审议委员会的审议，确定校本课程的总体目标，制定校本课程的大致结构等。
> 组织与实施是学校为实现校本课程目标开展的一系列活动。根据校本课程的总体目标与课程结构，制定《校本课程开发指南》。……学校审议委员会……对教师申报的课程进行审议……学生根据自己的志愿选课，选课人数达到一定的数量后，才准许开课。在此基础上，学校形成一份完整的《校本课程开发方案》。
> 评价是指校本课程开发过程中的一系列价值判断活动。它包括《课程纲要》的评价、学生学业成绩的评定、教师课程实施过程评定，以及《校本课程开发方案》的评价与改进建议等。评价的结果应向相关人员或社会公布。
> 校本课程开发的类型有三种：选用、改编、新编。课程选用是校本课程开发中最普遍的活动，是教师从课程资源中选择比较适合的课程；课程改编是教师根据学生的实际情况和学校或自身的现实条件，对已有的课程进行局部的内容修改或结构调整；课程新编是指教师根据需要与可能而开发的全新的课程。
> 资料来源：教育部《学校课程管理指南（讨论稿）》，2002 年 11 月。

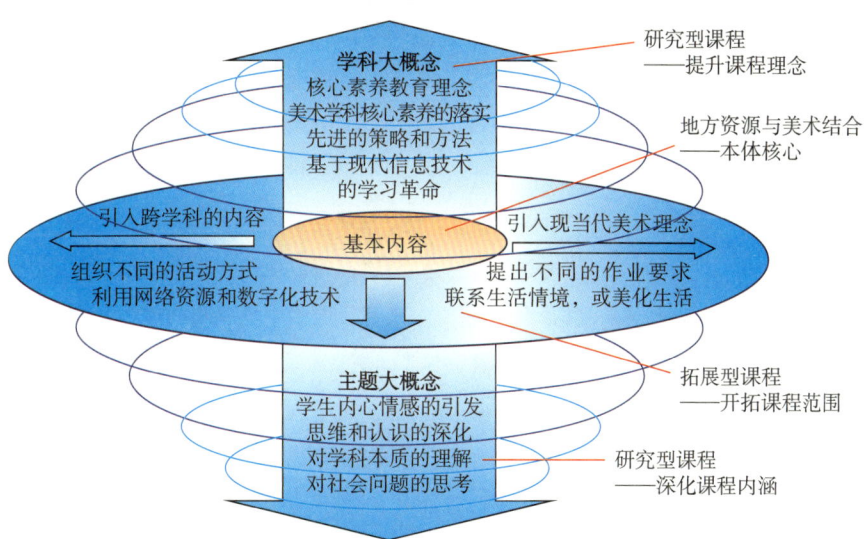

图 3-3　校本课程开发的三维立体模型

> **技术促效**
>
> **寻找网上教科书**
>
> 有比较才能鉴别，有借鉴才有创新。要当好美术教师就必须了解教材，学会分析和研究教材；要成为"课程与教学一体化"的教师，就必须占有一定数量的教材，借鉴别人编写的教材，才能学会编写自己的教材。可是教材在一般书店是买不到的，学校图书馆也没有，怎么办？
>
> 目前，国内各大出版社的网站上都有该社美术教科书页面资料。我们可以利用这些网上资源，下载一些相似年级和主题的教科书页面，按美术课程标准和教材编写的要求进行比较，可以提高教材分析的能力；也可以下载与所编写的教材内容相似的资料，作为参考与借鉴，提高教材编写水平。

（二）拓展型课程

拓展型课程是对基本内容在范围上的开拓。可以从以下方面思考。

● 如何联系生活情境，或美化生活？联系学生生活情境，创作有温度的作品；鼓励学生用自己的作品美化生活，比如，做出工艺品装饰家庭或学校等。

● 能否联系地方文化资源进行创作？地方的传说、故事、民间艺术、名胜古迹、名人事迹、传统习俗、风土人情等都是创作的好素材。

● 能否引入跨学科的内容？比如，听音乐画抽象画、为文学作品画插画等。

● 能否利用身边的废旧材料来创作？比如，利用废电线、包装绳、纸条等做编织，会有别样的美感。

● 能否利用网络资源和数字技术完成美术作业？比如，现在的手机APP可以完成平面设计、微电影、定格动画等作品的创作。

● 能否提出不同的作业要求？比如，服装设计既可以画服装效果图、做拼贴效果图，又能做立体服装娃娃，甚至做"真人秀"，以适应兴趣不同、水平不同的学生。

● 能否引入现当代艺术的理念与形态进行哲理性思考和艺术创新？

（三）研究型课程

研究型课程是在遵循学科大概念的基础上，从教学理念与技术上对基本内容的提升，或按主题大概念，在学习内涵上的深化，可形成研究课题和研究型学习主题。可以从以下方面思考。

● 如何融入核心素养的教育理念并落实美术学科核心素养？

● 采用什么先进的教学策略和教学方法？比如，自主、合作和探究学习，项目学习、STEAM课程、创客教育等。

● 如何运用现代信息技术促进学习革命？比如，运用手机、平板电脑或网络学习平台来学习美术等。

● 追求情境化的真实性学习，将创作命题引向学生的内心，以更好地表达思想情感。

● 以基本问题和小问题探究美术本质，深化思维和提高认识。

● 引入社会热点问题，比如，环保、节能、灾难、过度消费、保护文化遗产、战争与和平等主题大概念，关注人类的生存和命运共同体。

通过开发与设计，原课程的"基本内容"变得更加丰富（拓展）与深刻（研究），由于角度不同，可形成无限丰富、各具特色的校本课程。

三、校本课程开发的方法

校本课程开发就是利用合适的地方资源，引导学生做出有特色的美术作品。（图3-4）地方资源包括当地的物质资源和文化资源。

地方物质资源：农村的稻草、麦秆、泥巴、石块等；山林里的树皮、树根、藤条、竹木等；海边的贝壳、螺壳、鹅卵石等；生活中的饮料瓶、易拉罐、废旧物品等。既可以直接用来开发校本课程，也可以用来替代课本中的材料，产生别样的美感。

地方文化资源：名胜古迹、地方节庆、传统习俗、风土人情、民间艺术（艺人和作坊）、名人逸事、传说故事等都是创作的好素材。

接下来请以小组为单位，按【学习单3-2】"民间美术校本教材开发任务书"中的要求和方法，开发自己的校本教材。

图 3-4　上海师范大学天华学院教育学院 2019 届学生的民间美术调研报告（上）、开发的民间美术校本教材（中）和配套的教学参考资料（下）书影，王大根执教并提供

【学习单 3-2】

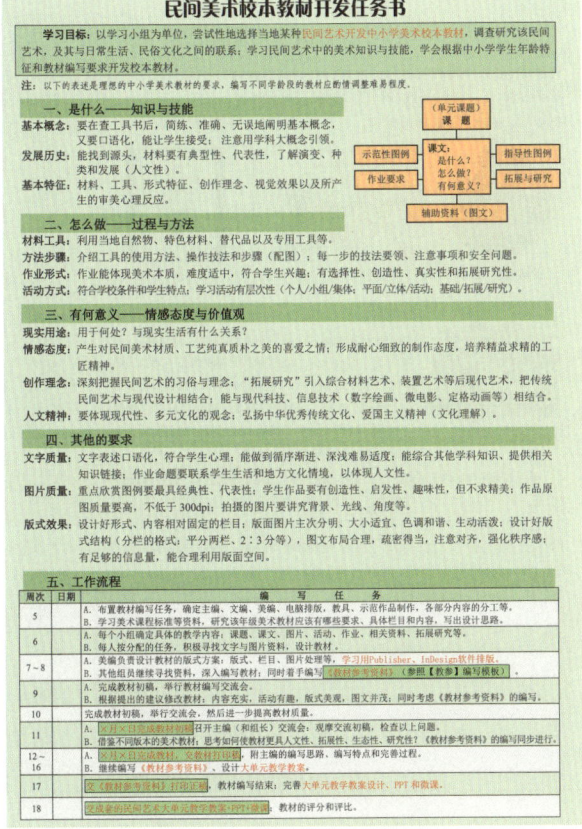
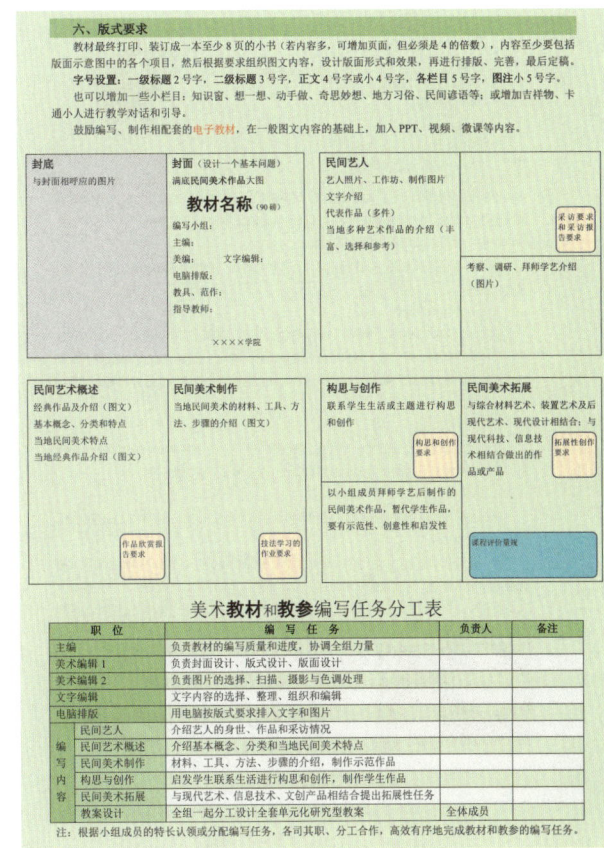

示范性案例 3

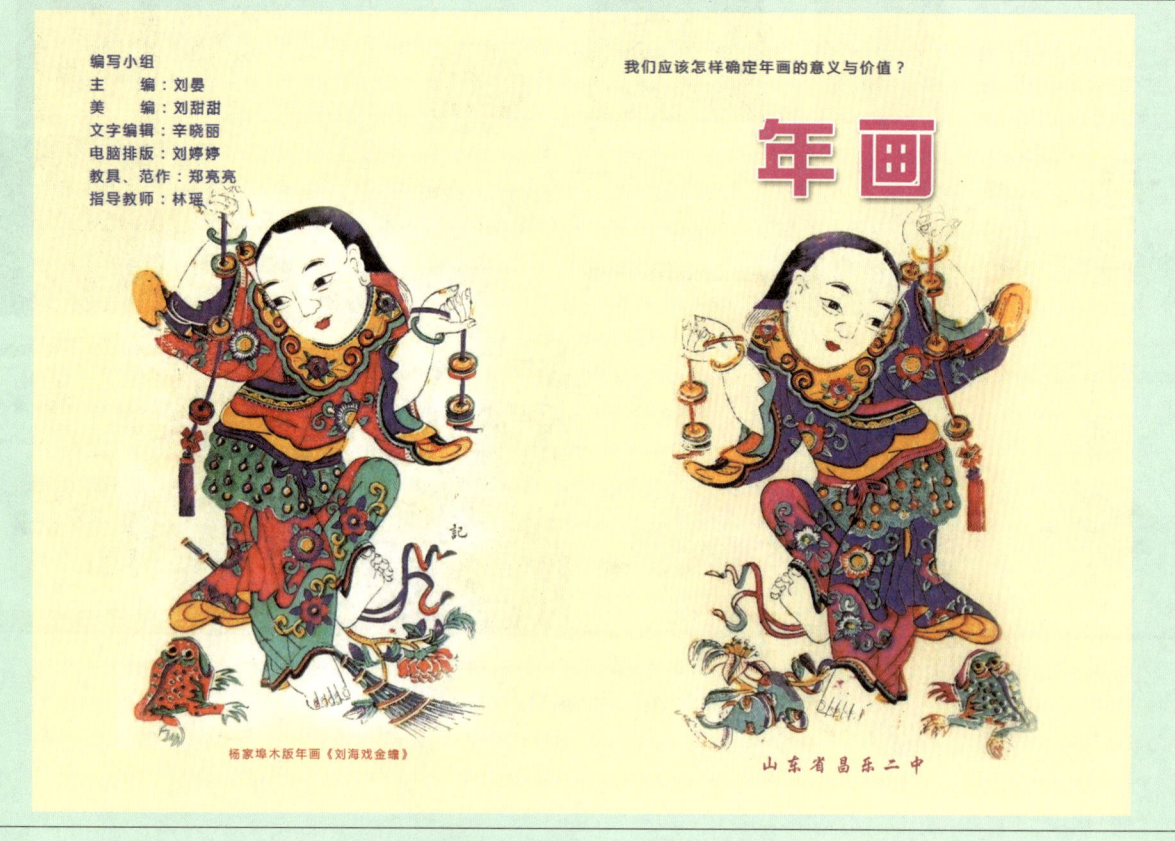

编写小组
主　　编：刘昱
美　　编：刘甜甜
文字编辑：辛晓丽
电脑排版：刘婷婷
教具、范作：郑亮亮
指导教师：林瑶

我们应该怎样确定年画的意义与价值？

年画

杨家埠木版年画《刘海戏金蟾》　　　　　　　　　　山东省昌乐二中

 **年画的概述**

基本问题：
一方水土是否"养活"了一方民间年画？

年画是中国画的一种，始于古代的"门神画"，中国民间艺术之一，是中国特有的一种绘画题材，也是中国农村老百姓喜闻乐见的艺术形式。大都用于新年时张贴，装饰环境，含有祝福新年吉祥喜庆之意。

年画的题材包罗万象，总计画样有两千多种，堪称一部民间生活百科全书。它大致可分为四种。

（一）神仙与吉祥物

这是年画的基本题材。神仙是早期年画的主要表现内容，它在年画中占有很大的比重。吉祥物包括狮、虎、鹿、鹤、凤凰等瑞兽祥禽，莲花、牡丹等花卉，摇钱树、聚宝盆等虚构物，通过隐喻、象征或谐音等手法表示吉利祥瑞的意义，表达辟邪禳灾、迎福纳祥的主题。

（二）世俗生活

民间艺术家通过自身的观察与感受，表现现实生活。这类题材在年画中少于其他题材。世俗生活的题材主要包括人们的生息劳作、节令风俗、时事趣闻等。

（三）娃娃美人

这种题材在民间年画中占有很大比例，表达了人们早生贵子、夫妻和美的良好愿望。

（四）故事传说

这一部分大多取材于历史事件、民间故事、神话传说、笔记小说以及戏曲等，其中戏曲题材比重最大。这类年画常见的有《三国演义》《西游记》《水浒传》《红楼梦》《白蛇传》《牛郎织女》等。人们往往通过这类题材增长了知识，并接受了传统的道德教育。

年画的分类：
按印制工艺分，可分为木版年画、水彩年画、扑灰年画、胶印年画。
按着色层次分，可分为单色年画、黑白年画、彩色年画。
我国年画的四大产区为：苏州桃花坞、山东潍坊杨家埠、天津杨柳青、四川绵竹。

苏州桃花坞年画　　天津杨柳青年画　　四川绵竹年画

山东潍坊杨家埠年画

杨家埠木版年画是一种流传于山东省潍坊市杨家埠的传统民间版画。其制作方法简便，工艺精湛，色彩鲜艳，内容丰富。杨家埠木版年画按照当地农民的思想要求、风俗信仰、审美观点、生活需要逐步发展完善，形成了自己古朴雅拙、简明艳丽的风格。它植根于民间，装饰于节日，长期以来起着丰富人民精神生活、反映人民美好愿望、美化人民节日环境的作用。

杨家埠木版年画的艺术特征：不受自然的约束，以丰富的想象力、概括性、浪漫主义、象征和寓意的手法表现主题；构图完整、饱满、匀称；造型夸张、简练、粗犷、朴实。制作年画时，艺人首先用柳枝木炭条、香灰作画，名为我"朽稿"，在此基础上再完成正稿，描出线稿，分别雕出线版和色版，手工印制。年画印出后，再手工补上各种颜色并进行简单描绘，使其更加自然生动。

学习活动：
自主从网络上搜集有关杨家埠年画的资料，围绕表格内容进行总结。

制作工艺	
艺术特点	
题材	

民间艺人

基本问题：如何认识杨家埠木版年画的真正价值？如何传承？

杨家埠木版年画非遗传承人——年画王　杨洛书

杨洛书，字易元，1927年12月出生。山东省潍坊市寒亭区杨家埠村人。2002年被联合国教科文组织授予"民间工艺美术大师"称号，山东潍坊杨家埠百年画店"同顺德"的第十九代传人，国家级非物质文化遗产项目杨家埠木版年画的代表性传承人。

杨洛书照片

杨洛书出身年刻版年画世家，同顺德画店当代经营者。该店是明初杨家埠村最早最大的同顺堂画店分支。杨洛书自幼受祖传手艺的熏陶，对年画情有独钟，立志有所作为。他上过私塾、小学6年，他7岁时开始摸刻刀，14岁时就跟从父辈学习年画制作实践。因悟性强，虚心向学，善于博采众长，学中有创，18岁就熟练掌握年画制作技艺，尤以刻版最精。此后几十年刀耕不辍。从艺70多年来，全部精力投入到非物质文化遗产杨家埠木版年画的保护、传承和创新工作中。20世纪80年代首创木版年画挂历。1993年，他无偿把明代弘治年间画版献给国家博物馆。

代表作品：《历代帝王全图》《梁山一百单八将》《二十四孝》。自1995年起，杨洛书陆续创作了《红楼梦》《三国演义》《西游记》故事画版。

《三英战吕布》　　　《刘唐放火》

3

《年年有余》　　　　　《年年有余》

考察调研

年画课程团队于2019年11月到潍坊市寒亭区杨家埠拜访了杨洛书老艺人，了解木版年画相关内容。

杨洛书的作品，线条简洁流畅，具有浓厚的民间风味、乡土气息和节日氛围，现代印刷业和电脑雕刻木版的出现使传统木版年画受到冲击，杨洛书始终认为"如果不把真正原汁原味的技艺传下来，光使用机器印，就把老的传统事（技艺）混乱了"。

通过采访能真切地感受到这位老艺人生活的简朴以及一生只干一件事的执着，唯独创新、多多培养年轻人、多出精品，才能让国家级非物质文化遗产——杨家埠木版年画经久不衰，发扬光大。

杨洛书现场指导　　　课程组成员和杨洛书老人合影

4

年画的工具与制作

基本问题：传统木版年画制作需要用到什么工具、材料？
年画采用版画形式进行制作的原因和意义？

木版年画制作非常重要，对木材和印制纸张都有特殊要求。一张年画的制作，需要画稿、制版、雕刻、印刷四道工序。其中最重要的工序是刻版。当确定好要雕刻的图案后，就在打磨好的木板上一刀刀仔细雕刻。

木板：一般选用木纹细密、木质匀净、板面光洁、干透无裂纹的木材。常采用的有梨木、水曲柳、白桃木、银杏木、桦木、椴木等。

刻制工具：以月凿为主，拳刀、斜口刀是刻制主纹样常用的刀具，其刀要求两面磨刃，薄而锋利，辅助工具如圆刀、三角刀、大小平刀、弯凿、扁凿、大刷空、二刷空、韭菜边、修根、凿针、凿扦等。

印刷用纸：生宣纸、熟宣纸、毛边纸等。

过去，木版年画制作对材料的要求非常严格，不易在学校课程中普及。采用现代木刻版画的工具、材料仿制传统木版年画，也可以取得很好的效果，且材料非常易得，操作难度不大。

在制作和印刷过程中也有许多不同，同学们实践中要注意探究、总结。

5

年画制作
1. 画稿拷贝
2. 上蜡
3. 线版刻制
4. 色版刻制
5. 分版印刷
6. 晾画
7. 装裱

 学习活动

1. 选取有地方特色和美好寓意的年画作品进行临摹或创作。
2. 将画稿打印或拷贝后，反贴在版画板上。
3. 尝试不同的刀法进行线稿的刻制，注意操作安全和方法总结。
4. 修改完善线稿板，并进行线稿的印刷。
5. 根据印制的线稿设计不同色板并刻制。
6. 进行套色印制，完成作品。

6

构思与创作

基本问题: 如何与现代生活相结合,创新杨家埠木版年画?

年画是一种民间艺术,可以通过绘制线条、添色的形式来进行创作,表达自己美好的愿望和情感。年画的学习可以让我们深入关注当地民俗活动,了解民间美术的艺术价值,热爱祖国的优秀传统文化。同时,又可以引领我们继承、创新传统年画,探究年画的时代价值,开发衍生品,激发想象力。

创作案例: 运用马克笔绘制年画,做成精美的灯笼,参加学校元旦晚会演出。

年画绘制中

剪下年画贴在灯笼上

年画与灯笼结合

美美的灯笼

看!我们棒棒哒!

学习活动

校园是我们学习生活的地方,大家对自己的校园非常熟悉,以校园生活为题材(如:校园风景、学习场景、人物等)进行年画的构思与创作。

创作要求:
1. 形式、材料不限。可以在印刷形式上创新实践,如卡纸漏印版画;也可以在材料上创新实践,如橡皮章等。
2. 注意借鉴杨家埠木版年画色彩和造型方面的特点。
3. 合理利用工具材料,动手操作时注意安全。

拓展

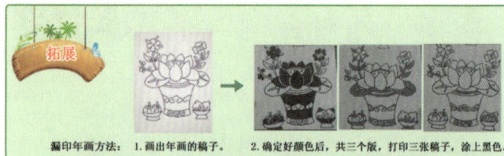

漏印年画方法:
1. 画出年画的稿子。
2. 确定好颜色后,共三个版,打印三张稿子,涂上黑色。
3. 将三个版的黑色刻掉,制版完成。(上图示范中,仅用了一张图片进行举例说明)
4. 准备套印。准备三个刷子分别刷不同的颜色(红、黄、绿)。刷色时,稳住纸版不要动,保证边缘清晰。一定要等一种颜色干透后,再去刷另一种颜色。

年画拓展活动

基本问题:
想一想,怎样将年画与现代艺术、信息技术结合,才能焕发出年画新的生命力,让它有温度地传承?

拓展活动一 杨家埠生肖门神创作

将生肖与杨家埠传统门神结合在一起进行年画图案创作。
1. 认真观察杨家埠门神年画作品,总结线条、色彩的特点。
2. 将生肖与门神图案结合在一起绘制草稿。
3. 学习掌握手绘板绘画技巧,画出电子版。

手绘板

杨家埠传统门神年画

鼠年生肖门神电脑绘画作品

狗年生肖门神电脑绘画作品

拓展活动二 年画创作与文创产品结合

结合潍坊当地特色文化,请按照以下要求设计年画文创产品。年画人、设计师和美术创作者合作打造年画新作、文创品,让年画以崭新的姿态"重回春节"。
1. 创作主题要回应时代需求,回应人们新的生活方式的需求。
2. 满足春节市场的需求,提供年画产品。
3. 满足年画人的需求,解决发展中的现实问题。

拓展活动三 策划并举办校园、社区杨家埠年画推广活动

1. 写出校园或社区年化推广活动策划方案。
2. 组织人员、物资,设置展览、互动体验与文创产品销售相结合的活动。
3. 印制年画宣传推广材料,让更多的人了解杨家埠年画。

续表

案例点评
该教材取材于当地典型的传统民间美术——国家级非遗项目潍坊杨家埠木版年画，有着深厚的文化价值。教材紧紧围绕杨家埠木版年画设置了一系列基本问题，引起学生对传统年画艺术传承与发展的思考；介绍了开展选题调研、收集和整理民间美术资源的方法；介绍了木版年画的材料、工具、制作方法与步骤；指导学生如何结合现代生活进行构思与创作，以及把创作的木版年画开发成文创产品，开展社区推广活动。该教材是一个很成功的根据地方民间美术开发校本教材的典型案例。

思考与练习

识记：课程、课程标准、教材、美术课程、美术课程标准、美术教材、校本课程。

理解：1. 说出课程的内涵、三级课程管理制度。

2. 简述《普通高中美术课程标准（2017年版）》的特征。

3. 简述美术教材的生态型教材观。

4. 运用美术课程与教材的理论分析一册中小学美术教科书，写一份简要的分析报告。

建议阅读

［美］小威廉姆·E.多尔.后现代课程观［M］.王红宇，译.北京：教育科学出版社，2000.

钟启泉，崔允漷，张华.为了中华民族的复兴　为了每位学生的发展《基础教育课程改革纲要（试行）》解读［M］.上海：华东师范大学出版社，2001.

钟启泉.现代课程论：新版［M］.3版.上海：上海教育出版社，2015.

奚传绩，尹少淳，教育部基础教育课程教材专家工作委员会.普通高中美术课程标准（2017年版）解读［M］.北京：高等教育出版社，2018.

谢丽芳.民间美术进课堂——薪火传承中的"蒲公英行动"［M］.长沙：湖南美术出版社，2017.

第四章 美术教学目标

> 基本问题：
> 怎样的真实性学习任务能让学生更加理解美术？

🎯 学习目标

【任务一】【任务三】：知道并理解教学目标、真实性学习任务、大概念和基本问题等概念在教学设计中的重要性、相互之间的关系，及其对作业要求和评价标准的意义；持续理解美术学科大概念和深度学习的关系。做到在【教案1】中规范地设计三维目标和真实性学习任务，以及之后的大单元教学目标和真实性学习任务；提炼出指向学科大概念的"基本问题"和能促进学习活动的"小问题"，引导中小学生的深度学习。

【任务二】：完成民间美术【调研】报告和PPT，并分享交流。

	师生共建		
	课前	课中	课后
教师	1. 第四章研究教学目标，是教学的出发点、归宿，也是教学设计和活动之灵魂。 2. 上传相关的参考文献；了解并指导"小老师"对本章内容的理解和教学设计；发现并纠正他们对相关核心概念的误解和理解偏差。 3. 发现并纠正"小老师"【教案1】中教学目标、基本问题和小问题、作业要求和教学评价等设计的错误。	1. 关注"小老师"对第四章教学目标、真实性学习任务、大概念、基本问题和深度学习等重点的理解正确与否；教学思路和教学活动的合理性和有效性。 2. 关注"小老师"能否发现并纠正师范生【教案1】教学目标、基本问题、作业要求和教学评价设计的逻辑错误。 3. 组织评价组与讲课组提问交流。对"小老师"的教学进行点评、纠错和补充。强调教学设计各要素之间的逻辑关系。	1. 要求师范生进一步阅读相关文献，复习本章重点，深入理解并正确设计各核心概念。 2. 要求师范生逐步改进各自【教案1】中的教学目标、真实性学习任务、基本问题、作业要求、评价标准等环节，以及相关的学习活动。 3. 收取【调研】报告，并安排时间分享汇报。
"小老师"	1. 认真钻研教材，理解教学目标、实性学习任务、大概念、基本问题和深度学习等概念，设计本章教案和课件。 2. 按本章要求设计好自己【教案1】的教学目标、真实性学习任务、基本问题和小问题。	1. 抽查师范生的【教案1】，通过提问、讨论发现问题；示范自己的【教案1】，指导师范生修改教学目标、基本问题、作业要求和教学评价等的逻辑错误。 2. 运用连线、找碴、改错、研讨等方法引导师范生理解教学设计各要素之间的逻辑关系。	1. 总结本组和个人的教学设计和教学；完成教学反思和自评报告。 2. 把教案与课件改进后上传至线上学习平台；做出本章教学的微页，并发送至班级群。
师范生	1. 预习本章内容，上网阅读相关文章，记下不理解的问题。 2. 按本章要求设计【教案1】教学目标、基本问题和小问题。 3. 完成【教材】的调研报告，做好分享的准备。	1. 带来设计好的【教案1】打印稿，积极参与教学互动。 2. 通过听课和小组讨论发现和标注【教案1】中教学目标、基本问题、作业要求和教学评价等的逻辑错误，并改正错误。	1. 进一步阅读本章的示范性案例和网上文献，深入理解本章内容。 2. 逐步改进【教案1】教学目标、真实性学习任务、基本问题、作业要求和教学评价等的逻辑关系；改进提问和教学活动。 3. 完成【调研】报告和汇报任务。

第一节　教学目标概述

一、关于教学目标

教学目标是教学系统的核心，对系统内各种要素起着统帅、支配和协调的作用，使之优化并发挥整体效应，以取得最佳的教学效果。教学目标是在教学活动中师生双方预期达到并可以测度的学习结果及其规格。由于是学生通过教学活动应当实现的最终结果，因此也称为学习目标。

> **新手导航**
>
> 恰当地确定某一课题的教学目标，并能正确陈述是现代美术教师的基本功。尤其在新课程改革提出"三维目标"的要求之后，设计好教学目标更有难度。这是本章的重点和难点。

单元是指各门课程中相对独立、相对完整的组成部分。单元目标是对该单元教学的具体要求。单元目标一般由教师参照课程标准和教学参考用书，结合学生实际，并兼顾个别学生的差异和特点来制订。

课时是教学活动的基本时间单位，课时目标是对单元目标的进一步具体化，是与每节课的教学活动相联系的目标，所以应当非常具体、明确而富有成效，使课程目标在一堂堂课中得以落实。

教学目标主要有行为目标、表现性目标和生成性目标等。

行为目标是以个体具体可观察、可测量的行为作为课程与教学的目标。在目标中规定学生具体的行为、行为产生的条件等，具有具体性、可操作性等特点，不强调学生的自主创造，如临摹某图案、画出平行透视示意图等。

生成性目标也称发展性目标，是随着教学过程的展开而自然生成的目标。它不是教材或教师规定的学生所要达到的结果，而是关注学生学习的过程、兴趣的变化、能力的形成和个性的发展，在教学过程中产生自己的目标。

表现性目标是指在教学情境中每一位学生个性化的创造性表现。关注学生在活动中的首创性表现，而不事先预设结果；强调个性化、开放性和创造性。凡有创造性要求的美术教学中，往往包含表现性目标或生成性目标，比如，利用圆形画出你的故事，利用所提供的多种材料，组合成一个可爱的小动物，等等。

二、教学目标分类学

教学目标的分类，涉及认知过程维度和知识维度等复杂问题。20世纪美国学者布卢姆（B.S.Bloom）等人研发的"教学目标分类学"，将教学目标分为认知、情感、动作技能三个领域，各领域中又有高低层次区分，产生了较大影响。表4-1是简化了的教育目标分类表。

表4-1　布卢姆等人的教育目标分类简表

亚领域及层次		认知领域[1]	情感领域[2]	动作技能领域[3]
	7.0			创造
	6.0	评价		适应
	5.0	综合	个性化	复杂的外显反应
	4.0	分析	组织化	机械练习
	3.0	应用	价值判断	指导的反应
	2.0	领会	反应	准备
	1.0	识记	接受	知觉
目标领域		认知领域[1]	情感领域[2]	动作技能领域[3]

布卢姆根据学习心理，探索教学目标从简单到复杂、从低层次到高层次的排列，表明较高水平的技能需要建立在较低水平的学习基础之上。因此，教师在制订教学计划时，可依此确定在教材或作业中包含哪一类或哪几类教学目标。教师确定了不同类型的教学目标后，就能依此设计相应的教学活动。教学评价则证明学习是否产生作用，以及是否达到一定的

---

[1] ［美］B.S.布卢姆，等．教育目标分类学：认知领域［M］．罗黎辉，丁证霖，石伟平，等译．施良方，校．上海：华东师范大学出版社，1986.
[2] ［美］D.R.克拉斯沃尔，［美］B.S.布鲁姆，等．教育目标分类学：情感领域［M］．施良方，张云高，译．瞿葆奎，校．上海：华东师范大学出版社，1989.
[3] ［美］A.J.哈罗，［美］E.J.辛普森．教育目标分类学：动作技能领域［M］．施良方，唐晓杰，译．瞿葆奎，校．上海：华东师范大学出版社，1989.

目标。

教育部2001年颁布的《基础教育课程改革纲要（试行）》指出："国家课程标准……应体现国家对不同阶段的学生在知识与技能、过程与方法、情感态度与价值观等方面的基本要求，规定各门课程的性质、目标、内容框架，提出教学和评价建议。"这也就是我们所说的"三维目标"，更关注学生的学习方式、学习能力以及情感态度与价值观等品质的全面发展、个性发展和终身发展。2018年初，新一轮高中课改又提出"学科核心素养"，强调学科思维和学科理解，要求通过"学科大概念"追求"高阶思维""深度学习"等，这些都能从布卢姆等人的教学目标分类学中得到启示。

三、美术教学目标分类

美术课程同样推行"三维目标"。过程与方法、情感态度与价值观目标不宜牵强地区分行为水平，而知识与技能目标则需要参照布卢姆教学目标分类学，区分出具体的行为水平和相应的动词，以指导教学目标的设计。（见表4-2）[1]

第二节 美术教学目标的设计

一、教学目标的设计步骤

1. 钻研课标，分析教材

设计美术教学目标首先要钻研课程标准、教科书和教学参考资料，弄清本学期的教学内容、结构、各章节之间的联系，了解以前曾学过的和未来将要学习的内容，从而明确本单元或本节课的位置，确定其基本内容、要求、重点、难点等，为教学目标的设计奠定基础。

2. 分析学生已有状态

教学目标是在学生已有基础上，经过教和学能够知道、理解和做到的结果。因此，学生的知识水平、心理发展水平，以及学生的态度、兴趣、爱好等个性

> **新手导航**
>
> 每一课的学习目标，需要教师依据多方因素综合设计。课程的教学目标既是教学的核心任务，也是教学流程和活动安排的依据，可谓"牵一发而动全身"，需要教师精心设计。

表4-2 美术知识与技能目标行为水平一览表

		行为水平1	行为水平2	行为水平3	行为水平4
		记忆	理解	掌握	应用
知识	基本内容	记住生活中有关形象的特征 记住学过的形象材料、知识和概念	会用学过的知识判断同类作品的特定现象 会举一反三地解释其他作品中的某一特定现象	能用学过的知识解决自己作业中的相应问题 能综合性地解释美术作品的多种现象和相互关系	运用多种知识完成较复杂的作业或分析美术作品 运用多种知识有创见地进行创作或评论美术作品
	动词	回忆，记住，描述，选出，说（画、做）出，列举	叙述，选择，区别，判断，辨认，举例，懂得，领会	解释，说明，分析，归纳，解决，回答，组织，修改	分类，鉴别，阐述，综合，评析，推测，运用，总结
		模仿	协调	熟练	创新
技能	基本内容	对演示、动作的模仿或尝试，对工具的熟悉和使用 将描述语言转化为实际动作	眼、脑、手之间动作的协调自如 整套动作连贯并模式化，实现动作的分解和组合	动作准确迅速，应变力强，实现动觉监控 设计组合动作和操作程序	在新情境下，寻找材料和工具，设计并实现新动作 探索新材料，发明新工具，创作新作品
	动词	观察，模仿，尝试，使用，熟悉，学会	做出，画出，掌握，巩固，连贯，分解，组合	（准确地、迅速地、轻松地、熟练地）做出、画出、掌握	探索，创作，发明，（创造性地）做出、画出、设计

因素，都需要认真考虑和分析。特别要关注那些美术天才儿童或学习障碍儿童，使每个学生都得到充分发展。

3. 教学目标的作用

对教师而言，教学目标能提高教学的清晰度和可操作性，更好地指导教学、评价教学；对学生而言，能明确学习目标，使学习更为主动、自觉。

二、教学目标的表述

清晰、准确、具体地表述教学目标，是教学目标设计的关键。传统教学目标的表述往往是教师本位的，抽象而笼统，如"提高学生的绘画技能""培养学生的审美情感"等，表述不明确、缺乏可操作性，难以测量评价，很难检验教学目标是否达成。

教学目标表述方式基本可分为两类。

一是结果性目标，即明确学生的学习结果是什么，要求采用行为动词，目标要明确、可测量、可评价。多用于知识与技能目标，如"举例说明标志设计的艺术特点""说出自己喜欢或不喜欢的美术作品"等；也能表述某些结果化的过程与方法目标。

二是体验性或表现性目标，即描述学生的心理感受、体验或安排学生表现的机会，所采用的行为动词是体验性、过程性的。这种方式指向无须结果化或难以结果化的过程与方法、情感态度与价值观目标，如"用各种材质和方法创造能表达主题的立体造型"、"欣赏卡通作品，收藏自己喜欢的卡通书籍和资料"等。

布卢姆关于行为目标（behavioral objectives）的研究表明，教学任务的完成应体现为学生行为的改变。据此，要将教学目标具体化为可观察、可测量的行为目标，完整的表述包括四个要素：行为主体（audience）、实际行为（behaviour）、行为条件（condition）、行为标准（degree）。按英文首写字母即构成教学目标设计的 ABCD 模式。

1. 行为主体

学生是行为主体，教学目标应描述学生的行为。教学目标开头应是"学生应该……""学生能做到……"，而不能用"使学生……""教给学生……"或"培养学生……"等以教师作为行为主体的表述。有时书面上的行为主体可省略，但必须暗含学生就是行为主体之意。

2. 实际行为

需要用规范的行为动词描述学生通过学习所能完成的特定的、可观察的具体行为。行为动词有明确与含糊之分：明确的动词如画出、做出、辨别、解决、比较等；含糊的动词如知道、了解、欣赏等。或将含糊的行为改为明确的行为，比如，将"理解白描的艺术特点"这一较含糊的表述改为"能在各种线描作品中选出中国的白描作品，并说明与其他线描作品的区别"。

3. 行为条件

行为条件是指影响学生产生学习结果的特定限制或范围，有五种类型。

① 使用资料和辅助手段，或者不允许使用。例如，参考所提供的图像资料，画出……

② 提供信息和提示。例如，要画出衣服上的缝缀线、纽扣、图案等细节。

③ 使用工具和特殊设备，或者不用。例如，必须使用绘图工具绘制平面构成作业。

④ 完成行为的时间限制。例如，20 分钟内或在

📖 **学术动态**

追求理解的教学设计是以目标为导向的

良好的设计，不仅仅是为了让学生获得一些新的技术技能，而是为了以目标及其潜在含义为导向，产生更全面、更具体的学习。……这个转变是指教师在思考如何开展教与学活动之前，先要努力思考此类学习要达到的目的到底是什么，以及哪些证据能够表明学习达到了目的。虽然我们习惯上总是考虑教什么和如何教，但现在必须挑战自我，首先关注预期学习结果，这样才有可能产生适合的教学行为。

资料来源：[美] 格兰特·威金斯，[美] 杰伊·麦克泰格. 追求理解的教学设计：第二版 [M]. 闫寒冰，宋雪莲，赖平，译. 上海：华东师范大学出版社，2017：14.

1　王大根. 美术教案设计 [M]. 上海：上海人民美术出版社，2007：14-15.

本节课完成作业。

⑤ 允许学生自由选择工具、方法或手段。例如，可使用颜色，可采用各种实物拼贴，可选择多种色彩工具，允许两个人合作完成等。

4. 行为标准

行为标准是说明学生用什么工具或方法，完成什么学习任务，做到什么程度，一般是必须掌握的基础知识和基本技能。比如，"分辨三原色，并能够调出橙色、绿色、紫色"；"能说出速写的概念，并能用速写的方法写生静物"；等等。

下面是一个完整的平面构成教学目标的例子，由于行为主体有针对性，可以省略：

（四年级学生）	参考所提供的资料	设计渐变构成作业	1幅（10 cm×10 cm）
行为主体	行为条件	实际行为	行为标准

由于实际教学的复杂性和多样性，某些教学目标难以用外显的行为动词来描述，尤其情感态度与价值观目标就不可能用可观察、可测量的行为动词描述，需要教师灵活处理，如使用一些定性分析的术语或概括性描述，而不是机械地套用行为动词，以免出现常识性错误。

三、美术教学三维目标的设定

（一）知识与技能目标的设定

知识与技能目标是美术教学中必须掌握的基础知识和基本技能，以及最终要完成的学习任务。美术知识与技能是学生认识世界、学会学习、学会生存，以及成长发展的基本条件之一，也是美术本质观和美术教育观的体现。单课时教案或大单元教案，表述知识与技能目标的基本格式是：

（学生能）了解××艺术语言和特点（知识）；用××材料、××方法做（画、设计、制作等）出××作业（技能）。

提示：

• 必须找准艺术语言和特点，即本课题的教学重点，才不至于把课教错，比如把设计教成绘画，把构成做成手工等，都应避免。

• 围绕艺术语言和特点设计出情境化、有意义、有趣、可行的作业。

• 改变材料和方法，往往能产生意想不到的、具有视觉冲击力和创新价值的作业。

• 参考表 4-2，准确把握作业的行为水平、行为动词以及相应的教学活动。

示例：

卡通的教学目标：欣赏和了解卡通艺术夸张、变形和拟人化等造型特点；学会用夸张和变形的方法，把某种蔬果创作成一个卡通形象。

服装设计的大单元教学目标：了解服装设计的常识和设计步骤；尝试用服装设计的基本语言（款式、色彩、材质的有机搭配），小组合作设计并制作某一课本剧中各角色的服装；有创意地设计、制作并表演。

（二）过程与方法目标的设定

教学过程是针对某一类课程特点设计并组织学生学习的基本逻辑结构或实施程序。

当前，中小学美术教学过程大多是由苏联教育家凯洛夫的"教学五环节"发展而来，如图 4-1 所示的教学过程，主要完成简单学习任务，这在我们单课时教案设计中仍然可用。

组织教学 → 导入课题 → 讲授新课 → 练习巩固 → 讲评小结

图 4-1　美术教学过程基本环节

另外，有的课题针对的是剪纸、陶艺、绘画、设计等实际操作的过程与方法，要求教师非常了解各种美术样式的操作步骤、方法和操作要领，并指导学生有序、规范地学习和实践，示例如下。

儿童画创作：讲故事—画故事—上颜色—加细节。

素描写生：起轮廓—分明暗—深入刻画—整体调整。

教学过程似乎只是各种教学环节的先后顺序，往往经久不变，然而，有创意的教师也会进行一些改变，比如变"先讲后做"为"先做后讲"，先让学生动手做，当遇到操作问题时教师再讲，学生学习的主动性就大不一样，从而产生截然不同的教学效果。

那么，新课程提出的"过程与方法"仍然是

指"教学过程"或"美术技法操作过程"吗？显然不是，这些"过程"早已有之，并非课改主旨。当我们重温《基础教育课程改革纲要（试行）》，联系其中"改变学习方式""学会学习""综合实践活动""研究性学习"，倡导"自主建构的学习理念""基于现代信息技术的学习革命"等一系列理念时，就能明白新课程"过程与方法"的主旨是学生研究性学习和解决问题的"过程"，以及自主、合作、探究或做中学的"方法"，比如项目学习、课题研究、STEAM课程等实施的"过程与方法"。

新手导航

基础教育课程改革的重要目标就是改变学习方式、让学生学会学习。进入核心素养时代，更强调形成解决复杂问题的能力，即素养。素养必须来自实践，必须通过能够解决问题的过程与方法实现。所以，"像艺术家一样创作"的学习过程与方法是确保落实美术学科核心素养的实践基础。

新一轮课程改革又提出"核心素养"，培养学生学会"像专家一样思考"，以及在不可预测的情境中解决复杂问题的能力。在美术学科"像专家一样思考"就是如图1-5所示的"像艺术家一样创作"，就是美术学科研究性学习和解决问题的过程；其中的欣赏、技法、构思、创作、展评等美术活动就是美术学习的"方法"，而且又与美术学科核心素养相互对应、环环相扣。所以，我们把美术家的创作过程变成师生共同探究的教与学的过程，让学生在经历"像艺术家一样创作"的过程中体验各种美术活动，就能在完成自己作品的同时，全面提升美术学科核心素养。显然，这绝不是单课时教学所能完成的，必须采用大单元教学（详见第六章），其过程与方法目标就如图1-5所示，然后结合学科特点加以表述：

主题—欣赏—技法—构思—创作—展评

提示：

• "主题、欣赏、技法、构思、创作、展评"

---

1 朱智贤. 心理学大词典[M]. 北京：北京师范大学出版社，1989：498.
2 林崇德，杨治良，黄希庭. 心理学大辞典[M]. 上海：上海教育出版社，2003：1217.
3 顾明远. 教育大辞典：增订合编本[M]. 上海：上海教育出版社，1989：673.

这六个环节在实施时就是六个小单元。而各个小单元的过程与方法就是该单元学生具体操作的活动与过程。

• 可参考表4-2，准确把握学生的行为水平、行为动词以及相应的教学活动。

示例：

卡通的大单元教学的过程与方法目标：欣赏与交流—探索与学习—构思与创作—展示与评价。

服装设计的大单元教学的过程与方法目标：质疑与探讨—求证与创新—动手创作—表演交流。

（三）情感、态度与价值观目标的设定

情感是与人的社会性需要相联系的一种复杂而又稳定的态度体验。例如，道德感、审美感、理智感、爱与恨的体验等。[1]主要是指向人的真、善、美的高级情感，又伴有外显的行为和表情。态度是个体基于过去经验对其周围的人、事、物持有的比较持久且一致的心理准备状态或人格倾向。包含认知成分、情感成分和行为意向成分三部分。[2]既受到价值观的影响，又决定着人的行为，处于人的观念和行为的中介地位。价值观是个体看待客观事物及评价自己的重要性或社会意义所依据的观念系统。[3]其核心是对人生目的的认识、对社会的态度和对生活道路的选择，它影响人对事物进行价值判断，进而影响人的态度和行为。

情感、态度与价值观目标比较上位，范围广、内容多，属于隐性教学目标，虽然在教学中有其独立地位，但在实施中却不是孤立环节，必须在全面理解的基础上有计划、有目的地渗透进整个教学过程中。在单课时教案中，主要写出最有特色又能达成的目标，不必求全、宁缺毋滥。在大单元教学计划中，则应该全面考虑，精心设计，使教学活动有较高人文追求。

情感、态度与价值观目标的基本格式是：

情感：（学生能）体验××艺术活动的乐趣，体会表现对象之美，表达对表现对象的爱和情；态度：在××活动中，形成××××、××××等学习（或工作）态度；价值观：了解××美术流派的创作观、艺术价值（或实用价值）或社会价值，及其所体现的某种深层的人文价值观念。

表 4-3　美术教学态度与价值观目标参考表

态度	基本内容	认知态度	情感态度	行为意向态度
		勤奋乐学、善于观察、富于想象、勤于思考、敢于探索、实事求是、勇于创新、积极向上	关怀、欣赏、同情、友爱、开放、宽容等；尊重自己、别人、生命、素质与卓越、环境；尊重不同的生活方式、信仰及见解	勤奋、有信心、积极参与、有条不紊、干净整洁、耐心细致、善于应变、踏实肯干、勇于承担、互助合作、持之以恒
价值观	基本内容	核心价值：个人	辅助价值：个人	核心价值：社会	辅助价值：社会
		生命神圣、真理、美的诉求、真诚、人性尊严、理性、创作力、勇气、自由、情感、个人独特性	自尊、自省、自律、修身、道德规范、自决、思想开放、独立、进取、正直、简朴、敏感、谦逊、坚毅	平等、善良、仁慈、爱心、自由、共同福祉、守望相助、正义、信任、互相依赖、持续性（环境）、人类整体福祉	多元化、正当的法律程序、展评、自由、共同意志、爱国心、宽容、平等机会、文化及文明承传、人权与责任、理性、归属感、团结一致

> 【学习单 4-1】
> 根据三维目标的设计要求，检查【教案 1】中的三维目标是否正确、规范，通过小组讨论发现并改正错误。
> **重点提示：**
> 首先要厘清【教案 1】的学科性质。比如，是什么绘画类型，是线描、色彩、中国画还是装饰画？有什么要求，强调造型、故事情境、色彩运用还是某种技法（比如点彩、水墨等）？

提示：
- 可参考表 4-3 设计态度与价值观的目标。

示例：

卡通的教学目标：用自己的眼光赏析和评价卡通艺术作品；知道卡通与我们生活的紧密关系，在现代社会中的作用和影响；感受卡通艺术给我们的生活带来的乐趣。

服装设计的单元教学目标：能感受服装之美，对服装色彩美、款式美、材质美、图案美、工艺美等发表自己的看法；了解服装设计在现实生活中的重要意义。

在三维目标中：知识与技能目标明确了美术的"学科本质观"，是基础与核心，要同过程与方法、情感态度与价值观目标融合，成为实现育人价值的必要组成；过程与方法目标是保证课程顺利开展的操作系统，也是学生实现知识与技能目标时的经历与体验；情感态度与价值观目标彰显了美术的"学科教育观"，是课堂教学的动力系统和最终目标，不能直接教授，必须有机渗透于美术知识与技能的学习中，让学生自然感悟。总之，三者应该有机融合，不可分割，又无拼凑或"贴标签"之感。

四、真实性学习任务的设计

以前的美术教学要求学生完成的作业是同课本上的美术知识与技能相关，且一节课能完成的简单练习，处于低水平学习状态，而且支离破碎、脱离实际。

而核心素养要求学生在不可预测的情境中解决复杂问题。什么是不可预测的情境？什么是复杂问题？简言之，书本上给出明确条件、有标准答案的问题都属于简单问题，而现实生活中的真实性问题往往是不知所需条件（结构不良）、没有标准答案、不可预测的复杂问题，解决此类真实性问题需要综合运用多种知识、能力和智慧，即"素养"。真实性学习（authentic learning）不仅要"知道什么"，而且要"理解什么""能做什么"，强调真才实学。

真实性学习是学生在相对真实的情境中，采用专家的思维方式、工具和方法过程进行研究，并完成作品（或模拟作品）的学习方式。实践乃素养之母。一切实践均植根于情境之中。真实性任务的标准是：具有与真实世界相联系的情境；需要自主判断和创造性；让学生探索主题；呈现关键的、具有挑战性的情境，能够获得与成人在真实工作与生活中一样的真正

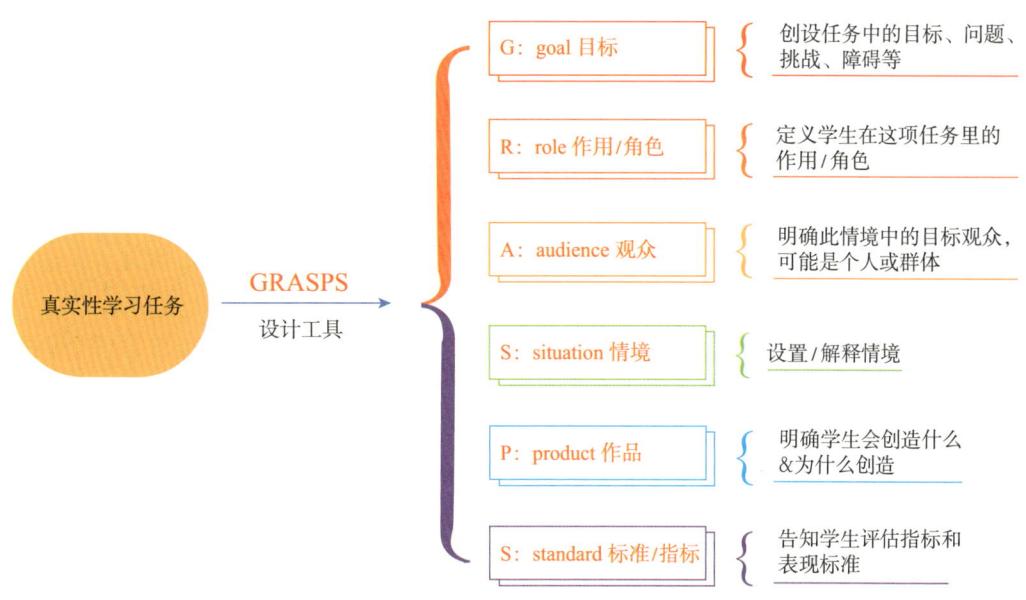

图 4-2 真实性学习任务 GRASPS 设计工具示意图

的"测试";评估学生高效且有效地利用全部知识和技能来协作完成复杂的、多阶段任务的能力;允许有适当的机会来复述、练习、查阅资料并得到反馈,从而改善学生的表现和作品。[2]

如何设计真实性学习任务?在《追求理解的教学设计(第二版)》中提供了一个非常好的 GRASPS 设计工具,GRASPS 即目标(goal)、角色(role)、对象(audience)、情境(situation)、表现或产品(perforrnance/product)和标准(standard)六个英文单词的首字母大写缩写,[3]我们据此设计图 4-2 进行简单示意。

例如,在《疫情防护服》这节美术课中,我们运用 GRASPS 工具设计真实性学习任务如下:新型冠状病毒肺炎疫情的防控离不开医护人员的付出,他们身穿密不透风的防护服奋战在一线,防护服在提供保护的同时,也给医护人员带来了许多行动困难与不适。请你利用家庭材料设计制作一套简便但有效的防护服,并运用图文、视频等多种形式,分享穿戴感受并展示设计成果。其中 G:防护服在提供保护的同时,也给医护人员带来了许多行动困难与不适;R:设计师;A:医护人员;S:新型冠状病毒肺炎疫情;P:防护服/分享设计成果;S:设计制作防护服评价量规。

值得注意的是,我们提出的真实性学习任务应该处于学生"最近发展区"[4]的高端,是具有复杂性和挑战性的学习任务,这样才值得通过"像艺术家一样创作"的多课时大单元学习过程去研究和探索,才能更好地发展学生的核心素养。而且,这种具有复杂性和挑战性的学习任务又暗含着教师对学生的信任与高期望值,从而有利于激发学生的潜能,产生神奇的"皮格马里翁效应"[5]!

情境有语境、上下文、背景、环境之意。新课改中的"情境"主要指个人情境、社会情境、职业情境和问题情境。个人情境是指学生出生、成长的地域和家庭环境及其知识背景。社会情境是指学生所处的时代、国家、城市、乡镇、社区等环境。职业情境即"像专家一样思考",指学生所学知识的从业人员或专家的思维,以及他们研究和解决问题的过程与方法。在具体操作上可以从以下几方面入手。

① 真实性学习任务可以与学生个人情境相联系。

---

1 香港课程发展议会. 学校课程中的共通元素:价值观和态度[R]//《学会学习——课程发展路向》咨询文件,2000:附录 6.
2 [美]格兰特·威金斯,[美]杰伊·麦克泰格. 追求理解的教学设计:第二版[M] 闫寒冰,宋雪莲,赖平,译. 上海:华东师范大学出版社,2017:172-173.
3 同上,第 177-178 页.
4 "最近发展区"是由苏联心理学家维果斯基提出的理论,认为儿童现有发展水平与在成人帮助下可能达到的发展水平之间存在差异,表明儿童发展的可能性(即潜能)。引自林崇德,杨治良,黄希庭. 心理学大辞典[M] 上海:上海教育出版社,2003:1798.
5 "皮格马里翁效应",古希腊神话中,皮格马里翁是古代塞浦路斯的一位善于雕刻的国王,因他把全部热情和期望倾注于自己创作的美丽少女雕像身上,竟使雕像活起来了,使他梦想成真。以此类比教师对学生的殷切期望戏剧性地收到预期效果的现象,并借用古希腊神话中人物皮格马里翁命名该现象。引自林崇德,杨治良,黄希庭. 心理学大辞典[M] 上海:上海教育出版社,2003:891.

比如以前学画人像（如图4-3所示），目标是学会"三庭五眼""脸型八格"以及人像的画法等学科知识，临摹课本中的一个技法良好却与学生无关的人像。如果结合学生个人情境，作业可以设计为：画一幅你最敬爱的长辈的形神兼备的肖像，写出让你对他/她产生敬重的故事或理由，作为生日礼物赠送给他/她。这就把一个学科课题变成与学生个人情境相联系、有温度的真实性学习任务，学生一定会竭尽全力、深情地描绘。同样可以把画坛坛罐罐的静物画，改为画自己家里温馨的书桌、床头、门边、窗口一角等充满情感的静物画。

图4-3 人像，选自《美术》课本，上海人民美术出版社1981年版

② 社会情境主要指学生生活的真实环境，如社区、城市、村庄、集镇等。可以把学习画空间、透视的风景画，变成结合身边的情境，描绘一幅充满思乡之情的故乡、周边社区、古镇老街、当地花园景观等的风景画。联系个人情境和社会情境的真实性学习，目的是激发学生创作的内在情感和动机，使作业变得有情感、有温度。

③ 职业情境就是"像专家一样思考"，让学生身处专家特定情境中去思考，是真实性学习的方法。比如，像古人一样画山水画，即不为参展、发表、评职称等，只为抒情达意；像古人一样写毛笔字，就是写平时的书信、札记等；像设计师一样设计，针对用户需求进行调研、创意、设计和评价，并非一味标新立异；等等。就是把美术学习活动还原到专家的工作情境中，解决实际问题。

④ 问题情境就是接受并解决外来的真实性问题或任务。比如，为学校艺术节、运动会等活动设计视觉形象；或为社会上的重大节日、纪念日、主题活动进行美术创作；或发现校园引导标识不理想，进行改进；等等。就是先有外来的问题任务，需要用美术的方式去解决，这些任务往往是设计任务、命题创作、跨学科社会性主题项目之类。

【学习单4-2】
把【教案1】中知识与技能目标结合情境设计成真实性学习任务，并修改作业要求。
重点提示：
只有把学科本位的知识与技能目标改为联系现实情境的真实性学习任务，才能成为与学生情感相联系的"有温度的作业"，才能使学生有感而发地创作，更好地实现情感态度与价值观目标。

【学习单4-3】
第7周学习"第六章 美术教学设计"之后，把【教案1】按【学习单6-1】大单元教学设计模板的要求扩展为5课时以上的【大单元1】，进一步强化情境化主题和真实性学习任务。
重点提示：
大单元教学的真实性学习任务必须是处于学生"最近发展区"的具有挑战性的学习任务，这样的学习任务才值得用更多课时开展教学，以激发学生的潜能和创造性，更好地发展学生的美术学科核心素养。

第三节 大概念的设定

课程改革以来，某些美术课本强调人文性、社会性课题，却削弱了美术知识与技能的比重，或只罗列现象却没归纳美术规律，教学中追求师生互动的热闹，却无应有的美术知识与技能的学习，偏离了美术本质，丧失了美术学科的价值。究其原因，是对美术本质观的忽视，对美术大概念的不理解。

《普通高中课程方案（2017年版）》"前言"指出，各学科课程标准都要"重视以学科大概念为核心，使课程内容结构化，以主题为引领，使课程内容情境化，促进学科核心素养的落实"。那么，究竟什么是"学科大概念"，又该怎么落实？

一、关于大概念

自古以来的任何教学都不断探索着学生学习的有效性。然而,什么是有效,怎样的教学才真正有效,均因教学观念的不同而异。20世纪以来,随着社会发展,知识不断更新和淘汰,从行为主义学习理论到认知主义学习理论,再到建构主义学习理论,人们不断地思考有效教学。

美国《21世纪学习框架》指出:学科知识不是指储存一堆事实,而是指学科观念和思维方式,目的在于让学生像学科专家那样去思考。其"学科观念"即是引导学生深入思考的"大概念"。美国课程论专家格兰特·威金斯(Grant Wiggins)与杰伊·麦克泰格(Jay McTighe)提出"追求理解的教学设计"(Understanding by Design,简称UbD,其核心是逆向设计)。什么是"理解"?他们认为,理解是指能把所学知识迁移到新的环境和挑战中,而不仅仅是知识的回忆和再现。而且需要借助大概念来深化理解,因为"大概念是学科的'核心',它们需要被揭示,因此我们必须深入探究,直到抓住这个核心","由于大概念具有内在的可迁移特性,因此它们能够帮助我们将离散的主题和技能联系起来",[1]并实现知识的迁移和运用。

二、关于学科大概念

任何美术作品都包含形式与主题两方面。因此,美术学科的"大概念"同样可分为针对美术知识体系、表现形态的"学科大概念"和针对美术创作主题、内容的"主题大概念"。就表达方式而言,用陈述句表达就是大概念,用问句表达就是基本问题。无论在编写教材、开发校本课程还是课堂教学中,这两者都缺一不可。下面逐一解读。

学科大概念是一个学科领域中最精华、最有价

> 📖 **学术动态**
>
> **理解六侧面**
> 理解不是单方面的成就,而是多方面的,并通过不同类型的证据表现出来。理解是多维的和复杂的,有不同的类型、不同的方法,同时和其他知识目标也有概念上的重叠。为此,威金斯和麦克泰格提出了"理解六侧面",解释(explanation)、阐明(interpretation)、应用(application)、洞察(perspective)、神入(empathize)、自知(self-knowledge),据此我们设计了以下示意图。

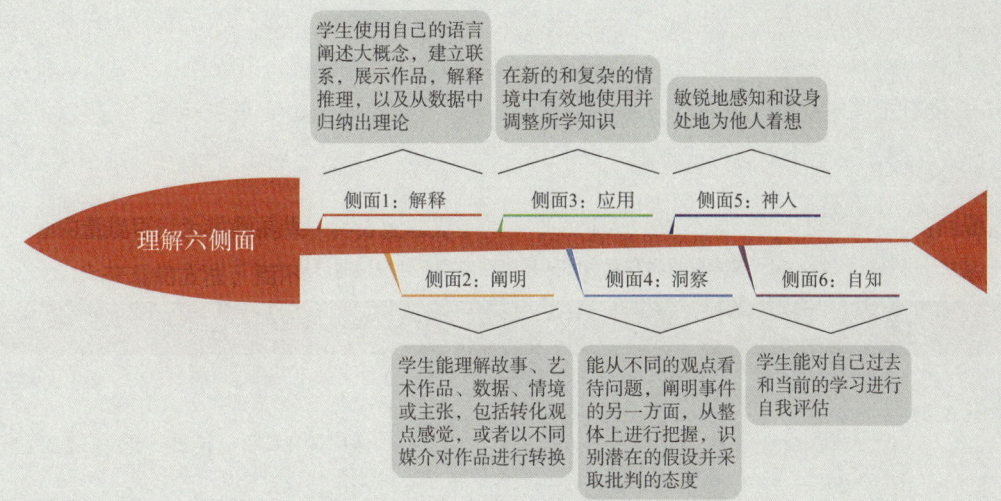

> 资料来源:[美]格兰特·威金斯,[美]杰伊·麦克泰格.追求理解的教学设计:第二版[M].闫寒冰,宋雪莲,赖平,译.上海:华东师范大学出版社,2017:92-118.

---

1 [美]格兰特·威金斯,[美]杰伊·麦克泰格.追求理解的教学设计:第二版[M].闫寒冰,宋雪莲,赖平,译.上海:华东师范大学出版社,2017:70-73.

> **信息链接**
>
> **大概念**
>
> 在科学教育领域,"大概念"是指在一个学科领域中最精华、最有价值的内容。
>
> "大概念"通常用陈述句来表达一个观点,如"生物的多样性和适应性是进化的结果"。这是科学家经过实证后的想法或观点。"大概念"所陈述的要点是对学科核心概念理解的具体表述,在生物学领域他们是生命观念的具体组成。"大概念"反映了物质或生命世界中的自然法则,体现了人们对自然世界理性的认知和科学的视角,是科学的自然观和世界观在科学教育中的具体展现。
>
> 在理科课程中,每一个"大概念"要能够贯穿于该学科课程的全部、能够被学生接受和理解,并在理解的基础上保持较长时间,由若干"大概念"构成的课程框架能够对课程有很好的覆盖。
>
> 用"大概念"来构建基础教育的理科课程已经成为当代科学教育的重要特点和标志。
>
> 资料来源:什么是"大概念"?[J].基础教育课程,2018(z1):64,"知识窗"。

值的学科内容。联系美术学科特征,我们认为,美术学科大概念是指美术学科领域中最精华、最有价值的,并贯穿、覆盖于该学科课程,让学生接受和持续理解的学科内容。

《普通高中美术课程标准(2017年版)》分别针对美术鉴赏内容系列和美术表现内容系列设计了10条"持续理解的基本观点"(大概念),是美术学科中最精华、最有价值的学科内容(见表4-4)。我们无论是制订课程标准或编写美术教材,还是进行美术教学设计或教学等,都要对照并符合这些大概念,才能体现美术学科的价值,实现美术本质观和美术教育观,即落实美术学科核心素养。

三、关于主题大概念

国外学者也有把美术作品中关乎人类生存、命运和哲理性的主题思想称为大概念,或称为"宏观概念""跨学科概念",本教材称之为"主题大概念"。美国的迈克·帕克斯(Michael Parks)指出,美术教学的一大误区是:花太多的时间教授美术技巧和方法,而没能让学生理解美术的本质,以及艺术家所探讨的思想。美术教师的一个重要使命就是找到美术中的主题思想,在教学生进行创作之前先引导他们形成自己的美术思想,这对学生而言会是弥足珍贵的学习体验。这种学习体验使他们能像艺术家一样思考,并融会贯通于其他领域和现实生活中。[1]迈克·帕克斯在书中引用了悉尼·沃克列出的一些话题(表4-5)[2]。

美国戴维斯公司的新版美术教材就是用"主题大概念+基本问题"作为教材编写的单元标题,把各种具体美术技法和表现要求(学科大概念)放进每一课中(图4-4)。

表4-5所示的这些关注人类生存和命运的话题立足高远、立意深沉,但毕竟过于宽泛,难以为学生接受,二者之间还需要更具体的"创作主题",才便于学生学习和理解。比如,"回忆"是个宏观的主题大概念,在课堂上,则可引导学生回忆并画出自己最难忘

表4-4 美术鉴赏内容系列和美术表现内容系列中持续理解的基本观点

美术鉴赏内容系列	美术表现内容系列
在美术鉴赏内容系列的学习中,学生应该持续理解下列基本观点: 1. 图像诉诸视觉,是与口语、文字、声音和动作不同的交流方式。借助于图像,人们既能获得知识和信息,也能表达思想和情感。 2. "整体观念"是美术活动中重要的观念,也是人们看待和处理问题最有效的观念之一。 3. 因观念、形态、材料和技法等的差异,图像会呈现不同的形式和风格。 4. 图像会因为形式美原理的运用,显示出不同的审美特征和品位,给人们带来丰富的视觉感受。 5. 图像受不同文化的影响,包含丰富的文化信息,能反映不同时代和民族的文化特征。	在美术表现内容系列的学习中,学生应该持续理解下列基本观点: 1. 运用各种媒材与技术创造视觉形象,表达思想、情感和美化生活,是人的基本行为之一。 2. 理解和运用不同的空间形态,是美术表现的基础。 3. 艺术家和设计师运用观念、素材、媒材、形式、结构和各种美术制作方法进行实验和创作。 4. 获得美术表现的效果和社会价值,一般需要经历感知、思维、想象、制作、交流、评价和应用等过程。 5. 创造是美术的特征,也是个人和社会发展的动力,创造力可以通过美术活动得到培养。

表4-5 悉尼·沃克所提出的大概念和迈克·帕克斯添加的美术大概念

- 梦与噩梦
- 生活圈
- 敬畏生命
- 相互依赖
- 个人身份
- 变老
- 权力
- 社区
- 生与死
- 社会秩序
- 情绪生活
- 英雄
- 家庭
- 理想主义
- 礼仪
- 现实观点
- 矛盾冲突
- 社会规约
- 精神性
- 美（自己添加）
- 颂扬
- 不确定
- 各种关系
- 遭遇
- 人类多样性
- 物质主义
- 自然与文化
- 乌托邦
- 幻想
- 何为美术（自己添加）

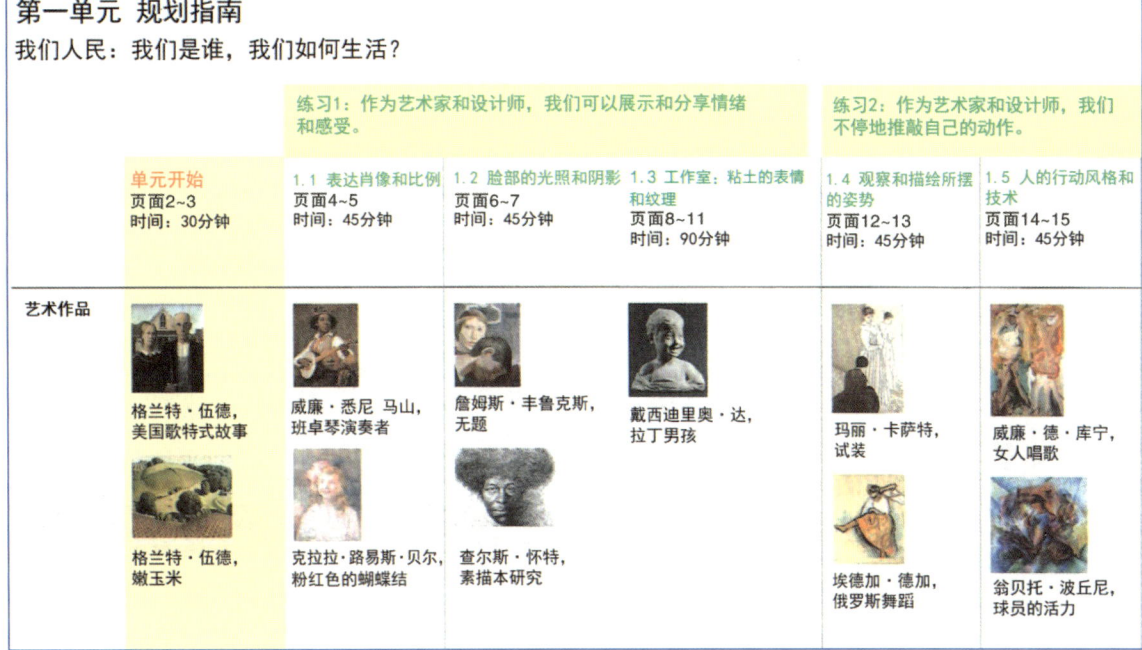

图4-4 美国戴维斯公司的新版美术教材（中译）

的故事，并为作品取名，比如去某地《旅游》，回忆老家的《乡情》《童年》等，每个学生能画出既符合"回忆"这大概念，又能表达自己心声的作品。这就是情境化主题创作。

第四节 基本问题的设定

一、关于基本问题

著名哲学家伽达默尔（Hans-Georg Gadamer）曾说过："我们可以将每一个陈述都当作是对某个问题的反应或回答，而要理解这个陈述，唯一的办法就是抓住这个陈述所要回答的那个问题。"[3] 因此，我们必须把知识得以产生的"问题"还给学生。威金斯等人认为，基本问题，通向理解之门，基本问题不仅能够促进对某一特定主题单元的内容理解，也能激发知识间的联系和迁移。基本问题具有开放性，甚至涉及不同的价值观，具有以下四种不同但有所重叠的内涵。[4]

① 在我们一生中会重复出现的重要问题。它范围很广，并具有永恒的特质，永远都是有争议的。比如，艺术欣赏是品位问题还是有固定的规则？

② 某一学科的核心思想和探究。即指向某一学科核心的大概念或指向前沿技术知识的问题。比如，美术反映了文化还是塑造了文化？

③ 学习核心内容所需的东西。如果一个问题可以帮助学生有效探究，厘清重要而复杂的观点、知识和技能——这是已设置好的通往发现的桥梁，只是学

---

1 ［美］迈克·帕克斯，［美］约翰·赛斯卡.美术教学指南[M].郭家麟，孙润凯，译.长沙：湖南美术出版社，2015：54.
2 同上，第56页.
3 英特尔公司.英特尔®未来教育核心课程[M].中文7.2版，2011.
4 ［美］格兰特·威金斯，［美］杰伊·麦克泰格.追求理解的教学设计：第二版[M].上海：华东师范大学出版社，2017：119-124.

生还没有掌握或领会其价值——那么这样的问题就是基本问题。比如，优秀作品是如何吸引并抓住观众眼球的？

④ 能最大限度地吸引特定的、各种各样的学习者。一些成人关心的问题不一定适合于学生，如果一个问题能够吸引并保持学生的注意力，那它就是基本问题。

基本问题往往关注学科本质、观念和哲理等，比如，点在画面中有何意义，它如何传达信息？没有色彩的世界将是什么样子？陶艺是物质产品还是精神产品？艺术与科学在人类进步的道路上分别产生了什么作用？一方水土是否也养育了一方民间玩具？

可见，基本问题完全不同于一般有标准答案的"事实性"课堂提问，它能激发学生的学习兴趣、促进思维，还能深化其对学科本质的认识。

二、以基本问题探索大概念

大概念是一些正确的原则、规律，但是难以运用于课堂中，也不能激发学生的思维。而基本问题同样指向学科的核心和本质，虽没有标准答案，但能激发学生的思维。所以必须用基本问题引导学生持续探索美术的大概念。

比如，"运用各种媒材与技术创造视觉形象，表达思想、情感和美化生活，是人的基本行为之一"，这一基本观点的关键词很多，该关注哪方面？如果我们结合课程内容，即可拟出以下基本问题。

- 素描除了能再现事物的形象之外，还有何艺术追求？
- 相比各种绘画，版画的版材与印刷有何独到之美？

新手导航

我们以前只习惯于回答书本上有标准答案的事实性问题，却没有思考事实性知识上位的原理性、规律性或哲理性问题。然而，只有当你思考了这些上位问题之后，才能更深刻地理解事实性知识和相关知识之间的联系。如何设计基本问题，是本章重点，也是难点。

- 中国画与西方绘画有何本质区别？
- 雕塑家如何赋予材料以生命和意义？
……

这样的基本问题已经指向具体的美术门类，能与具体课程相结合，引发学生的思考：是什么美术门类？选用什么媒材？用什么技法？又借助什么观念创作、如何表达？表达了什么思想和情感？等等，能让学生围绕这些基本问题持续探索美术的大概念。

三、将基本问题分解为小问题

基本问题还是因过于宽泛、不着边际而无从下手，与课堂教学仍有一段距离。所以在具体实施时还应该从基本问题分解出一系列与学科、课题相关的、步步深入的小问题，引导学生观察、思考、分析、讨论以及持续理解，有效地深化思维（如表4-6所示）。

表4-6 基本问题和小问题的设计

基本问题	小问题
你了解你自己的性格吗？	你如何评价自己的性格？ 分析你的作品，能发现你性格的影子吗？ 同学们是如何看待你的性格的？ 你知道自己性格后，还应该做些什么？
一方水土是否也养育了一方民间玩具？	南北方民间玩具风格的差异与水土有关吗？ 东西部民间玩具风格的差异与水土有关吗？ 在新的历史时期，这种水土的影响会扩大还是会缩小？ 你希望在你的作品中强调地方水土的因素吗？

从表4-6中可见，这些小问题具有以下特征。

① 为"基本问题"提供了学科特定的研究途径。设计小问题是为了通过具体主题和学科特征来一步步地揭示基本问题。

② 没有正确答案。小问题也是开放性的，没有标准答案，它们有多种研究的可能性，能引发讨论或提出新问题，而不是诱导学生得出预期的"那个"答案。

③ 能激发和维持学习兴趣。好的小问题能适应各种兴趣和各种学习风格，能激发学生的高级思维和讨论，并吸引学生进行持续探究，往往能生成新的议题，或产生教师始料不及的独特答案和创造性方法。

目前，新课改要求落实美术学科核心素养，就要引导学生经历如图1-5所示的"像艺术家一样创作"的过程，就需要采用情境化主题、多课时的"大单元教学"。这就要求为每个教学环节设计一个小问题，深化各环节学习时对学科本质的思考，见表4-7。

表4-7 "中国画大单元教学"框架问题的设计

基本问题	小问题
古代文人为什么爱画山水画？	1. 如何意在笔先？（主题）
	2. 古人画山水画追求的是什么？（欣赏）
	3. 山水画为何强调笔墨程式？（技法）
	4. 如何"搜尽奇峰打草稿"？（构思）
	5. 山水画追求怎样的诗意？（创作）
	6. 怎样才算是"卧游之境"？（展评）

基本问题和小问题之间并无绝对的区别，教师没必要纠结某问题属于基本问题还是小问题，而应该关注其作用，即确定学习的范围，引发学生的兴趣和思考，探究美术活动背后的学科大概念、美术本质等，从而产生新的认识、新的观念，这就是美术学科的"研究性学习"。

【学习单4-4】
为自己的【教案1】设计基本问题和小问题，通过小组讨论发现并改正错误。
重点提示：
厘清【教案1】的学科性质。比如，同样是色彩课程，其重点到底是学习色彩基本概念（如色相、明度、纯度等），还是色彩搭配、色彩调和；是学习色彩情感，还是色彩表现手法（如写实性色彩、表现性色彩、装饰性色彩等）。
基本问题是指向学科核心或本质的问题。比如，为什么色彩能表达情感。
小问题是与课程内容相联系的上位引导性问题。比如，"哪幅画也属于暖色调"就属于平行的、有标准答案的事实性问题。而属于"色彩情感"的小问题可以是：同一景色为什么画出了不同的色调？这跟画家的心情有关系吗？分别带给你什么感觉？你喜欢用什么色彩画这一景色呢？

【学习单4-5】
学到第七章时，要把【教案1】扩展为"像艺术家一样创作"的【大单元1】，再根据基本问题为之设计出小问题。与单课时教案不同的是，小问题应该按大单元教学六个环节的活动特点，设计相应的六个小问题。注意要把小问题融入教学过程，真正引导学生的思维、深化理解。通过小组讨论发现并改正错误。

四、深度学习

我国新一轮课程改革创造性地提出了"学科核心素养"，要求厘清各学科的学科本质观和学科教育观，提出学科大概念和学业质量标准等，都强调并指向以学科理解和学科思维为核心的深度学习，这也是国际课程改革的发展方向。

美国研究院（American Institutes For Research）认为："深度学习是学生对核心课程知识的深度理解以及在真实的问题和情境中应用这种理解的能力。"这里的能力有三种：一是认知能力，即深度理解内容知识、批判性思维与解决复杂问题的能力；二是人际能力，即协作与交流；三是内省能力，即学会学习以及学术信念。[1]而这三种能力，恰恰对应了我国课程改革所倡导的自主学习、合作学习、探究学习三种学习方式。

威金斯等人提出了"为理解而教"，理解意味着使所学习的内容有意义，能了解为什么，具有在不同条件和情境中运用这些知识的能力。[2]可以说，深度学习就是基于理解的学习。

用大概念构建基础教育的课程已经成为当代基础教育的重要特点和标志。2014年版的《美国国家核心艺术标准》[3]为所有艺术学科都设定了11个锚定目标，每个锚定目标又设定了1~3个持续理解（即大概念），针对各持续理解又设定了1~3个基本问题，以思考和探索学科的本质规律（见表4-8）。

而且，每门课程由锚定目标、持续理解、基本问题构成的标准，贯穿于幼儿园到高中整个学段，只是随着学龄的增长，具体行为要求逐年提高，从而形成了严谨的学科大概念本位的、指向深度学习的课程体系。

---

[1] Huberman, M., Bitter, C., Anthony, J.&O' Day, J. The Shape of Deeper Learning: Strategies, Structures, and Cultures in Deeper Learning Network High Schools [R]. Washington, D. C. : American Institutes for Research, 2014.
[2] [美]格兰特·威金斯，[美]杰伊·麦格泰格. 追求理解的教学设计：第二版[M]. 闫寒冰，宋雪莲，赖平，译. 上海：华东师范大学出版社，2017：394.
[3] National Core Arts Standards [O/L].http://www.nationalartsstandards.org.

反思我国的美术教学，我们主要关注学生画了什么、美不美，却未关注学生理解了什么。那么，如何引导学生理解？除了提出基本问题、小问题，引发学生的思考之外，还要通过相关的作业来证明学生对艺术的思考和理解。比如，以欣赏报告证明对作品的理解，当学生完成作品之后，也用描述、分析和解释阐明自己对艺术的思考等。也就是说，不但要让学生画出来、做出来，还能写出来、说出来，以证明自己对美术的理解，从而使美术课走向深度学习。

表4-8 《美国国家核心艺术标准》视觉艺术标准（节选）

创作：构思和提出新的艺术观念和作品		
锚定标准	持续理解	基本问题
生成与构想艺术观念和作品	创造力和创新思维作为基本的、可培养的生命技术。	什么样的环境、态度和行为可以支持创造力和创新思维？ 什么样的因素会妨碍或鼓励人们承担创造的风险？ 合作是如何拓展创造过程的？
	艺术家和设计师以探索创造性的作品为目标，或继承或打破传统，形成自己的艺术考察。	艺术的历史、背景和传统是如何帮助我们进行艺术创作和设计的？ 艺术家为什么会继承或打破既有的传统？ 艺术家是如何确定艺术考察中所需要的资源和标准的？
展示：诠释和分享艺术作品。（4、5、6略）		
回应：理解和评估艺术是如何传递意图的。（7、8、9略）		
连接：将艺术观念和作品与个人意义和外部环境相连接。（10、11略）		

示范性案例 4

课题	威武的门神	教学对象	四年级	课业类型	绘画课
基本问题	人们为什么要贴门神？	小问题	门神的造型、表情和色彩有什么特点？ 门神有什么表情？贴门神有什么意义？ 你想画个什么样的门神？		
教材页面					

设计思路	目前，很多大城市的孩子并不了解贴门神的传统及其意义，需要教师引导学生感受门神威武的神态、夸张的动态和守门的状态，以及门神的来历和镇宅、祈福、保平安的寓意。 比较、观察和欣赏不同的门神形象、风格和色彩，了解门神的艺术特点。 要求学生按照门神的特点画出基本形、勾画动态、添加细节和完成造型。本教案尝试提出"画出自己心中的门神"这一创作任务，比如，把传统门神变成Q版卡通门神，或联系现实生活，把社区或学校的保安变成门神，把守卫城市的警察或守卫祖国的军人变成门神等。以此培养学生的想象力和创造力，也使教学活动更有挑战性，更有意义。 最后总结时，让学生既体会到传统门神的艺术魅力，以及镇宅、祈福、保平安的寓意，也要理解今天平安幸福的生活是保安、警察、军人等无数现代"门神"保家卫国的结果，让学生能珍惜幸福生活，感恩现代"门神"的无私付出。
教学目标	**知识与技能**：了解门神的传统民俗及其对未来生活的祝愿意义，借鉴门神的动态，创作出自己心中的门神。 **过程与方法**：认识门神—欣赏门神的特征—临摹门神的动态—画出心中的门神—展评。 **情感态度与价值观**：欣赏门神威武的造型和不同风格，体会人们贴门神祈盼生活平安吉祥的情感，感恩现代"门神"的无私付出。
评估证据	一等：能独立画出心中的门神，造型准确，用色合理，构图饱满，想象力丰富，积极参与学习，态度端正。 二等：基本能画出心中门神的特点，画面构图较为合理，用色基本合理，想象力一般，态度较端正。 三等：不能画出心中门神的特点，画面构图不合理，用色不当，缺乏想象力，课程参与感弱，态度不端正。
教学过程	
一、认识门神（3~5分钟）	小问题：门神的造型、表情和色彩有什么特点？ 师：什么是门神？ 师：你们知道门神的来历吗？ 师：你们知道门神的寓意吗？ （预设）对于未来生活的美好祝愿。 定义：门神是古代的镇宅之神，是一对张贴在大门外的威武有力的画像，民间取为镇宅驱邪之用。
二、欣赏门神特征（5~8分钟）	小问题：门神有什么表情？贴门神有什么意义？ 教师展示数张不同风格的门神，说出门神的来历和寓意。 学生讨论门神造型由几部分组成，以及色彩、服饰的特点。 欣赏武将门神和文将门神的图片，师：两者有何区别？生：武将手里有兵器，文将手里有书。 引导学生观察并讨论门神造型、色彩、服饰的区别，以及神态、造型的不同。    
三、临摹门神的动态 四、画出心中的门神 （20~25分钟）	作业要求： 1. 参考课本的步骤图，画出门神的基本型和动态造型。 2. 参考图片资料，创作自己心目中的门神，并注意门神的神态和细节。 3. 用油画棒、彩笔等画出门神的色彩。  

	小问题：你想画个什么样的门神？ 鼓励学生发挥想象，根据门神的动态，画出自己心中的门神。比如，张飞、关羽等英雄人物，或奥特曼、超人等卡通人物，或小区、学校的门卫，或保家卫国的解放军战士等。教师用课件展示各种参考作品，拓展学生思维，并进行巡回指导。
五、展评与反思 （3～5分钟）	展示作品，欣赏同学作品，看看作品中是否表现了门神威武的动态和表情；讲讲自己作品的得意之处、需要改进的地方，以及自己创作门神的想法和对其意义的理解；说说自己喜欢哪些同学的作品，以及喜欢的理由。老师对不同作品做进一步点评。

资料来源：上海师范大学天华学院教育学院2015级艺术教育3班黄晓笑设计，指导教师：王大根。	
案例点评	
这是本科师范生黄晓笑设计的《威武的门神》教案。课程的大概念是"传统门神艺术"，她围绕"人们为什么要贴门神？"这一基本问题和一系列小问题展开教学，设计了"认、赏、画、评"四个教学环节，始终能用小问题引导学生深化思维、理解门神，逐步完成学习目标。值得一提的是，教学能结合现代社会中保安、警察、解放军战士等，升华了传统门神的形象和境界，具有一定的时代性和现实意义。	

【学习单4-6】

完成民间美术【调研】活动，写出调研报告，制作PPT，并分享交流。

具体要求：

1. 调研报告非常重要，既是对民间美术产生、发展、工艺和审美特点等深入了解的集中体现，又是【教材】编写的素材，尤其是"拜师学艺"部分的材料、工具、工艺、步骤和要求（附步骤图），将会直接影响教材编写的质量。

2. PPT要和调研报告保持一致，做到图文并茂。

思考与练习

识记：理解学科大概念、主题大概念、基本问题、深度学习。

理解：1. 简述学科大概念与主题大概念的异同。

2. 阐述大概念与基本问题是什么关系。

3. 简述基本问题与小问题的异同。

4. 简要说明怎样设计真实性学习任务。

建议阅读

1. 钟启泉. 单元设计：撬动课堂转型的一个支点[J]. 教育发展研究，2015（24）.

2. 胡知凡. 美国国家核心艺术标准的特点与借鉴意义[J]. 教育参考，2015（3）.

3. 英特尔公司. 英特尔®未来教育核心课程[M]. 中文7.2版，2011.

4. 王大根. 以"基本问题"探索美术的"大概念"[J]. 中国美术教育，2018（2）.

5. 王大根. 三维目标须以"单元化研究型教学"来落实[J]. 现代中小学教育，2010（5）.

6. 王大根. 谈谈美术教学中"过程目标"的落实[J]. 画刊（学校艺术教育），2012（4）.

第五章 美术学习评价

基本问题：
哪些表现能够证明学生的知道、理解和做到？

学习目标

【任务一】【任务三】：知道与理解教学评价和学习评价的内涵、真实性评价的内涵，形成符合核心素养要求的美术学习评价观；理解中小学美术学习的评价方法与基本设计程序、学习单和评价量规的概念、档案袋评价的内涵和种类；做到能根据中小学美术教学的学习目标设计评价方案、学习单和评价量规；能合理使用档案袋评价。

【任务二】：按分工要求寻找资料，设计【教材】。

师生共建			
	课前	课中	课后
教师	1. 第五章研究的学习评价，是检验学习质量、确保有效教学、促进学生发展的重要环节。 2. 上传相关的参考文献；了解并指导"小老师"对本章内容的理解和教学设计；发现并纠正他们对各重要概念的误解或理解偏差。 3. 发现并纠正"小老师"的【教案1】中真实性评价、评价方案、学习单和评价量规的错误。	1. 关注"小老师"对第五章中真实性评价、评价方案、学习单和评价量规等概念，及其设计要领等重点的理解正确与否；教学思路和教学活动是否合理和有效。 2. 关注"小老师"能否发现并纠正师范生【教案1】中教学目标、评价方案、学习单和评价量规设计的错误。 3. 组织评价组对讲课组提问。对"小老师"的教学进行点评、纠错和补充；强调学习目标与学习单及评价量规之间的逻辑关系。	1. 要求师范生进一步阅读相关文献，深入理解美术学习评价、真实性评价、学习单和评价量规的设计。 2. 要求师范生改进各自【教案1】中学习评价的设计，以及相关的学习活动。 3. 按分工寻找资料，设计【教材】。安排初级微课制作讲座。
"小老师"	1. 认真钻研教材，理解学习评价、真实性评价、评价方案、学习单和评价量规等重要概念，设计好教案和课件。 2. 按本章要求设计好自己的【教案1】中的评价方案、学习单和评价量规。	1. 抽查师范生【教案1】，通过提问、讨论发现问题；示范自己【教案1】的改进过程；指导师范生修改【教案1】学习评价各方面设计的不足。 2. 运用各种能激发学习兴趣的策略与方法，引导师范生理解学习评价有关概念及设计方法。	1. 总结本小组和个人的教学设计和教学；完成教学反思和自评报告。 2. 把教案与课件改进后上传至线上学习平台；做出本章教学的微页，并发送至班级群。
师范生	1. 预习本章内容，上网或去图书馆阅读相关资料，记下不理解的问题。 2. 按本章要求设计好【教案1】的评价方案、学习单和评价量规。 3. 按分工寻找资料，设计【教材】。	1. 带来【教案1】打印稿，积极参与教学互动。 2. 通过听课和小组讨论发现并标注【教案1】的教学目标、评价方案、学习单和评价量规的错误，课后改正。	1. 进一步阅读本章的示范性案例和网上文献。 2. 根据小组讨论，改进【教案1】中评价方案、学习单和评价量规。 3. 按分工寻找资料，设计【教材】。

第一节　追求真实性的学习评价

人类历史上，自系统的教育机构产生后，关于教育的评价活动就出现了。今天，教育评价已是世界教育研究的三大领域（教育基础理论、教育的发展和教育评价）之一。建立并运用科学、可操作的教学评价机制是调控教学活动、提高教学质量的一个重要途径。当前，追求真实性的学习评价成为关注的重点。

一、变"教学评价"为"学习评价"

教学评价（evaluation of teaching and learning）是基于所获得的信息对教学过程及其效果的价值作出客观、科学的判定。教学评价主要有下列四种功能。

（1）诊断功能　通过评价能有效地判断学生的发展状况。具体而言，一是帮助学生及时客观地了解其发展中的优势、不足及存在的问题；二是能协助教师判断教学目标实现的程度，并发现存在的问题。

（2）导向功能　教学评价是依据一定的标准和所要完成的目标进行的价值判断。因此，学生要依据标准来调整其发展状态，以期获得好的效果，教师也会依此有效地教学。

（3）发展功能　教学评价应以学生发展为根本目的，其评价的目标、内容和方法，以及评价结果的处理等都是为促进学生的有效发展服务的。

（4）管理功能　教学评价能够对学生知识的掌握状况和发展水平给予鉴定和区分，为高一级学校的选拔提供参考；同时，教学评价也可作为评价教师工作质量的依据之一。[1]

但是，以往的教学评价过于倾向检视教学活动，判定教学质量并提升教学成效，而对如何促进学生学习和发展关注不够，造成了两者的严重失衡。教育应指向学生核心素养的培养，指向学生未来的发展，"学习是教育的中心，学习评价是教育评价的中心。而且，整个教育评价的根本在于评价学习者的学习和促进学习者的学习"[2]。

学习评价是对学习者通过学习而获得的素质发展及学习过程本身进行评判[3]，既包括对学习的评价（assessment of learning），也包括为学习的评价（assessment for learning）。前者通常被称为"学习的评价"，后者则是"促进学习的评价"。二者的有机结合在于追求学生学习的最大化，让评价为促进教学生学习服务[4]。通过学习评价促进学生的学习，促进学生的全面发展，进而推动社会的发展和进步，这才是学习评价的最终目的。

对于学习评价的功能，丁念金指出，学习评价的重要功能总的来说有导向、改进、激励、选拔、控制、研究等。[5]王中男进一步解释了这六项功能，"导向功能为被评价学习者指明了发展的方向；改进功能让学习过程去劣存优，变得更有效率和意义；激励功能可以挖掘出学习者学习的无限潜能；选拔功能有助于挑选出综合素质更好的学习者；控制功能意在更好地调控学习者的学习过程；研究功能着重于探索兼具意义和效果的个性化学习"。[6]

二、真实性评价的概念

如何推动学习评价？日本教育学者田中耕治概括了推动学习评价的四个关键词：真实性、参与与合作、表达、自我评价；[7]其中，评价的"真实性"非常重要。

促进学生的学习和发展，其基础在于真实地评价学生的学习过程及其成果，让教师能根据学生的学习状态、既有的知识和学习经验，提出更具体的改进策略。学生也能根据真实的自我认知调整学习，提高自我学习能力，从而推动自身发展。

那么，何为真实性评价？真实性评价与核心素养有何关系？

1988年，美国的阿奇博尔德和纽曼（Archbald & Newmann）在学习和评估中首次正式使用了"真实"一词。[8]此后，威金斯等人提出"真实性评价"的概念，将真实性评价界定为直接考查学生在一些有价值的认知任务上的表现，旨在重现作家、商务人士、科学家、社区管理者、设计师或者历史学家们通常面对的各种挑战或要求，以及这些人所面对的任务或问题情境的实际案例。因此，学生在未来专业领域或职业生涯中可能遇到的各种现实生活情境是真实性评价所

> **信息链接**
>
> 重申"促进学习的评价"
>
> "促进学习的评价"是20世纪90年代在西方基础教育改革中出现的一种评价理念和方法,……英国评价小组布莱克(Black)和威廉姆(William, 1998)的《黑匣子之内》(*Inside the Black Box*)和后续研究著作《促进学习的评价:超越黑匣子》(*Assessment for Learning: Beyond the Box*, 1999)是"促进学习的评价"理念和方法的代表著作。后来,"促进学习的评价"在西方和中国都产生了一定影响。
>
> "促进学习的评价"是相对于"学习的评价"而言的,反映了教学评价在基础教育不同发展阶段的变化,以及不同的评价观念和价值取向。"学习的评价"反映了传统教学评价的观念和方法,关注学习结果,目的是给学生分等和鉴定。"促进学习的评价"既关注学习结果,也关注学习过程,目的在于促进学生学习的成功。倡导"促进学习的评价",并不否认"学习的评价"在现实中的需要和功能,应该将二者相结合,建立一种平衡的教学评价体系,甚至可以将"学习的评价"的结果用于促进学习的诊断和改进。
>
> 要使评价在课堂教学中发挥正确的育人导向,关键在于教师。
>
> 资料来源:莫景祺.重申"促进学习的评价"[J].基础教育课程,2019(21).

指向的目标情境。[9] 真实性评价需要学生持续不断地反思、论证并修改自己的问题解决方案与表现,形成不断完善的中介或最终产品,显示学生运用已有知识解决复杂的开放性任务的水平,而不只是简单选择某个选项或写出正确答案,这显然"为学生提供了整合多种学习方式的机会"[10]。将真实性评价和学校的课程、教学整合,就能成为促进学生真实性学业成就发展的有力手段。

传统的学习评价方式主要是标准化纸笔测验,即选择题、正误判断题、填空题和简答题等,要求学生选择或做出简短回答,通常有正确答案,评分者可以客观判断其对或错,从而有效地评价学生对事实性知识和简单技能的掌握情况。但这种评价方式能评定学生的学习过程和更重要的学习效果吗?正是在种种批判和质疑声中,真实性评价得以诞生。

真实性评价与传统评价有何不同?美国的埃伦·韦伯从评价工具及其引发的结果方面做了一个对比(表5-1)[11]。

表5-1中列出的真实性评价工具给教师和学生都带来了较大的挑战,但是其引发的结果却令人向往,直接指向学生学习的促进、核心素养的培养和未来发展。所以,埃伦·韦伯在梳理实施真实性评价的种种困顿与压力后,仍坚持"传统评价应该被真实性评价取而代之"[12]。不过,也有观点指出:"真实性评价的兴起并不意味着标准化测验的终结。相反,测验在真实性评价中仍然是一种非常有力的评价工具。"[13] 该观点的合理之处就在于"真实性评价对标准化测验的否定源于对传统测验标准的唯一性质疑"[14],将测验纳入真实性评价的工具包中,倡导评价技术的多元化也符合真实性评价的基本理念。

核心素养是一种解决复杂问题的能力,将核心素养与真实性评价及其引发的结果相联系,可见两者的内在一致性,因此有专家就"将真实性评价理解为是对学生核心素养的一种评价"[15]。

美术学科的"有价值的认知任务"就是美术创作(包括设计与制作),它是一项包括美术知识与技能、继承与创新、主题与形式、材料工具与技法等多重复

---

1 全国十二所重点师范大学联合编写.教育学基础[M].2版.北京:教育科学出版社,2008:314-315.
2 丁念金.中华文化最高价值视野中的学习评价思路[J].基础教育,2011(5):75-80.
3 同上,2011年第24期,第3-6页.
4 莫景祺.重申"促进学习的评价"[J].基础教育课程,2019(21):53-56.
5 丁念金.学习过程评价的基本构架[J].教育测量与评价,2012(6):29-30.
6 王中男.学习评价:评价领域的哥白尼式转向[J].教育理论与实践,2013(34):56-60.
7 钟启泉.学业评价:省思与改革——以日本高中理科的"学习评价"改革为例[J].教育发展研究,2013(10):50-55.
8 Villarroel, Verónica, Bloxham(2017), et al. Authentic Assessment: Creating a Blueprint for Course Design[J]. Assessment & Evaluation in Higher Education, 2018, 43(5):840-854.
9 杨向东."真实性评价"之辨[J].全球教育展望,2015(5):36-49.
10 Charles M. Dorn, Robert Sabol, Stanley S. Madeja, et al. Assessing Expressive Learning: A Practical Guide for Teacher-Directed, Authentic Assessment in K-12 Visual Arts Education[M]. lawrence erlbaum associates, 2004:15.
11 [美]韦珀.怎样评价学生才有效:促进学习的多元化评价策略[M].陶志琼,译.北京:中国轻工业出版社,2016:263-264.
12 同上,第274页.
13 岳刚德.课堂评价范式的演进和趋势——从标准化测验到真实性评价[M]//杨向东,崔允漷.课堂评价:促进学生的学习和发展.上海:华东师范大学出版社,2012:203.
14 同上.
15 杨向东."真实性评价"之辨[J].全球教育展望,2015(5):46.

表 5-1 传统评价与真实性评价的工具及引发的结果对比

工具		引发的结果	
传统评价	真实性评价	传统评价	真实性评价
教师开发的答案简短的小测验	实施多种模式的评价	随着时间的推移，学生容易忘记所学到的那些孤立的知识	所学的知识可用于解决真实世界中的问题
教师准备的正、误式应答	多元化的冲突性解答受到奖励	评价结果不能反映学生的天赋与能力	评价结果通常反映了学生的天赋与能力
无懈可击的标准答案	包容似是而非的两难答案	学生对每个问题的回应是孤立的	所学的知识通过与真实生活联系起来而得到了巩固
		竞争使学生处于敌对关系之中	协作性的评价方法成为促进学习的动力
借助记忆术	鼓励学生不拘一格学知识	学生的回应与课本之外的生活没有关系	所评价的内容与学生的课外生活紧密相关
正式的标准化工具	注重解决现实生活问题	学生是被动的	学生会进一步探求更有意义的问题
		学生的回应通常仅限于低层次的事实	学生的批判性思维得到激发

杂关系、没有标准答案的开放性任务。美术创作显示出学生运用各种知识解决一系列复杂的开放性任务的水平，体现高层次思维能力、动手能力，以及有现实价值的美术学科核心素养发展水平。这说明核心素养本位的评价不仅重视美术学习结果，更要运用过程性评价随时发现和改进学习过程中出现的偏差和问题，保障美术学习的有效推进。[1]

三、真实性评价的运用

中小学美术学习的评价应采用指向核心素养的真实性评价。下面我们将介绍真实性评价的构成要素，设计学习评价方案，吸纳多种学习评价方法，将评价嵌入美术学习的整个过程，以评促学，以评促改，保证课程的实施，促进学生的发展。

真实性评价由三个要素构成：评价标准（assessment standard）、评价任务（assessment task）、评价量规（assessment rubic）。[2]

评价标准是对学生应该知道什么和能做什么的具体陈述，是教师对学习结果的期望。

评价任务也叫真实性任务，是发生于真实世界、现实生活中的根据评价标准设计的一系列学习任务，学生在执行或完成任务中建构自己的行为，展示自己创造性地运用所学知识和技能解决问题的能力。

评价量规是为判断学生在完成真实性任务中的表现而建立的一套任务表现标准和评分等级，以保证评价的有效性和公平性。它在评价前就向学生公开，有助于学生根据标准来制定行动计划，并通过自我评价随时调整学习行为。

真实性评价所体现的是一种多元化的、发展性的学生评价，全面收集学生学习和发展的信息，进行观察和理解性的评价，以真实、有效、全面、生动地作出有针对性的评价，促进学生持续发展。真实性评价吸纳了多种当代学习评价方法，如表现性评价（performance assessment）、档案袋评价（portfolio assessment）、基于观察的评价（observation-based assessment）等，也包括合理的标准化考试及小测验。

《普通高中美术课程标准（2017 年版）》在教学评价建议中提出："美术学科核心素养本位的评价，不仅针对学生对美术知识与技能的掌握程度，更要针对学生将所学美术知识与技能运用于情境中解决问题时体现出的美术学科核心素养发展水平"。即评价不仅关注美术学习结果，更要嵌入学习过程，随时发现和改进学习目标、学习内容、学习方法、解决问题中的问题。所以，教师应走出"评价只是教学结束后的简单检测""评价就是结课环节对学生作业进行评价"

之类的误区,"应该在备课伊始就开始制订评价计划,或者更确切地说,就开始设计主要的任务或者活动。这样才能保证所设计的评价……能够支持并拓展学生的学习,同时有效地评价学习"[3]。总之,要精心设计嵌入学习过程的、既注重结果又关注过程、能促进学生美术学科核心素养发展的学习评价。

第二节 确定美术学习的预期结果

在《追求理解的教学设计》中认为,最好的设计应该是"以终为始",从学习结果开始的逆向思考。[4] 提出了"逆向设计"的观点:阶段1,确定预期结果(目标);阶段2,确定评估证据(评价);阶段3,设计学习计划(教学)。[5]这三个阶段可以成为真实性评价的基本程序。

> **新手导航**
>
> 帮助学生学习是教师的工作,作为未来的中小学美术教师,应具备细化能表明学生美术学习"预期结果"的种种"证据",设计学习单,将学习任务"抛锚"于教学中的能力。

一、怎样确定预期结果

UbD(追求理解的教学设计)理论的第一阶段是设计美术学习的"预期结果"。在这一阶段,要不断地像评估员那样提出问题,思考我们所设计的评价。

- 有什么证据能表明学生已经达到了预期结果?
- 什么样的评估任务或证据能够"抛锚"于单元中,从而指导我们的教学?
- 为了确定学生的理解程度,我们需要获得什么样的证据?[6]

---

1 王大根. 核心素养本位的美术教学方式的转变[J]. 新课程评论. 2019(3): 90-98.
2 俎媛媛. 真实性学生评价研究[D]. 上海:华东师范大学,2007:77.
3 [澳]瓦伦缇娜·克兰诺斯基,[澳]克莱尔·怀亚特-史密斯. 教育评价:标准、评判和调整[M]. 张晓涛,主编.沈蕾,译. 南京:江苏凤凰教育出版社,2016:78.
4 [美]格兰特·威金斯,[美]杰伊·麦克泰格. 追求理解的教学设计:第二版[M]. 闫寒冰,宋雪莲,赖平,译. 上海:华东师范大学出版社,2017:15.
5 同上,第18-24页。
6 同上,第165页。

与传统教学设计不同,我们不是在目标设计好后直接考虑教学,而是先寻求能被看作成功学习的证据,或是考虑针对预期结果的相应评估是什么。下面以《中国山水画》单元课程学习为例作具体说明。

比如,第一个问题"有什么证据能表明学生已经达到了预期结果?"是针对预期结果(目标)的。根据美术学科核心素养的教学要求,该单元学习目标(即真实性学习任务)可以联系学生的生活情境,确定为"用山水画技法创作一幅描绘家乡小景的中国画"。但是,仅仅一幅画就能证明学生理解中国画了吗?他们了解中国画、会欣赏中国画吗?这幅画的布局如何,技法如何,创意如何,意境如何?以及学生的学习态度如何?分别需要什么证据?都应该在设计学习目标时具体化。在图1-5"像艺术家一样创作"学习过程示意图中,包括"主题—欣赏—技法—构思—创作—展评"等环节和相应的美术活动,教师要布置相应的作业和要求,也就是学业质量水平的评价证据,并把各环节的学习活动和作业具体化,学生就能通过"做中学"发展美术学科核心素养。

因此,单元学习目标要细化(以下括号中是对学习环节和作业的提示),具体示例如下。

① 了解山水画追求"写意"的特点,了解并运用中国画材料、工具,学习山水画的笔墨和布局等(技法:临摹作业),创作一幅描绘家乡小景(构思:收集图文资料、画出草图)的中国画,并题上小诗或感言(创作:最终作品)。

② 赏析山水画的经典作品,能用山水画常识和术语描述、分析、解释和评价山水画,加深对山水画的理解,提高学习兴趣(欣赏:评述报告)。

③ 用山水画表达自己的爱乡之情,体会山水画的情趣和艺术魅力(展评:学习小结)。

针对第一个问题,细化了能表明预期结果的种种"证据",这样学习目标的操作性就很强;同时又回答了第二个问题,成为"抛锚于单元中,从而指导我们的教学"的具体教学活动。而第三个问题就要根据不同年龄的学生特点,对各项作业设置具体"程度",即行为水平,也就为后面制订评价量规做好了准备。

二、设计美术学习单

明确了美术学习的预期结果后,将任务融入教学中引导学生进行美术学习,学习单是行之有效的策略。

(一)学习单的概念及其评价特性

学习单是教师设计的引导学生开展学习活动、记录学习过程的任务清单,是指导学生完成某一阶段或某一知识或技能任务的具体指令和要求。学习单不仅是帮助学生自主学习达成学习目标的支架,也是评价学习过程和结果的依据,因此,亦被认为是学习评价的工具。

(二)设计学习单的基本原则

1. 学生主体原则

教师设计学习单不是要求学生做简单的学习记录,而是给学生以美术学习的空间和时间,要求学生动脑想、动手做,做中学,独立完成美术学习任务。

2. 导学原则

学习单设计应注意引导学生主动参与整个学习过程,根据自己已有的经验,与他人协商、会话、沟通,在交互质疑中,建构知识的意义。

3. 面向全体原则

在学习单的设计和使用中,必须选择绝大多数学生能够学会的美术知识和技能,以便学生能根据学习单的引导,基本完成学习任务。

4. 开放性原则

学习单的设计,一是要注意保护学生的独特个性,给予学生发挥个性的自由。教师设计的问题应体现思考的方向,但不能只有唯一答案,要鼓励学生发表与众不同的见解。二是努力创作有利于创造性思维的情境,激发学生创作灵感。[1]

合理设计学习单,在给予学生学习引导的同时,也为制定具体的评价量规提供了依据。

> **新手导航**
>
> 学习单的设计要能针对欣赏、技法、构思、创作、展评等不同性质的学习任务;需要完成的作业目标和要求要明确;做什么、怎么做、达到什么水平等要表述清晰,才便于学生操作。这也是小组互评的要领。

(三)美术学习单设计示范案例

在设计学习单的过程中,教师要先对学生现阶段的美术知识、技能和兴趣等进行评估,对学习内容进行分析,才能明确该阶段的具体指令和要求。如在教学案例的学习单2(图5-1)中,考虑到学生对创作既好奇又畏惧,以及眼高手低的学情,将学习内容确定为:通过临摹或练习了解该艺术的形式或技法,联系学生的生活、兴趣和其他学科知识寻找素材,在模仿中进行大胆想象、构思、构图和创作。设计学习单,先让学生说出自己喜欢的绘画方式;然后临摹,向艺术家学习构图、造型和色彩等美术语言,为创作做准备,并鼓励学生像艺术家一样思考、观察和创作,结合收集的资料,先行体验创作;最后,写下活动中最真实的感受。

从江苏省苏州市枫桥中心小学孙哲老师指导学生完成的学习单(如图5-1和图5-2所示)中可以看出,适宜的学习单不仅能促进学生的学习,而且有助于收集评估学生学习的证据,参照学生在学习单上留存的记录,教师和学生均可以对照评价量规,对学生的美术学习进行基于证据的量化评价。

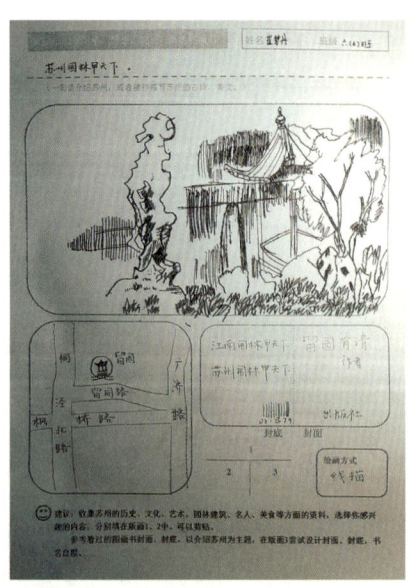

图 5-1 完成的学习单 2

图 5-2 完成的学习单 3

教学案例

"苏州是个好地方"单元(六年级)学习单设计

本单元的教学内容来自人民美术出版社《美术》第11册,由《家乡的历史和发展》《家乡的老房子》《家乡的艺术》《家乡的小吃》等课整合而成,属"造型·表现"领域。该学习单元旨在带领学生去认识所生活的城市——苏州,并用图画书描绘它。教师在该单元学习中设计了4张学习单。

学习单1:记录图画书的书名、作者、故事等;学习单2:记录观察、思考的苏州历史、艺术等(左图);

学习单3:临摹阅读的图画书中的画面(右图);学习单4:写下对自己创作的评价,邀请同伴来评价。

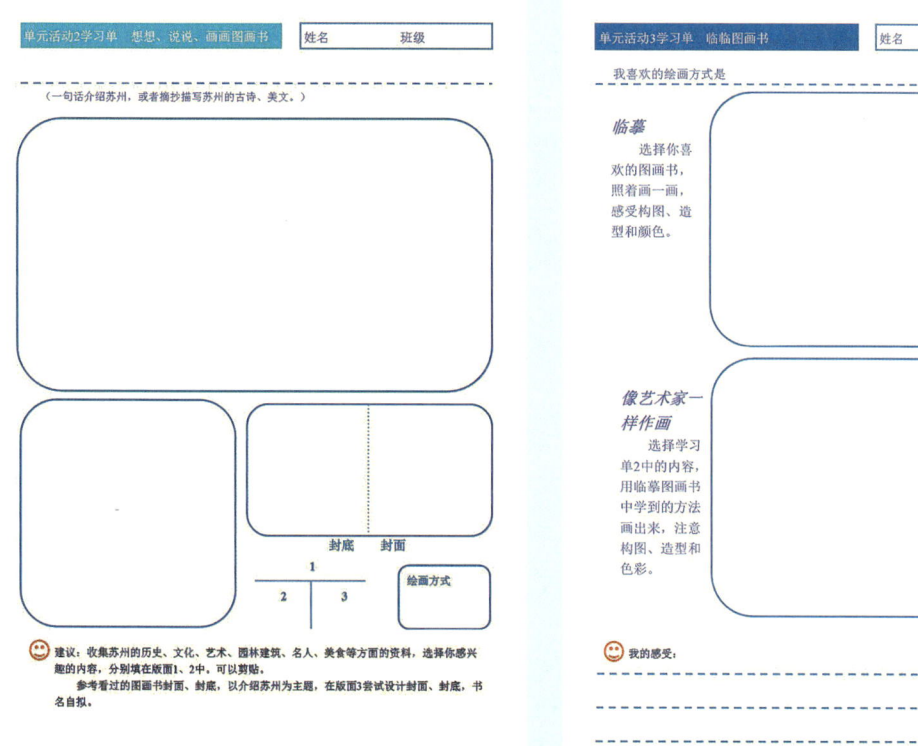

学习单2　　　　　　　　　　　　　　　　　　学习单3

资料来源:孙哲.在小学图画书创作中使用学习单的教学研究[D].上海:上海师范大学,2016:48-60.

【学习单5-1】

为自己的【教案1】各项学习活动设计相应的学习单,通过小组讨论发现并改正错误。

重点提示:

1. 先理解【教案1】要完成的学习目标(即最终作品,真实性学习任务)是什么?应具备哪些知识和技能?

2. 根据这些要求以及对学情的基本预估,确定学生学会这些知识和技能需要分几步,开展哪些学习活动,以及分别需要给予什么具体的指令和要求(参考第六章"作业要求"),据此设计学习单。

---

1 参考孙哲.在小学图画书创作中使用学习单的教学研究[D].上海:上海师范大学,2016:11-12.

> 【学习单 5-2】
> 第 7 周学习"第六章 美术教学设计"之后,要把【教案 1】按【学习单 6-1】"大单元教学设计模板"的要求扩展为 5 课时以上的【大单元 1】,要按"主题—欣赏—技法—构思—创作—展评"等环节的学习活动分别设计学习单。
> 重点提示:
> 1. 大单元教学中的六个环节是不同性质的课型,分别有不同的小目标、相应的知识与技能、所需的学习活动以及相关的指令和要求,所以,需要按各环节学习活动的要求分别设计相应的学习单。
> 2. 由于大单元教学提出具有挑战性的学习任务,学习活动的难度和深度有所增加,要以此设计学习单。

第三节 确定美术学习的评估证据

UbD 的第二阶段是"评估证据"。预期结果已经细化了各种具体作业及其证据,进入第二阶段就要设计连续性的评估,从多维度收集基于学生真实表现的证据。连续性的评估需要考虑各种评估的方法,依照 UbD 理论,表现性任务、问答题、随堂测验与考试、观察与对话、对理解的非正式检查等方式都可以采用。[1] 具体到美术的学习,有研究确定了常见的评价方法,它们包括:作品、专业判断、教师出的测试题、档案袋、讨论、评论、素描本、检查表、展览、报告和研究论文等。还有一些使用频率较低的评估方法,包括:日志、问卷、逸事记录、访谈、谜题和游戏、标准化测试、录像和录音等。[2] 用多种方法对学生的美术学习进行持续评价,旨在从不同侧面收集关于"理解"的合适"证据集",证明学生能够综合运用美术知识及技能进行创新性的思考和正确的判断,以解决复杂的问题,确认学生美术学习的成果和策略的运用,同时利于师生双方随时评估学习的状态,并进行合适的教学调整。

美术的真实性学习任务,更多以表现性任务的形式呈现,对表现性任务完成过程和结果的评价方法是多样的,可以创造性地采用档案袋、评论、演示、展览与练习、带注释的素描本、游戏、演讲,甚至测验、研究论文等形式。将这些偏主观性的评价与较为客观的量规评价结合使用,保持两者之间的平衡,可以为学生的学习提供其个人的最为敏感、准确和全面的证据。[3]

> **信息链接**
>
> **不同的评价方法和证据类型**
> **档案袋** 可以在一段时间内和各种活动中展现出个人的成长。当然,档案袋可以用作学生成绩的记录。
> **评论** 是表现性评估的常用形式,尤其是在视觉艺术中。理想情况下,批判应该促使学生反思自己的工作,并为其改进设想提供一种方法或策略。
> **演示** 让学生向他人展示他们所掌握的特定技能,是重要的教学工具,有助于使学生的知识水平"可见"。由学生或学生进行的小组演示可以为教师提供出色的观察数据。
> **展览与练习** 展览并不是以表现为导向的活动,但可以为教师提供许多评估学生表现的机会。在展览中,学生积极与参观者讨论相关作品。如果条件允许,学生还可以选择展示简短的视频或其他物品,例如,记录所展示项目创作过程的速写本。
> **带注释的素描本** 上面记录学生关于舞台布景、服装、绘画或雕塑的构思草图,并附有日期、笔记和相关信息,可以帮助教师跟踪和评估学生的创造性思维过程和个人参与情况。
> **游戏** 当学生玩教学游戏时,很容易检查其理解程度。
> **学生演讲** 可以给学生提供一些主题供他们自由选择,并在正式演讲前对其他学生保密。当学生在班级做演讲时,其他学生需要运用他们的听力技巧和知识储备,从所呈现的信息中识别出主题,并使用线索表做笔记。学生的线索表可用于讨论或作为正式评估的证据。
> **考试** 老师有创意地布置任务,用考试的方式为评价提供丰富的数据。
> 资料来源:Robin E. Clark. Performance Assessment in the Arts [J]. Kappa Delta Pi Record. Vol. 39, No. 1: 29–32.

一、评价量规和指标

评价量规，又称评价量表，是一种评分工具，描述的是对某项任务的具体期望，将任务分成多个组成部分，并对每个部分合格和不合格的表现进行了详细的描述。

评价量规由四个基本部分组成，最简单的评价量规包括：任务描述（任务）、某类评价标尺（成就水平，可采取"等级"的形式）、评价的维度（任务所涉及技能/知识的分解）和对每个表现水平构成要素的描述（具体反馈）。其中评价的维度就是"指标"。这几个部分都可以以网格形式列出，如表5-2所示。[4]

表5-2 评价量规的基本网格格式

任务描述	标题		
	一级标尺	二级标尺	三级标尺
维度1			
维度2			
维度3			
维度4			

在具体应用的过程中，因所涉及的相关对象的差异，评价量规的形式会有所变化。如美国麦格劳·希尔教育公司编制的美术教材教师用书中采用的评价量规（见表5-3），标尺为具体的分值，评价学生在创造性表达活动中所做的作品，并评估学生对几何形的理解。

结构合理的量规可以为教师提供一种方便和公平的评分或评估学生表现的方法，而不会影响学生的个人创造过程。在开始作业或学习活动之前，学生若能收到学习活动或者结果的评价量规，将有助于学生着眼于评价量规所确定的最高水平的表现，并专注于目标的实现。[5]

二、确定美术学习的评估证据

清晰和恰当的指标能明确在确定理解程度时应该关注什么，并在判断过程中保证一致性和公平性。量规是基于指标的评分指南，由固定的等级组成，并对每一个级别的特征进行详细描述。量规需要回答以下问题。

- 应以什么指标来判断和区别学生的表现？
- 我们应该通过哪些方面、哪些内容来判断学生的表现是否成功？
- 应该如何描述并区分质量水平、熟练程度以及理解层次之间的不同？[6]

比如，"创作一幅描绘家乡小景的中国画"仍比较笼统，如何回答以上三个问题呢？就要在作业要求中设定主题、风格、创意、技巧四项指标，并清晰和恰当地描述，让学生明确学习要求。（见表5-4）

然后，整合作业要求四项指标所描述的质量水平、熟练程度、理解层次等具体要求，设计出最佳学业质量的评价指标，并赋予最高分值。最后，按五个质量水平等级，逐级递减评价指标和分值，就形成了这一学习任务的评价量规。（见表5-5）

这样就回答了上述三个问题，也解决了从哪些方面合情合理地评价图形化美术作品的问题。它虽然不像其他学科纸笔测验那么清晰明了，但毕竟有了明确的评价指标、程度要求和可操作性，是一种量化的质性评价。

同理，还要在"中国山水画"单元学习的各环节都设计好评价量规，制定详细的得分标准，不仅可获得预期学习结果的证据，而且为学生的自主学习搭建"脚手架"。

在确定美术预期学习结果和美术学习评估证据的过程中，对于标准的考量，艾斯纳的建议值得我们关注。艾斯纳认为，"如果不能根据艺术的独特特点对艺

---

1 [美]格兰特·威金斯，[美]杰伊·麦克泰格. 追求理解的教学设计：第二版[M]. 闫寒冰，宋雪莲，赖平，译. 上海：华东师范大学出版社，2017：171-172.
2 Charles M. Dorn, Robert Sabol, Stanley S. Madeja, et al. Assessing Expressive Learning: A Practical Guide for Teacher-Directed, Authentic Assessment in K-12 Visual Arts Education [M]. Lawrence Erlbaum Associates, 2004:16.
3 Robin E. Clark. Performance Assessment in the Arts [J]. Kappa Delta Pi Record. Vol. 39, No. 1: 29-32.
4 [美]丹奈尔·D.史蒂文斯，[美]安东尼娅·J.利维. 评价量表：快捷有效的教学评价工具：第2版[M]. 陈定刚，译. 广州：华南理工大学出版社，2014：5.
5 Robin E. Clark. Performance Assessment in the Arts [J]. Kappa Delta Pi Record: Vol. 39, No. 1: 29-32.
6 [美]格兰特·威金斯，[美]杰伊·麦克泰格. 追求理解的教学设计：第二版[M]. 闫寒冰，宋雪莲，赖平，译. 上海：华东师范大学出版社，2017：194.

术教育进行评估,则是一种专业上的失职"[1]。他主张重视艺术家评价作品的标准,同时检查学生在学校和家庭不同场景中评价作品标准的差异性,并考虑差异产生的原因,根据这些差异修改和重新确定用于评估学生作品的标准,可能会提高学生的参与度和艺术教育的成绩。[2]

表5-3 美国麦格劳·希尔教育公司编制的美术教材教师用书中对学生学习几何形的评价量规

	艺术史和文化	审美感知	创意表达	艺术批评
3分	学生展现出对大卫·史密斯和乔治·哈特的生活以及作品的了解。	学生准确辨别出艺术作品中的几何形。	学生的圆雕作品清楚地显示其使用了几何形。	学生确实认真地用艺术批评四步法评价自己的作品。
2分	学生对大卫·史密斯和乔治·哈特的了解是浅薄和不完整的。	学生开始能关注艺术作品中的几何形,但不能始终辨认出这些几何形。	学生的圆雕作品显示出其具有几何形的意识。	学生尝试评价自己的作品,但没有完全理解评价的标准。
1分	学生未能展现出对大卫·史密斯和乔治·哈特的了解。	学生辨认不出几何形。	学生的圆雕作品显示出其不理解几何形。	学生缺乏评价自己作品的意识。

表5-4 "创作一幅描绘家乡小景的中国画"的指标及要求

项目	中国画创作具体要求	分值
主题	优秀作品应确立与家乡相关且有意义的主题,运用中国画技法表现主题和心声。	7分
风格	借鉴所选中国画的表现风格,结合家乡景色特点合理布局,运用笔墨、色彩等表达意境。	8分
创意	巧妙地借鉴所选中国画的笔墨技巧和题跋形式,有创意地表现家乡景色特征和情趣。	7分
技巧	优秀作品应能根据所选中国画的风格,自如地运用笔墨技法,创作和完善自己的作品。	8分

表5-5 "创作一幅描绘家乡小景的中国画"的评价量规

得分	中国画创作评价指标	最高水平	30分
0分	你没有达到以下任何细则所描述的标准。		
1~7分	你的作品与家乡的主题不符,也没有体现风格和笔墨技法,画了一幅不符合要求的中国画。		
8~15分	你的作品能表现家乡的主题,能运用与所选中国画相似的风格,能运用一定的笔墨技法或题跋形式,略能表现家乡景色特征,创作出一幅简单的中国画。		
16~23分	你的作品展现了家乡有意义的主题和心声,能结合家乡特点运用所选中国画的风格,作品较好地体现出笔墨技法和题跋形式,恰当地表现家乡景色特征和味道,创作出一幅较成功的中国画。		
24~30分	你的作品完美地展现了家乡有意义的主题和心声,创造性地结合家乡特点运用所选中国画的风格,巧妙、自如地运用笔墨技法,题跋合理,有创意地表现家乡景色特征和情趣,创作出一幅优秀的中国画。		
评语			

【学习单5-3】
根据自己的【教案1】的学习单所提出的任务和要求设计相应的评价量规,通过小组讨论发现并改正错误。

重点提示:
在设计评价量规时,再检查一下各个活动步骤、学习活动和学习单的设计是否合理、到位,最终是否与学习目标相一致,是否符合第六章"作业要求"的规范;评价量规各水平的梯度是否合理且有区分度。

> 【学习单 5-4】
> 第 7 周学习"第六章 美术教学设计",把【教案 1】扩展为 5 课时以上的【大单元 1】之后,要根据"主题—欣赏—技法—构思—创作—展评"等环节设计的学习单所提出的任务和要求,分别设计六个环节相应的评价量规。
> **重点提示:**
> 大单元教学的六个不同性质课型的小单元,其学习单分别提出不同的指令和要求。所以,需要按各环节学习单的最终要求,设计对应的六个评价量规,注意评价量规各水平的梯度是否合理且有区分度。

第四节 美术学习档案袋评价

一、档案袋评价的概念

档案袋评价的内容的选择或提交是由被展示作品(或材料)的作者与档案提交的对象,即由学生和老师共同决定的[3],其目的是记录学生学习某一任务从开始到完成的整个过程,是针对学生成就评价的连续性考查,而非对学生掌握内容范围的阶段性统计。

档案袋评价可分为多种类型(如表 5-6 所示),最具有代表性的是理想型,也称为"过程型",其设计意图在于帮助学习者成为对自己的学习历史具有思考能力和进行非正式评价能力的人,能提高学习质量,包括作品产生过程的说明、系列作品、学生的反思。[4]

二、美术学习档案袋评价的使用

美术学习档案袋评价是将学生学习过程中能够反映其学习情况的作业、收集的资料、改进的草稿等材料汇集其中,记录学习过程和进步状况的评价方法。

美术学习档案袋评价并非新的概念。过去,美术学习档案袋评价侧重于直观形象、便于保存与掌控的实物性评价,强调根据学习目标与学习需求,综合学生的学习资料、图文素材、活动记录、作业成果、心

表 5-6 档案袋评价的类型[5]

类型	构成	目的
理想型	作品产生和入选说明,系列作品,以及代表学生分析和评定自己作品能力的反思记录。	提高学习质量。通过一段时间的成长记录,帮助学习者成为自己学习历史的思考者和非正式的评价者。
展示型	主要是学生选出的最好和最喜欢的作品集。自我反思与自我选择比标准化更重要。	为由家长和其他人参加的展览会提供学生作品的范本。
文件型	根据一些学生的反应以及教师的评价、观察、考查、逸事、成绩测验等得出的学生进步的系统性证据,并持续记录。	以学生的作品、量化和质性评价的方式,提供一种系统的记录。
评价型	主要由教师、管理者选择的学生作品集。评价的标准是预定的。	向家长和管理者提供学生在作品方面所取得的成绩的标准化报告。
课堂型	由三部分组成:① 依据课程目标描述所有学生取得的成绩的总结;② 教师所做的详细说明和对每一个学生的观察记录;③ 教师的年度课程计划、教学计划及修订说明。	教师在一定情境中与家长、管理者及他人交流对学生成绩的判断。

---

1 Eisner, E.W. Overview of evaluation and assessment: Concepts in search of practice [M]. In D. Boughton, E. W. Eisner, & J. Ligtvoet (Eds.), Evaluating and Assessing the Visual Arts in Education: International Perspectives. New York: Teachers College Press, 1996: 1–16.
2 Charles M. Dorn, Robert Sabol, Stanley S. Madeja, et al. Assessing Expressive Learning: A Practical Guide for Teacher-Directed, Authentic Assessment in K-12 Visual Arts Education [M]. Lawrence Erlbaum Associates, 2004: 38.
3 李雁冰. 课程评价论 [M]. 上海:上海教育出版社,2002:202.
4 同上,第 205–208 页。
5 From Gredler, M.E. Implications of Portfolio Assessment for Program Evaluation. Studies in Educational Evaluation [J]. 1995 (21): 431–437.

得体会、教师和他人评语等资料，逐步完善对学生在基础技能学习作业、主题探索练习、审美鉴赏、艺术批评等方面的评价。现在，我们更关注的是，设计出能有效指导学生自主学习、完成美术创作的美术学习单和评价量规，由学生完成的学习单、评价量规以及美术作品共同构成的美术学习档案袋，是学生美术学习"过程"与"结果"的集合。

> **新手导航**
>
> 本教材淡化并取消了各环节小单元教案，强化各环节小单元学习单设计的目的，就是要转变知识本位的教学方法，从关注教师的"教"转向关注更好地指导学生的"学"。所以，精心设计好每一个学习单是基于核心素养教学改革的重中之重！

教师在设计与使用美术学习档案袋评价时应注意以下事项。

① 以促进学生美术学习为目的。设计和使用美术学习档案袋评价旨在指导学生自主学习、推动美术创作，美术学习档案袋中的学习单和评价量规并非仅仅是为了评价而采用的、外加的评价工具。因此，美术教师要充分考虑美术学习档案袋的目的性、可操作性和有效性。

② 档案袋应与教学有机结合。教师要明确学习目标，指导学生收集必要的、在教学中自然生成的各种作品与资料，并安排一定的课时与学生一起回顾、分析和解释作品与资料，从中发现学生的优势与不足，为形成性评价和终结性评价提供丰富的信息。

③ 不要片面认为使用美术学习档案袋太占学习时间。引导学生有效使用美术学习档案袋，能让学生学会在任务书、学习单的指导下自主学习美术知识与技能、创作美术作品；同时又能让学生依据评价量规评价自己的作品，反思学习过程，发现自己的优势和不足，改进目标和途径。相比以往在教师指导下完成一件作品，使用美术学习档案袋的大单元教学必然需要更多时间，不仅仅要创作出美术作品，还要学会知识和理解美术［KUD（Know，Understand，Do 的缩写，即知道、理解、做到）和深度学习］。更重要的是，素养来自实践，实践需要目标和要求。通过美术学习档案袋的指令和要求，能指导并发展学生自主学习、独立思考并解决复杂问题的能力，使他们学会学习并全面提升美术学科核心素养。所以，要综合评判使用美术学习档案袋所占用的学习时间。

同时，在使用美术学习档案袋的过程中，美术教师可以引导学生和家长一起完善档案袋，可从以下几方面出发。

① 设计封面，彰显个性。教师可要求学生为自己的档案袋设计有个性的标志和封面，这本身就是一件美术作品，同时也能激发学生的学习兴趣。

② 有序管理档案袋中的作品。在一次大单元学习中，档案袋中会保存很多材料，教师应事先精心设计好学习单和评价量规，让学生能按学习过程有序收集并保存相关资料，便于最后的反思和总结。

③ 自我评价。每次作业完成后，可要求学生对照评价量规，对自己的作品作自我评价，在评价量规或小纸片上写上自己喜欢的理由或不足。学生是档案袋建构的主要决策者。

④ 邀请家长参与评价。为让家长更全面地了解学生美术学习的成就与进步、独特爱好与个性，可在某些环节请家长给学生的作业写评语。家长的评语无疑会鼓励学生，促进他们健康发展。

总之，使用档案袋时要充分考虑学校、教师、学生以及教学条件的实际与差异，由教师与学生自主决定在日常评价实践中如何使用等具体事宜，忌过多的统一要求或盲目使用。

第五节 构成基石性评估的教学

UbD 的第三阶段是"学习计划"。需要思考和解决的问题是：什么样的学习活动和教学能促进理解，增进知识和技能，激发学习兴趣并发挥长处？

教师需要按学习目标整合教材内容或跨学科内容，按"像艺术家一样创作"的逻辑设计如图 5-3 所示的大单元教学计划，各环节都是各不相同却各有特色的美术活动（实践），并与美术学科核心素养相互对应、环环相扣。与此同时，教师又要考虑课程的评价方案、具体的评价任务，即设计好每个环节的真实

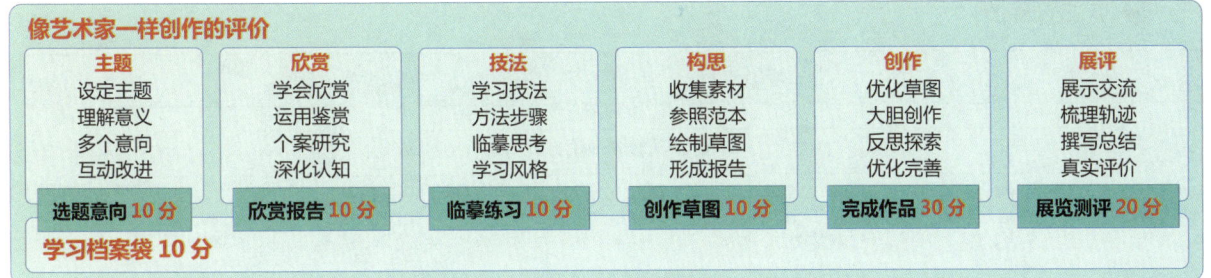

图 5-3 "像艺术家一样创作"教学的评价方案

性学习评价。

稍加关注不难发现，每个小单元也是一个小的逆向设计：每个环节都有真实性学习结果（如欣赏报告、临摹作业、创作草图等）、设计合适的评估依据（即按各小单元要求设计出学习单和评价量规），以及设计恰当的学习体验（即按各学习单实施的学习活动）。当学生经历大单元学习活动、完成美术作品时，各环节的学习单和评价量规中记满了学习资料、素材、创作意图、创作计划、草图、学习小结、自我评价等各种材料，装订成册就是总结学生创作过程的学习档案袋。反言之，学生的美术作品正是在学习档案袋（即学习单和评价量规）的指导和推动下完成的，二者是自然形成、相辅相成、过程（学习档案袋）与结果（美术作品）的关系。更重要的是，任务书与学习档案袋是指导学生学会自主学习、发展核心素养的重要举措。

综上所述，逆向设计将真实性评价嵌入每个学习环节和教学全过程中，监控教学质量和激励学生的学习，并用真实性评价"固定整个课程"，防止"课程漂移"，因而，逆向设计也被称作"基石性评估模式"。

当我们明确课程目标和各学习环节学习任务，完成各环节的评价设计，并按学业的重要性赋予一定的权重和分值后，就形成了该课程既重结果又重过程的基石性评估模式的评价方案。

学术观点

基石性评估的特点

美国著名课程与教学理论专家杰伊·麦克泰格将基石性评估归纳出如下特点：

- 嵌入课程之中的，而不是外部强加的；
- 在各年级中出现，但随着时间的推移难度会增高；
- 为业绩评估建立真实的情境；
- 将理解性的评估转化为名副其实的业绩评估；
- 将 21 世纪的技能与学科领域的内容整合；
- 用量规来进行业绩评估；
- 鼓励最好的教学，使学生能从事有意义的学习；
- 为学生的档案袋提供内容（以便毕业时有一份证明成就的简介，而不是一份简单的课程成绩单）。

资料来源：胡知凡．美国国家核心艺术标准的特点与借鉴意义[J].教育参考，2015（3）：29-30.

示范性案例 5

"卧游之境——向古人学山水"评价方案

山水画教学评价方案

鉴赏（4课时）	技法（8课时）	构思（2课时）	创作（3课时）	展评（1课时）
个案研究 学会鉴赏 运用鉴赏 拓展认知	学习程式 掌握技法 思考临摹 学习风格	确定主题 筛选素材 绘制草图 形成报告	精进草图 尝试创作 实施反思 不断完善	梳理轨迹 撰写总结 展示交流 真实评价
鉴赏报告 20分	临摹练习 20分	草图设计 20分	山水作品 20分	总结报告 10分

学习档案袋 10分

鉴赏与理论	鉴赏报告		学习总结		小计
	20分		10分		30分
技法与构思	临摹练习		构思构图		小计
	20分		20分		40分
山水作品创作	主题	风格	创意	技巧	小计
	5分	5分	5分	5分	20分
学习档案袋	完整	研究	表达	排版	小计
	3分	2分	3分	2分	10分

"卧游之境——向古人学山水"单元化学习任务书与评价量规

一、鉴赏名作，初识山水（4课时）

通过教师引导赏析和学生自主赏析活动，认知山水画的构成、技法，感受艺术境界，理解文化精髓，锻炼学生的山水画鉴赏能力，学会赏读山水画。

二、借鉴经典，学习技法（8课时）

通过示范与临摹练习，学生从专业技能层面学习山水画的笔墨语言及多元的笔墨风格，初步掌握"勾皴染点"基本技法，并运用这些技法临摹名家名作，为接下来的山水画创作提供技法支撑。

三、素材筛选，构思构图（2课时）

通过模拟古人的创作思维，让学生认识和体会山水画，形成独立的文化思考，构思出山水画草图，为后续的创作实践提供理想的草图设计。

四、运用技法，动手创作（3课时）

学生运用"勾皴染点"等基本技法，融合诗韵，较自然生动地完成一幅山水画创作。

五、完成作品，展示反思（1课时）

通过梳理学习轨迹（包括学习工具与学习成果），形成档案袋，进行真实的山水画学习评价与总结。

一、鉴赏名作，初识山水（4课时）

学生赏析《千里江山图》，认识"三远法"、皴法用笔、设色以及构图艺术等山水画要素；学生明确喜爱的山水画风格，选定要鉴赏的作品与要研究的画家，运用山水画鉴赏知识与方法独立探究一幅山水画名作，完成高质量的鉴赏报告。（20分）

选大师、选作品学习单			
班级		姓名	
1. 你喜爱哪位大师的风格？			
2. 喜爱的理由是什么？			
3. 你选择这位大师的哪幅作品进行赏析？			

续表

山水画鉴赏学习单			
方法	主导问题	具体要求	鉴赏笔记
描述	作品整体形式及笔墨感受如何？	• 尺幅形式（长卷、立轴等） • 山水造型（整体气势与感受） • 风格样貌（写意灵动、细腻精致等）	
分析	作品如何表达意境？	• 骨法用笔（线与皴法） • 应物象形（人、动物、建筑等形态描绘） • 随类赋彩（墨色或颜色） • 经营位置（高远、深远、平远，虚实、疏密构图） • 传移模写（技法的继承与发展） • 气韵生动（以上技法组合所传达出的艺术境界）	
解释	作品的文化和艺术价值是什么？	• 文化传承（历代山水画有不同的时代特征和风格） • 精神导源（儒释道文化） • 艺术思潮（如宋徽宗提倡"格物致知"的美学思想） • 作者生平（人生经历等）	
评价	你喜欢这样的作品吗？说说个人观点。	• 历史角度　　• 文化角度 • 艺术角度　　• 其他角度	

山水画鉴赏评价量规		
得分	作品鉴赏评价标准	最高得分　20分
0分	你没有做到以下任何要求。	
1～6分	你粗略描述了这件山水画作品的整体形式和初步的笔墨感受；你看到了画家所运用的一些技法语言；你知道画家生平会对作品产生影响；仅仅表达了对这件作品的喜爱与否。	
7～13分	你基本描述了这件山水画作品的整体形式及其所产生的笔墨感受；你分析了画家所运用到的山水画语言要素对作品效果的影响；你解释了画家个人和主要社会因素对作品产生的影响；你能考虑到"古代文人为什么爱画山水画""山水画追求的是什么"，能简单地评价该作品，并说出自己的观点。	
14～20分	你充分描述了这件山水画作品的整体形式及其所产生的笔墨感受；你合理分析了画家是如何运用谢赫"六法"的品评要素营造出作品的意境；你充分解释了画家个人和各种社会因素对作品产生的影响；你能联系"古代文人为什么爱画山水画""山水画追求的是什么"，从历史、文化、艺术的角度有见地地评价该作品，并阐明自己的观点和理由。	
评语		

二、借鉴经典，学习技法（8课时）

学生初步认识笔墨程式，掌握山水画"干湿浓淡"的基本笔墨语言，能完整地运用"勾皴染点"临摹名作的一个片段或一个局部。（20分）

山水画技法要求学习单	
步骤	具体技法要求
步骤1 勾	观察山石、树木等不同物象的勾画特点（粗细、长短、顿挫等）；用线肯定，行笔稳健，线条穿插有序，顿挫有节奏，能在理解组织结构的基础上很好地勾勒出山石树木的轮廓、脉络、走向。
步骤2 皴	灵活运用毛笔的中锋与侧锋，很好地表现临摹对象的纹理质感，在理解山石凹凸体积与阴阳虚实的基础上，进行由淡到浓的、有序的皴擦表现，并灵活运用枯笔散锋，依山石的凹凸起伏稍加皴擦。
步骤3 染	待干后用淡墨依山石体的结构、形状染出山体的阴阳向背，皴擦不足时重染，皴擦足时轻染，明亮处不染或少染，重皴处要重染，根据画面的需要随时调整墨色浓淡。
步骤4 点	皴、染步骤完成以后，根据画面需要进行点苔，调整画面，点苔也是表现长在山石上的小草、苔藓和远处的小树，点苔时要注意与皴笔、树法相协调。

山水画技法评价量规			
得分	技法学习评价标准	最高得分	20分
0分	你没有达到以下任何细则所描述的标准。		
1~6分	你理解了《芥子园画传》中某些图式的表现特点和所选名作的笔墨特点与创作风格，准备并了解水墨工具；你简单练习了基本的"勾皴染点"笔墨技法与步骤；加深了对"古代文人为什么爱画山水画""为什么会有不同的笔墨风格"的认识，完成了一幅低水平的临摹作业。		
7~12分	你理解了《芥子园画传》中某些图式的表现特点和所选名作的笔墨特点与创作风格，充分准备并熟悉水墨工具；你初步掌握了基本的"勾皴染点"笔墨技法与步骤；加深了对"古代文人为什么爱画山水画""为什么会有不同的笔墨风格"的认识，完成了一幅较好的临摹作业。		
13~20分	你理解了《芥子园画传》中某些图式的表现特点和所选名作的笔墨特点与创作风格，充分准备并熟悉水墨工具；你很好地掌握了基本的"勾皴染点"笔墨技法与步骤；加深了对"古代文人为什么爱画山水画""为什么会有不同的笔墨风格"的认识，完成了一幅出色的临摹作业。		
评语			

三、素材筛选，构思构图（2课时）

学生根据自身游历经历与心境感受，为自己的书房创作一幅理想的山水游记小品。要求学生明确学习任务，根据学习工具引导筛选作品，构思草图，撰写创作思路报告。（20分）

山水画创作学习单		
班级		姓名
任务要求：为自己的书房创作一幅理想的山水游记小品，要求体现你的游历感受与心境。		
抒发怎样的情感？ （如：思念家乡、向往田园、敬畏自然等）	营造怎样的意境？ （如：清新秀丽、悠远淡泊、萧瑟寒凉、壮丽雄伟、恬静闲适等）	你所借鉴的作品有哪几幅？

山水画草图设计学习单	
选定画幅形式	合理选择方形、圆形、扇形等画幅形式。
完成画面布局	借鉴名作中的山水图式或组合，初步建立山水关系。 运用"三远法"处理远近空间，优化画面布局。 合理经营画面的空旷之处，把握虚实、疏密关系，营造山水趣味。
完成点景添加	根据意境需要添加点景（如：树石、房舍舟桥、犬马飞鸟等），增加画面生气。 借鉴名作或《芥子园画传》中的点景图式，并注意添加的位置和比例。
选择笔墨技法	运用所学习的笔墨技法，增强画面效果与表现力。
题写诗句落款	借用古诗或自编词句抒发山水情意，表达心境，并题写在合适的位置。

山水画草图评价量规			
得分	山水画草图评价标准	最高得分	20分
0分	你没有达到以下任何细则所描述的标准。		
1~6分	你能根据任务要求确定自己的画面意境；大致筛选相关的名作图片；参考名作后勉强画出草图；写出一点创作思路。		
7~12分	你能根据任务要求确定自己的画面意境；能根据所确定的主题意境，筛选相关的名作图片；在思考"古代文人为什么爱画山水画""我如何营造山水画的意境"之后，能借鉴名作，画出较为合理的草图；写出自己的创作思路。		
13~20分	你能根据任务要求确定自己的画面意境；能根据所确定的主题意境，筛选三幅以上与主题意境相关的名作图片；在思考"古代文人为什么爱画山水画""我如何营造山水画的意境"之后，吸取名作中有价值的山水图式，画出能表达画面意境的理想草图；图文并茂地写出自己的创作思路。		
评语			

  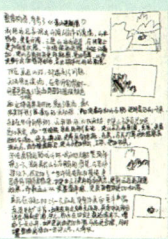

四、运用技法，动手创作（3课时）

学生根据对山水画知识技能的认知，结合前期草图，完成理想的山水画作品。要求学生利用山水画创作要求表与山水画创作评价量规提高正式作品的质量，更好地表现出画面的诗意。（20分）

山水画创作要求表	
项目	具体要求
主题	优秀的山水画作品应该确立较高的精神格调或主题意境，并能自如地运用笔墨工具和"勾皴染点"技法，使作品呈现所要表达的意境或精神追求。
风格	本课重要的学习任务之一就是学习山水画的基本笔墨技法和所选画家的笔墨风格，能借鉴和运用这些笔墨技法。
创意	发挥想象力和创意，巧妙借鉴名作图式，合理运用布局方法（"三远法"构成、虚实疏密等），呈现作品独特的诗意。
技巧	高质量的作品能根据所学习的山水画图式风格特点，运用笔墨工具和"勾皴染点"技法，有序地创作和完善自己的作品。

山水画创作评价量规			
得分	创作作品评价标准	最高得分	20分
0分	你没有达到以下任何细则所描述的标准。		
1~6分	作品借鉴了名作图式经营画面；简单使用"勾皴染点"技法，勉强创作出一幅山水画作品。		
7~12分	作品展现了一定的精神格调或主题意境；简单创意，借鉴了名作图式经营画面；运用学到的山水画基本笔墨语言和所选画家的笔墨风格，能使用"勾皴染点"技法有序创作；不断思考"古代文人为什么爱画山水画""我的山水画追求什么诗意"，提高对山水画精神内涵的认识，最终创作出一幅较好的山水画作品。		
13~20分	作品完美地展现了较高的精神格调或主题意境；发挥了自己的创意和想象，巧妙地借鉴了名作图式经营画面；运用学到的山水画基本笔墨语言和所选画家的笔墨风格，自如使用"勾皴染点"技法，以有序的创作步骤呈现作品独特的诗意；不断思考"古代文人为什么爱画山水画""我的山水画追求什么诗意"，提高对山水画精神内涵的认识，最终创作出一幅优秀的山水画作品。		
评语			

 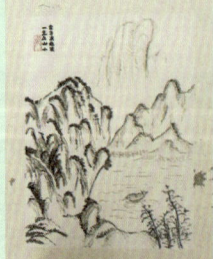  

五、完成作品，展示反思（1课时）

回顾山水画学习过程，撰写山水画学习总结并展评。学生通过梳理学习轨迹，形成真实的山水画评价总结，对山水画学习产生浓厚的兴趣，由衷地喜爱古人的山水画艺术。（10分）

总结报告撰写要求
1. 你是否学会用"描述、分析、解释、评价"的方法欣赏美术作品？你的欣赏报告是否有见地地评价了该作品？ 2. 你是否认真地学会了想学的美术技法，深入了解了创作理念？ 3. 当作品完成后，你对"古代文人为什么爱画山水画"等山水画问题有何新的认识？ 4. 比较你的作品与最早的草图，说出有哪些改变。 5. 最终作品是否比草图更好地表现了主题和你的心声？ 6. 作品是否很好地模仿了所选风格、使用了相应的笔墨技法？ 7. 你认为你的作品是成功的吗？为什么？ 8. 说说你在整个美术创作过程中"欣赏、技法、构思、创作、展评"各阶段的表现。

学习档案袋要求	
项目	具体要求
完整	能全面完成本课题"欣赏、技法、构思、创作、展评"等各阶段学习单、评价表和相关作业，要求内容完整，达到应有的作业数量。
研究	强调自主学习和研究，要在参考各种资料，进行比较、分析和理解后，有理有据地表达自己的观点，切忌拷贝网上资料；具有版权意识，列出参考文献。
表达	在上述"研究"的基础上，要表现出较强的资料选择和整理能力，强调表达的逻辑思维能力、分析能力、自我评价能力和语言表达能力。
排版	学习档案袋应是一本形式统一、美观、排版适宜的作品，每个页面各具特色，图文并茂，又富有创意和美感。可以书写、手绘，也可以用报纸、照片、印刷品等拼贴。

学习档案袋制作量规			
得分	评价标准	最高得分	10分
0分	你没有达到以下任何细则所描述的标准。		
1～4分	你勉强粗略地形成了一个学习档案袋；很简单地评价了自己的作品和自己的表现。		
5～7分	你形成了一个相对完整的学习档案袋；根据学习目标能客观地评价自己的作品和自己在创作过程中的表现；收集了他人评价意见并写出了对自己作品的改进思考。		
8～10分	你形成了一个完整、美观且具有研究精神的学习档案袋；根据学习目标能客观地评价自己在名作鉴赏、美术技法、作品创作以及创作观念上的进步；客观地评价了自己在美术学习过程中"欣赏、技法、构思、创作、展评"各阶段的表现。		
评语			

案例来源：浙江省元济高级中学孙芳老师执教并提供。

案例点评
孙芳的《卧游之境——向古人学山水》依据美术学科核心素养本位的学习评价观，设计了真实性评价方案。她采用逆向设计的"预期结果（目标）—评估证据（评价）—学习计划（教学）"三阶段作为教学和评价的基本程序。在细化单元目标、明确"预期结果"的种种"证据"后，设计了抛锚于各环节的评价任务，以学习单的形式提出了每个环节学习任务的具体指令及要求，并赋予最高分值；再按四个质量水平逐级递减评价指标和分值，形成各环节的评价量规。加上学生学习过程和所完成的阶段性学习成果汇总而成的学习档案袋，就能真实反映学生的成长过程、学业质量水平和美术学科核心素养的发展水平。

【学习单 5-5】

以小组为单位分工寻找资料，设计民间美术【教材】版式，每人提出一个方案。

具体要求：

1. 先浏览已出版的美术教材，关注美术教材的版式和色调（既像画册，又不可使图片歪斜，过于花哨、杂乱）；了解页边距（20 mm 左右）、图片大小、字体字号（不宜太大）、课题、标题和栏目的设计等；图文之间、上下左右要注意对齐。

2. 内容要遵循模板的要求，搜集的文字信息要按学生年龄特点精选，言简意赅；图片要有代表性，能说明地域、材料、工艺、造型、风格、功能、品种等问题，做到图文并茂。

思考与练习

识记：教学评价、学习评价、真实性评价、学习单、评价量规、档案袋评价。

理解：1. 能用自己的语言描述"变教学评价为学习评价"的理由。

2. 能解释真实性评价与核心素养的关系。

3. 能结合按照前面各章要求完成的教案，说明如何确定美术学习的"预期结果"。

4. 能用自己的语言说明使用美术学习档案袋评价的注意事项。

建议阅读

1. ［美］丹奈尔·D.史蒂文斯，［美］安东尼娅·J.利维.评价量表：快捷有效的教学评价工具：第 2 版［M］.陈定刚，译.广州：华南理工大学出版社，2014.

2. ［美］韦珀.怎样评价学生才有效：促进学习的多元化评价策略［M］.陶志琼，译.北京：中国轻工业出版社，2016.

3. ［英］伊恩·史密斯.学习性评价行动建议 200 条：小学版［M］.剑桥教育（中国），译.北京：教育科学出版社，2016.

4. ［澳］瓦伦缇娜·克兰诺斯基，［澳］克莱尔·怀亚特－史密斯.教育评价：标准、评判和调整［M］.张晓涛，主编.沈蕾，译.南京：江苏凤凰教育出版社，2016.

5. 杨向东."真实性评价"之辨［J］.全球教育展望，2015（5）.

6. 王中男.学习评价：评价领域的哥白尼式转向［J］.山西：教育理论与实践，2013（34）.

7. 莫景祺.重申"促进学习的评价"［J］.基础教育课程，2019（21）.

第六章 美术教学设计

基本问题：
怎样的美术教学设计能使学生达到预期结果？

学习目标

【任务一】【任务三】：知道教学设计的含义、程序和发展趋势；理解课时设计、逆向设计和大单元教学设计的理论与要求，做到能结合各章节相关知识，按逆向设计的要求规范设计、不断改进【教案1】，然后按大单元教学设计的要求拓展为【大单元1】，引导中小学生在真实情境中经历"像艺术家一样创作"的过程，有效提升美术学科核心素养。

【任务二】：完善【教材】的排版，改进版面效果。

	师生共建		
	课前	课中	课后
教师	1. 第六章研究美术教学设计，是落实教学理念与教学行为的中介，是本课程第一真实性学习任务和最重要的教学技能。 2. 上传相关的参考文献；了解并指导"小老师"对本章内容的理解和教学设计；发现并纠正他们对各核心概念的误解或理解偏差。 3. 指导并纠正"小老师"的【教案1】各设计要素及逻辑性错误。	1. 密切关注"小老师"对第六章美术教学设计和美术大单元教学设计等重点的理解正确与否；教学思路和教学活动的合理性和有效性。 2. 关注"小老师"能否发现并纠正师范生【教案1】设计要素及其逻辑错误；是否能正确讲解美术大单元教学设计的理论与方法。 3. 组织评价组与讲课组提问交流。对"小老师"的教学进行点评、纠错和补充；强调教学设计的重要性。 4. 检查各小组【教材】版式设计。	1. 要求师范生进一步阅读相关文献，深入学习并理解美术教学设计和美术大单元教学设计的理论与方法。 2. 要求师范生改进自己【教案1】各设计要素及其逻辑错误，以及相关的学习活动，交【教案1】。 3. 要求师范生把【教案1】按大单元教学设计模板的要求扩展为【大单元1】。 4. 确定【教材】版式，美编学会使用排版软件。
"小老师"	1. 认真钻研教材，理解美术教学设计和美术大单元教学设计的理论与要求，设计好教案和课件。 2. 按本章要求设计好自己【教案1】的要素及其逻辑关系；并按大单元教学设计模板的要求扩展为【大单元1】。	1. 抽查师范生【教案1】，通过提问、讨论发现问题；示范自己教案的改进过程，指导师范生改进自己的【教案1】。 2. 运用多种策略与方法，引导师范生进一步理解教案的各要素及其逻辑关系。 3. 讲解美术大单元教学设计的理论与要求，指导师范生把【教案1】按大单元教学设计模板的要求扩展为【大单元1】。	1. 总结本组和个人的教学设计和教学；完成教学反思和自评报告。 2. 把教案与课件改进后上传至线上学习平台；做出本章教学的微页，并发送至班级群。
师范生	1. 预习本章内容，上网阅读相关文章，记下不理解的问题。 2. 按本章要求改进【教案1】。 3. 完成【教材】版式设计的任务。	1. 带来【教案1】打印稿，积极参与互动。 2. 通过听课和小组讨论发现并标注【教案1】中各要素及其逻辑关系的错误，课后改正。 3. 学习把【教案1】按大单元教学设计模板的要求扩展为【大单元1】。	1. 阅读本章的示范性案例和网上文献。 2. 改进【教案1】中各要素、逻辑关系及其学习活动，交【教案1】；把【教案1】扩展为【大单元1】。 3. 审读、讨论并改进【教材】的内容与排版。

第一节 教学设计概述

一、关于教学设计

教师在教学之前要做一些构想或计划，我们过去称之为备课或写教案，在教学论中则称之为教学设计。教学设计是研究学生、教学系统、教学过程，制订教学计划的系统方法。它以传播理论、学习理论和教学理论为基础，应用系统理论的观点和方法，运用一套具体的操作程序，分析教学中的需求和各种教学要素，确定教学目标，建立解决问题的步骤，选择相应的教学策略、教学方法和教学手段等去达成教学目标，并通过反馈机制及时分析、评价其结果，使教学尽可能有效。教学设计折射出教师的教学思想和对教育理论的应用能力。现代教学论认为，学生是学习主体，教学设计应根据学生遇到的学习问题展开，以学生的"学"为中心；而不应以课堂、课本、教师为中心，不应仅从教师的角度去思考教学。

教师在教学设计之前，首先要确定课程的教学目标是什么，思考如何开展教学能够有效地吸引学生，如何使学生真正理解所学习的内容，还要思考用哪些证据来评估将要达到的教学目标。教师的教学设计应该从内容导向转变为结果导向，根据结果设计适合的教学行为。所以，最好的教学设计应该是"以终为始"的，是从学习结果开始的逆向设计，使学生把所学知识有效迁移到新的环境和挑战中，而不仅仅是知识的回忆和再现。

二、教学设计的发展

教学设计本身也在迅速发展。美国学者加涅（R.M.Gagne）倡导以系统方法研究教学设计，他融合了行为主义和认知主义两大学习理论的优点，提出"联结—认知"学习理论新体系。20世纪70年代后，有观点认为，教学情境有着模糊性，教学设计过程也充满混沌，而传统系统论指导下的教学设计强调稳定的状态和结构，运用线性思维方法，具有一定的局限性。由此，产生了将混沌学的非线性开发系统、非决定论的不可预测性等概念引入教学设计的新研究。[1] 此外，由于高新技术的迅猛发展，以及认知神经科学领域有关人的高级认知功能机制研究成果的积累，传统的认识论、学习理论、心理学理论都面临着巨大而深刻的挑战，这些都必然影响教学设计的研究。这也是20世纪末，国际教学设计领域最引人注目的变化。

美国学者威金斯和麦克泰格的《追求理解的教学设计》聚焦在一个问题上：我们如何通过教学设计，使更多的学生真正理解他们所要学习的知识。提出了一种课程与教学的设计方法，能够使学生参与探究活动，提升学习迁移能力，为学生提供概念框架，帮助他们理解一些离散的知识与技能，并揭示与内容相关的大概念。……对那些可能干扰学生理解能力培养的常规课程、评估和教学实践进行探索，并提出逆向设计法，以帮助制订既满足内容标准又不牺牲理解相关目标的教学计划。[2]

第二节 美术教学设计理念与方法

不同学段的课时时长不同，通常为40～50分钟。课时计划亦称"教案"，是教师备课过程中以课时或课题为单位设计的教学方案。[3] 传统教案是教师在课前为完成教学任务，依据教材撰写的文案。而现代教学设计更强调科学的方法论、教学观念、教学风格、教学策略与方法的运用，教学媒体与技术的选用以及教学评价的作用等，是教师理论研究、实践经验和个性风格的结晶，从而成为重要的教学研究成果。

一、关于"逆向设计"

教学设计是为了更有效地设计教学活动，尤其是学生的学习活动。但许多教师从输入端开始思考教学，即从固定的教材、擅长的教法，以及常见的活动开始思考教学，而不是从输出端开始思考教学，即从预期结果开始思考教学。换句话说，太多的教师都只关注自己的"教"，而不是学生的"学"。他们首先花大量的时间思考的是：自己要做什么、使用哪些材料、要求学生做什么，而不是首先思考为了达到什么学习目标，学生需要什么。[4]

（一）传统教学设计的误区

传统的教学设计存在两个误区。一是活动导向的设计，这种以活动为中心的教学往往忽视了学生需要学习的有关概念，也缺乏对学生学习证据的明确关注。学生虽然积极地参与活动，但会出现"只动手不动脑"的现象，而缺乏对活动意义的深刻思考，就算学生真的有所领悟和收获，也是伴随着有趣的体验偶然发生的。二是灌输式教学，灌输是一个贬义词，教师的灌输使学生不能通过自己的思考，提出问题、建构起知识体系，完成教学目标。学生只是面对教材尽最大努力在规定时间内学习所有的事实材料，这种方式就像是走马观花，没有总括性目标来引导。

传统的教学设计使学生难以理解如下问题：为什么我们要学习这个知识？大概念是什么？我们理解了什么？会做了什么？学生往往被动地跟随教师的节奏参与学习，虽然有时候也能发现学习的意义，但因为教学设计中的目标不够清晰，表现性目标不够明确，学生的反馈往往不能令人满意。

学生应该理解什么？这些活动能够让学生获得什么能力？应该怎样设计和实施这些活动从而达到预期结果？学生在学习过程中，如何证明自己获得了预期能力、领悟了相关的知识内容？应该如何选择与使用活动和资源，以保证教学目标的实现，并提供最有力的证据？基于此，我们提倡将习惯的做法进行"翻转"。教师在教学设计之初就要预设本课学习的预期结果，并根据教学目标所要求或暗含的表现性行为来设计教学。教师应思考：用什么来证明教学目标的达成？具体用什么证据来证明？学生达成目标的表现性行为是什么样的？只有从逻辑上导出合适的教学与学习体验，才能引导学生最终完成学习任务。

（二）逆向设计的三个阶段[5]

威金斯等人提出的逆向设计有如图6-1所示的三个阶段。

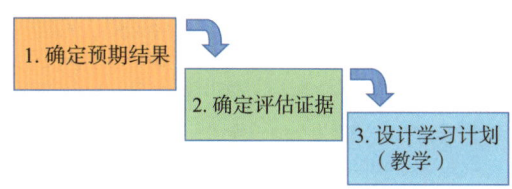

图6-1　UbD：逆向设计三阶段

阶段1：确定预期结果

学生应该知道什么，理解什么，能够做什么？什么内容值得理解？什么是期望的持久理解？在阶段1中，我们思考学习目标，查看已发布的课程标准，检验课程预期结果。通常要传授的内容比我们在有限时间里能够讲授的内容要多得多，所以我们必须要做出选择。设计流程的第一阶段需要明确学习内容的优先次序。

阶段2：确定合适的评估证据

我们如何知道学生是否已经达到了预期结果？哪些证据能够证明学生的理解和掌握程度？逆向设计告诉我们要根据收集的评估证据（用于证实预期学习是否已完成）来思考单元或课程，而不是简单地根据要讲的内容或是一系列学习活动来思考单元或课程。这种方法鼓励教师和课程设计者在设计特定的单元和课程前，先要"像评估员一样思考"，思考如何确定学生是否达到了预期的理解。

阶段3：设计学习体验和教学

在逆向设计的第三阶段，我们必须思考几个关键问题：如果学生要有效地学习并获得预期结果，他们需要哪些知识（事实、概念、原理）和技能（过程、步骤、策略）？哪些活动可以使学生获得所需知识和技能？根据表现性目标，我们需要教哪些内容，指导学生做什么，以及如何用最恰当的方式开展教学？要完成这些目标，哪些材料和资源是最合适的？

需要注意的是，只有在我们明确预期结果和评估证据，搞清楚它们意味着什么之后，才能真正做好教学计划的细节——包括教学方法、教学顺序，以及资源材料的选择。教学是达到目的的一种手段。一个清

1　何克抗，郑永柏，谢幼如. 教学系统设计[M]. 北京：北京师范大学出版社，2002：12.
2　[美]格兰特·威金斯，[美]杰伊·麦克泰格. 追求理解的教学设计：第二版[M]. 闫寒冰，宋雪莲，赖平，译. 上海：华东师范大学出版社，2017：5.
3　顾明远. 教育大辞典：增订合编本[M]. 上海：上海教育出版社，1989：903.
4　[美]格兰特·威金斯，[美]杰伊·麦克泰格. 追求理解的教学设计：第二版[M]. 闫寒冰，宋雪莲，赖平，译. 上海：华东师范大学出版社，2017：15.
5　同上，第18—20页。

学术动态

如今,在教育领域,更多的人认识到课程和教学必须超越知识和技能,它必须涵盖更有深度的、可迁移性的理解,这个层次的理解是在概念性层面的思考中形成的。概念为本的教学清晰地分辨出了学生在事实性层面必须知道(Know)的,概念性层面必须理解(Understand)的,以及在过程中、策略上、技能上能够做到(Do)的。

从而在原先"事实""技能"二维课程/教学的基础上,提出了"知道""理解"和"做到"的三维课程/教学概念本位模式,即KUD模式。又根据不同课程特点提出"知识的结构"和"过程的结构"两大类。

资料来源:[美]林恩·埃里克森,[美]洛伊斯·兰宁. 以概念为本的课程与教学:培养核心素养的绝佳实践[M]. 鲁效孔,译. 上海:华东师范大学出版社,2018.

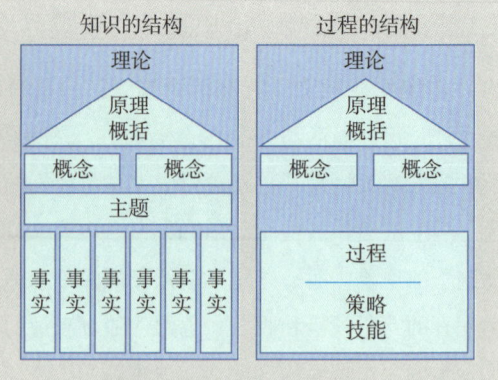

KUD(Know, Understand, Do)模式

晰的目标能够帮助我们在设计时有所聚焦,并能指导有目的的行为朝预期结果发展。

逆向设计要求教师在开始设计一个单元或课程的时候,就要通过评估证据将内容标准或学习目标具体化。

(三)逆向设计模板

根据逆向设计的过程,用模板将内容整合,养成正确的思维习惯,完成有助于学生理解的设计,避免活动导向设计和灌输式教学中的错误。表6-1的模板直观体现了逆向设计的思维。

表6-1 逆向设计的教案模板[1]

阶段1——预期结果		
所确定的目标: • 此设计将到什么目标(例如:内容标准、课程或项目目标、学习结果)?		G
理解: U 学生将理解…… • 大概念是什么? • 期望他们获得的特定理解是什么? • 可预见的误解是什么?	**基本问题:** • 什么样的启发性问题能够促进探究、理解和学习迁移?	Q
学生将会知道…… K • 作为本单元的学习结果,学生将会获得哪些关键知识和技能? • 习得这些知识和技能后,他们最终能够做什么?	**学生将能够做到……**	S
阶段2——评估证据		
表现性任务: T • 学生通过哪些真实的表现性任务证明自己达到了预期的理解目标? • 通过什么标准评判理解成效?	**其他证据:** • 学生通过哪些其他证据(例如:小测验、考试、问答题、观察、作业、日志)证明自己达到了预期结果? • 学生如何反馈和评价自己的学习?	OE
阶段3——学习计划		
学习活动: L 哪些学习体验和教学能够使学生达到预期结果?设计将如何: W = 帮助学生知道此单元的方向(Where)和预期结果(What)?帮助教师知道学生从哪(Where)开始(先前知识、兴趣)? H = 把握(Hook)学生情况和保持(Hold)学生兴趣? E = 武装(Equip)学生,帮助他们体验(Experience)主要观点和探索(Explore)问题? R = 提供机会去反思(Rethink)和修改(Revise)他们的理解及学习表现? E = 允许学生评价(Evaluate)他们的学习表现及其含义? T = 对于学生不同的需要、兴趣和能力做到量体裁衣(Tailor)(个性化)? O = 组织(Organize)教学使其最大限度地提升学生的学习动机与持续参与的热情,提升学习效果?		

二、教学计划的设计

有些教师认为详细的教案便于教学，而有经验的教师仅几条提纲就可以教学，这取决于教师个人的教学能力与习惯。教案有"详案"和"简案"之分，作为师范生则必须从学习撰写教学详案开始。设计教案时可以利用课时教学详案表格（见"动员"中【学习单0-7】），对课题和教学计划进行总体分析和设计，具体有以下要素和要求，请依此检查你的【教案1】。

（1）课题　课题是教科书提供的教学内容或者教师开发的校本课程的标题，如《装饰色彩》《淳朴之情——民间美术》等等。

（2）教学对象　教学对象是指教学中的学生。教师首先应该对所教学生的年龄特征、社会结构、学习风格、专业水平、纪律状况等进行分析，才能更好地因材施教。

（3）课业类型　课业类型是对课程性质与教学特点的准确定位。美术课通常按门类分为绘画类、设计类、工艺类等课业，每一类又可进一步细化，如分为国画欣赏课、素描写生课、陶艺创作课、标志设计课等。不同的课业类型决定其所需的材料、工具、技法和表现成果，对教学环境、组织安排和活动方式等要求也截然不同。如果课业类型写错，课就全错了，比如，把设计课上成绘画课、制作课等。尽管课程标准根据美术学习活动方式划分了四个学习领域，但并不能体现美术学习活动的特征，比如绘画、版画、雕塑等同属于"造型·表现"学习领域，但其美术技法、操作步骤及教学方式却完全不同。所以，在课业类型中填写学习领域，若不能显现不同门类的操作特点和教学特点则毫无意义。

（4）基本问题和小问题　详见本书第四章相关部分。

（5）教材页面　教材页面就是粘贴所要设计的那一课的页面。其中呈现了教学设计的具体图文信息与教学要求，既是开展教学设计的依据，也是教师评判教案设计对错、优劣的依据。

1　[美]格兰特·威金斯，[美]杰伊·麦克泰格.追求理解的教学设计：第二版[M].闫寒冰，宋雪莲，赖平，译.上海：华东师范大学出版社，2017：23.

（6）设计思路　设计思路是设计者在分析本课程的性质和特点，以及学生的知识与技能基础后，提出的总体教学思路、真实性学习任务、评价机制、教学策略与方法及其理论依据。

> **新手导航**
>
> 设计思路是教师描述自己如何运用美术学、教育学、心理学等原理来设计美术教学活动，是一篇优秀教案的出发点，也是一节好课的成功所在，它展示出一名教师良好的思维品质与教育素养。

① 教材分析：说明本教材的版本与年级、课程的性质与特点；分析课题的美术门类、相关知识与作业的技法要求，即所要学习的美术语言，以及本课与教材中前后相关知识的联系；分析教材中的材料、工具、方法、步骤与评价工具。教师也可以参照课程标准要求对教材内容进行改编或拓展，并说明具体依据。

② 学情分析：分析学生已有的美术知识技能与本课教学内容之间的联系；分析学生的学习能力，即对学习工具、评价工具的应用能力；分析学生对本课教学内容的学习动机。

③ 教学思路分析：分析国家课程标准中有关内容，介绍教学目标的定位，所借鉴的教学理念，采用的教学策略、方法、手段与评价方式等；说明如何引发兴趣、深化思维，如何解决重难点；并阐明理论依据及教师自己的想法，确定评估预期学习结果的证据。

注意：设计思路不是写"我怎么上课"，而是阐明"我希望如何上好课、为什么这样上课"，即写出"知其所以然"。教师可以自主选择和创造，进行同课异构，产生不同的设计思路及教案。设计思路也是说课稿的重要组成部分。

（7）教学目标　教学目标是教学活动之后学生所要达到的学习结果及具体规格，详见本书第四章相关部分。教学目标中必须包含教学重点和教学难点，否则教学目标便不得要领。

（8）教学重点与教学难点　教学重点是指要求学生必须掌握的内容，即准确把握教材的知识体系。从美术学科核心素养的角度讲，就是要求任课教师对所教美术样式的属性与本质有较深刻的认识与理解，否则会把课上错。教学难点是指教材知识体系中学生难以理解或掌握的知识或技能，侧重于对学生学习能力的判断。比如，有些内容对于能力弱的学生来讲是难点，但对于能力强的学生来说并不难；对高年级学生来说并不太难的内容，对于低年级学生来讲则可能很难。教学难点与教学重点有必然联系，有时二者会完全一致，教师首先要能正确把握并加以区分，然后设法在教学中有效解决。国际上，教学设计只有教学目标而不另设重难点，即重难点应该包含在教学目标中。本教材为了顺应我国一线教学的习惯，便于师范生对课程的分析，仍保留教学重点与教学难点。

（9）教具和学具 教具是指在教学过程中辅助教学活动的用具。常见的教具包括：教学设备与课件、美术工具和材料、辅助材料（如固体胶、双面胶、螺丝钉等）、参考资料（如图片、画册、模型、实物、示范作品等）。要特别重视教师的自制教具，凡要求学生完成的作业，教师必须做出尺寸较大、形式和题材多样的示范作品，以及能说明方法步骤的半成品或示意教具。对师范生而言，只有亲手制作才能体会其中的重难点和每个步骤的技术要领，讲课才能直观、形象和有效，让学生有更真切的感受，做出更好的作业。学具是指学生用以开展美术学习活动的各种用具。学校通常在美术教室配备了各种纸张、画笔、颜料、造型黏土、美术工具等基本学具。若不具备，就需要教师提前通知学生携带常规的美术工具和材料（如水彩笔、油画棒、安全剪刀等），或某些特殊材料（如图片、废旧纸盒、饮料瓶等）。准备学具是上好课的基本物质条件，如果教师没准备、忘记通知学生准备或大部分学生未准备，将造成"无米之炊"、无法按教学计划上课的严重后果。

（10）评价量规 详见本书第五章相关部分。

> **新手导航**
>
> 能按教案设计的格式和要求设计好一篇教案，是现代美术教师应具备的基本功之一，也是教师很重要的教学研究成果，务必引起足够的重视。可以说，无论怎样强调教案设计的重要性都不为过！

三、教学过程的设计

设计了上述教学计划后，还要设计具体的教学过程。教学过程是指师生在共同实现教学任务中的活动状态变换及其时间流程，由相互依存的教和学两方面构成，[1] 是课堂教学的主体部分。

如图6-2所示，我们首先以课堂基本教学结构为主线，在美术教学活动环节，通过视觉的观察和欣赏（眼），注重美术基本知识和概念的学习，通过提问讨论启发个性化的想象和思维（脑），通过老师的示范学习一定的美术操作技能，并运用多种材料视觉化地表达自己的情感和思想（手），即眼、脑、手并重。

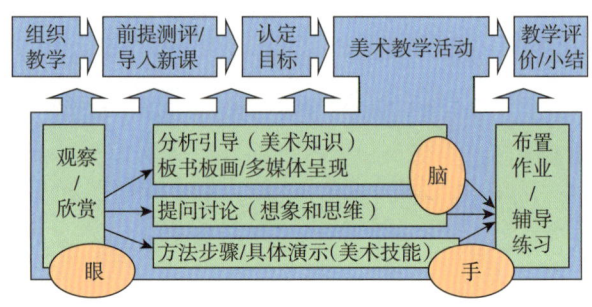

图6-2 美术教学过程示意图

值得注意的是，在教学过程中，根据教学内容和教学策略的不同，各环节的顺序会有先后变化，侧重点也会不同。但作为新教师，首先要掌握常规的教学环节顺序。

接下来对照你的【教案1】，我们逐项分析每一个环节的设计要求，请在每个大环节的标题旁注明教学所需时间。

（1）组织教学 组织教学是指教师进入课堂宣布上课、师生致礼、检查人数、安定秩序等，目的是使学生做好上课的心理准备。

（2）前提测评/导入新课 前提测评即诊断性评价，是通过提问或尝试性练习，了解学生已有的经验或知识，为学习新课做好准备。导入新课是指教师运用各种手段使学生集中注意力，激发学生兴趣，引向新的教学内容的过程。导入新课的形式、手段要新颖多变，语言简单扼要且重点突出，目的是激发学生的学习动机，让学生尽快投入到本节课的学习中来。对于全新的教学内容可省略前提测评，直接导入新课。

（3）**认定目标** 教师应该在适当的时机或场合呈现教学目标，强化目标意识，以教学目标引领学生学习，也需要以基本问题或小问题发展学生的高阶思维，促进深度学习。

（4）**观察／欣赏** 观察是一种受思维影响的有意、主动和系统的知觉活动。观察是有意知觉的高级形式，[2]需要让学生用眼睛去感知客观对象。欣赏是一种视觉心理活动。美术欣赏从视觉对作品的直观感受开始，通过知觉、联觉与统觉而变成情感和意识的过程，主要让学生感知美术作品的内容、形式、风格等美术语言。二者都是培养学生用眼睛去感知的能力，是美术教育及其促进其他学科教育的重要任务之一。

（5）**分析引导** 分析引导是教师系统地分析新教材，引导学生学习美术知识或技能的活动。其中又可分为以下三类。

① 理论分析：教学要紧扣教材和教学目标，强调本课题的基础知识和所需掌握的概念，教师的讲授和分析要言简意赅、生动形象；注意突出重点、讲清难点；要结合板书板画、示范和多种教学媒体，使教学形式多样化；要提高学生的参与度，结合观察、阅读、问答和讨论，循序渐进地提升学生的思维力和理解力。

② 联系实际：美术教学要与个人情境和社会情境相联系，明确学习目的、意义和实用价值，提高学生的学习动机。生活是艺术创作的源泉，让学生联系生活来创作，才有情感和意义。

③ 启发引导：美术课需要创作，必须解决构思和制作两大难点。启发引导是教师用文字、图像、实物或影像资料等，联系学生的生活经验来启发想象和思维，解决"构思"和"画／做什么"的教学环节。要将学生的想法变成作品，教师需要引导学生借鉴经典作品的形式，解决"怎么画／做"的问题，即启发学生用什么材料、工具和方法做成什么作品。这是培养学生创造力最重要的一环，教师必须更有智慧、想象力和创造性，要通过提问、讨论、头脑风暴

---

1 顾明远.教育大辞典：增订合编本［M］.上海：上海教育出版社，1989：715.
2 朱智贤.心理学大辞典［M］.北京：北京师范大学出版社，1989：247.

> **新手导航**
>
> 师范生甚至某些一线教师教案中最易犯的错误就是不具体，只写"仔细观察""联系实际""启发引导""方法步骤"等几个字，却无具体内容，毫无作用。一定要明确如何观察、观察什么？联系实际有何不同的具体事例？要激发学生的创造力，教师要在启发引导时用富有创意的图文信息和交流讨论等方法打开学生的思路。方法步骤更要具体，如国画的执笔方法、干湿浓淡有何要求，以及要注意的问题等。这是教学成败的关键。

等策略激发学生的想象与创造。用什么图文材料进行启发引导都要在教案中具体说明。

（6）**提问讨论** 提问讨论是教师课堂讲授的重要补充，是由教师或学生提出问题、师生互动、积极思考、展开讨论、获得知识的教学方法。详见本书第八章相关的教学方法。

（7）**方法步骤／具体演示** 方法步骤是指在各种美术制作中，工具的性能和使用方法、材料的性质和特点，具体的加工方法和操作步骤。具体演示是指教师配合讲解呈现物象进行直观教学，或通过执行一套规范性的程序或动作，引起学生相应模仿行为的教学方法。详见本书第八章直接教学法。在教案中必须把基本操作方法、步骤、要领以及要注意的问题都写清楚。

（8）**板书板画／呈示信息** 板书板画／呈示信息是将教学内容直观、条理化地呈现给学生，提高学习效率，包括传统黑板布局设计（见图6-3，示意图仅供参考，教师应结合教学实际灵活安排）或电子课件设计。

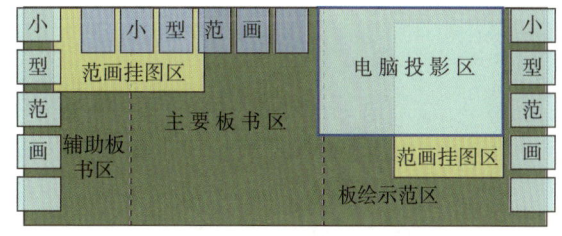

图6-3 美术课黑板布局示意图

（9）**布置作业／辅导练习** 美术作业是美术教学目标的具体化，是主要的真实性学习任务之一，也是反映学生学业质量的客观标志。如图6-4所示，作业

要求是联系教师"教"与学生"学"的中介,也是联系教学目标和教学评价的中介,处于教学系统的枢纽地位。

应对本节课的学习情况做一小结,归纳本课时所学的内容;同时布置下堂课需要做的准备。

四、附录的要求

教学设计要提供必要的附录,以更好地证明这一研究成果的科学性、创造性和可行性。附录包括参考文献、教学课件、学习单、评价表、学生作业,以及教学现场照片、教师的教学反思。

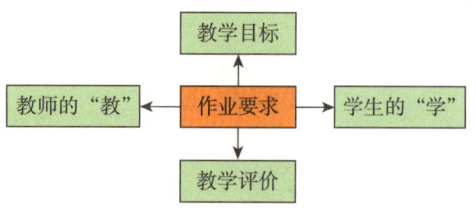

图 6-4 作业要求在教学系统中的地位示意图

若作业要求不妥,教学目标就无法实现,将导致教学的失败;若作业要求太笼统,学生就会无所适从或偏离目标;若作业要求太多、太细,又会使学生顾此失彼,评价也会烦琐不堪。所以,美术课作业要求是很有讲究的。建议由三部分组成,在此以《线描静物写生》(见表 6-2)为例作一解释。

(10)教学评价/小结 这里主要讨论教学结束时随堂对学生学习情况的形成性评价。美术教学评价可以结合在"辅导练习"之中,及时矫正学生认识或操作中的错误;或在一部分学生完成后进行自评或互评,提高学生的理解、分析和评价能力。最后,教师

五、美术教案各部分的逻辑关系

从以上分析可知,美术教案是一个围绕教学目标而展开的教学结构体系,各要素、各环节和各教学活动都为实现教学目标而负责,有严谨的逻辑关系,从而形成有效的教学,如图 6-5 所示。反过来,也可以依此检查教案是否有问题,比如,过程目标是否落实到了教学过程中?教学重点或教学难点解决了吗?是通过什么策略、什么手段解决的?作业要求是否明确?如何有效地评价作业?等等。

表 6-2 美术作业要求设计与教学目标、教学评价的关系(以《线描静物写生》为例)

作业要求及说明	作业要求写法举例	教学目标及评价	
基本要求(要做什么) 用什么方法做什么作业	用线描方式画一组静物	**知识与技能目标:** 达标及及格的标准 区分作业及格以上的优劣等级	美术语言,教学重点,具有制约性、规定性,宜采用定量评价
具体化(做到什么程度) 具体要求和说明	画出静物的结构和细节 注意线的穿插、疏密关系		
可选部分(还能做什么) 允许学生创造、个性发挥的空间	挑选自己喜爱的静物并写出喜爱的理由 可选用自己喜爱的工具和线 可添加颜色	**过程与方法、情感态度与价值观目标:** 自主学习方式 艺术创造的过程 个性和情感的表达 能区分作业的整体效果	个性、艺术性、创造性,具有弹性、灵活性,采用定性描述、分析的方法

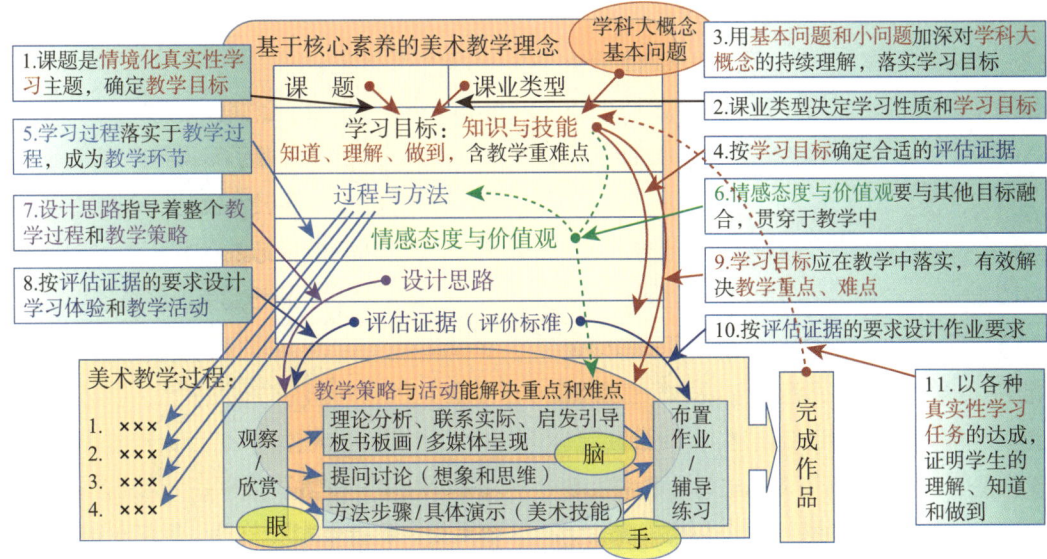

图 6-5　美术教案各部分之间逻辑关系示意图

示范性案例 6

课题	上海滩的红色"印"记——中共一大浮雕制作	教学对象	三年级	课业类型	浮雕
自编教材	 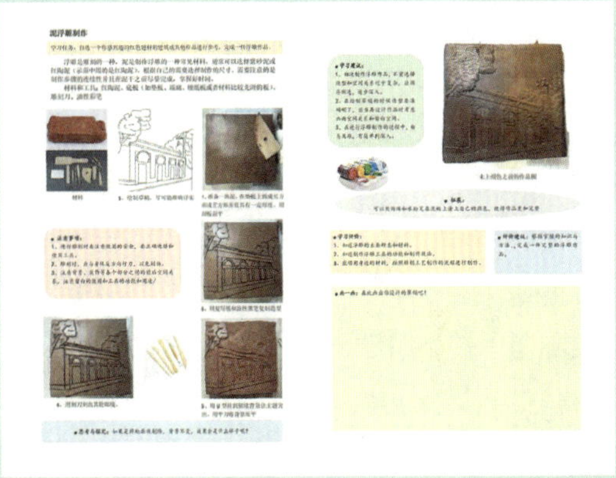				
设计思路	一、分析本课性质和特点 　　本课选自上海师范大学《上海滩的红色记忆——雕塑》三年级上册的《中共一大会址浮雕制作》。根据新课程标准理念，在爱国情境中认识浮雕，感受浮雕艺术，培养学生对美术的热爱，提高学生的爱国情怀。结合"造型·表现"学习领域的教学活动建议，围绕浮雕的艺术特点，从欣赏中共一大会址中的浮雕作品、学习了解浮雕作品的特点、了解浮雕制作的过程与工具、创作中共一大浮雕作品这四个方面展开教学。学生在了解浮雕艺术特点的同时，体会其背后的精神与历史意义，在爱国情境中展开学习。 二、分析学生知识与技能现状 　　本课教学对象是三年级学生，他们对造型元素有初步的认识，有一定的观察能力和动手能力，想象力丰富，对新知识的接受能力较强。根据这些特点，本课采取教师引导、学生自主学习的方式，用情境法、讲授法、问答法、讨论法、练习法等教学方法，引导学生主动学习并对其产生兴趣。 三、学习目标（真实性学习任务） 　　为庆祝建党一百周年，学校以中共一大会址作为红色教育基地，组织学生了解中共一大事件，欣赏中共一大旧址中的浮雕作品，并举办"再现中共一大"浮雕作品比赛。请学生制作出能够表现中共一大会址特色的创意浮雕作为参赛作品。 四、总体教学思路和理论依据 　　浮雕在日常生活中很常见，硬币的图案、青铜器表面纹样、嘉定的竹雕，甚至提花毛衣纹样都是"浮雕"，也经常在一些广场、公园、艺术馆、纪念馆中出现。浮雕因其独特的表现形式，装饰性强，占地空间较小，给人以故事性的感受，所以常用于表现一些经典的爱国场景。将中共一大的红色文化精神与浮雕相结合更能激发学生深入了解					

	浮雕背后的历史事件的兴趣，提高艺术审美能力和爱国精神等。本课设计通过欣赏中共一大会址中的浮雕，感受其表现的红色精神与浮雕艺术魅力，学习红色文化，并创造性地做出能够表现中共一大会址特色的浮雕作品，自主探究浮雕中的造型元素，如线条、色彩、肌理等。通过尝试体验"先练后教"的方法激发学生的兴趣，自主探究浮雕的设计，讲练结合，并通过问题层层递进，引申归纳出美的规律。最终的作品展示表达出中共一大会址的特色和红色文化精神。 **五、主要的教学策略与方法** 　　在教学活动中，根据"像艺术家一样创作"的深度学习，精心设计浮雕课的教学实践活动。首先从真实的生活情境中出发，引出浮雕这一艺术形式的主题。在构思方面，通过图片、视频、实物等可利用的元素，进入特定的情境。了解浮雕艺术文化、欣赏优秀浮雕作品，探讨总结出浮雕的制作方法，拓宽学生的知识视野，提高创造性思维和能力。在创作环节，个人学习与小组合作相结合，培养学生的实践能力和团队意识。在教师评价作品时，通过鼓励的方式，肯定学生的成果，增强学生的自信心，从而使学生产生对美术的持久兴趣。最后展示评价环节，采用自评、互评、师评的多主体评价方式，让学生在实践中发现自己的不足并加以改进，最终完成对所学知识的建构。
国家课标	《义务教育美术课程标准（2011年版）》第二学段（3～4年级）"造型·表现"学习领域。 　　1. 目标：初步认识线条、形状、色彩与肌理等造型元素，学习使用各种工具，体验不同媒材的效果，通过观察、绘画、制作等方法表现所见所闻、所感所想，激发丰富的想象，唤起创造的欲望。 　　2. 学习活动建议：用写生（含速写）、记忆、想象和创造等方式，进行造型表现活动。学习线条、形状、色彩和肌理的基本知识，并用于描绘事物，表达情感。选择各种易于加工的媒材，运用剪贴、折叠、切挖和组合等方法，进行有意图的造型活动。尝试用毛笔、水性颜料、墨和宣纸等工具、材料，开展趣味性造型活动。用描绘、剪刻和印制等方法，进行简易版画创作。 　　3. 评价要点：对造型表现活动有比较浓厚的兴趣，并表现出想象力和创造力。在绘画作品中表现自己所观察到的事物的特征和感受。运用3种以上的方法，创作表达一定意图的立体作品。
教学目标	**知识与技能**：了解浮雕的材质、形式、特点，学生能够掌握制作浮雕的基本方法和技能，制作一个体现中共一大会址场景或者是能够表现革命精神的浮雕作品。 **过程与方法**：感受中共一大的历史故事（情境导入）；了解浮雕作品空间压缩的表现特点（欣赏交流）；通过微视频学习制作浮雕的方法步骤（学习技法）；学生小组合作，构思并创作小浮雕作品（构思创作）；对作品进行展评（展示与评价）。 **情感态度与价值观**：学生通过了解中共一大会址历史，感受中国革命的艰苦历程与发展，形成热爱祖国、热爱生活、积极向上的优秀品质，弘扬革命精神，传承红色基因。通过对浮雕作品的欣赏，感受浮雕的艺术魅力，在制作浮雕作品的过程中，形成耐心细致、勇于创新的学习态度，同时也能够进一步感受革命精神。
教学重难点	**教学重点**：了解中共一大的历史，了解浮雕的材质、形式、特点等。掌握制作浮雕的基本方法和技能。 **教学难点**：在有限的厚度中表现出中共一大会址场景中物体的造型、结构、层次、肌理（砖纹、门头纹饰）。
学习单	 

续表

	"刻骨铭心——追寻红色印记"浮雕作品评价量规			
评价量规	等级	造型元素	技法	创作内容
	优秀 （85~100分）	能在有限的厚度中表现出中共一大会址场景中物体的造型、结构、层次、肌理（砖纹、门头纹饰）等三种或以上。	能明确掌握和合理选择所使用的技法。	能够准确地抓住中共一大的建筑特色，能够做到再现一大会址。
	良好 （70~85分）	能在有限的厚度中表现出中共一大会址场景中物体的造型、结构、层次、肌理（砖纹、门头纹饰）两至三种。	对制作技法有了大概的了解，但还不够明确。	画面中表现的是中共一大的建筑，但不够准确，没有很好地抓住中共一大会址的特点。
	及格 （60~70分）	能够在有限的厚度中表现出中共一大会址场景中物体的造型、结构、层次、肌理（砖纹、门头纹饰）中的其中一种。	不太了解制作浮雕所需要的技法。	画面中能够略微表现中共一大会址建筑的特点，但不明显。
	不及格 （60分以下）	画面完全没有在有限的厚度中表现出中共一大会址场景中物体的造型、结构、层次、肌理（砖纹、门头纹饰）。	完全不了解制作浮雕所需要的技法。	画面中完全不能够表现中共一大会址建筑的特点。

教学活动			
	教师活动	学生活动	设计意图
一、情境导入	为庆祝建党一百周年，学校以中共一大会址作为红色教育基地，组织学生了解中共一大事件，欣赏中共一大会址中的浮雕作品，并举办"再现中共一大"的浮雕作品比赛。请学生制作出能够表现中共一大会址特色的创意浮雕作为参赛作品，回顾峥嵘岁月，感受革命精神，传承红色基因。 这节课教师将带领学生来到中国共产党诞生地——中共一大会址纪念馆。学生知道在这里曾发生过什么吗？让我们观看一段视频，了解关于中共一大会址的历史故事。	学生回答，观看视频了解关于中共一大会址的历史故事。	创设情境，通过建党百年背景，播放中共一大会址纪念馆的视频，展示雕塑作品，为浮雕的课程引入做好铺垫。
二、欣赏交流	通过视频欣赏中共一大系列浮雕，介绍雕塑作品背后的历史。 小组讨论，区分并对比关于中共一大的浮雕与圆雕作品，说说在表现上给你带来什么不一样的感受？ 欣赏中共一大浮雕作品，仔细观察它们都有哪些特点？总结浮雕特点。	学生欣赏雕塑作品，感受雕塑作品背后的历史意义。小组讨论浮雕与圆雕的区别。 学生观察并讨论浮雕有哪些特点。	使学生更好地了解历史，进入情境。
三、学习技法	（1）介绍工具 学生知道制作浮雕需要哪些工具吗？展示工具，并介绍用法。 （2）方法步骤 展示教具，向学生提问：与之对应的是中共一大的什么场景，又是怎么制作出来的呢？ 播放制作浮雕的视频，你们知道不同的雕塑工具也会给作品带来不同的效果吗？展示浮雕制作的工具及肌理效果，分步骤详细讲解浮雕制作过程。 教师演示不同工具、不同力度在作品中表现的纹样及肌理。 根据刚才播放的视频思考并回忆这件浮雕是如何制作的，都有哪些步骤呢？	小组讨论制作需要的工具并回答。 学生观察图片，对比是哪个场景并回答，猜测制作过程。 学生回忆步骤并回答。	学生充分了解浮雕工具的特性和制作步骤，以便更好地呈现出画面的效果。

四、构思创作	（1）构思 发放多张中共一大会址场景的图片，每组小组代表抽签选择场景，在草稿纸上用铅笔大致勾勒场景，在构思过程中考虑点、线、面的关系，并表现出一大会址的建筑特色。 （2）示范练习 示范用雕塑泥揉搓、粘贴等多种方式产生的不同效果。 展示不同雕刻工具或是其他工具能够制造的肌理样式。 （3）作业要求 在整体画面中运用以下几个造型要素。 线条：直线、波浪线、曲线，有粗有细等； 形状：圆形、方形、三角形等； 色彩：根据场景适当选择，丰富多彩； 肌理：不同刻刀所带来的不同肌理，也可借助其他工具表现。 体现出浮雕半立体特征，作品中要有鲜明的浮雕语言，整体画面体现中共一大会址的建筑特色。	学生小组合作，构思画面草图。 学生通过观察、绘画、制作的方法创作小浮雕作品。	学生运用探究学习的方式，以探究学习的方式思考浮雕制作的难点、要点。 开拓学生思维，提高学生的创造力和想象力。
五、展示评价	（1）为什么选择表达这个场景？想表达怎样的感情？蕴含了怎样的精神？ （2）根据评价量规和比赛要求进行自评、互评、师评，并选出本次比赛的优秀之星作品。 （3）总结课程内容。	学生根据评价量规评价作品，进行总结反思。	课程结尾进行反思总结。

教学微课

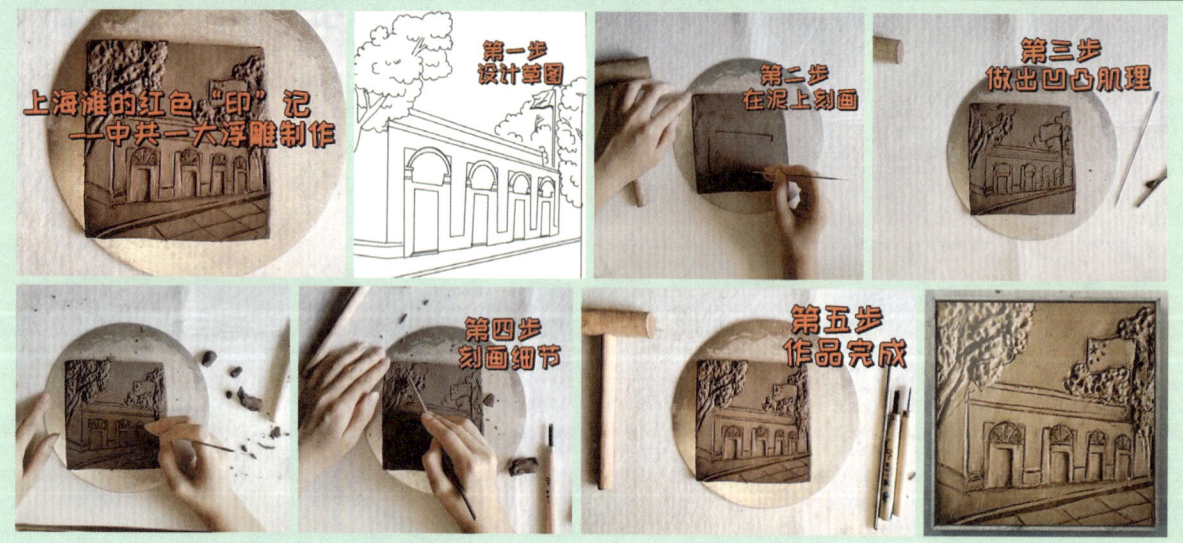

案例来源：上海师范大学美术学院2017级张睿雅。

案例点评

《上海滩的红色"印"记——中共一大浮雕制作》是由在校本科生设计的单课时教案，比较规范。① 教学各要素之间的逻辑关系正确。比如，课业类型和课程性质之间的关系，知识与技能目标和教学重难点之间的关系，过程与方法目标和教学过程之间的关系，作业要求和评价量规之间的关系等，都相互一致。② 教学思路能从相互关联的五方面，有逻辑地表述出"为何做"，而不是仅仅罗列"怎么做"。③ 教学目标是按照三维目标的规范进行完整表述的。④ 学习单的设计体现了教师对学生自主、合作与探究学习的有效指导。⑤ 评价量规的设计涵盖任务描述、评价维度、评价等级、表现水平等四大要素，规范而全面。⑥ 教学过程的设计体现出教师活动与学生活动的对应关系，并说明了设计这些活动的意图。另外，还设计了相应的教学课件，以及针对技法和操作步骤的微课，体现了学生运用教育技术的能力。

第三节 美术大单元教学设计

一、单元教学概述

单元教学最早由美国教育家莫里逊（Morrison）倡导，他认为，学习要获得结果必须使学生对所学内容达到熟练的程度。因此，教学应通过单元的方式，使学生以数日或一周的时间学习一项内容或解决一个问题。后来此法在不同教学实践中有所创造和发展。

以往的美术教材中也有单元教学，是把同类内容编排在一起的学科单元。如图6-6所示，铅笔淡彩单元、中国画花卉单元等，都是学习一组既相似又稍有不同或稍有递进的内容，目的是通过反复操练来获得某种知识和技能，而其本质仍是单课时、传授性教学的组合。

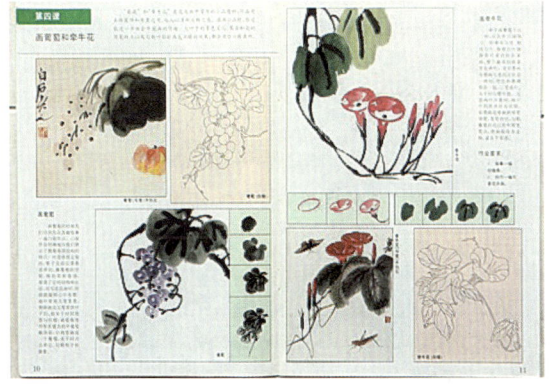

图6-6 以往美术学科单元的编排方式

---

1 王大根.谈谈美术课的单元化教学［J］.中国美术教育，2001（3）.
2 王大根.三维目标须以"单元化研究型教学"来落实［J］.现代中小学教育，2010（5）.
3 中华人民共和国教育部.普通高中"研究性学习"实施指南（试行）［Z］.2001.4.
4 钟启泉.单元设计：撬动课堂转型的一个支点［J］.教育发展研究，2015（24）：1-5.

联系我国的美术教育，本书主编王大根教授在2001年就探索了"培养学生的研究、探索、创新以及学会学习等能力"的单元化教学；[1] 2010年又针对人们对"三维目标""研究性学习"的不解，指出了单课时教学和传统单元教学的局限性，提出"须以'单元化研究型教学'来落实三维目标"的观点。[2]

研究性学习是学生在教师指导下，从自然、社会和生活中选择和确定专题进行研究，并在研究过程中主动地获取知识、应用知识、解决问题的学习活动。[3] 中小学研究性学习主要有两类：一是学科课题研究，是认识和解决某一学科问题的研究性学习，可以加入人文性或科学性内容，但其目的仍是研究学科本体问题；二是项目研究，是一种跨学科的、解决较复杂的社会性或科技类课题的研究性学习活动。因此，三维目标中的过程与方法目标正是研究性学习的过程和解决问题的过程，必须以单元化研究性教学才能落实。

二、大单元教学的要求

为落实学生发展核心素养的目标，教育部要求各学科厘清学科本质观和学科教育观，提炼出学科核心素养。强调以"学科大概念"为核心的深度学习和以"情境化"主题开展真实性学习，并以学业质量标准开展侧重于"关键表现"的真实性评价，检验教学的深度和广度，以及学生核心素养的发展情况。钟启泉教授指出，"核心素养—课程标准（学科素养／跨学科素养）—单元设计—课时计划"，在课程发展与教学实践中是环环相扣的，一线教师必须基于核心素养展开单元设计。这原本是一个常识，也是一种常态，但由于缺乏核心素养、学科素养和单元设计的概念，导致基础教育领域的教学实践乱象丛生。因此，基于核心素养的单元设计，就成为一线教师必须直面的严峻挑战。[4]

相比原先的学科单元教学，基于学科核心素养的大单元教学有何不同？"大"在何处？

就教学目标而言，学科单元教学主要以集中学会某种学科知识为目标；大单元教学则是围绕情境化主题的真实性学习任务"像艺术家一样创作"，以学生作品的质量和全面提升美术学科核心素养为目标。就学习方法而言，学科单元教学主要是教师讲学生听、教师示范学生练习的被动学习；大单元教学则强调"做中学"，学生的学习是在真实性学习任务驱动下自主建构的，在经历"像艺术家一样创作"的过程、体验各种美术活动的过程中，学到各自所需的知识与技能。就学习过程而言，学科单元教学是相似技法的反复操练，关注掌握某一知识点或某种技能，皆为单一化接受式地学习一些碎片化的知识；大单元教学则强调围绕情境化主题展开"像艺术家一样创作"，是按"主题—欣赏—技法—构思—创作—展评"这一逻辑过程推进的，是由各环节中不同课型学习活动的"小单元"组成的，强调相互关联、学科理解的综合学习，从而与学科单元教学有本质区别。就学习质量而言，学科单元教学看重学会某一知识点或某种技能，而新知识观认为：学科知识本质上不是学科事实，而是学科理解；不是遮蔽世界，而是揭示世界；不是越多越好，而是越深越好。因此，落实学科核心素养，要求以大单元教学强化学科本质和育人价值，强调"学科大概念"的引领，深化思维，追求深度学习和学科理解。[1]

基于美术学科核心素养的<u>大单元教学是围绕情境化主题的真实性学习任务，以学科大概念深化理解，按"像艺术家一样创作"过程的逻辑推进，由各环节不同性质学习活动的小单元组成的大单元研究型教学</u>。[2]

三、大单元教学设计

（一）美术大单元教学设计的六环节

"像艺术家一样创作"的大单元教学设计的六个环节包括主题、欣赏、技法、构思、创作、展评（如图6-7所示）。当然，根据所教美术形式和学生年龄的不同会有很大差异，需要灵活处理。比如，对于低年级学生而言，也许不用欣赏太多时间，接着就可以进行技法练习，或教师在启发引导构思之后就进入创作环节；有的教师在让学生学了技法之后，才提出创作主题、进行构思与创作；像国画、油画、版画、雕塑等作品要花很多时间来创作正稿，但像剪纸、国画小品、风景写生等作品可能是不断地创作，最终挑选出最优作品；等等。这些都有其合理性和可行性，需要美术教师理解不同美术形式创作的特点，酌情处理。

（二）美术大单元设计的三部分

美术大单元教学设计的基本格式可分为单元课题分析表、单元计划表、附录三大部分。

1. 单元课题分析表的设计

第一部分是单元课题分析表，如【学习单6-1a】所示，参照本章第二节之"二、教学计划的设计"的各要素的具体要求来设计。其中"基本问题"和"小问题"请参照本书第四章【学习单4-5】的要求设计；"大单元设计思路"重点是分析本课程性质和特点，需要参考本书第十章、第十一章、第十二章、第

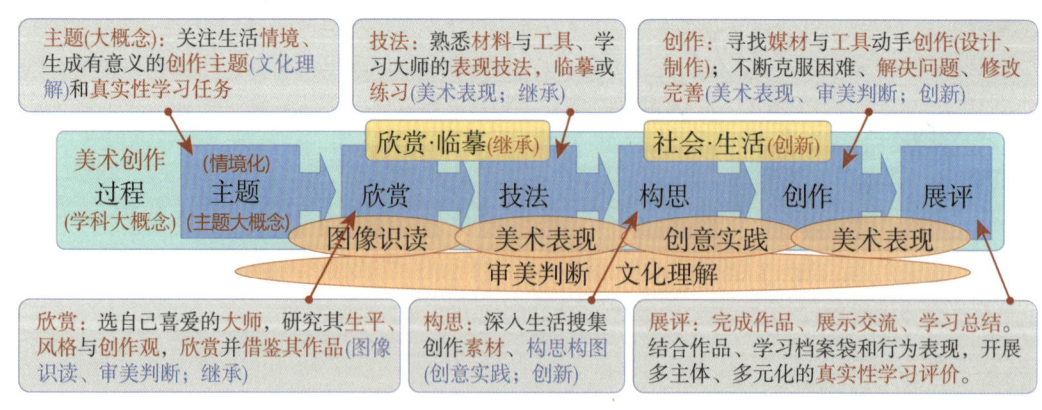

图6-7 "像艺术家一样创作"的教学设计

十三章相关内容进行分析与定位，绝不能把课程性质搞错，然后根据所教美术样式的教学特点来设计教学思路；"单元目标"请参照本书第四章【学习单4-3】的要求设计；"评价方案"请参照本书第五章"第五节　构成基石性评估的教学"的要求设计，这部分内容往往会随着"单元计划表"和各小单元学习活动设计的具体化而发生改变。最后，需要确保各部分之间逻辑的一致性。

【学习单6-1a】

"像艺术家一样创作"的大单元教学计划

地方：_____　学校：_____　学号：_____　姓名：_____

单元课题分析表

单元课题				学习对象	年级	课业类型
阶段一			预期成果			
基本问题（大概念） 提出指向学科本质、启发思考的基本问题		小问题 基于基本问题，结合各环节内容，分别提出上位而有启发性的小问题	1. 2. 3. 4. 5. 6.			
概念与术语	教学重点或知识点					
学科领域	思想品德	语文	数学	外语	历史	地理
	音乐	美术	体育	物理	化学	生物
	信息技术	社区服务	社会实践	劳动技术	其他	
大单元设计思路	1. 分析本课性质和特点： 2. 分析学生知识与技能现状： 3. 学习目标（真实性学习任务）： 4. 总体教学思路和理论依据： 5. 教学策略与方法： （不够可以延长）					
国家课标	（写出相对年龄段、学习领域的目标、活动建议和评价要点的具体要求）					
单元目标	知识与技能（必须掌握的知识和技能、对学科大概念的思考与理解和要完成的真实性成果）： 过程与方法（主题—欣赏—技法—构思—创作—展评）： 情感态度与价值观（与美术创作相关的审美情感、工作态度和创作观念等内在品格的变化）：					
阶段二			评价证据			
评价方案		欣赏	技法	构思	创作	展评
	主要环节	学会鉴赏 运用鉴赏 个案研究 深化认知	学习技法 掌握步骤 思考临摹 学习风格	收集素材 参照范本 绘制草图 形成报告	优化草图 大胆创作 实施反思 不断完善	展示交流 梳理轨迹 撰写总结 真实评价
	评价对象（作业）	欣赏报告	临摹或练习	创作草图	完成作品	小结与测评
	权重	%	%	%	%	%
	学习档案袋	%				

1　王大根. 基于美术核心素养的大单元教学［J］中国美术教育，2019（6）：6-7.
2　同上。

【学习单 6-1b】

单元计划表

阶段三	学习计划			
1.设置情境，生成主题 创设真实而有意义的主题			**概念与术语：** 教学重点或知识点	
小问题+学习目标	教师活动	学生活动		设计意图
小问题： 学习目标：明确主题的意义，联系个人情境、社会情境确定创作题目	联系真实情境引出创作主题 通过讲授或资料，让学生明确主题的意义，进行创作动员（任务书） 联系个人情境确定创作题目（学习单）	按"教师活动"和学习单要求写出学生应完成、相对应的学习活动		用什么策略让学生明白主题的意义和激励学习动机
教具学具和画材：				
2.欣赏名作，研究大师 研究大师的人生和艺术观			**概念与术语：** 教学重点或知识点	
小问题+学习目标	教师活动	学生活动		设计意图
小问题： 学习目标：选一位自己喜爱的××美术家和风格，学会用四步法欣赏××作品，写出欣赏小报告 （评价对象，占 %）	提供名作，讲解美术欣赏方法（学习单） 提供大师和名作菜单（学习单） 让学生选择大师和名作，研究大师生平，并学会欣赏（学习单及评价量规）	按"教师活动"和学习单要求写出学生应完成、相对应的学习活动		欣赏该美术样式有何特点；明白选这些大师和名作的理由
教具学具和画材：				
3.借鉴经典，学习技法 熟悉工具材料，临作品，学技法			**概念与术语：** 教学重点或知识点	
小问题+学习目标	教师活动	学生活动		设计意图
小问题： 学习目标：能用××技法，按××要求完成××作业 （评价对象，占 %）	介绍材料、工具、技法和安全要求 示范技法操作的方法、步骤与要求 布置技法学习任务（学习单及评价量规）	按"教师活动"和学习单要求写出学生应完成、相对应的学习活动		该技法学习的重难点及其解决方法与策略
教具学具和画材：				
4.收集素材，构思构图 调研采风、筛选信息、创意构想			**概念与术语：** 教学重点或知识点	
小问题+学习目标	教师活动	学生活动		设计意图
小问题： 学习目标：收集形式和内容等素材，根据所学样式风格画出创作草图并改进 （评价对象，占 %）	收集形式和内容素材的要求（学习单）并检查完成情况 通过多种策略启发引导、打开思路 布置写"创作意图"（学习单） 根据所学样式风格画多个草图（学习单） 对草图进行反思、讨论和改进（学习单及评价量规）	按"教师活动"和学习单要求写出学生应完成、相对应的学习活动		用什么策略启发学生的想象、打开学生的思路并落实到草图
教具学具和画材：				
5.寻找材料，动手创作 根据所学样式风格完成美术作品			**概念与术语：** 教学重点或知识点	
小问题+学习目标	教师活动	学生活动		设计意图
小问题： 学习目标：制订创作计划，在日志中说明做出的改变和理由，能创造性地运用所学样式风格的材料和技法，创作××作品，表达自己的心声 （评价对象，占 %）	根据所学样式风格布置创作任务，准备好各种材料和工具 制订创作计划（学习单） 提出创作要求（学习单和评价量规） 制订"创作日志"（学习单） 指导学生反思和改进作品	按"教师活动"和学习单要求写出学生应完成、相对应的学习活动		用什么策略让学生有序投入创作，保持热情，按理想的目标完善作品
教具学具和画材：				
6.完成作品，展示反思 展示作品和学习成果，做好评价与结课			**概念与术语：** 教学重点或知识点	
小问题+学习目标	教师活动	学生活动		设计意图
小问题： 学习目标：能客观地小结自己的创作活动，做好学习档案袋，积极参与布展和展览活动 （评价对象，占 %）	对作品进行展览前的装裱处理；指导学生汇总学习档案袋的所有材料（学习单和评价量规） 布置作业展览策划、布展、宣传等工作举办学习成果展览会，展示作品、创作意图和学习档案袋（学习单和评价量规） 指导学生总结整个单元学习过程，写出学习小结（学习单和评价量规）	按"教师活动"和学习单要求写出学生应完成、相对应的学习活动		引导学生重视结课工作、重视布展工作的策略和举措
教具学具和画材：	组织进行本单元理论知识测验（必要时） 统计并总评各小单元成绩、学习档案袋成绩和理论知识测验成绩，给出最终学习成绩，并写出评语			
注：无论课时多或少，一定要让学生经历"像艺术家一样创作"的学习和研究过程，必要时可组织小组，集体合作完成。 教师要按课程特点和需要设计每个环节的课时量，或压缩、增加、重复、细化某环节；或按实际情况设计或调整前后顺序。				
附录				
参考文献：				
教学课件等				

2. 单元计划表的设计

第二部分是单元计划表，如【学习单6-1b】所示。按"像艺术家一样创作"的过程列出六个环节的基本学习活动安排。需要注意的问题是：小单元的"小问题+教学目标"栏，仍需要参照本书第四章的相关要求设计，小问题一定要贯穿于学习过程，持续引导学生的思维，教学目标就是小单元要完成的真实性学习任务（即作业），一定要明确，并在学习活动中落实。

"教师活动"栏，要围绕本小单元的教学目标形成教学过程、开展相应的教学活动，注意，要记住始终运用小单元引导学生的思维和学习活动。同时要在"教具学具和画材"处写明该学习活动所需的教具、学具和画材，提醒教师在课前准备或通知学生上课时带来。请根据所教课程性质分别参考第十一章"美术创作教学"、第十二章"设计与工艺教学"、第十三章"跨学科美术教学"等相关教学过程及其教学重点，明确分别要解决什么重难点、解决的策略与方法是什么，精心设计好各小单元不同课型的教学活动，再根据若干学生学习活动的要求设计好相应的学习单，汇总所提出的要求，设计出小单元的评价量规。

"学生活动"栏，相对比较容易，根据"教师活动"写出学生对应活动即可，必要时也要写明需要哪种学习方式合作、写出、做出等，或需要用什么材料工具、到某场景、所限时间等条件，或需要画多少幅、要多大尺寸等作业要求，或可能发生情况的预案，等等，一定要充分考虑周到。

"设计意图"栏是根据该小单元课型与教师教学的特点，写出这一小单元所采用的比较有特点、有创意的教学策略与方法，常用的、一般的教学方法就无须赘述。

3. 附录的设计

第三部分是附录，一是教学设计所需参考的文献资料，包括相关的专业资料和所参考的教学文献，这往往是教学反思、总结和写论文的理论依据；二是课件部分，包括各小单元教学用的PPT、微课和所需视频资料等。

（三）检查大单元教学设计的逻辑关系

当我们完成了全套大单元教学设计后，仍需要按图6-8列出的顺序，仔细检查单元课题分析表、单元计划表，以及各小单元教学活动之间复杂的逻辑关系是否合理，具体要求与课时计划相似，但要考虑得更周全、更深入。同时，又要仔细检查每个小单元中小问题、学习目标、学习活动、作业要求、学习评价等各部分的逻辑关系。但与之前一个完整的单课时教案不同的是，各小单元教学只是大单元美术教学中的一

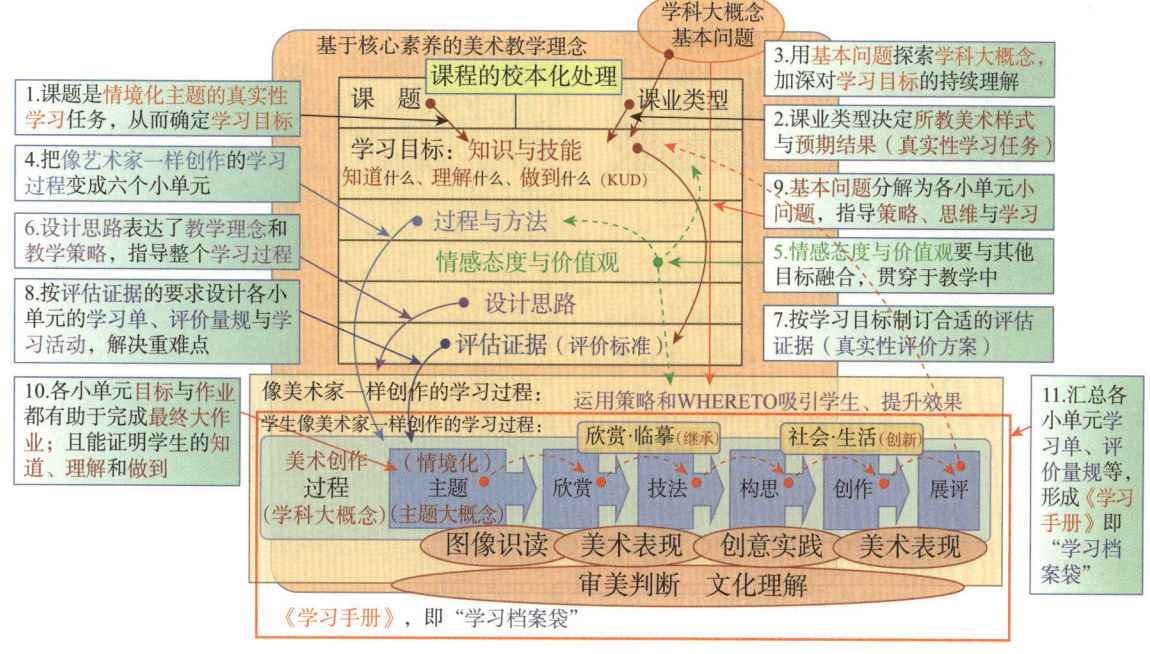

图6-8　美术大单元教案各部分之间逻辑关系示意图

环，只需负责解决本小单元的学习目标和任务，不需要面面俱到，也不要介入其他小单元的任务。

在大单元教学设计的过程中，特别要强调以下三点。

一是设计学习单的重要性。我们取消了原先要设计的关注教师"教"的六个环节小单元简案，改为精心设计好各小单元的教学活动，以及指导学生"学"的学习单（可能要为多个活动设计若干个学习单）和评价量规（详见本书第五章），从强调教师的"教"转向关注指导学生的"学"，这是本教材对教学设计的重大改革。

二是学习档案袋是自然形成的。最终我们让学生把这些学习单和评价量规汇编成册，就成为美术大单元教学设计全套学习指令的《学习手册》；也是学生按要求在上面写、画或收集资料的练习本；每个小单元的评价量规起到嵌入式评价、档案袋评价的作用，监控并促进学生的学习活动，《学习手册》就自然成为记录他学习全过程的学习档案袋。可以说，学生的美术作品是在学习档案袋指导下完成的，美术作品是学习结果，学习档案袋是学习过程，二者相互促进、相辅相成地推动学生的美术学习、自主学习。

三是教学设计的动态开放性。无论是师范生还是美术教师，教学设计都不是一蹴而就的，在进入课堂、面对学生之后，都需要根据具体情境进行调整、改进，不断解决问题、不断优化。这就是教师的行动研究，教师就是在反思、研究和改进中不断成长和发展的。

示范性案例 7

单元课题	匠人之心	教学对象	七年级	课业类型	定格动画
基本问题	如何运用视觉艺术来传承传统文化中的匠人精神？	小问题	1. 如何欣赏定格动画？ 2. 定格动画是怎么拍出来的？ 3. 如何构思以匠人精神为主题的定格动画剧本和分镜草图？ 4. 如何用视觉形式呈现匠人精神，完成定格动画创作？ 5. 如何向观者传达对于匠人精神的理解与传承？		
单元设计思路	一、教材分析 　　本单元课程为我校开发的七年级校本课程，在大概念"匠人精神"的统领下，引导学生通过对基本问题的学习来理解大概念。本课采取项目化学习的方式，设计任务驱动：以传统剪纸、扎染艺人的匠人精神为主题，制作《匠人之心》定格动画作品，表达自己对于匠人精神的理解与感悟，并传承匠人精神，认同优秀传统文化。 二、学情分析 　　七年级学生已经学习了剪纸与扎染艺术，并初步了解了传统手艺人，这为本单元的学习奠定了基础。他们已具有一定的逻辑思维能力和基本探究学习能力，对信息技术应用的兴趣浓厚，同时，乐于尝试将传统手工艺与定格动画融合。 三、教学思路分析 　　本单元教学依据《义务教育美术课程标准（2011年版）》中第四学段（7～9年级）"综合·探索"学习领域的要求，结合语文、历史、社会等学科内容，创作插图、年表，或编写剧本、设计海报、制作道具、布置场景并进行表演。结合学校实际情况开展专题研究，用美术的方式表达研究成果，布置专题展览或举办研讨会。以个人或与集体合作的方式创作与展示，表达自己对美术与传统文化、美术与多元文化之间关系的认识和理解。 　　设计真实性学习任务：创作《匠人之心》定格动画作品参加学校艺术节。遵循"像艺术家一样创作"的方式进行大单元学习，体验"主题—欣赏—技法—构思—创作—展评"的过程，逐渐形成美术学科核心素养。在大概念统领下进行任务驱动，在每个环节设计学习单、任务单、评价量规与反馈表，促进学生自主、合作和探究地学习。采用了比较法、提问法、讨论法、示范法、游戏法、练习法、头脑风暴、合作学习法、演讲法等策略与方法。 　　教学中采取了学习档案袋评价，将学习的过程性资料（如学习单、任务书、作品构思草图等）整理收录其中；并举办成果发布会作为终结性评价。采用学生自评、小组内外互评、教师评价等多主体评价的方式，同时将最终大作品通过网络发布，接受家长或社会大众的评价。				
单元目标	知识与技能：掌握定格动画的概念、要素、制作步骤，使用"绘声绘影"软件，完成真实性学习任务——创作定格动画作品《匠人之心》。 过程与方法：主题—欣赏—技法—构思—创作—展评。 情感态度与价值观：感受定格动画的魅力与乐趣，能够积极开展创作活动，能够将自己对匠人精神的感悟和对未来人生态度的启示融入作品中，认同传统文化，传承匠人精神。				

教具学具	课件、动画片视频《舍与得》、超轻黏土、智能手机或数码相机,以及电脑、学习单、任务书等。
评价量规	**像艺术家创作一样的评估** **主题**:意向、创想、分析 — 鉴赏报告10分 **鉴赏**:学会鉴赏、批判性思维、写鉴赏报告 — 鉴赏报告10分 **技法**:熟悉材料工具、研究表现技法、学会创作步骤 — 技法练习8分 **构思**:确定创作主题、收集素材、构思构图 — 创作草图8分 **探究**:开展跨学科拓展性研究 **创作**:按步骤进行创作、实践中领悟精神 — 探索实践30分 **评价**:作品发布会、多主体评价、学习总结 — 评价总结20分 学习档案袋24分

第一课时　主题

教师创设情境:学校将开设定格动画工作坊,特色是守正创新、传统文化与现代媒体艺术的碰撞。以匠人精神为主题,选择某剪纸或扎染艺人的真实故事,进行《匠人之心》定格动画创作,表达自己对传统文化中匠人精神的感悟、理解和传承,并形成积极的人生态度。

第二课时　欣赏

一、小问题

如何欣赏定格动画?

二、教学目标

知识与技能:了解定格动画的概念与要素,并选择一部入围奥斯卡最佳短片的定格动画作品完成欣赏报告。

过程与方法:观看视频—费德门鉴赏法—完成欣赏报告—分享观点。

情感态度与价值观:喜爱定格动画,积极表达自己的观点与想法,并初步体现出批判性思维。

三、教学过程

1. 观看视频。学生观看一段定格动画视频,带着问题思考:这部动画和你平时看的动画有什么不同?教师总结:定格动画是逐格拍摄对象,再使之连续放映,从而让所拍对象动起来的摆拍动画。

2. 费德门鉴赏法。教师通过环环相扣的提问,引导学生思考如何运用费德门鉴赏法欣赏作品。

① 描述。播放奥斯卡最佳短片提名作品——定格动画《舍与得》,思考问题:客观地说出你看到了什么?教师追问:你能用一个词语来描述一下这个定格动画吗?感动、触动人心、温暖、难过……

② 分析。教师提问:《舍与得》是如何使你产生这样的感觉的呢?教师总结:从定格动画要素——故事与脚本、人物与场景、拍摄、配音、剪辑进行分析。

③ 解释。教师提问:艺术家通过这部动画想表达什么呢?学生结合时代背景和艺术家经历进行深度分析。

④ 评价。教师提问:你是否喜欢这个作品,为什么呢?学生讨论并发表观点,展开辩论。

3. 撰写欣赏报告。学生对照学习单,选择一部入围奥斯卡最佳短片的定格动画,运用费德门鉴赏法进行欣赏,并撰写欣赏报告。

4. 分享观点。学生分享自己的观点,进行思维碰撞,并完成评价表与反馈表,放入学习档案袋。

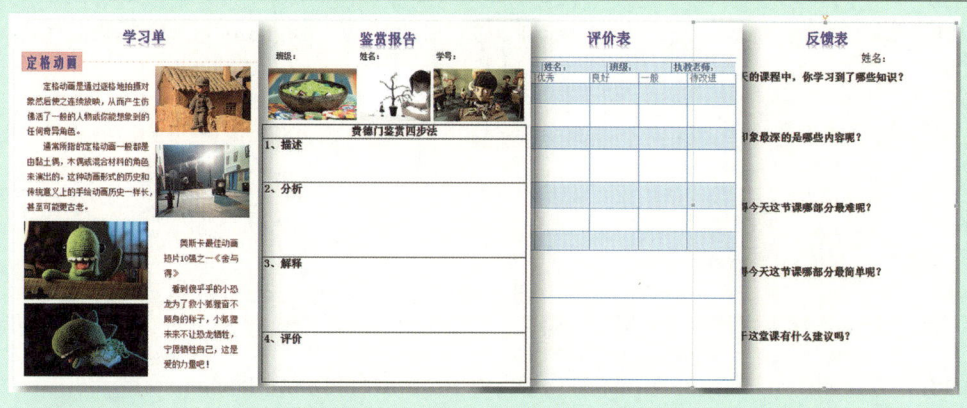

学习单、鉴赏报告、评价表、反馈表

第三课时　技法

一、小问题

定格动画是怎么拍出来的？

二、教学目标

知识与技能：能够将文字剧本转化为形象化的分镜头脚本；掌握定格动画拍摄技巧、步骤，会使用"绘声绘影"软件，合作完成相应的学习单与拍摄实践练习。

过程与方法：观看视频—配图游戏—对比分析—仔细观察—练习实践。

情感态度与价值观：体验制作定格动画的乐趣，积极参与拍摄活动，形成乐于动手实践的价值观。

三、教学过程

1. 观看视频。教师播放定格动画制作流程的视频，学生完成学习单中关于定格动画流程图的填空。教师总结定格动画创作：构思剧本与分镜头脚本—人物场景设计与制作—拍摄—剪辑—完成定格动画。

2. 配图游戏。教师通过PPT展现一段定格动画剧本与一些顺序打乱的图片，学生根据故事情节，把图片按顺序排列，比一比谁排的又快又对。教师介绍定格动画剧本与分镜头脚本的概念。

3. 对比分析。教师播放两段定格动画（A：画面平稳、动作连续；B：画面跳跃、动作不连续），提问：B视频为何出现这样问题？学生：相机没有固定，拍摄画面过少。教师介绍定格动画拍摄时人物动作摆放技巧。

4. 仔细观察。教师以矿泉水瓶进行示范教学。① 构思剧本与分镜头脚本，写好剧本，预设拍摄时镜头的位置与切换，画分镜头脚本；② 选好角度固定相机，缓慢移动矿泉水瓶，并连续按下快门；③ 将照片导入"绘声绘影"，调整下方进度条，介绍如何剪辑、调整顺序、加字幕等，并配上音乐，最后导出完成。

5. 实践练习。学生两人一组，按步骤合作完成学习单并进行练习。

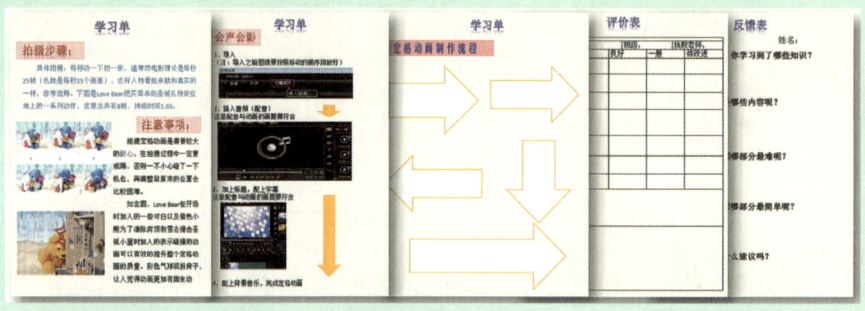

学习单、评价表、反馈表

第四课时　构思

一、小问题

如何构思以匠人精神为主题的定格动画剧本和分镜头草图？

二、教学目标

知识与技能：掌握定格动画剧本矛盾冲突、人物语言、舞台说明三要素；围绕匠人精神，选择某剪纸或扎染艺人真实的故事，构思定格动画剧本与分镜头脚本；进行人物、场景的草图设计，完成定格动画的构思。

过程与方法：回忆分享—对比欣赏—头脑风暴—合作完成。

情感态度与价值观：在构思定格动画创作中体验乐趣，积极主动地完成构思，并将自己对匠人精神的感悟和对未来人生态度的启示融入作品构思中。

三、教学过程

1. 回忆分享。回忆前两个单元关于传统剪纸与扎染艺术的相关内容，以小组为单位分享匠人精神；分享剪纸或扎染艺人的真实故事。

2. 对比欣赏。播放入围奥斯卡最佳短片的作品《妹妹》，对比剪辑掉结尾的《妹妹》。教师：这两段影片分别给人什么感觉？学生：剪辑掉了结尾的短片只是陈述事实，平淡，而完整短片的情节有转折冲突，直击人心。教师：吸引人的故事是创作一部定格动画的基础。总结剧本三要素：矛盾冲突、人物语言、舞台说明。

3. 头脑风暴。教师提前上传十部优秀的定格动画短片剧本，每组选一部最喜欢的剧本，根据剧本三要素进行构思，说说值得借鉴的地方，并思考定格动画剧本如何表达对匠人精神的感悟与对人生态度的思考。

4. 小组分工合作，分配任务。

① 剧本与分镜头脚本创作：围绕匠人精神，结合自身实际，按三要素改编所选的故事。

② 人物设计：根据剧本人物性格特点设计人物形象、表情、服饰等，完成人物设计草图。

③ 场景设计：引导学生观察传统剪纸与扎染艺人的作坊，设计场景草图，并写上舞台说明。

5. 小组进行展示与交流，并完成评价表、反馈表，装入学习档案袋中。

续表

构思环节学习单、评价表、反馈表

学生创作的剧本、人物、场景设计手稿

第五课时 创作

一、小问题

如何用视觉形式呈现匠人精神，完成定格动画创作？

二、教学目标

知识与技能：用超轻黏土制作人物，学会利用细软钢丝让人物动起来，运用定格动画拍摄技巧和电脑软件"绘声绘影"完成定格动画《匠人之心》的创作。

过程与方法：定格动画人物制作—场景制作—定格动画拍摄—剪辑配音—完成定格动画。

情感态度与价值观：对定格动画创作兴趣浓厚，积极开展创作活动，感受、传承中国优秀传统艺术所蕴含的匠人精神，并融入自己对人生态度的思考。

三、教学过程

分组完成以下创作任务，并合成为完整的作品。

1. 人物制作。学生根据设计草图用超轻黏土和细软钢丝制作人物，体现人物特点。
2. 场景制作。根据定格动画场景构思草图进行场景制作。
3. 拍摄。运用技法课所学的拍摄技术进行拍摄。
4. 人物配音。根据剧本内容完成配音，注意语气、语调、情感的投入等。
5. 制作。尝试使用"绘声绘影"软件完成定格动画《匠人之心》的创作。

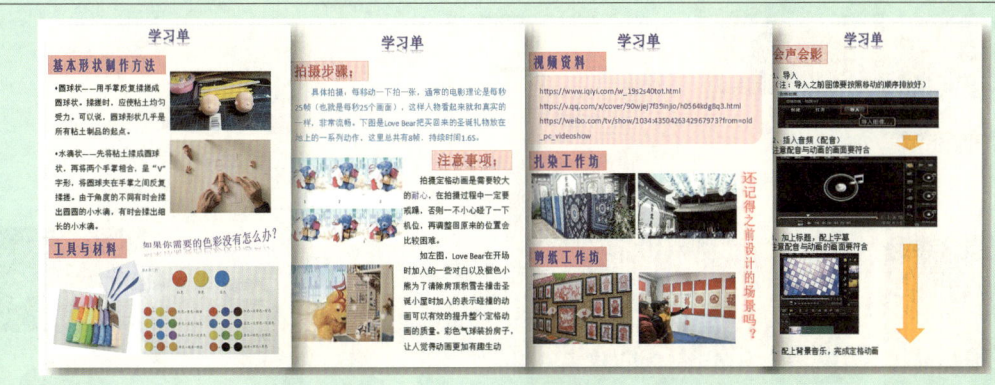

创作环节学习单

学生制作定格动画场景与人物，进行配音练习

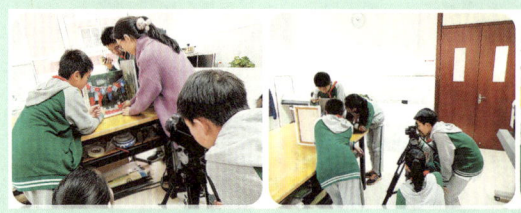

学生拍摄定格动画

第六课时　展评

一、小问题

如何向观者传达对于匠人精神的理解与传承？

二、教学目标

知识与技能：根据目标来评价自己与他人作品，并制作学习档案袋，参加学校艺术节展示。

过程与方法：整理过程性资料—学习档案袋评价—学生作品发布会。

情感态度与价值观：乐于表达自己的观点和想法，积极开展沟通交流，愿意积极展示自己的学习成果。

三、教学过程

1. 整理每个环节的评价表、反馈表、学习单、任务书、设计草稿等过程性材料，收录进学习档案袋并完成学习档案袋的封面设计。

2. 参加学校艺术节展示，各组展示定格动画《匠人之心》。小组所有成员按照分工展示自己的设计构思与创新之处，分享项目实施中遇到的问题及采取的解决方案，分享在学习中的收获与感想，分享定格动画中是如何融入小组成员对于匠人精神的理解和对人生态度的思考的。

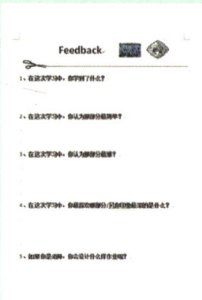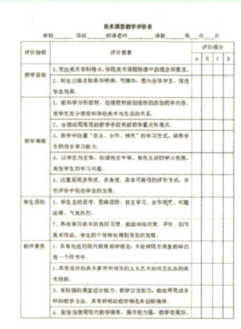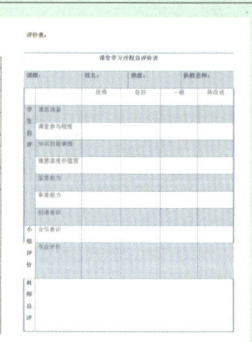

学生学习档案袋封面设计　　　　　　　　反馈表、评价表

学校艺术节上的成果展示

续表

资料来源：上海师范大学美术教育专业2019级研究生刘朱怡开发的校本课程《匠人之心》教案。
案例点评
《匠人之心》在大概念"匠人精神"的统领下，引导学生通过对基本问题的学习来理解大概念。本课采用项目式学习的方式，以小组为单位，设计任务驱动，开展自主、合作和探究学习。引导学生通过完成创作定格动画作品《匠人之心》的真实性学习任务，体验"主题—欣赏—技法—构思—创作—展评"这一"像艺术家一样创作"的过程，逐渐形成美术学科核心素养。感受创作定格动画的魅力与乐趣，能够积极开展创作活动，将自己对匠人精神的感悟和对未来人生态度的启示融入作品中，认同传统文化，传承匠人精神。

【学习单6-2】
通过讨论，从小组成员每人设计的【教材】版式方案中，挑选或整合出最佳方案，确定本小组民间美术【教材】版式，打印样张。美编要学会使用排版软件。
具体要求：
1. 将本小组【教材】版式样张，与多种已出版的美术教材比较，关注版式和色调，页边距、图片大小、字体字号、课题、标题和栏目设计，各图文之间上下左右的对齐等，对不合适的地方加以改进。
2. 在教材内容方面，既要遵循模板的要求，又要与多种已出版的美术教材比较，发现问题，加以改进。

思考与练习

识记：教学设计，设计思路、教学过程、启发引导、方法步骤、具体演示，大单元教学。

理解：1. 简述什么是教学设计？它与备课有何区别？它有哪些特征？
2. 教学重点和教学难点有何区别？
3. 假如将教学设计的程序逆向进行，会产生一些意想不到的效果吗？

建议阅读

施良方，崔允漷．教学理论：课堂教学的原理、策略与研究［M］．上海：华东师范大学出版社，1999．

何克抗，郑永柏，谢幼如．教学系统设计［M］．北京：北京师范大学出版社，2002．

王大根．美术教案设计［M］．上海：上海人民美术出版社，2007．

［美］安德森，等．布卢姆教育目标分类学：分类学视野下的学与教及其测评：完整版［M］．蒋小平，等译．北京：外语教学与研究出版社，2009．

王大根．基于美术核心素养的大单元教学［J］．中国美术教育，2019（6）．

第七章　美术教学策略

基本问题：
如何引起并保持学生的学习兴趣？

学习目标

【任务一】【任务三】：知道教学策略的概念、内涵、特点，以及与教学相关要素之间的关系。理解并掌握设计与实施策略，逐步形成基于有效教学理念的设计思路、谋略和智慧。做到能用教学策略宏观考量自己的教学设计；能用 WHERETO 要素检验并改进【大单元1】的设计；能根据教学各要素实际恰当地运用教学策略，谋求教学效果最优化。

【任务二】：完成【教材】初稿，并举行交流会。

师生共建			
	课前	课中	课后
教师	1. 第七章研究美术的教学策略，上承教学理念，下启教学方法，是教师的教学思路、谋略和智慧的集中体现。 2. 上传相关的参考文献和优秀案例；了解并指导"小老师"对本章内容的理解和教学设计；发现并纠正他们对各种教学策略的误解或理解偏差。 3. 指导并纠正他们【大单元1】设计中各要素及其中的逻辑错误，关注教学策略的运用。	1. 关注"小老师"对第七章中教学策略、各种教学策略特点、WHERETO 等重点的理解是否正确，教学思路和教学活动的合理性和有效性。 2. 关注"小老师"能否发现并纠正师范生【大单元1】设计中各要素及其中的逻辑错误，是否能正确运用各种教学策略。 3. 组织评价组与讲课组的提问交流。对小老师的教学进行点评、纠错和补充；强调教学策略的重要性。 4. 检查【教材】初稿是否完成。	1. 提供相应的课程资源网站，要求师范生学习优秀案例，分析其中对教学策略的运用。 2. 要求师范生改进各自【大单元1】设计中各要素及其中的逻辑错误，改进教学策略的运用。 3. 完成【教材】初稿，安排时间举行交流会。
"小老师"	1. 认真钻研教材，理解教学策略的概念和各种教学策略特点，熟悉WHERETO，收集优秀教学策略案例，设计好教案和课件。特别要有智慧地运用教学策略，起到示范作用。 2. 按本章要求用各种教学策略和WHERETO 检视自己的【大单元1】设计。	1. 抽查师范生的【教案1】，通过提问、讨论发现问题；示范自己的【大单元1】改进策略设计的过程，指导师范生改进【大单元1】。 2. 通过案例讲解，引导师范生进一步理解各种教学策略和 WHERETO 的运用。 3. 组织各小组相互交换各自设计的【大单元1】，结合 WHERETO 元素来分析、互评、纠错和补充，引导深度学习。	1. 总结本组和个人的教学设计；完成教学反思和自评报告。 2. 把教案与课件改进后上传到线上学习平台；做出本章教学的微页，并发送至班级群。
师范生	1. 预习本章内容，观看教师提供的优秀案例，写出其中成功运用策略的环节，试分析其原因。 2. 用 WHERETO 改进自己的【大单元1】设计。 3. 完成【教材】初稿编写任务，准备好汇报、交流材料。	1. 带来设计好的【大单元1】打印稿，积极参与小组合作活动。 2. 通过听课和辩论发现并标注自己的【大单元1】中策略运用的不足之处，课后改正。 3. 通过小组活动，评价并帮助同伴改进【大单元1】原有设计。	1. 根据案例和【大单元1】设计中的问题，改进设计思路。 2. 针对在【大单元1】设计中遇到的困难和问题，以及自己的解决思路进行总结，并在组内分享。 3. 参加【教材】编写交流会。

第一节 教学策略概述

策略一词的含义是行动或行动计划。军事意义上的"策略"是指大规模军事行动的计划和指挥，而一般意义上的"策略"是指为达到某种目的所采用的方法和手段。在教学系统和有效教学过程中，同样需要教师个性化、创造性地运用教学策略。

一、教学策略的内涵

在教学实践中，教学策略与教学方法、教学技巧、教学模式等有关联，在认识上很容易与教学理念、教学模式、教学设计、教学方法等概念相混淆，因此有必要加以区分。（图7-1）

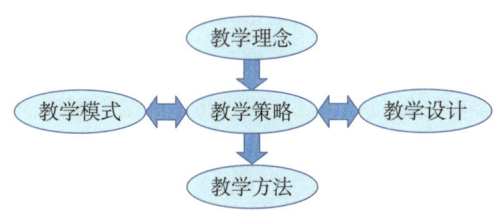

图7-1 教学策略与相关概念关系示意图

1. 教学策略与教学理念

教学理念是人们对教学和学习活动内在规律的认识的集中体现，也是人们对教学活动的看法和对其持有的基本态度与观念，是人们从事教学活动的信念。教学策略则是教学理念的灵活运用，不同的教学理念会产生并制约不同的教学策略，教学理念是教学策略的上位概念。

2. 教学策略与教学模式

教学模式指的是反映特定教学理论逻辑轮廓，为实现某种教学任务的相对稳定而具体的教学活动结构。[1] 它是一种理论化的可操作的教学范式，不同的教学模式倡导或选用了特定的教学策略，而教学策略的灵活使用和创造又丰富或完善了教学模式，二者相辅相成。

3. 教学策略与教学设计

教学设计是研究教学系统、教学过程，制订教学计划的系统方法。[2] 教学策略则是教师的思路和智慧，是设计前的预想、设计中的思考和谋略的运用。二者密不可分，却各有侧重。

4. 教学策略与教学方法

教学方法是指师生为完成一定教学任务在共同活动中所采用的教学方式、途径和手段。[3] 教学方法强调具体实施，即用手"做"；而教学策略是针对教学活动的思路和智慧，即用脑"想"。比如，下象棋时跳马是"方法"，但跳马是为了搭炮架，组成"连环马"则是"策略"。所以，教学策略指导着具体的教学方法和教学手段等行为，是教学方法的上位概念。二者相互联系，不可分割。

本教材认为，教学策略是教师为了有效地实现教学目标，根据教学情境的特点，对教学过程和方法进行系统决策的思路、谋略或智慧。

二、教学策略的基本特征

1. 目的性

教学策略是要解决实际教学问题，要围绕学习目标和预期教学效果进行具体规划，具有明确的目的性。

2. 全局性

教学策略要树立教学的全局观和整体思维的方式，在充分考虑教学的对象、内容、环境、资源、教师的能力和特点等因素之后，整体谋划教学程序和方法。还需要注意教学活动的辩证性、综合性，尤其要注意一些互补性方法的运用。

3. 灵活性

教学策略不同于那些不可违背的教学规律或教学原则，它是教师面对特定的教学对象、情境、目标、内容等条件，因地制宜、随机应变地解决问题的智慧和创造性的体现。而且，对于有智慧的教师，同一策略可以解决不同的问题，不同的策略也可以解决相同的问题，这就体现出教学策略的灵活性。

4. 操作性

教学策略是为实现教学目标而出谋划策，并通过相应的程序、方法和技术去实施的，要转化为师生的具体行动，因而必须是可操作的。

---

1 顾明远. 教育大辞典：增订合编本[M]. 上海：上海教育出版社，1998：717.
2 同上，第718页。
3 同上，第713页。

5. 调控性

元认知就是个体对自己认知过程的调控，是策略性知识的组成部分。教学活动的元认知就是教师对教学活动的自觉意识和自觉调节，能及时把握教学过程中的各种信息，及时反馈和调整教学思路，谋求教学的有效性。

三、影响教学策略的因素

1. 教学目标

不同的课业类型有不同的教学目标，不同的教学目标就需要不同的教学策略；同样类型的课，用传统方法教学和用基于核心素养的大单元教学，其教学目标完全不同，而后者所用的策略也会比前者复杂许多。因此，确立教学目标是选择有效教学策略的前提。

2. 教学内容

教学内容决定着教学策略的选择、设计和运用。诸如绘画、雕塑与设计、工艺的教学内容不同，所需的策略也就不同；同是绘画课，绘画写生与绘画创作的内容不同，所用的策略也不同。因此，教学内容是选用教学策略的基础。

3. 学生

有效教学应发生在学生的最近发展区，学生的心理发展水平、知识技能水平、学习风格等是最近发展区的起点。因此，正确分析学生的起始状态，是制定教学策略的基本依据。

4. 教师

教师是教学领导者，一般会选择与自身教学理念、知识经验、教学风格、人格魅力等相符的教学策略。教学经验丰富的教师能准确判断教学环境及学生需要，稳妥地选择相适应的教学策略；有开拓精神的教师则会大胆尝试有新意、有突破性的策略；机灵的教师则善于使用生动活泼、灵活机智的策略；等等。这在提倡个性化、风格化教学的今天尤为重要。所以，教师特征是选用教学策略的主观因素。

5. 教学资源与技术

现代信息技术已全面运用于美术教学的各个方面，多媒体与互联网已成为一种将真实情境与虚拟情境融合起来且潜力无穷的学习工具。功能强大的教学资源与技术是教学策略选择、设计和运用的有力物质保证。

第二节 美术教学设计策略

教学策略的最终目的是有效教学，可分为上位的设计策略和下位的实施策略，前者概括性高，理论与观念成分较多，相对宏观；后者更加具体，操作性强，便于落实。教师要根据特定的教学要素选择相应的教学策略，也要消除"某种教学策略就是最佳策略"的偏见，避免过于依赖单一的教学策略。

如何达到有效教学呢？我们可以参考逆向设计策略。首先，逆向设计从有效理解的角度，一开始就跳过传统的以教材为中心的出发点，以学生为本，设立理解性教学目标作为教学的起点。其次，强调评价优先的策略，通过寻找和明确真正理解的学习证据，以保证教学重心不被后续的课程内容和教学活动所影响和误导。最后，在学习目标和理解证据的基础上，形成实现理解的一系列教学活动设计。

> **新手导航**
>
> 逆向设计最开始是从教师而非学生的角度来设计的，因为初期设计的目标是较为宏观的长期目标、预期结果、大概念等，但是在后续的工作中，需要把目标分解，转变为对学生有吸引力的学习体验，使学生对自己的学习目标非常清楚明白。

一、目标导向的策略

影响教学策略的首要因素是教学目标。明确的教学目标是后续教学的重中之重。在设计目标时，我们的策略是首先以具体的教学结果作为目标，这些预期的结果是教学和评估要优先考虑的，它们为单元的短期目标和具体教学提供了基本依据。

其次，应从教学的终极目标反向思考各阶段的子目标，只有对目标的层级次序形成一致意见后，我们才能对要教什么、不教什么、重点是什么、需要加强或削弱什么做出合理的判断。如果没有明确的定位，

> 教学案例

《时间在流逝》目标任务设计

在《时间在流逝》主题单元课程的教学中，教师要求学生围绕"我们能为环保做什么？"这个问题展开讨论。由于缺乏经验以及相应的知识储备，同学们的方案总是泛泛而谈、脱离实际。教师在创设情境的基础上给出了具体明晰的行动目标，并将这些目标以任务的形式层层推进。

任务1：学校想要你来做一些事情，提高人们的环保意识，希望你设计制作一个时钟，摆在学校的某个地方。你的设计纲要是什么？任务2：你需要收集素材来制作，请根据素材要求收集。任务3：制作一份详细的设计说明书。任务4：以"我们能为环保做些什么"为中心，画出思维导图。任务5：写出参考书目。任务6：评估你的进展，包括过程。

在教师提供的"任务支架"引导下，同学们顺利地完成了课程调研阶段的学习。

案例来源：上海市世界外国语中学金文娟提供，徐丹旭整理。

就会陷入零散的知识与技能的教学之中。

教学目标设计的策略如下。

1. 以既有目标作为设计的起点

既有目标是美术课程标准中明确提出的教学要求，是结合具体教学情境对课程标准的解读与细化——教什么？为什么教？怎么教？教到什么程度？要回答这四个问题，教师必须研读课程标准，思考如何将其转化为适合具体学情的多层次教学目标体系。

2. 以大概念作为长期的学习迁移目标

学生对自己所学的知识能够重复应用和表达，并能举一反三，才真正实现了理解，这是迁移的真正目的。为此，必须以大概念作为持续理解的长远目标。

3. 以情境建构学习，达到持续理解

知识和技能是学生获得理解的原材料，单纯的教是无法让学生达到真正的持续理解的，需将其与真实世界的问题进行有意识的连接，并在不同情境中应用，帮助学生获得持续理解。

4. 持续思考基本问题

基本问题是指向大概念学习的重要路标，暗含了课程内容中学生应知道的关键知识、应理解的事项和能做到的学习任务，因此，对基本问题探究的实质就是对大概念的洞察。明确基本问题能够有效地将重要内容联系起来组织教学活动，使教学设计更具有连贯性，避免随意性与无目的性。

5. 正视知识和技能目标

逆向设计中知识和技能目标是后续意义的理解和学习迁移的核心基础，是学习中理解的工具，而非最终目的。唯有对知识和技能学习的各方面内容有所理解，才能使知识和技能在真实情境中的应用更灵活、更具弹性。

上述的案例与我们所熟知的教学有何不同？教师的策略是什么？通过表现性任务的挑战，学生从学习初期就明确了任务的目的，知道学习的预期结果和学习任务的评估方式。因此，学生在后续的学习、探究中目标会更明确、更聚焦，也会更自信。

二、评价优先的策略

将评价证据的设计优先于教学活动，并起到联结教学目标和教学活动的作用，从而避免了目标与活动的脱离。这里的评价不是通常意义的考试，不是总结性评价，而是预设教学目标达成时学生应该有的表现，其本质是促进教与学。教师要思考：学生是否真的明白了，哪些学习表现可以作为评价证据，又哪些证据可以用来判断学生的理解程度，哪些学习表现和评价证据能指引教师进行教学，等等。

评价优先相应的策略有以下几种。

1. 从评价者的角度思考

首先，要求教师从评价者的角度来审查学生的理解程度。强调用多元评价方法让学生和教师都明确知道并监控自己的任务进程，以利于及时做出教学调整。其次，要克服从教学目标直接进入教学活动的习惯。先思考如果学生达到了教学目标，他们应该有怎样的学习行为表现、具备哪些能力、创作出怎样的作品。再次，因为教学目标的实现需要过程，所以需要在整个过程中给予学生持续的学习反馈和评价。

2. 以真实性学习任务作为意义理解的证据

理解是一个连续和复杂的过程，对是否真正理解进行评价是具有复杂性与挑战性的。教师要尽可能多地在学生的学习过程中搜集评价证据，还需要创设类似真实情境的表现性学习任务来判断学生的理解程度，获取评价证据。

3. 以评价标准和评价量规评价学生的理解

评价标准的设定要和表现性学习任务相联系，标准主要用于判断学生在表现性学习任务中的能力水平。评价量规是对达到评价标准所做的不同表现水平和程度的具体描述，以及分数和等级的限定。

三、引入真实情境的策略

知识具有情境性，它隐含于人类的实践活动中，在丰富的情境及文化中不断被运用和发展。逆向设计所倡导的是引入真实性情境，只有学生置身于具有真实实践逻辑的情境中，像专家一样对概念和原理进行理解和建构，所学习的知识才能获得意义，得到理解。

在真实性情境的设计中，最核心的是问题的设计。当问题进入具体的情境时，学生的学习就更加容易融入现实要素，所以教师要结合教材内容为学生创设接触真实世界、真实问题、真实项目的机会，使学生在解决真实世界复杂问题的活动中体验专家的工作与认知历程，在问题和项目情境中探索、讨论和有意义地建构概念和关系。

引入真实情境的相应策略如下。

1. 真实性情境

真实性学习是围绕现实生活情境展开的学习活动，学生运用知识和技能解决现实世界的问题，因此，学习任务需来源于真实的社会情境。

2. 开放的任务

真实世界中的学习通常是开放、复杂、多变的，学生需要利用各类丰富的资源，并且发展出多种解决方案，同时这种真实性任务大多是跨学科的。

3. 专家的角色

真实性学习需要为学生提供"像专家一样思考"的机会，让学生接触不同层面的专业知识以及实践共同体中的社会性关系与互动，观察生活中发生的点滴。因此，在设计时往往会邀请实践专家参与，这不仅是对学生问题解决和认知过程的有效支撑，同时也可以将专业精神与文化、工作使命与态度潜移默化地渗透给学生。

4. 清晰表达与反思

真实性学习通常采用协作互动的方式，鼓励学生从不同的角度探索任务，提出不同的观点，并反复论证、不断深化。在这过程中，需要让学生清晰地表达自己的观点，促进其对知识结构的调整与整合，并在反思中比较学生与专家在整个问题解决过程中的差异。

5. 真实性评价

真实性学习的评价需要与成功解决问题密切相关，并通过评价获得来自教师、同伴与专家的指导和支持。

四、组织教学内容的策略

在有限的课时中应教给学生什么，是教师面临的难题。不少教师按照教科书按部就班地教学，虽然这有利于教师完成教科书规定内容的教学，却不利于发展学生关于大概念的学习思维。

理解需要在真实情境中产生，教学的意义不在于将教科书内容全部教给学生，而是要引领学生通过探究、讨论、自我反思等方式达到真正理解。因此，教师不应以完成教科书内容的为教学目的，而应将教科书作为教学资源，支持教学目标的实现。教师不仅要

教学案例

《时间在流逝》评估任务计划单

在进行具体的教学设计之前，请先回答以下问题：
1. 通过这个任务，我们需要对哪些理解或目标进行评估？
2. 根据预期的学习结果，还需要收集哪些证据？
3. 通过什么样的真实表现性任务来证明学生的理解？
4. 学生的哪些作品和表现将为预期的理解提供证据？
5. 通过哪些标准来评估学生的作品和表现？
6. 列出具体的评分规则。

案例来源：上海市世界外国语中学金文娟提供，徐丹旭整理。

有效利用教科书，更应结合运用其他的教学资源和学习活动。

在设计教学时，教师应分析教学内容的基本结构，找出具有核心意义的基本概念、基本原理，以及基本方法和态度，分析其他内容与这些核心内容的联系，并在教学中突出这些联系。

追求理解的教学设计的策略是：划分学习优先事项，构架单元学习大概念，具体操作如下。

首先，以主题为中心进行课程内容的选择和组织，不要急着寻找教学材料，而是要先对该主题下的单元教学内容进行学习顺序的优先划分。这不仅能够让教师明确主题单元的教学重点，而且可以对教学内容进行意义整合，将零散知识统整到主题大概念周围。

其次，对教学内容进行学习顺序的优先排列，以架构出该主题学习内容中的核心大概念。学习内容按照不同的理解和掌握程度被划分为三个学习等级，由外到内依次表述为"应当熟悉的课程内容、应当了解并能进行实际操作的课程内容、应当持续理解的课程内容"三个部分。（见图7-2）

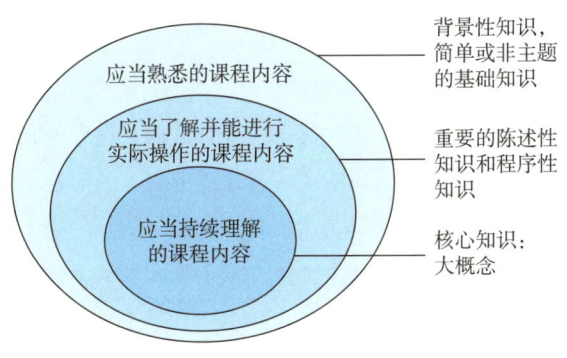

图7-2　主题单元下的三个学习等级

五、问题设计的策略

核心素养的美术教学强调用基本问题探索大概念，教师精心设计单元和课程，帮助学生发展他们的理解能力，一个关键策略就是围绕着知识诞生的原始情境中的问题来构建课程，而不是教给他们课本中现有的"专家"答案。如何快速有效地提炼出课程中的基本问题呢？有以下几种策略。

1. 对教学内容进行反思性提问

可以从教学内容或学习结果进行反思，推导出基本问题。如：我们为什么需要学习节奏和韵律？生活中什么时候要用到节奏和韵律的知识？能否不运用节奏和韵律创作出作品？在确定了一个或多个问题之后，我们还需要更广泛地思考，这些问题怎样能更有启发性和迁移性。如：如何在设计作业中运用节奏和韵律？如何将周围的山水环境融入设计中？

2. 分解课程标准找出问题

详细阅读课程标准，找出其中反复出现的关键词，使之成为问题的基础。（以《义务教育美术课程标准（2011年版）》为例，如表7-1所示）

3. 从理解事项产生问题

理解事项是教师期望学生掌握、能带走、可迁移、获得持续理解、不受时间影响、能够跨主题应用的重要概念。围绕这些，我们可以将理解事项转化为可激发学生学习兴趣和动力的基本问题。（如表7-2所示）

4. 从学生的错误理解中设计问题

主要针对学生学习中容易混淆或理解错误的概念设计问题，教师可以通过事先预判或课前评测找出学生的误解。（如表7-3所示）

教学案例

傲雪

安老师在上《傲雪》一课时，以梅花为主题，以王冕《墨梅图》为主题线索，结合姊妹艺术的多样化表达形式达到多学科的综合运用，从而实现课程整合和综合表现，期望达到对文人"托物寄情"思想的体悟。教师对学习内容优先顺序做如下划分。

1. 背景性知识，简单或非主题的基础知识：梅花的背景知识；有关梅花的诗词文学作品、美术作品；梅花蕴含的内涵。2. 重要的陈述性知识和程序性知识：作品《墨梅图》的经营位置；没骨画法；墨色的把控；诗与画的结合；诗、画、乐中艺术表现的基本元素，节奏、韵律等。3. 大概念：托物寄情；理解事项：艺术间的共通性；主题任务：用诗歌、音乐、舞蹈、绘画综合表现梅花的傲雪精神。

案例来源： 浙江省杭州市行知小学安秀娟提供。

表 7-1　分解课程标准找出问题举例

《义务教育美术课程标准（2011 年版）》	问题
7~9 年级：欣赏不同时代和文化的美术作品，了解重要的美术家及流派。	为什么美术家会有流派的分别？ 相同题材的美术作品在不同时代会有何不同的表现形式？
7~9 年级：有意图地运用线条、形状、色彩、肌理、空间和明暗等造型元素以及形式原理，选择传统媒介和新媒材，探索不同的创作方法，发展具有个性的表现能力，表达思想与情感。	美术家是如何用美术表达情感的？ 我们能在作品中感受到宁静、快乐、激情、悲伤吗？ 线条、色彩、肌理、空间和曲调、节奏、音色会有怎样的联系？

表 7-2　从理解事项产生问题举例

理解事项	问题
内容表达决定形式体现。	美术如何表达和触发情感？ 优秀的画家如何表达自己的情感与想法？ 美术中的内容和形式有什么关联？
用同一种标准去评判不同的作品是不合理的。 多元美术映射多元文化。	为什么同样的美术作品，有些人觉得激动人心，而有些人却不觉得？ 为什么很多人看不懂中国画？

表 7-3　从学生的错误理解中设计问题举例

学生的错误认识	问题
韵律就是节奏。	节奏的表现和感受是怎样的？ 如果美术里面没有了节奏，会出现什么情况？ 美术中的节奏和韵律有什么样的关系？
美术只是一种娱乐方式。	人们为什么要创造美术作品？ 美术在社会中扮演着什么角色？

5. 结合理解的六侧面设计问题

在追求理解的教学设计中理解的六侧面：解释、阐明、应用、洞察、神入、自知，既可作为理解性认识的评价指标，也可作为设计问题的参照。

在提炼出问题后，我们需要对问题进行梳理、归类、分层，使问题在具体应用过程中更具针对性。可采用框架问题策略，将不同层次的问题分为内容问题、单元问题与基本问题。

内容问题是指向事实性知识与基础性技能的问题，这类问题为学生发展高级思维能力奠定知识基础。但是，内容问题只需要知道、记忆等较低级的思维，如何发展学生的高级思维呢？为此，我们有必要以单元为背景，给学生提出一些开放的、没有现成答案的、需要他们运用聪明才智才能够回答的问题。当这类问题与某主题相关时，被称为单元问题（在《普通高中美术课程标准（2017 年版）》和本书中称之为"小问题"）。

基本问题可以先行独立提出，并引导相关的探究活动。然而，经验告诉我们，基本问题尽管具有穿透力或挑战性，但并非总能作为切入具体问题的成功通道。对学生来说，这些问题可能太宽泛、太抽象，甚至不着边际。因此，由单元问题（小问题）来引导特定单元的研究工作，并引发对基本问题的研究将是更为可行的方法。

教学案例

《康定斯基的音乐冒险》单元课程问题设计

课程标准	内容问题	单元问题	基本问题
7~9年级：有意图地运用线条、形状、色彩、肌理、空间和明暗等造型元素以及形式原理，选择传统媒介和新媒材，探索不同的创作方法，发展具有个性的表现能力，表达思想与情感。	线条、色彩、肌理、空间和曲调、节奏、音色是怎样联系的？ 康定斯基是如何用点线面表达情感的？ 中国画的水墨材料与特点能否表达喜怒哀乐？ 身边的现成品能否成为媒介？ 多种媒介如何整合，最终的表现形式是怎样的？	我们如何体验美术作品中的情感？ 思想和情感如何用艺术的方式表达？	抽象画能解读吗？

资料来源：浙江省金华市第二中学高旭彬提供。

第三节　美术教学实施策略

一、教学导入的策略

教学导入是指教师在开始上课时，通过各种手法引出教学内容，引起学生注意，激发学习兴趣、产生学习动机、明确学习目标和建立知识间联系的一种教学行为。教学导入设计就是对"如何开始上课"进行的设想和计划。一如古人把文章开头比作"凤头"，教学导入设计也需要充满智慧、先声夺人。

1. 开门见山、明确目的

开门见山、明确目的，即"三言两语"迅速集中学生的注意力。一节课40分钟，时间很宝贵，能否用语言、表情简明扼要地达意，关系到教师能否按时完成教学任务。导入设计中使用"先行组织者"（advance organizers instruction），对整个教学过程与环节有一种或明或暗的定调和指示作用，使教学过程都顺着这个轨道进展下去，直至达到教师预定的所有目标。与此同时，它在教学内容上有时又做了总纲式的说明，起到了一种"纲举目张"的作用。

2. 方式多样、集中注意

注意是一种心理特征，任何心理过程的发生和进行都离不开注意的伴随。对学生来说，每堂课都是一个新的开始，要想使学生的兴奋中心转入课堂教学，关键在于导入。导入得法，学生能离开正从事的活动，集中注意力，全身心转到课堂上来。这是导入的第一步，也是导入得以顺利进行的基础。

3. 以问致思、开启思维

"学起于思，思源于疑"，思维一般都从问题开始。由于这类导入常常联系生活实际，巧布疑阵，易于激起学生探索问题、解决问题的欲望，具有很强的教学意义，所以此类策略教师用得最多。

二、提高学习兴趣的策略

俗话说，兴趣是最好的老师。兴趣是学生获取知识、拓宽视野、充实心理活动的重要动力，是人们从事某种活动的心理趋向。当学生对美术感兴趣时，就会全神贯注、积极主动且心情愉快地投入到学习创作中去。

1. 以趣激学

在所有人的学习生涯中，那些给你留下深刻印象的教师，通常以有趣的、发人深思的、出人意料的、非常规的方式开始新的单元教学。这种教学方式能有效激起学生对某个主题的兴趣，激发思维的火花。如：提供奇异的、非常规的、有悖常理的例子，提出一个学生感兴趣的问题，组织学生开展比赛，提出一个问题或热点话题，进行角色扮演或模仿，等等。教师应该灵活运用这些策略，作为自己教学的有益补充。

2. 即兴游戏

杜威认为，儿童自发的游戏欲望在低年级时最为强烈，但是游戏本能中还有一种因素，这种因素在高年级中也在利用，那就是演戏的本能，即扮演他人的行为。所有的儿童都喜欢假装不同于自己的人和物；

📝 教学案例

蒙娜·丽莎

赵紫峰老师在一次教学时，刚走进教室，就看见学生愁眉苦脸地坐在书本堆积如山的座位上，双目无神地看着老师。他突然问："大家会笑吗？"

学生看看老师，不明白老师说什么，就笑了。

老师说："你们笑得很浅，和蒙娜·丽莎比，你们笑得不一样。她已经笑了快500年了，而且她还要这样继续笑下去！"

学生哄堂大笑。

老师说："看图，看她是怎样笑的？"由此引入了对《蒙娜·丽莎》一课的学习……

资料来源：赵紫峰．雪地飞龙［M］．北京：高等教育出版社，2004．

📝 教学案例

挑战自己——写生书包

在一次借班上课的时候，由于学校情况特殊，原来准备在六年级上的课要改为给四年级的学生上，魏老师在了解情况之后将教学策略稍做调整，在上课伊始就提出一个艰巨的任务："六年级的同学在40分钟时间内完成了书包五个面的线描写生，我们四年级的同学敢不敢挑战？"老师的话激起了孩子们的好胜心，同学们铆着劲想和六年级的同学们较量一番！魏老师巧妙地抓住孩子们的心理，通过"勇敢面对，正视自己""狭路相逢，勇者无惧""眼到手到，心手相应""发现感悟，坚持到底""超越自我，实现梦想""成败分晓，快乐分享"等挑战环节，以环环相扣的挑战活动最大限度地激发了同学们的好胜心，使他们发现自我、感悟自我、超越自我，在完成写生任务的同时获得了面对人生挑战的积极感悟。

案例来源：浙江省金华市宾虹小学魏瑞江老师执教的公开课《挑战自己——写生书包》，浙江师范大学2016级硕士研究生曹靖涵整理。

📝 教学案例

没完没了

魏瑞江老师在上《线的练习》一课时，为让课题更具标志性、生动性和吸引力，用了更具神秘感的《没完没了》作为课题，并预先设计了"陷阱"，通过闯关游戏的形式进行"一笔线"练习，让学生感受线的魅力。

序列	内容	陷阱	体验	预设	生成
第一关	一笔线	多数选择第三种线		让学生上当	经验
第二关	连接线	分割面用线连接		让学生面对	智慧
第三关	联想	联想画面图像	没完没了	转换视角	无限
第四关	感悟	新形象		不断发现	乐趣
第五关	发现	线及其他		多层感悟	三维目标

资料来源：魏瑞江，全国第七届少儿美术研讨会教学课题。

他们喜欢通过情景所暗示的动作把情景表演得更为逼真。[1] 人在游戏时，充分调动听觉、视觉、味觉、嗅觉和触觉，大脑又处于兴奋状态，这才是"真学习"，这样的教育才更富有人性，才意味着人的解放。该策略的关键在于教师要有智慧、有创意，能别出心裁地设计有趣的游戏，还能让学生真正学到东西。

三、体现教学机智的策略

《教育大辞典》将**教学机智**定义为：**教师面临复杂教学情况时所表现的一种敏感、迅速、准确的判断能力**。如，在处理事前难以预料、必须特殊对待的问题时，以及对待处于一时激情状态的学生时，教师所表现的能力。[2]

1. 智慧生成

课堂上让教师出乎意料或感到紧张的事情时有发生。有的教师对此惊慌失措，甚至束手无策；有的教师为了消除意外事件而采取"高压政策"，学生稍有"越轨"，便严加训斥，以维持教学秩序；还有的教师对意外事件比较"冷静"，即视而不见，仍然按部就班地上课。上述种种，是教师没有教学智慧、没有能力积极应对突发事件的表现，也白白浪费了这些随机生成的教学资源。他们只看到意外事件的"破坏性"，即"扰乱"了自己预设的教案，却看不到能转化为那种可遇不可求、意外教学效果的契机。

2. 因势利导

课堂教学中若想对出现的意想不到的情况进行及时巧妙、灵活妥当的处理，需要教师充分挖掘、发挥自身的教学机智。具有教学机智的教师能够不露声色地因势利导，顺着发生的问题去想点子，灵活变通，从而取得良好的教学效果。

3. 随机应变

教学需要精心设计，然而，即便教师精心地将可能出现的情况全部预设于教案之中，也很难保证教学过程不受阻。所以，教师在教学生成这一环节要多加关注，在教学中及时调整教学预案，激发教学机智，从而获得良好的效果，教师也必将在种种随机应变中提升教学智慧。

> **教学案例**
>
> 在上《认识标志》一课时，当我问："能说说北京奥运会标志的特点吗？"有一个平时从来没举过手的学生，听到问题时悄悄地举起手来。我毫不犹豫地把机会给了他。可是他站起来想了半天也没说出来，再三启发也未奏效，急得其他的孩子大声喊："老师叫我，叫我！"这时我看到他脸上仅有的一丝阳光消失了，如果我叫别人，他很可能以后永远不再举手了。于是，我微笑着问他："那你能告诉我，你喜欢奥运会的哪些东西？"他马上说："京京和欢欢！""很好，你喜欢吉祥物，老师希望你长大后能为一名吉祥物设计师。"孩子神气地坐下了。我相信他下次还会勇敢地举手的。
>
> 资料来源：浙江省丽水市遂昌县妙高小学黄慧洲提供。

---

1 [美]杜威.学校与社会：明日之学校[M].赵祥麟，任钟印，吴志宏，译.北京：人民教育出版社，2005：274.
2 顾明远.教育大辞典：增订合编本[M].上海：上海教育出版社 1998：716.

案例中黄老师的问题："那你能告诉我，你喜欢奥运会的哪些东西？"已不是对教学问题的启发了，而是为了帮助学生建立一种能回答问题的自豪感。自信心不足的学生可以在老师的机智鼓励下重建信心，进而消除紧张和自卑情绪。如果黄老师只是让这位学生坐下或安慰道："不要紧，以后想清楚再举手！"这学生也许今后真的再也不会举手了。由此看来，黄老师不仅认识到学生参与的重要性，而且还巧妙化解了问题，保护了学生参与教学活动的兴趣与信心。

第四节 逆向设计（UbD）的 WHERETO 元素

一、教学计划中的 WHERETO 要素

课程与活动的设计如何体现吸引力和有效性？为此，UbD 提出了 WHERETO 要素，涵盖了课程活动中应该包含的所有设计要求，都是教师在设计课程与活动中要体现的特征。值得注意的是，教师并不需要严格按照 WHERETO 的字母顺序来搭建课程的结构，但要对自己所设计的课程与活动是否符合上述要素的要求进行检验与判断。

> **新手导航**
>
> 在学习活动设计时，教师要从学生的身份和角度思考，从学生的个别需求和整体需求、已有的知识储备、实力和弱点等方面综合考虑怎样在有限的教学时间框架内，建构有效和有趣的教学活动，以帮助学习者实现教学目标。

W（where and why）代表"哪儿"和"为什么"。帮助学生了解本单元学习内容的重点及原因，帮助教师了解学生对于本单元学习内容的已有经验和兴趣。学生通常对即将学习的内容茫然无措，教师需要给学生一个明确的方向，把他们"引进来"，告诉他们本单元学习的重点在哪里及其被作为重点的原因，学习结束后又需要达到哪些要求，为学生设置合理的学习目标，便于学生明确目标，顺利完成学习任务。

H（hook and hold）代表"吸引"和"保持"。逆向设计主张教师应尽量吸引所有的学生并保持他们的兴

趣。为此，用一个好问题导入课程非常重要，它可以促使学生深入挖掘问题或激发学生研究的意愿，提高学生的参与度。例如，某老师发现，青少年时期个人的行为和信念容易受同伴群体的影响，因此，她有意识地加入了需要通过同伴互助合作才能达成的挑战性任务。结果，同学们完成作业的热情有很大的提高，也更喜欢她的课了。所以，当一项学习任务本身富有意义和挑战性时，最能激发学生的兴趣。除此以外，教师也可以采用案例研究、角色扮演等教学形式，鼓励学生参与到教学活动中来。

E（equip student and explore experience）代表"使学生具备必要的经验和知识技能，并提供探索性学习的机会"。这是UbD中第三阶段设计的核心元素。若要学生能够进行学习迁移，面对棘手问题也能应对自如，教师就要为学生搭建"脚手架"。这是建构主义学习的重要策略，即为学生探究的过程和方法搭建"支架"，比如提供范例、必要的讲解、示范等指导，并逐步减少指导，直到撤走"支架"。此时，学生已将知识内化，获得了自主解决问题的能力。

R（rethink and revise）代表"反思"和"修正"，给学生提供机会反思和修正他们的想法和学习行为，这一过程需反复进行。例如，学生在美术欣赏课上讨论什么是"美"，通过作品赏析和讨论形成了初步的关于"美"的概念。随后教师展示一件看上去"丑"的老树根，问："为什么艺术家认为它很美？"于是，学生对之前的"美"的概念产生了动摇。最后教师再用"美与丑的个人判断"和"美与丑的相互转换"等事例进一步帮助学生建立起对"美"的深刻认知。反思，体现学生的批判性思维，对于理解性学习至关重要。UbD主张教师应有意识地让学生更早开始并持续对大概念进行思考，才能超越非黑即白的简单化思维方式。

E（evaluate）代表"评估"，给学生提供评估自己的工作及其意义的机会。教师在教学中容易忽略学生的自我评估、自我监控和自我管理，为避免如此，就需要引进元认知的教学策略。例如，在一堂探究课快要结束时，教师不妨留出5分钟，让学生思考一些问题：我们得到了什么结论？还有哪些问题没有解决？也可以让学生在作业中添加自我评价，教师根据学生自我评价的准确性以及学习结果综合打分，以此提升学生自主学习的水平。

T（tailored）代表"量身定做"，即为具有不同的需求、兴趣和能力的学生定制个性化活动。在此，KWL图表（表7-4）不失为一个有效的诊断评估工具，利用此表，教师可根据学生已经知道和想知道的内容，更清楚地了解学生对知识的掌握程度和需求，能够对他们进行更有针对性的指导。在活动过程中，教师也可以提供各种不同形式的教学材料，允许学生选择自己喜欢的学习方式进行学习。当任务结束后，在不妨碍评价有效性的前提下，教师也可根据学生所展示的不同的学习结果进行评价，并尽可能地呈现出多样化的评价形式。

O（organized）代表"组织"，即通过组织和安排课程与活动，促进学生对知识和技能的深入理解与掌握。有效教学离不开教师对教学活动的有序设计和强有力的管理。首先，教师要有先进的美术理念和教学理念，组织有意义、有价值的美术教学内容，既能吸引学生，又有育人价值；其次，教师要具有教学领导力，即有效管理的能力和执行力，按设计的任务书、学习单、评价表等工具，有序推进教学活动；最后，最重要的是教师要营造与学生心心相印的学习共同体，协调教与学的各种活动，在实践与反思中共建经验，达成学业目标和社会性目标。

> 📖 **技术促学**

教师在确定教学目标时需要通过诊断性评价对学生有一个了解，可以采取 KWL 图表的方式。

K（already know）是学生对本主题或单元已经知道的内容，这些内容不一定对，但可以作为教师廓清学生相关知识误区的依据；

W（want to know）是学生能提出的问题和想了解的内容，教师可以由此发现学生感兴趣的点；

L（learn）是随着教学活动的推进学生所获得的知识内容，教师据此能清楚地了解到学习目标达成的情况。

因此，教师作为课程与活动的设计者在确定目标的时候，也要留一些余地以便根据学生的反馈情况及时调整计划，保证一定的灵活性。

资料来源：陈帆. UbD 第三阶段：设计课程与活动，以实现学习的大目标［J］. 上海教育，2018（14）.

表 7-4　KWL 图表

我已经知道了什么?（K） （already know）	我还想知道什么?（W） （want to know）	我想用这些知识解决怎样的问题?（L） （learn）

二、用 WHERETO 检验

教师的教学设计要避免只从自身教学特长或偏好出发，而要多从学生学习的角度思考，少教多学，设计出以学生为中心且有吸引力的学习活动。我们建议运用 WHERETO 要素帮助教师对自己的教学设计进行检验和修正，设计出有吸引力且有效的课程。

✏️ **教学案例**

"塘栖古桥"项目

卞老师工作的学校地处塘栖，既是一座古镇也是一座新城，随着新城的发展，塘栖古镇逐渐失去了"三十六爿桥""七十二条半弄"的风貌，尤其关于塘栖古桥是"保"还是"拆"的争议不断。卞老师希望以"塘栖古桥"这一项目唤起学生直面社会、关注社会的意识，培养他们在真实情境中研究并解决问题的能力。

1. 真实性学习任务：通过审美素养——"瞧"、文化理解——"桥"、生命成长——"窍"三个目标层阶，了解家乡古桥数量与造型、建造年代、功能价值、材料质地、文化故事、设计理念；学会写生、描绘古桥；学会创作古桥手抄报、思维导图、连环画、古桥文化传承说唱稿，撰写古桥保护倡议计划书；借鉴古桥文化元素设计出新桥模型。最终总结评价——"俏"，学会制作并运用 PPT 讲解汇报。（W）

2. 学生将参与"寻找古桥"的活动，通过互联网及《栖里》《塘栖志》等资料，了解古桥的前世今生，实地参观考察古桥、拍摄、测量古桥并制作古桥模型。（E）

3. 学生将以小组形式走访古桥附近的居民、当地文保单位专业人士。了解古建筑保护的相关举措，探讨古桥的文化意义、设计理念和实用价值，以及古桥在当地人心目中的地位。（H，E）

4. 学生将通过辩论的形式商讨"古桥存在的功能和价值是什么"。（H，R）

5. 学生将通过思维导图的形式表达自己小组的观点和保护策略。（E，R，T）

6. 根据学习单的指引，学生将完成连环画、制作手抄报，宣传古桥保护的重要性。（R）

7. 学生将完成"古桥保护"的提案和倡议书，并挑选优秀的说唱稿进行练习。（R，T）

8. 利用环保材料制作古桥模型，古桥的造型结构涉及跨学科知识的运用。（R，T）

9. 每个学生将使用相同的评价量规，对自己的表现和研究进行自评。（E2）

10. 回顾整个课程，撰写反思报告，通过 PPT 展示研究成果。（R，E2）

案例来源：浙江师范大学美术学院 2018 级硕士研究生卞博文提供。

在上面的项目学习教学案例中，教师以"塘栖古桥"为主题，以桥的"保"和"拆"为基本问题带动后续的问题链和任务链，对古桥保护进行深入的挖掘与探讨，并将WHERETO要素贯穿其中。教师为学生提供了明晰的教学目标，为了促进学生知识的迁移设计了大量的体验和探索项目，并将其与基本问题相关联，通过对任务的深入，项目取得了令人满意的效果。

【学习单7-1】
以 UbD 的七要素检验你的【大单元1】
结合本章内容改进自己的【大单元1】在导入、实施、提问等方面的教学策略。
具体要求：
UbD 提出的 WHERETO 要素就是全面优化教学过程的策略，请以此七要素检验你的【大单元1】，用荧光笔逐一标注，并对不足之处予以改进；或开展小组互评、讨论后，改进各自的【大单元1】。

UbD 教学计划中的七要素	你的【大单元1】做到了吗？		
	很好	一般	不足
W——确保学生了解所学单元的目标以及原因。			
H——从一开始就吸引学生并保持他们的注意力。			
E——为学生提供必要的经验、工具、知识，以及技能来实现表现目标。			
R——为学生提供大量机会来重新思考大概念，反思进展情况，并修改自己的设计工作。			
E——为学生评估进展和自我评估提供机会。			
T——量体裁衣，反映个人的天赋、兴趣、风格和需求。			
O——合理组织，以使学生获得深刻理解，而非肤浅了解。			

资料来源：[美] 格兰特·威金斯，[美] 杰伊·麦克泰格. 追求理解的教学设计：第二版[M]. 闫寒冰，宋雪莲，赖平，译. 上海：华东师范大学出版社，2017：220.

示范性案例 8

单元课题	麻扎礼堂	教学对象	四年级	课业类型	建筑设计
阶段一　预期成果					
课程标准	尝试从形状与用途的关系，认识设计和工艺的造型、色彩、媒材，学习对比与和谐、对称与均衡等形式原理，用手绘草图或立体制作的方法表现设计构想，感受设计和工艺与其他美术活动的区别。				
目标	**知识与技能**：了解麻扎村的建筑特点，了解当地气候环境、物质条件与建筑形态的关系，借鉴麻扎建筑的非遗要素创新设计麻扎礼堂，并用黏土做出建筑模型。 **过程与方法**：发现麻扎，感受麻扎—浸入麻扎，记录麻扎—文献阅读，特征分析—明确任务，创新设计—作品发声，说服评委。 **情感态度与价值观**：理解环境与人文、建筑之间的关系，对地方文化孕育的风土人情更包容，激发对建筑设计的兴趣，加深和提高对传统村落的了解及保护意识。				
理解	学生将理解：特定的建筑形态是在当地的环境、气候的长期作用下，和当地的人文风俗习惯相结合的产物。设计师的任务不是改变，而是依据非遗要素重新设计。				

续表

基本问题	建筑与环境有什么关系？	小问题	1. 地理环境、气候与建筑有关系吗？ 2. 建筑设计如何因地制宜地运用当地的材料？ 3. 如何进行设计方案的文本写作？ 4. 光与影在建筑设计中如何运用？ 5. 建筑设计中如何有效利用民族文化元素进行创新？
单元 设计思路	社区文化中心是一个社区的重要组成部分，集公共信息、文化学习、休闲娱乐于一体，在社区中承担着纽带作用。新疆麻扎村气候恶劣，地理位置偏僻，出入不便，长期以来形成了相对封闭的环境，该村常住人口仅1 400多人，也没有自己的文化中心。在当地居民的户外活动受到"火洲"极端气候环境限制的情况下，社区文化中心不但能增加居民日常休闲活动的选择范围，而且能促进乡村文化建设，增强凝聚力。 本课设计思路是引导学生"像设计师一样设计"，解决麻扎村的现实问题。1. **议题探索**——发现麻扎村，感受麻扎村。通过"中国传统村落数字博物馆"的"麻扎村"链接，了解麻扎村的人文地理，探索麻扎村特殊的建筑形态与地理环境之间的关系。2. **议题调研**——浸入麻扎村，记录麻扎村。结合教师讲解与设计考察活动，根据调查结果进行合作探究，用笔记画的形式初步形成设计方案。3. **议题方案**——文献阅读，特征分析。寻访并学习类似设计案例的成功经验，分析优秀设计师的设计思路，反思并修改自己的设计方案，形成设计文本与草图。4. **议题攻坚**——明确任务，创新设计。设计任务是借鉴麻扎村建筑的非遗要素创新设计，合作完成麻扎礼堂的设计文案与模型制作任务。5. **成果展评**——作品发声，说服评委。展示小组合作成果，结合文案和PPT说服评委。			

阶段二　评估证据

评价方案	网络调研	议题探索	形成方案	议题攻坚	成果展评
评价对象（作业）	调查报告	案例评析	思维导图	文案与模型	展示与发表
权重	10%	10%	15%	30%	15%
学习档案袋	20%				

阶段三　学习计划

1. 议题探索——发现麻扎村，感受麻扎村

  学生课前根据学习单指引，浏览"中国传统村落数字博物馆"的"麻扎村"链接，加深对麻扎村的印象。明确本单元任务：设计麻扎礼堂，供村民们休息娱乐。但是麻扎村自然条件恶劣，且经济困难，需要充分利用当地材料，设计一个既有本地文化特色又有现代气息的节能环保建筑。

  学生根据《麻扎村探索学习单》，进入"中国传统村落数字博物馆"的"麻扎村"版块进行自主探索，对麻扎村的建筑形制做深入了解，作为后续建筑设计的依据。

根据学习单自主探究

2. 议题调研——浸入麻扎村，记录麻扎村

  学生们深入了解麻扎村，详细浏览整个村庄及周边环境，并用笔记画的形式记录有意义的、有疑问的地方。教师通过问题将学生思维导向环境因素，使学生明白不同的地理环境会形成不同的建筑形制，理解地理环境与建筑的关系。鼓励同学们通过网络搜索充分利用环境因素的成功建筑设计案例，深入探讨环境与建筑的关系，拓展思维，初步形成设计方案。最后，各小组向全班汇报调研成果。

小组汇报调研结果

3. 议题方案——文献阅读，特征分析
教师："如何使活动中心不靠电灯，却能保持光线明亮，光源充足？"引导学生发现并探究镂空与光线的神奇之处。教师出示弗朗西斯·凯雷（Diébédo Francis Kéré）的Gando学校图书馆图片，说明：这是一座完全依靠镂空来获得自然光源的建筑，是实用和美观的完美统一，满足了非洲儿童的需求。非洲与麻扎村气候都干旱少雨，使学生了解利用镂空采光建成的建筑是实用且可行的，并为学生的建筑设计提供原型，启发学生继续探寻，借鉴类似的成功设计案例，根据设计师的思路反思并修改自己的设计方案，形成文本。 弗朗西斯·凯雷的Gando学校图书馆
4. 议题攻坚——明确任务，创新设计
设计任务：不是创造全新的文化礼堂，而是借鉴麻扎建筑的非遗要素创新设计。教师用手电筒的光束模拟太阳东升西落，请学生观察光照量在早、中、晚三个时间段是否合理、地面光斑的形状是否美观，并发表自己的看法。学生根据找到的麻扎村建筑图片，用卡纸裁剪粘贴，尝试制作模型进行实验。     学生利用卡纸制作建筑模型 然后，进一步探究麻扎村的建筑材料，了解土的特性及其在建筑中的作用，使学生能辩证地看待现代建筑，改变学生对于土质建筑的看法。最后，合作完成麻扎礼堂的设计文案与模型制作任务。     学生利用手电筒的光束模拟太阳光，检测设计效果
5. 成果展评——作品发声，说服评委
1. 完成麻扎村探究学习单，对学习方法与态度、所获得的资源、学习单的完成质量进行自评。 2. 根据设计文本自我评价作品的达成程度。 3. 展示成果，组间互评并互相提出改进建议，各小组继续修改，完善自己的作品。 4. 演示PPT并发表本组的设计方案与成果，设法说服评委，教师和"设计师"团队完成评价量表。
案例来源：浙江省宁波市镇海蛟川双语小学王瑶提供。
案例点评

目标导向策略：该案例以"建筑与环境有什么关系"为基本问题，围绕设计并制作"麻扎礼堂"模型的目标展开学习，包含应知道、理解和做到，以及解决具体问题等学习任务。
  情境创设策略：① 该案例利用"中国传统村落数字博物馆"资源及麻扎古村遇到的现实问题情境，使得新疆麻扎村的项目能在江南学校实施，要求学生"像设计师一样设计"位置偏远、气候炎热的麻扎礼堂；② 当学生遇到困难时，教师提供弗朗西斯·凯雷的设计案例作为学习"支架"，通过反复试错、团队合作、持续探究，最终促成了知识的迁移。
  评价促学策略：① 要求根据学习单和评价量规对学习方法、所获资源、作品进行自评；② 通过组间互评，提供信息反馈，改进作品；③ 用"让作品发声"对学习成果进行展示、分析和自评，促进元认知的发展。

> **【学习单 7-2】**
> 各小组完成民间美术【教材】初稿，准备好汇报、交流材料，参加民间美术【教材】交流会。
> **具体要求：**
> 1. 主编汇报本小组【教材】编写思路，介绍【教材】内容安排的思路和特点（或由文字编辑介绍），介绍【教材】版式特色和优点（或由美编介绍）。
> 2. 学习其他小组【教材】编写的优点，听取师生的建议后，发现问题并加以改进。

思考与练习

识记：教学理念、教学模式、教学策略、WHERETO 要素。

理解：1. 简述教学策略与教学理念、教学模式、教学设计、教学方法之间的关系。

2. 简述教学策略的基本特征。

3. 简述影响教学策略的因素有哪些？

建议阅读

1. 荷烈治，等. 教学策略——有效教学指南：第八版［M］. 牛志奎，译. 北京：中国人民大学出版社，2011.

2. 理查德·I. 阿伦兹. 学会教学：第九版［M］. 丛立新，等译. 北京：中国人民大学出版社，2016.

3. 麦克泰格，威金斯. 让教师学会提问：以基本问题打开学生的理解之门［M］. 俎媛媛，译. 北京：中国轻工业出版社，2015.

第八章 美术教学方法

基本问题：
如何运用"好的"教学方法帮助学生更好地学习与体验？

学习目标

【任务一】【任务三】：知道与理解美术教学方法的概念、分类和重要性；不同教学方法的概念、特点和实施策略；不同教学方法的优势、局限，以及交互运用。做到在"小老师"教学中和各项教学设计任务中，能根据具体教学情境合理选择教学方法，并按实施要求灵活运用，谋求有效教学。

【任务二】：改进教材，打印装订并完成【教材】；发【学习单8-3】教参编写模板，布置【教参】编写任务。

师生共建			
	课前	课中	课后
教师	1. 第八章研究的教学方法是特定教学价值的体现，是确保有效教学的实践操作环节。 2. 上传相关参考文献；了解并指导"小老师"对本章内容的理解和教学设计；发现并纠正他们对各种教学方法的误解和理解偏差。 3. 发现并纠正"小老师"在【大单元1】中教学方法选择和运用中出现的问题。	1. 关注"小老师"是否正确理解教学方法、各种教师主导型和各种学生建构型教学法等重点，教学思路和教学活动是否合理有效。 2. 关注"小老师"能否发现并纠正师范生【大单元1】中教学方法设计的错误，是否能正确运用各种教学方法。 3. 组织评价组对讲课组进行提问和点评。对"小老师"的教学进行点评、纠错和补充；强调教学方法的重要性。	1. 要求师范生进一步阅读文献，深入学习美术教学方法的概念及应用。 2. 要求师范生改进【大单元1】中教学方法的设计。 3. 指导师范生改进教材，打印装订，完成【教材】；发【学习单8-3】教参编写模板，布置【教参】编写任务。
"小老师"	1. 认真钻研教材，查阅相关文献，理解本章美术教学方法的重要概念，设计教案和课件。特别要创造性地运用教学方法，起到示范作用。 2. 按本章要求完成自己的【大单元1】中教学方法的设计。	1. 抽查师范生【大单元1】设计，查找问题，示范自己的【大单元1】的改进过程，讲解各教学法的选择和实施要领，指导师范生修改。 2. 运用选择、连线、找碴、抢答等策略与方法引导师范生逐步理解各教学方法的优势与局限。	1. 总结本组及自己的教案和教学；完成教学反思和自评报告。 2. 把教案与课件改进后上传至线上学习平台；做出本章教学的微页，并发送至班级群。
师范生	1. 预习本章内容，上网阅读相关文章，记下不能理解的问题。 2. 根据本章要求完成【大单元1】中教学方法的设计。 3. 打印并完成【教材】编写任务。	1. 携带【大单元1】打印稿，积极参与班级教学互动。 2. 通过听课和小组讨论发现并标注自己的【大单元1】中教学方法的错误，课后改正。	1. 进一步阅读文献及本章示范性案例。 2. 改进自己的【大单元1】中教学方法的设计。 3. 根据【学习单8-3】教参编写模板，开始【教参】编写。

第一节 教学方法概述

教学目标和教学内容需要借助具体的教学行为才能得以实现，在课程教学目标与教学内容相同的情况下，教师采取不同教学方法会呈现出不同的教学行为和教学效果。教学方法是为达成一定的教学目标，学习特定的教学内容，教师组织引导学生学习所采取的行为、手段、程序和技巧的总称。教学方法包含以下两方面的含义。

其一，教学方法必须在"目标——内容——方法"的关系链中加以考察。[1] 教学方法服务并受制于教学目标和教学内容，同时又对其具有反作用力，合理的教学方法有助于教学目标的达成和教学内容的学习。

其二，教学方法体现了教与学的动态交互过程。教学的最终目标是培养学生的学习能力，使学生成长为具有可持续发展能力的独立学习者。因此，教学方法中包含了对学生学习方法的研究和培养，学生的学习能力影响了教学方法的选择和实施。教师和学生都是有效教学方法的创造者，双方共同缔造了积极的学习共同体。

古往今来，教师们的教学方法多得令人惊讶，每种教学方法的外在行为特征都各不相同。但是，我们依然可以对它们进行归纳与分类，这是因为每一种教学方法在内在本质上均是不同教育价值观和学习理论的体现，如行为主义理论、社会学习理论、认知和信息加工理论、社会文化建构理论等。这些理论反映了不同的知识观和学习观，影响了教师的教学行为。分析教师、学生、内容三方面的交互作用，从教学活动的主体性角度出发来考察教学方法，可以把纷繁复杂的教学方法分为两类：教师主导型教学方法和学生建构型教学方法。在学习后续内容之前，请先明确一个观念：教学方法没有绝对的优劣之分，每一种方法都有自己的优势与局限，并不存在能够满足所有教学目标的教学方法。教师选择的教学方法是否合适，取决于教师想要达成的目标类型、教学内容以及学生的特点。

---

[1] 钟启泉.教学方法：概念的诠释[J].教育研究，2017（1）：95.

第二节 教师主导型教学方法

教师主导型教学方法是一种在学校中被广泛使用的传统教学方法，是指由教师主导教学的进程，通过讲授、演示、引导等方式向学生传授教学内容，达成教学目标的教学方法，也可称为传授型教学方法。也许你曾经听过人们对这种教学方法的批判，也许你立刻就回想到曾经经历的一些死气沉沉、枯燥乏味、只有教师一个人声音的课堂。然而，教师主导并不意味着学生被动，尤其是20世纪80年代以来，在新的学习观念的推动下，教师主导型教学方法早已不是注入式、填鸭式教学方法的代名词，而是一种尊重学生主体地位的启发式教学方法。教师需要组织符合学生认知水平和实际需求的教学内容，在教学中激发学生学习兴趣，鼓励学生的自我活动，使学生成为积极的学习者和回应者。

教师主导型教学方法是一种省时、高效的方法，能够快捷而清晰地将人类累积的知识与经验传授给学生，帮助学生系统地把握学科知识结构、掌握学科技能、发展思维能力和接受知识的能力，特别适用于必须在短期内系统传授大量知识和技能的教学。注意：教师若是在教学中不关注学生，只考虑自己对教学内容的推进，看不到学生的需求和回应，把学生置于被动接受的境地，这就把主导变成了控制，是对教师主导型教学方法的错误解读和运用。

依据教学目标和教学内容的不同，教师主导型教学方法可以分为讲授法、直接教学法和探究式教学法三类。

一、讲授法

（一）概念与理论基础

讲授法是指教师通过清晰明确的口头语言，系统连贯地向学生传授知识与技能，并拓展学生思维的教学方法。作为一种传统的教学方法，讲授法在人们急于改变传统教学方式的今天遭到种种非难，人们抱怨教师在课堂上"讲得太多了"，抑制了学生的学习兴趣和自主性。但大量的理论与实践证明，讲授法是一种行之有效的教学方法，运用任何教学方法时都少不

> **新手导航**
>
> 是否选用讲授法取决于你想要达成的目标和学习内容。
>
> 例如，在海报设计课程中，如果你期望学生掌握海报设计的分类、特点和原则，那么，讲授法是合适的。如果你希望学生能探索现代生活中的某个议题（如沟通），并选择合适的表现手法用海报的方式呈现，那么，讲授法并非是一个最好的选择。在实施了讲授法的课堂上，如果学生的学习兴趣和自主性确实被抑制了，那并不意味着讲授法本身是错误的，而是因为教师没有正确地实施讲授法。

了讲授法的配合。讲授法适用于对事实性和概念性知识的学习，如美术原理和概念。讲授法能帮助学生更快捷地学习和理解新知识，培养倾听和思考的习惯，有助于教师在短时间内传授大量系统知识。

随着认知理论的发展，尤其是美国教育心理学家奥苏贝尔（David Pawl Ausubel）有意义语言学习理论的提出，讲授法也在不断地演进以适应新时代对人的培养的要求。表 8-1 中简要列举了深刻影响讲授法发展的几种理论，"理论启发"部分呈现了讲授法运用中的部分特点与要求。

（二）设计与实施

1. 教学设计阶段

（1）确定教学方法与内容　① 确定讲授法适用于课程的教学目标和教学内容，且是最佳选择。② 了解课程的知识结构，选择最核心、重要和有效的知识，按照知识的结构组织讲授内容。使用概念图或思维导图有助于更加清晰地掌握课程的概念和知识结构。③ 了解学生的已有知识和智力发展水平，选择与学生已有经验相联系的内容，使之具有意义。

（2）选择先行组织者　奥苏贝尔倡导的先行组织者教学模式是指在安排学习任务之前呈示给学生上位引导性材料，用以巩固已有知识，改善认知结构，促进新信息的获取和保持。教师所呈现的引导性材料与课程将要学习的内容紧密相连，可稍稍抽象与概念化，但不可过难，必须基于学生的已有知识，包含学生所熟悉的材料，能清晰地反映认知结构中原有的观念与新学习任务的联系。先行组织者能激发和引起学生对即将学习的内容的好奇心和思考，搭建使学生新旧知识发生联系的桥梁。

（3）安排教学时间和空间　教学内容的难度、学生能力发展水平、讲授法是单独使用还是与其他教学方式结合等情况，都影响着教学时间的安排。在空间安排上，讲授法需要将学生的注意力集中在教师身上，因此，课桌椅的摆放宜采用传统的"横排—竖排"式。

表 8-1　讲授法的理论基础

理论名称	代表人物	理论要点	理论启发
认知发展阶段	皮亚杰	儿童的认知发展具有阶段性和顺序性，发展水平制约了儿童的学习，也制约了教学内容以及教学方法的选择。	讲授的内容和方式要符合学生的认知发展阶段。
学科与认知结构	布鲁纳	学科和知识具有结构，学习是认知结构的重新组织，懂得基本原理使学科更易理解。	系统地讲授有逻辑的内容，讲授关键概念而不是碎片化的信息。
有意义学习	奥苏贝尔	学生通过有意义的语言学习前人的知识，是否有意义取决于是否与学习者已有的认知相联系，先行组织者能够加强认知结构并提高对新信息的保持能力。	讲授中使用先行组织者来呈现概念和知识，讲授的内容要与学生先前的知识相联系。
认知心理学与信息加工	安德森、阿什克罗夫特等	知识分为事实性知识、概念性知识、程序性知识和元认知知识，不同类型的知识是通过不同的方式掌握的。瞬时、短时、长时是记忆的三个组成部分。	讲授法适合事实性和概念性知识的学习。用创设情境激发学生的瞬时记忆，使用先行组织者将学生的先前知识与新信息连接组成短时记忆，再通过系统性讲授与互动学习转为长时记忆。

> **教学案例**
>
> **参观美术馆**
>
> 一位美术教师带学生参观美术馆。她在讲解之前使用先行组织者："在分析这些画之前，我首先要告诉你们一个观点：尽管艺术是一种个人思想和情感的表达，但它却以多种方式反映了产生艺术的文化和时代特点。艺术随着文化和时代的变化而变化，并反映在艺术家的技巧、作品主题、色彩和风格上。"接着，教师列举了几个例子，并要求学生回忆一下他们幼年的画和现在的画有何区别，这种区别是否同他们生活经验的丰富、社会文化的发展有关。在陈述了先行组织者并将它与学生原有的认知结构统合后，教师开始引入新材料："请看这两幅画。这幅画中的人物身体完全被长袍所遮盖，因为当时教会告诉人们，人体不重要，而灵魂就是一切。再看这幅画，他的肌肉完全显露出来，而且多么坚定地站在地球上。因为在文艺复兴时期，人们认为，人处于宇宙的中心、人的躯体、人的力量是最重要的。你们相互讨论一下，这两幅画企图告诉我们什么？"
>
> 在这一范例中，这位美术教师运用的是先行组织者，它包含着许多能与被观察的艺术品的具体特征相联系的从属观点，并将先行组织者置于学生已经熟悉的观点之上，以便学生组织自己在教学过程中所遇到的观点和事实。
>
> 资料来源：《心理学百科全书》编辑委员会.心理学百科全书[M].杭州：浙江教育出版社，1996：486.

2．教学实施阶段

（1）**阐明教学目标，创设教学情境** 以导入方式明确教学目标，创设能吸引学生学习兴趣的教学情境，激发学生瞬时记忆。好的教学情境指向教学目标，并与学生的经验相联系。

（2）**呈现先行组织者，促进思考** 生动清晰地用语言与视觉形象相结合的方式（如描述、海报、黑板等）展示引导材料，激发学生思考，将新信息与已有认知结合，形成短时记忆。

（3）**讲授新知识，强化认知系统** 教师有顺序地呈现学习材料，用简洁清晰、富有逻辑的语言讲授新知识，帮助学生理解和掌握，强化学生认知系统发展。讲授法成功的关键在于教师"讲什么""怎么讲"。表8-2是教师在讲授过程中需注意的要点。切记，讲授不等于注入，讲授之中要有启发，注重激发学生的学习兴趣和学习动机。

（4）**检查学习效果，拓展学生思维** 以语言、动作、练习等交互活动检查学生对新知识的理解情况，并采取讨论、问答等方式强化、拓展思维技能，将新知识转入长时记忆。

（三）优势与局限

讲授法的优势在于高效性和系统性，能在较短时间内教给学生全面而准确的知识。其局限在于容易忽略学生的个体差异，容易被过分使用从而导致课堂变成教师的"独角戏"，使学生思维受限，处于被动状态，这也是讲授法被诟病的原因。此外，由于美术学科的视觉化与实践性特点，美术课程中的讲授法要尽量与其他教学方法结合使用。

二、直接教学法

（一）概念与理论基础

直接教学法是由教师直接介入，采用直观的方式

表8-2 讲授过程中需注意的要点

要点	具体化
目标明确性	讲授内容始终围绕教学目标，不可为了追求趣味性而偏离目标，不可天马行空地随意发挥。
内容逻辑性	① 小步调教学：内容由易到难，保证内容的正确性和逻辑性，一次只呈现一个知识要点。② 根据学生认知发展水平，在概念讲授中由以口语化为主（低龄），逐渐加入专业术语。
促进主动接受学习	① 有意义的内容能促进学生的主动学习，是否有意义取决于内容与学生之间的联系，与学生个体经验结合的内容更容易产生共鸣。② 注意语音语速等语言策略，语言要清晰生动，可以用视觉化的方式（如图片、思维导图等）阐释内容。③ 适度使用教学激情，运用肢体等非语言手段来营造教学氛围，调动学生学习积极性。④ 及时检测有效性，通过观察学生的非语言反应（如皱眉、沉默、愉悦）或者问答与测试，及时检测讲授的有效性，调整讲授的内容及节奏。

(如演示、呈示）授课，结合学生练习任务的反馈，帮助学生规范地掌握美术知识与技能的教学方法。直接教学法适用于事实性和程序性知识的学习，适合学习内容较为具体且有结构的课程。美术课是实践性很强的科目，教师的实际演示以及学生的实践性练习能帮助学生更加直观地理解美术知识，掌握美术技能。

直接教学法的理论基础来自行为主义、社会认知理论以及教师效能研究（见表8-3）。

（二）设计与实施

1. 教学设计阶段

（1）确定教学方法　确定直接教学法适用于课程的教学目标和教学内容，且是最佳选择。直接教学法适合有着清晰的行为目标、内容结构性强、评价标准相对客观的美术课程。

（2）分析学习任务　结合教学目标和学生的认知特点，分析学习任务。教师可以从指导学生"像艺术家一样创作"的角度分析学习任务：① 分析艺术家是如何运用该技能创作的；② 结合学生情况分析技能或知识学习的难度，把复杂而完整的技能拆分成若干子技能；③ 寻找子技能之间的逻辑顺序；④ 设计每一个子技能的教学策略，以及组合成完整技能的方法。

（3）安排学习进程　在分析学习任务的基础上，合理安排整个学习进程，鼓励教师用流程图或表格将学习任务与学习进程结合起来，清楚地向学生展示每一个阶段需要掌握的知识和技能，以及时间和空间安排。直接教学法和讲授法一样，经常需要将学生的注意力集中在教师身上，因此在空间安排上，课桌椅的摆放也适宜采用传统的"横排—竖排"式。

2. 教学实施阶段

（1）阐明目标，创设情境　在导入部分依然要创设教学情境，明确教学目标。教师可以用张贴课程海报等形式让学生明确本节课的教学目标和教学安排。

（2）直观教学，教授新知　教师依照设计的学习任务和进程，教授新知识，示范技能，可多采用直观的教学方式，让学生通过感官进行学习。示范法和呈示法是教师经常用到的直观教学方式。

① 示范法：在实践性教学中，教师示范一套规范性的程序或动作，引起学生相应模仿行为的教学方法。示范法直观形象，可以让学生直观感受作品形式、材料、工具、操作方法和创作过程。教师示范与学生自主完成作业之间有密切关系，而自主学习是在学生掌握了一定知识和技能的基础上才会被唤醒的。表8-4是示范教学时需注意的要点。

② 呈示法：教师借助静态或动态的物象，将某些事物、现象、过程进行直观化展示的教学方法。例如实物、模型、范画、图片、幻灯等教具的呈示，以及参观展览会、欣赏实地表演或观看视频等。表8-5是呈示教学时需注意的要点。

（3）初步练习，正面强化　这一环节主要采用练习法，练习法是指教师指导学生根据要求练习、巩固与运用所学知识，形成技能技巧的教学方法。初步练习任务需有助于巩固所学知识与技能，却并非完整作业（如版画学习中，尝试练习某一种刀法；国画学习中，尝试某一种用笔；等等）。根据练习层次可将练习分为模仿性练习和创造性练习。教师要及时指导学

表8-3　直接教学法的理论基础

理论名称	代表人物	理论要点	理论启发
行为主义	华生、斯金纳等	人的内部反应会产生可观察的行为；刺激可产生相应的行为并导致某种结果，强化会加强行为的发生，反之则消减。	重视学生的亲身体验及实践；对学生的回答和练习及时提供纠正性反馈和正面反馈，不可置之不理，任其随意练习。
社会认知理论	班杜拉	人类的许多学习来源于对其他事物的观察；观察与模仿是人类学习的重要方式。	多采用直观的教学方式，如示范、呈示；重视对学生观察能力的培养；将最新的网络及多媒体技术融入直观教学。
教师效能研究	古德、马扎诺、罗森海因等	教师效能是教师特质、教学能力和行为的综合体，教师效能与学生学习成绩之间存在密切的关联。	教学方法直接影响着学生的学习效果；关注教学过程中学生表现的行为特征，多表扬学生并进行正面强化。

表 8-4 示范教学时需注意的要点

要点	具体化
小步骤示范	将技能分解成若干小步骤，清晰、熟练而准确地示范，便于学生掌握。
配合讲授法	示范时进行必要的讲解，但要注意语言的简短精确，不可喧宾夺主。
讲求实效性	示范时间不宜过长，可将范例制成分解图或半成品，教学时只需要演示关键步骤。
学生主体性	示范的目的不仅仅是为了让学生复制，而是从学生的理解和需求出发，引导他们在掌握了基本的过程与方法后，结合自己的生活进行创作。
评估有效性	示范法建立在学生仔细观察、认真聆听的基础上，请观察学生的反应，及时调整示范节奏。

表 8-5 呈示教学时需注意的要点

要点	具体化
少而精	数量太多反而干扰学习，要具有典型性，质量要精，保证尺寸、清晰度符合教学要求，具有审美价值。
时代性	多关注新媒体及软件的使用，技术促学使教学更具有时代性，呈示物象尽量贴近学生的生活。
生动性	可直接呈示，也可以采用放入黑匣子等具有悬念的形式呈示，以激发兴趣，引发关注、思考和探究。
适时性	适当时机呈示，呈示前后依情况继续呈现或收起教具，不要让教具在其他教学环节分散学生注意力。

表 8-6 练习环节教学时需注意的要点

要点	具体化
要求要明确	要有面向全体学生的明确的基本要求和个性化的可拓展要求，避免学生盲目练习。
小步骤练习	如果练习的程序比较复杂，可将其分解为若干小步骤逐一练习，科学合理地分配练习时间。
反馈需及时	全面关注学生练习情况，提供个性化指导，及时反馈，纠正学生练习中的错误。
有现实意义	将练习与学生兴趣、生活经验相结合，发展动手能力和创造力，提高美术感知和表现能力。
个性化迁移	练习是为了在掌握知识和技能的情况下，进行多样化和个性化创造，因此，不可要求学生练习的结果整齐划一，对中小学生技能练习的熟练程度也不可要求过高。

生，纠正错误的技巧，强化正确练习，尽量给予正面和明确的指导。

（4）深化教学，鼓励迁移 教师布置需要学生独立完成的新作业（课堂或课后作业），鼓励学生运用所学习的知识和技法，结合真实的生活体验创造性地完成较为深入的练习。学生的主动练习和实践有利于新知识的内化，提高美术表现能力和迁移能力。在学生深入练习环节，教师需注意表 8-6 中的几个要点。

（三）优势与局限

直接教学法的优势在于直观形象、高效便捷，适合事实性和程序性知识的教学。通过直观感受和亲身实践，能更好地理解知识和掌握技能，为创造性表现提供知识和技法基础。其局限在于：如果被片面理解或过度使用，容易陷入单纯重视技法学习的沉疴，用枯燥的技法训练磨灭学生学习美术的兴趣，弱化美术教育价值。

请注意：教授美术知识和技法并非只为了让学生掌握它们，而是为了帮助学生拥有能自由表达自己思想和情感的手段，促进美术学科核心素养的健康发展。直接教学法可以与其他教学法（如探究式教学法等）结合使用，在对学生有基本技法要求的基础上，给予学生更多的个性化发展空间。

三、探究式教学法

（一）概念与理论基础

探究式教学法是指教师在具体情境中，以问题为导向，通过激发学生的内驱力，引导学生在解决问题的过程中获取知识并提高思维能力的教学方法。在教学中，教师是引导者与合作者，学生是研究者与发现者，是探究活动的主体。与前两种教学方法相比，探究式教学法更关注思维能力的培养，帮助学生学会学习，成为高效的思考者和积极的学习者。

探究式教学法历史悠久，其教学思想最早可追溯到古希腊哲学家苏格拉底的"问答教学法"，后经卢梭、杜威、施瓦布、布鲁纳、加涅等教育家的进一步发展，现已成为在学校中被广泛使用的重要教学方法。表8-7展示了影响探究式教学法的两种重要理论。

（二）设计与实施

1. 教学设计阶段

（1）**确定教学方法** 确定探究式教学法适用于课程的教学目标和教学内容，且是最佳选择。探究式教学法适用于对元认知知识（元认知是关于一般认知的知识，以及关于自我认知的意识和知识[1]，如学习、思维和解决问题的一般性策略，认知任务的情景性和条件性知识，自我认知等）的学习，适合注重过程目标、不需要一次性学习大量知识或技能，且教学时间相对充足的课程。在一节课中，探究式教学法可以单独使用，也可以与其他教学法结合使用。

（2）**设计问题情境** 探究式教学中，问题的选择非常重要，只有有意义的问题才能引发主动学习。有意义的问题通常具备这几个特征：① 具有能集中学生注意的焦点，比如某种超乎寻常的，或者令学生迷惑不解的现象；② 问题背后蕴含着丰富的学科教育价值和社会教育价值；③ 难易得当，位于学生的最近发展区；④ 与学生的日常生活存在关联。

2. 教学实施阶段

（1）**阐明目标，创设情境** 告知目标及教学流程，能帮助学生更好地完成学习任务；用生动的方式提出问题，将学生带入问题情境，引发学生的好奇心和探究欲望。

（2）**思考问题，提出假设** 用问答、讨论等方式鼓励学生结合已有经验，在思考的基础上提出假设。教师要重视并接受学生的各种想法，不要武断地评价学生假设的优劣，但要注意引导学生明确因果关系和推理的逻辑关系。

（3）**探究问题，验证假设** 帮助学生用多种方式（如寻找资料、做小实验、小组讨论等）对各自"发现"的结论进行交流、对比、辩论、验证假设，发现其中的概念、定义或原理。注意：教师在这一阶段不能做"甩手掌柜"，任由学生盲目探究。这是教师最应发挥指导作用的教学阶段，作为引导者和合作者，教师要在适当时机介入，为学生提供必要帮助。例如，用提问的方式帮助学生拓展研究思路和范围，帮助学生获得更加多样的信息，等等。当然，教师也不可过度介入和指导，变身"保姆"去代替学生想和做。

（4）**得出结论，进行解释** 鼓励学生解释自己的结论，指导学生一起对所得结论进行科学加工，形成科学准确的最后结论，完成"发现"的完整过程，获得对概念、定义或原理的理解。

（5）**反思过程，促进思考** 带领学生分析自己的探究过程，反思思考过程，促进元认知知识的学习。学生会变得越来越有经验，成为"高效的思考者"。

（三）优势与局限

当代认知心理学的发展提醒人们，学会学习比单

表8-7 探究式教学法的理论基础

理论名称	代表人物	理论要点	理论启发
认知发现	布鲁纳	知识是人们基于经验中的材料创造出来的，发现是最主要的教育手段，学会学习比学习什么重要。	重视学生的学习过程，引导学生探究问题，并从中获得研究能力、思考能力和知识的增长。
探究教学	施瓦布	科学即探究，教与学的过程也是一种探究，学生通过探究的方式学习。	帮助学生发现知识是如何形成的；促进更高层次的思考技能；重视内驱力。

纯的获得知识更重要，好奇心是创造性的最初来源。

探究式教学法的优势在于：凸显学生的主体性，更易激起学生的好奇心和学习兴趣；注重对学生心智的培养，能较好地培养思维能力和学习能力；同时，通过探究得到的知识更容易被深度理解而转为长时记忆。教师要根据实际情况，在使用讲授法、直接教学法时适当融入探究式教学法。

探究式教学法的局限在于：如果学生没有足够的探究时间，或者无法获取足够的资料，探究便成为无源之水。因此，探究式教学需要的时间比教师直接讲授用时要长，不适合需要短时间获取大量知识的课程。此外，探究式教学对教师的指导能力要求颇高，无论是课程设计阶段的问题设计，还是授课阶段的指导，都决定着探究式教学的效果和深度。

探究式教学法虽然处于教师主导型教学方法的分类中，但与前两种教学方法相比，探究式教学法中学生的自主性更强。随着学生探究能力的增长，思考越来越高效，在探究活动中可以拥有更高的自由度，也更加接近下面要讨论的教学方法——学生建构型教学方法。

第三节 学生建构型教学方法

学校教育要满足的是现在和未来社会对人才的需求。近100年来，世界的科技、经济，以及人类的生活方式都发生了巨大的变化，很多职业被机器和人工智能替代了，几乎所有职业在新的社会环境中都有着与以往不同的职业要求——能够与人合作、具有创新精神、能运用跨学科综合能力解决问题的复合型人才更能适应未来职场的需求。那么，我们的学校要培养的是什么样的学生呢？是只能被动接受知识的信息接收者，还是具有学习能力和解决问题能力的学习者？答案是显而易见的。因此，致力于培养学生核心素养的教学目标和教学方法应该是多元的。教师主导型教学方法只能满足部分教学目标（如知识和技能学习、

部分思维训练）的要求，对于另外一些教学目标（如合作、创造性、解决问题等）则难以达成，而学生建构型教学方法能更好地实现这些教学目标。

学生建构型教学方法是一种以学生为中心的教学模式，其理论基础来自进步主义、社会建构主义以及现代认知理论。上述理论认为知识不是客观和固定的，在某种程度上应是个体的、社会的和文化的。意义是学习者借助经验建构起来的。[2] 因此，这种教学方法非常重视教育的时代背景以及对学生认知心理的研究，强调学生心智模型的建构、社会性合作、亲身体验和探究等。学生建构型教学方法依据所侧重培养的能力不同，可以分为：问题式教学法、合作学习教学法和讨论式教学法。

一、问题式教学法

（一）概念与理论基础

问题式教学法（Problem-Based Learning，简称PBL），是一种基于问题研究的教学方法，强调真实性学习，指向学科素养和跨学科素养的培养，能促进学生对知识的深度理解，培养批判性思维、合作以及自主探究的能力。教师将课程内容转化成精心设计的问题，学习者在创造性解决问题的过程中获取核心知识和解决问题的能力，以及自主学习和合作学习的策略。问题式教学法的提出是基于对传统教育的反思，法国哲学家莫兰认为世界的未来具有不确定性，人类面临的问题是复杂、跨学科且多维的，而传统的线性思维方式把复杂问题简单化和量化处理了，这是导致社会问题的根源。而问题式教学法采用的是非线性思维，致力于学科综合，能培养学生解决问题的能力，让人类能更好地面对复杂而不确定的未来。

问题式教学法与探究式教学法有很多共同之处，两者都是始于问题的学习，也有很多共同的（主要来自建构主义）理论基础。当然，两者也有区别，问题式教学法更强调学生的自主性，让学生在真实的情境下，像专家一样思考和工作，运用跨学科能力解决真实的问题，其根本目的是为了提高学生的素养、培养灵活的心智、发展高级认知能力、实现对知识的再建

---

1 安德森，等. 布卢姆教育目标分类学：分类学视野下的学与教及其测评：完整版[M]. 蒋小平，等译. 北京：外语教学与研究出版社，2009：42.
2 [美] 理查德·I. 阿伦兹. 学会教学：第九版[M]. 丛立新，等译. 北京：中国人民大学出版社，2016：346.

构。表8-8中简要列举了问题式教学法的部分理论基础。除表中所列，其他理论基础，如布鲁纳的认知发现和施瓦布的探究学习，在探究式教学法中已有阐述，此处不再赘述。

（二）设计与实施

1. 教学设计阶段

（1）**确定教学方法** 根据课程目标、内容和学生情况，确定适合使用问题式教学法。思考学生在学习中需要运用的知识类型和认知策略，问题式教学法适用于概念性知识和元认知知识的学习。

（2）**设计问题情境** 在整个教学中，学生要围绕问题进行探究，因此问题的选择至关重要。有意义的问题才能引发有意义的学习，什么是有意义的问题呢？在探究式教学法中我们已有阐述，这里再强调和增加几点：① **困惑性**，问题应该能吸引注意力，具备令学生困惑不解之处，没有简单固定的答案，具有可探索性；② **真实性**，取自真实世界，与学生生活密切相关；③ **适宜性**，只有符合学生心智水平的问题，对他们来说才具有意义；④ **操作性**，需根据教学时间来确定问题的大小范围，问题的范围不可过大，在时间、空间、资源上要能够保证对问题的探究和解决；⑤ **教育性**，问题背后蕴含着丰富的学科教育价值和社会教育价值，学生在解决问题的过程中能够在学业、认知思维或者社会性学习方面受益。

（3）**准备教学资料** 探究和解决问题需要时间，更需要学习资源的支持，教师要为学生准备适宜的起始文本资料、网络资料，鼓励学生在此基础上研究和拓展。

2. 教学实施阶段

（1）**创设问题情境** 用演示、讲述等方式呈现问题情境，引起学生的认知冲突，把问题与学生生活相关联，使学生卷入问题，感受到问题与自身的联系，激发其产生解决问题的愿望，增强学习内驱力。呈现问题的方式要生动，如讲故事、演示某种现象、新闻报道、布置真实的任务（例如读校长书写的信件，请学生帮助改造校园内的废弃空间）等。

（2）**理解分析问题** 出示引导性材料，帮助学生初步理解问题，定义问题性质，引导学生初步思考解决问题的办法，回顾自己已经掌握的知识和技能，明确还需要学习的知识和技能，以及如何学习。这一过程可以采用集体学习的方式，可参考德莱尔（Robert Delisle）使用的表格样式[1]，帮助学生对问题有初步的认知和解决的设想，见表8-9（表格有改动，已填入【教学案例】初中美术课《新年挂历》中呈现的内容作为示例）。

（3）**探究解决问题** 问题教学法研究的通常是较为复杂的问题，需要学生合作研究（当然，问题式教学法也不排斥单独学习）。教师要指导学生分成学习小组，确定研究子课题，制定研究计划，写清楚时间和任务安排。在研究过程中，教师是积极的引导者和合作者，在学生需要帮助时介入，鼓励他们收集资料数据，学习专家的工作和思维方式，形成假设，进行解释并提出解决问题的方案。解决问题的方案通常需要多个学科领域的知识和能力，能使学生的心智灵活迁移。在此过程中，学习单特别重要，可以帮助学生明确行动的方向和内容。

表8-8 问题式教学法的部分理论基础

理论名称	代表人物	理论要点	理论启发
实用主义	杜威	教育即生活，学校即社会，教育不可脱离社会生活；做中学，学生从经验中学习。	问题要取自真实世界，学生在真实情境下解决真实问题，体验成人角色。
建构主义	皮亚杰、维果斯基等	学生基于已有知识，通过认知和行动建构新知识，个体对已有知识体系的建构与重构是在个体与情境互动的前提下实现的。	问题的难易要符合学生最近发展区，能唤醒学生的已有知识，激发对新知识探索的欲望。
认知分类	马扎诺	认知策略分高阶与低阶，事实性和程序性知识的获取整合及理解分析属低阶认知，决策、问题解决、实验、调查属高阶认知。	教学要发展高阶认知，用高阶认知去包裹低阶认知。学生在运用高阶认知解决问题的过程中获得对知识的学习。

表 8-9　基于问题的学习过程

主意	事实	学习课题	行动计划
• 购买好看的挂历 • 做手工挂历送给老师 • 做真正的挂历，找印刷厂把挂历印出来 • 向校长、老师、家长众筹资金，让大家都能用上我们设计的挂历 • 做电子日历或做屏保 ……	• 在网络上寻找和购买挂历 • 挂历要有统一的主题和风格 • 内容要有意义 • 挂历的设计要图文结合，有艺术性 • 以福建民间美术作为挂历主题 • 注重功能性，有记事功能 ……	• 挂历的种类和形式 • 色彩搭配 • 美术字 • 平面设计 • 福建民间美术 • 民间美术的艺术呈现 • 用文字描述民间美术，并与图像结合 • 电子屏保的制作 • 产品宣传的方式 • 如何和印刷厂沟通 ……	• 分七个小组，分别研究一种福建民间美术，并设计挂历的一页（其中一个小组设计封面） • 到漆线雕商店、老厝等地现场调研 • 除民间美术外，每个小组还要承担一项任务：设计小组研究挂历设计的原则和方式；电子图像小组研究电子屏保的制作；功能调查小组向家长、老师、同学调研对挂历功能的需求；制作小组调研印刷的价格和联系方式；推广小组研究如何宣传推广并众筹资金；等等 ……

（4）展示研究成果　学生可以用作品或者报告等方式展示并交流自己的研究成果。问题式教学法强调真实性学习，研究的问题和成果都是真实的。比如教学案例中的挂历设计，最后是真正的产品，学生在研究过程中扮演了专家的角色。

（5）分析评价研究　带领学生反思整个研究活动，包括关键学科知识和技能的掌握、研究和思考的策略、合作的方式等等，帮助学生进行知识的迁移。最后，采用教师评价、自评、互评等方式评价个人或小组的研究成果。

（三）优势与局限

问题式教学法的优势在于能帮助学生深度学习，提升学生思维品质，培养学生的信息素养，促进对知识的深度理解。但是，这种教学方法在实践中需要更多的资源，比如学生在研究时可能需要校外调查、访问专家等等，因此，课程需要投入的时间、人力、物力可能较多。此外，如果教师的教学观念有偏颇或者理解不正确，问题式教学法也可能流于形式，变成对

教学案例

初中美术课《新年挂历》

单元课程为 6 课时，以问题式教学法为主，在不同教学阶段交互使用讲授法、直接教学法、探究式教学法、合作学习与讨论式教学法等；强调真实性学习，注重高阶思维的培养，学生在真实的情境下，以设计师角色完成真实的任务；通过解决问题培养美术学科及跨学科的多种知识和能力。

1. 创设问题情境：出示挂在学校办公室的挂历，用小视频的方式展示校长与老师们对挂历外观和功能上的抱怨。请学生展示自己带来的挂历，带领学生从外观和功能上进行简单评价，引导学生思考如何解决挂历不合心意的问题。

2. 理解分析问题：教师出示引导性材料以及同学所带的挂历实物，引导学生简要了解挂历的历史、特点和功能；确定制作挂历的解决方案，并将福建民间艺术作为设计主题。在这一环节，老师将表 8-9 画在白板上。根据教学的推进，将学生思考的结果分步记录在表格中。① 开始阶段，将学生提出的所有解决方案填写到"主意"一栏。② 将与主意相关的解决思路填写到"事实"一栏。通过讨论，确定解决方案为设计制作一本真正的挂历，并附加电子屏保；③ 讨论制作挂历需要学习的知识和技能，填入"学习课题"一栏。④ 确定分组，制作小组行动计划并填写到"行动计划"一栏。（见表 8-9）

3. 探究解决问题：依照"像设计师一样设计"的过程（同理心—需求定义—创意构思—原型实现—实际测试），每个小组制订更加详细的研究计划，独立开展研究，并展示研究结果，互教互学，最终完成挂历的设计、制作、印刷与宣传。

4. 展示研究成果：举办发布会，学生介绍挂历在艺术、教育和功能等方面的特点及设计过程，并交付给众筹对象——老师、家长或社区居民。

5. 分析评价研究：带领学生从研究方法、产品设计、民间艺术研究等角度反思，正面评价学生的研究和产品。

资料来源：厦门大学黄珊提供。

1　表格样式来源：[美] 德莱尔.问题导向学习在课堂教学中的运用[M].方彤，译.北京：中国轻工业出版社，2004：54.

问题的肤浅研究和解决，无法促进学生对学科核心知识的理解和学习能力的提高。

二、合作学习教学法

（一）概念与理论基础

在现代社会，合作是一项重要的生存技能，很多工作都需要成员间的高度合作。当代教育家罗米索斯基在20世纪80年代初即提出：人际交往技能同认知技能、心理动作技能、反应技能一样，必须在学校教学中占有重要地位。合作学习是指在教师的指导下，学生以合作学习小组为基本形式，在全体学习成员相互协作、充分发挥自身及同伴学习优势的基础上，共同完成学习任务的教学方法。这种学习方式的价值在于它不仅有助于学生学习知识、获得技能，还有助于他们发展社会关系和人际关系。合作学习教学法有着广泛的人本主义心理学、社会心理学和认知心理学理论基础，如马斯洛需求层次理论、社会互赖理论、接触理论、动机理论、社会凝聚力理论、建构主义、认知精制理论等也影响了合作学习教学法的构建。表8-10中简要列举了其中重要的三种理论。

（二）设计与实施

1. 教学设计阶段

（1）确定教学方法　在合作学习教学法中，教师需要根据教学目标、内容和学生情况确定课程采用哪种小组合作学习模式。理查德·I.阿伦兹归纳了以下四种小组合作学习模式。[1]

① 小组成绩分工法：根据个性、能力、成绩等差别将4~5名学生组成异质小组，教师授课后，小组成员用讨论、互相评分等方法互助学习以掌握学习内容，最后独立参加个人测试，个人成绩主要依照纵向评价的方式确定。

② 拼图组合法：将学习内容分割成若干份，交给学习小组，小组成员分别负责研究其中的一个部分，并且将掌握的内容教给其他成员，最后，独立参与测试，确定个人成绩。

③ 小组调查法：在教师所确定的学习领域中，小组成员需要自己寻找研究主题，计划并实施合作学习，最后在总结研究结果的基础上选择合适的方式展示小组研究的结果。

④ 结构法：为了某种学习目标（如学习学科知识与技能，或者学习合作、倾听、讨论等社会技能）将学生分成人数不等的学习小组，通过完成教师安排的任务来达成目标，小组学习的方式取决于教师需要达成的目标。

（2）选择学习内容　一般来说，合作学习法适用于较为复杂或较高层次的认知学习任务，或者需要培养人际交往能力及其他社会技能的学习任务。教师在选择学习内容时要遵循趣味性、探索性与挑战性结合的原则，既要激发学生兴趣，又要与学生先前经验相结合，做到难度适中。教师给学生提供的纸质学习资料或网络资料均要符合以上要求。

表8-10　合作学习教学法的三种理论基础

理论名称	代表人物	理论要点	理论启发
建构主义	皮亚杰、布鲁纳、奥苏贝尔等	在同伴学习中，同伴间的认知冲突会促进学习者间的积极互动；知识是由学习者建构的，建构发生在与他人的互动中，同伴是重要的互动对象。	尽量根据性别、认知特点、能力水平、性格等差异组成异质小组。
社会互赖	勒温、道奇、约翰逊兄弟等	积极互赖（合作）产生积极互动，个体之间相互鼓励和促进彼此的学习努力。消极互赖（竞争）通常产生反向互动，个体之间相互妨碍彼此取得成绩的努力。在没有互赖（个人努力）存在的情境下，会出现无互动现象。[2]	小组合作教学的评价方式要指向合作性而非竞争性。成员的个人成绩与小组成绩要正相关。
认知精制	斯莱温、韦伯等	如果信息要在记忆中储存下来，并与记忆中原有的信息相联系，学习者便必须从事对某种材料的认知重组或精制。精制最有效的方式之一是向他人解释资料。长期以来对同伴互教活动的研究发现教者和被教者在成绩上都能从中受益。[3]	鼓励小组成员间的互动，每一位小组成员要对自己的任务负责，并用自己的语言将研究结果教授给其他成员。

（3）**划分学习小组**　合作学习小组并非随意形成的，而是教师在充分考虑多种因素（如学生的学习及社会性发展目标、学生能力水平现状、家庭背景、性格情感特征等）的基础上把学生分成异质小组，小组的人数一般以4~6人为宜。

（4）**确定任务与评价**　评估学生是否具备小组学习经验，为他们准备合适的学习单，以帮助学生理解小组学习的目标、方式、过程以及评价标准，促进学生产生对合作学习的认同。

（5）**安排时间与空间**　合作学习依赖小组互动，学生间需要相互交流思想，这比教师直接讲授更耗时，需要更多的时间资源，因此教师要合理计划。在空间上，如果条件允许，可以尝试灵活安排座位，以便于小组讨论。

2. 教学实施阶段

（1）**阐明目标，创设情境**　在导入阶段创设能激发学生探究欲望的问题情境，阐明小组学习的方式和目标，学生了解学习的价值后会增加学习的内驱力。

（2）**呈现信息，引入新知**　呈现和问题有关的材料，帮助学生初步了解将要探究的主题，鼓励学生对问题做出试探性反应。

（3）**组织分组，确定任务**　确定想要研究的问题，帮助学生组成学习小组，分配各自的研究角色和任务，鼓励学生用任务单等形式明确分工。

（4）**小组学习，指导监督**　帮助小组展开研究，根据学生的能力水平进行指导，不过分干预也不放任，鼓励小组成员间的沟通，帮助学生掌握学习方法。

（5）**成果展示，学业评价**　学习小组展示本组的学习、研讨结果，教师总结、评价各组的学习并做必要补充，教师在评价中要综合考虑小组共同成果以及个人的贡献。

（三）优势与局限

合作学习教学法的优势在于：能发展学生的社会交往能力，而社会交往能力能增加认知的复杂性，帮助学生理解和掌握知识，并获得能力增长。在与同伴的合作学习中，学生承担责任、协作学习，集体观念和责任意识得到提升，同时还拥有发现自己和同伴优点与专长的机会。

合作学习教学法的局限在于：需要充足的教学时间，不适合需要短时间内完成大量教学任务的课程。合作学习需要学生通过合作进行有效学习，如果只注重形式而忽略了对合作学习方法的训练，不重视教师的引导作用，合作学习将会流于形式，无法真正发挥其教育价值。

三、讨论式教学法

（一）概念与理论基础

讨论式教学法是指教师指导学生以班级或小组为单位，以集体讨论、辩论等方式就某一课题各抒己见、相互启发，以获取知识、形成技能和发展能力的教学方法。本章中，我们已经讨论了五种教学方法，无论实施哪种教学方法都少不了课堂讨论，讨论法是教师教学的基本方法，能提高学生的沟通能力、口头表达能力以及思维的积极性。然而，并非所有的课堂讨论都是有效讨论，例如：随意的对话不是讨论，如果教师在讨论开始时就清楚地知道讨论的结果——让学生认同教师的观点——这也不是真正的讨论。真正的讨论不是为了确立某一种观点的正确性，而是期望通过师生间思维的碰撞产生新的灵感或者拓展思维的深度。讨论式教学法的理论基础来自语言及沟通模式等领域的研究，如对话与认知研究、对话模式研究等。这些研究探究了课堂对话的特点，认为对话与思维关系密切，对话是促进学生思维能力提高的重要途径。

（二）设计与实施

1. 教学设计阶段

（1）**确定教学方法**　在实际的教学中，讨论式教学法大多与其他教学法结合使用，教师要根据课程目标、内容和学生情况，确定适合的讨论式教学法。明确是为了检查学生对知识的理解，还是为了提高学生的思维能力和交际能力，不同的教学目标会影响讨论法的具体实施。学生情况也会影响讨论的教学效果，教师要分析班级学生的心智水平、认知情况及交流能

---

1 [美]理查德·I.阿伦兹.学会教学：第九版[M].丛立新，等译.北京：中国人民大学出版社，2016：356-358.
2 王坦.合作学习的理论基础简析[J].课程·教材·教法.2005（1）：31.
3 沈权.现代合作学习的理论基础探索[J].中国教育学刊.2003（7）：42.

力，设计适合学生讨论的问题及方法。理查德·I.阿仑兹提出了三种讨论的具体方式。

① 背诵：用问答的方式了解和检测学生对知识的理解和掌握。② 探究：为了探究某个问题而进行的讨论，鼓励学生提问、推理和解释，教师要帮助学生关注自己的推理过程。③ 分享：分享个人的经验，帮助学生有逻辑地用语言表述自己的观点。

（2）制订讨论计划　① 指定讨论题目：讨论的题目必须对学生具有意义，要与教学内容相关、具备教育性、符合学生的心智水平、能吸引学生的兴趣、贴近学生生活。② 思考提问策略：避免提出封闭性和模糊性的问题，多采用发散式问题。③ 确定讨论规模：根据目标和内容确定课程使用讨论法的规模，例如，是集体讨论还是小组讨论，需要多长时间。④ 安排教室空间：讨论时学生最好能轻易地看见彼此，因此，可以根据参与讨论的人数规模采用 U 型或分组聚散式座位安排。

2．教学实施阶段

（1）确定讨论主题　用清楚讲述、生动演示等方式提出讨论的主题和教学目标，吸引学生的兴趣，讨论主题要具备学习的驱动力。

（2）指导学生讨论　在讨论中，教师要教会学生讨论策略，聆听学生对自己看法的阐述，尊重每一位学生的观点，在适当时机介入指导。思考是需要时间的，教师要改变提问后立刻要学生回答的习惯，给予学生思考的时间，同时，要对学生的回答做出回应。

以下按四个教学阶段来讨论教师的指导策略。

① 参与讨论阶段：教师应及时表扬参与讨论的小组和学生，以促使全员参与。以小组为单位的表扬，有助于小组内的合作。

② 质疑阶段：面对涌现的各种问题，教师迅速对问题的讨论价值做出判断和决定。是否有进一步探讨的意义？范围如何？是全班还是小组性课题？如果学生有要求教师说明的明确提问，教师应在做出评价的同时，给予正确应答。

③ 对立、分化阶段：讨论的题目既要难易适当，又可步步深入，应处于学生已知与未知之间，既使学生感到困难，但又觉得似乎能解决。其中包含着多种答案的可能性，富有挑战性。教师要引导学生明确强化问题，使之成为学生自我学习的动力。讨论要限定内容，但不可限定答案，鼓励学生思维的碰撞与分化，在已知和未知之间建立连接知识和思维的桥梁，激发学生的思考力。

④ 深入提问阶段：这是围绕学科内容不同的理解而产生争论和表达的过程，是思维走向深度的表现。教师可采用追问的方式，如"可以进一步解释一下吗？""但是……"等语句，促进学生深入思考。

（3）总结评价讨论　在结束部分，教师总结讨论后产生的观点，进行知识的拓展；同时帮助学生反思讨论时出现的状况，学习讨论的规则和策略。

（三）优势与局限

讨论式教学法的优势在于：讨论大多针对复杂而矛盾的问题，无固定答案，会产生思维的分化、对立和碰撞，能使学生注意到以前未注意的事物，激发思维，诱发和促进表达的发展，从而深化学生的主体性思考和主体性学习。其局限在于：学生由于个性的差异，在讨论中的表现也不相同，有的学生羞于在课堂上表达自己的观点，有的学生则乐于分享。这需要教师在讨论时采用一些策略帮助内向的学生表达自我，也使"讲得太多"的学生学会倾听。

美术教学方法是极其丰富多样的，随着现代教学理论与实践研究的不断深入，更多的教学方法会不断涌现。教师在选择教学方法时要综合考虑教学的各相关因素，根据各类教学方法的特性做出合理选择，并能按有效教学的原则加以组合。一般来说，教师选择教学方法的依据有这样几个因素：教学目标、教学内容、学生情况以及教学条件。

就像本章开始时所强调的：教学方法没有绝对的优劣之分，每一种方法都有自己的优势与局限，并不存在能够满足所有教学目标的教学方法。每一种教学方法都有其自身的特性或适用范围，现代教学活动也不可能寻找到一种"万能"方法或"最佳"程序。因此，教师在选择和运用教学方法时要有灵活性，能够在课程中将不同的教学方法组合运用。

示范性案例 9

单元课题	面塑人物群创作——镇江锅盖面		教学对象	七年级	课业类型	面塑
基本问题	如何用传统的镇江面塑来表现镇江现代的生活场景？	小问题	1. 镇江有何非遗项目值得学习和表现？ 2. 镇江面塑大师作品的艺术特点是什么？ 3. 如何传承镇江面塑人物的制作方法？ 4. 怎样设计出具有镇江特色的面塑人物群？ 5. 创作中如何处理传承与创新的关系？ 6. 作品有镇江面塑的艺术特点和镇江的人文特征吗？			
单元设计思路	"面塑人物群创作——镇江锅盖面"是我校开设的校本课程《面塑》中的一个单元。通过对当地面塑民间艺人沈建国的田野调查和拜师学艺，探寻镇江面塑创作的主题与方法，以及人文性、历史性和社会性，加深学生对面塑文化的理解。以学生耳熟能详的镇江"三怪"之首——面锅里面煮锅盖的"镇江锅盖面"为主题，搜集古代、现代镇江锅盖面的资料，设计并画出制作锅盖面的人物、餐具、场景，全班合作完成面塑人物群创作。 本单元在教学方法上，师生一起调研镇江非遗文化——面塑、锅盖面，确定"镇江锅盖面"这一创作主题，通过合作学习教学法、问题式教学法、讨论式教学法来进行采访、考察，获取直接经验和间接经验，学习民间艺人的创作方法。教师通过讲授法、演示法以及比较法指导学生欣赏、讨论面塑作品，学习、传承其艺术特色。运用探究式教学法，以问题为导向，指导学生借鉴面塑艺人塑造人物的方式方法，解决自己在制作中遇到的问题。通过小组交流讨论，选取锅盖面制作过程中人物、餐具、面条等方面的素材设计草图，确定各小组的创作内容。然后分别寻找各种材料与方法，表现面馆中人物群场景。用一个个小问题引导学生对传统面塑人物造型、色彩等方面进行思考、学习和传承。最后，各小组进行面塑人物群创作汇报与交流，完成自评和互评，分享学习成果。					
单元目标	**知识与技能**：对以工艺美术大师沈建国为代表的镇江面塑技艺进行田野调查，学习镇江面塑的艺术特点；结合镇江非遗——锅盖面进行主题创作，用传统的面塑方法表现现代镇江锅盖面人物群作品。 **过程与方法**：调研镇江非遗——文化面塑、锅盖面—欣赏镇江面塑艺术特色—拜师学习面塑艺术制作方法—寻找各种材料创作锅盖面相关人物和场景—锅盖面面塑人物群展览汇报与评价。 **情感态度与价值观**：在镇江锅盖面面塑人物群主题创作中，产生传承家乡非遗的意识和使命感，感受到自主、合作、探究学习方式带来的乐趣，体会集体创作的成就感。					

	主题	欣赏	技法	构思	创作	展评
主要任务	以锅盖面为主题创作面塑的分工与调研	欣赏镇江面塑的艺术特点	拜师学习沈建国的面塑技法	设计镇江锅盖面场景创作草图	寻找各种材料创作锅盖面相关人物与场景	镇江锅盖面面塑人物群展览汇报与评价
评价对象	明确任务	欣赏小报告	临摹作品	设计草图	完成作品	展出和评价
权重	10分	10分	10分	10分	30分	20分
学习档案袋	10分					

评价方案（见上表）

一、主题	**小问题**：镇江有何非遗项目值得学习和表现？ **学习目标**：1. 初步感受镇江面塑的艺术特色，学会采访。2. 了解地方非遗——镇江锅盖面的现状。 **主要活动**：1. 进行基于问题的学习，采访前，通过学习单明确任务，查阅并了解面塑工艺大师沈建国的资料和作品。2. 实地采访沈建国，考察镇江锅盖面店，生成主题。学生分工合作，观察记录、整理资料、收集素材、确定主题、PPT汇报。
二、欣赏	**小问题**：镇江面塑大师作品的特点是什么？ **学习目标**：1. 研究以沈建国为代表的镇江面塑的制作工艺。2. 学生欣赏、讨论沈建国面塑工艺作品创作过程中的情感表达。 **主要活动**：1. 教师通过讲授法、演示法和讨论法引导学生研究沈建国的面塑作品；2. 学生讨论、总结镇江面塑艺术特征；3. 写出面塑欣赏小报告。

三、技法	小问题：如何传承镇江面塑人物的制作方法？ 学习目标：1. 学习面塑工艺大师处理人物造型的程式化制作方法，临摹一个面塑人物。 主要活动：运用探究式教学法，学生通过视频、微课等途径。1. 研究沈建国塑造人物头部、身体和四肢的程式化制作方法，临摹一个面塑人物；2. 能灵活运用镇江面塑色彩和掌握基本的搭配方法。	沈老师示范人物头部制作　学生制作的人物头部
四、构思	小问题：怎样设计出具有镇江特色的面塑人物群？ 学习目标：1. 以锅盖面制作过程中人物、餐具、面条的造型为主题，进行构图。2. 查找并借鉴与镇江锅盖面相关的美术作品（面塑、线描、国画等），完成草图设计。 主要活动：在学习单的引导下，小组选定主题创作中要捏塑的人物形象，收集参考照片或美术作品，以小组为单位讨论研究，完成创作草图设计。	
五、创作	小问题：创作中如何处理传承与创新的关系？ 学习目标：1. 寻找各种材料、方法，以人为本，表现现代镇江人的生活场景。2. 传承传统面塑概括夸张的人物造型、对比强烈的色彩等艺术特征，合作完成镇江锅盖面人物群面塑作品。 主要活动：利用先行组织者，学习传统面塑人物在造型、色彩等方面的技法。在小问题的引导下，学生以小组为单位，在草图基础上，根据已收集的素材创作不同角色的面塑人物造型、锅盖面的相关场景和各种道具；分工合作，完成锅盖面人物群面塑作品。	
六、展评	小问题：作品有镇江面塑的艺术特点和镇江的人文特征吗？ 学习目标：1. 各小组制作PPT，交流创作的镇江锅盖面人物群场景作品并进行组员自评、组间互评。2. 开放地传承和发展镇江面塑。 主要活动：全班合作设计创作作品展评，引导学生从草图设计、材料选择、小组讨论、制作步骤及方法、制作后的感受五个方面来介绍自己小组的作品，并按要求自评与互评。	

资料来源：江苏省镇江中学附属初中曹娴老师。

案例点评

单元课程"面塑人物群创作——镇江锅盖面"关注美术学科核心素养，具有以下特点：① 注重真实性学习。教师并非让学生简单地接受、重复、再现和应用知识与技能，而是注重培养高阶思维。引导学生在基本问题的指引下，对真实性学习任务展开有深度的研究，创造性地学习和运用知识与技能。学生在解决问题的过程中不但学习了学科知识与技能，还获得了各种能力的增长。② 多种教学方法的灵活交互使用。教师以问题式教学为主，穿插使用多种教学方法。在主题阶段，确定了研究问题以及合作学习方式，用实地调研让学生亲身感知研究主题；在欣赏阶段，以教师的讲授、演示为主，结合讨论能更加高效地引导学生发现面塑的艺术特点；在技法阶段，将直接教学法与探究式教学法相结合；在构思与创作阶段，将练习法与讨论、探究等教学方法结合，使学生创造性地运用知识与技能；在展评阶段，以合作与讨论教学为主，重视学生的主体地位。

【学习单 8-1】

改进【大单元1】中六个不同课型的小单元的教学方法的设计，要运用小组的智慧和力量发现并改正错误。

重点提示：

【大单元1】中六个小单元的课型不同，主要的教学方法也不一样。"主题"必须通过教师讲授和学生讨论深化对主题的理解；"欣赏"也必须由教师引领学生学习欣赏四步法，举一反三，学会欣赏；"技法"课中，低幼儿童的绘画可以鼓励他们自由表达，但中国画、泥塑、版画等必须先由教师示范，学生掌握基本方法后再创作；"构思"主要是启发引导，必须由教师组织；前四个小单元教学到位，"创作"课就能让学生有更多空间自主学习，且有序、顺利、有效，否则就要不断地返工、补缺，影响创作活动的进展和成效；"展评"则侧重于展评活动的策划和组织等。所以，大单元教学的课型、活动丰富，有针对性地设计教学方法变得更复杂、更有难度，也更重要。

【学习单8-2】
1. 根据交流会的学习结果改进教材，打印装订，完成民间美术【教材】编写任务。
2. 认真学习【学习单8-3】教参编写模板，按要求布置【教参】编写任务；分工设计"课程分析"部分。
具体要求：
1. 明确任务。民间美术【教参】包括课程分析、参考教案（即【大单元2】）、教学建议三大部分，需要按【学习单0-5】教学日程表分六周时间完成。
2.【教参】的"课程分析"又分为课程性质（核心概念的定义、课程性质、课程特征）、课程意义、课程内容与结构等部分，要具体分配给各组员研究和完成。

【学习单8-3】

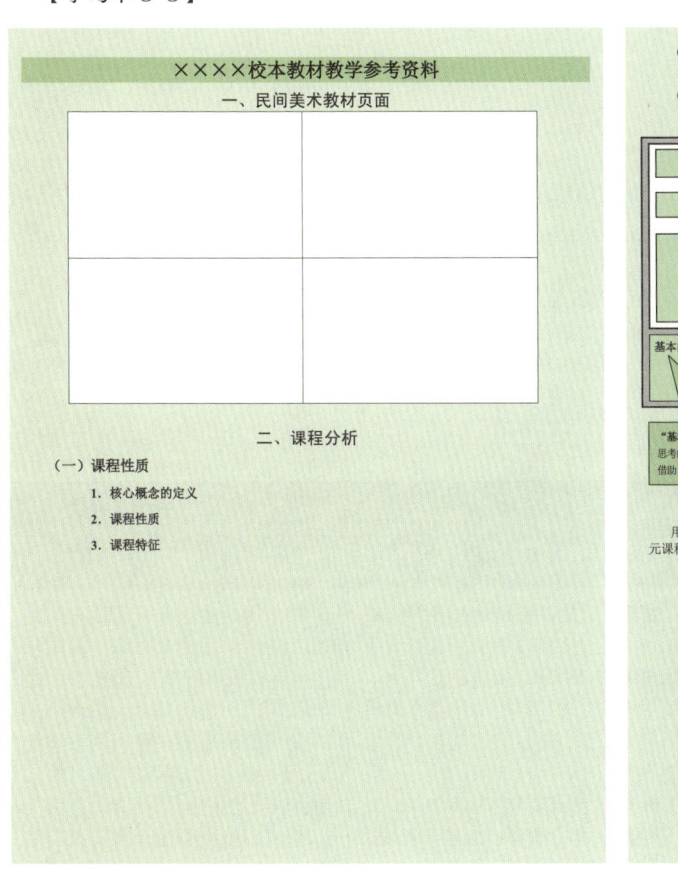

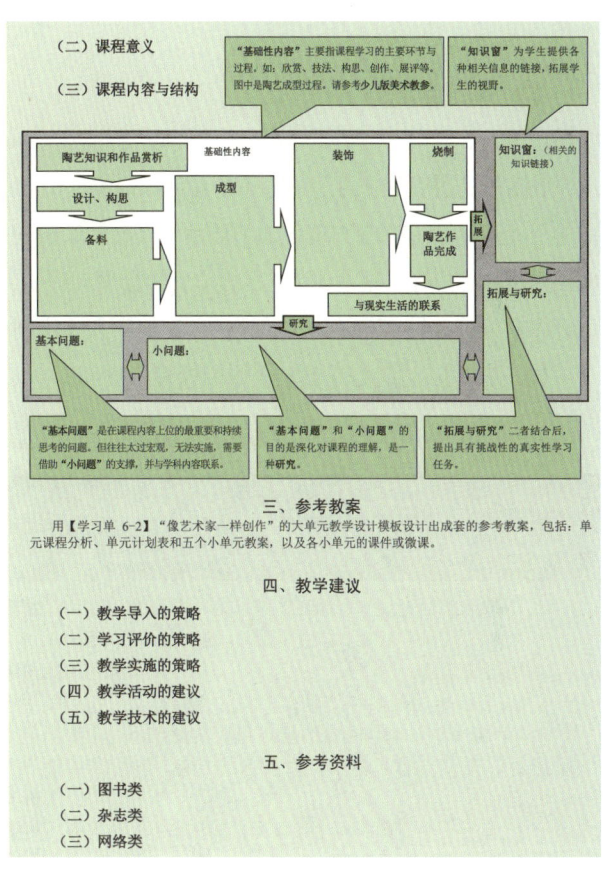

思考与练习

识记：教学方法、教师主导型教学方法、学生建构型教学方法、各种教学方法的概念和特点。

理解：1. 简述教学方法的重要性及选择依据。

2. 谈谈你对某种教学方法的优势与局限的认识，以及在教学设计中的运用。

3. 比较研究后，以图表方式归纳各种教学方法的特点与局限。

建议阅读

1.［美］理查德·I.阿伦兹.学会教学：第九版［M］.丛立新，等译.北京：中国人民大学出版社，2016.

2.［美］莫妮卡·R.马丁内斯，［美］丹尼斯·麦格拉思.深度学习：批判性思维与自主性探究式学习［M］.唐奇，译.北京：中国人民大学出版社，2019.

3. 夏雪梅.项目化学习设计：学习素养视角下的国际与本土实践［M］.北京：教育科学出版社，2018.

第九章 美术资源与技术

基本问题：

如何用信息技术促进美术学习革命？

学习目标

【任务一】【任务三】：知道并理解美术资源、美术教学传统媒体与技术、现代信息技术、基于现代信息技术的学习革命、创客教育与现代加工技术等概念；了解美术教学中不同媒体与技术的优势及局限；做到能选择合适的美术资源、媒介与技术促进美术教学；学会用现代加工技术开展创客教育。做到在自己的真实性学习任务一教案设计中有效使用传统技术与现代技术；使用信息技术制作微课，运用基于现代信息技术的学习革命的相关知识。

【任务二】：设计好【教参】中的课程分析部分。

师生共建			
	课前	课中	课后
教师	1. 第九章研究美术资源与技术，是促进教师的教和学生的学，做出作品和解决问题的工具。 2. 上传相关的参考文献；了解并指导"小老师"对本章内容的理解和教学设计，强调本章教学中信息技术的有效运用。 3. 指导"小老师"在【大单元1】中有效使用传统技术与现代技术，指出他们微课制作中的问题。	1. 关注"小老师"是否正确理解各核心概念和教学技术的合理运用等重点；能否有效选择使用教学媒体与技术，促进有效教学。 2. 关注他们能否发现并纠正师范生【大单元1】中对教学资源、传统技术与现代技术选择使用的问题。 3. 组织评价组对讲课组提问和点评；对"小老师"的教学进行点评、纠错和补充；要突出教学重点。 4. 提醒师范生设计好【教参】的课程分析。	1. 要求师范生进一步阅读相关文献，深入学习美术资源、媒体与技术，以及基于现代信息技术的学习。 2. 要求师范生改进各自的【大单元1】中传统与现代媒体技术的运用，以及相关的学习活动。 3. 要求师范生分工合作，深入理解民间美术资源，设计好【教参】的课程分析。
"小老师"	1. 钻研教材，查阅相关文献，理解本章教学资源、媒体与技术、基于现代信息技术的学习革命等重要概念，设计好本课教案及课件。 2. 设计一些利用手机APP（应用软件）解决问题的活动。 3. 在自己的【大单元1】中有效使用传统与现代教学技术。	1. 抽查师范生的【大单元1】，通过提问、讨论发现问题；示范自己的【大单元1】教案的改进，指导师范生发现教学资源、媒体与技术方面的问题。 2. 运用游戏、连线等策略与方法，引导师范生深入理解民间美术资源，完善【教参】设计；有效使用传统与现代技术，理解基于现代信息技术的学习革命。	1. 总结本小组的教学设计和教学活动，完成小组的教学反思和个人自评报告。 2. 把课件改进后上传至线上学习平台；用手机APP完成本章教学的微页，并发送至班级群。
师范生	1. 预习本章内容，上网阅读相关文章，记下不能理解的问题。 2. 按照本章要求，在自己的【大单元1】中，有效使用传统与现代教学技术。 3. 设计好【教参】的课程分析。	1. 带来设计好的【大单元1】打印稿，积极参与教学互动。 2. 通过听课和小组讨论发现并标注【大单元1】中媒体与技术选择使用方面存在的问题，课后修改调整。	1. 进一步阅读网上文献。 2. 修改与完善【大单元1】中媒体与技术使用方面的问题。 3. 分工合作，设计好【教参】的课程分析。

第一节　美术教学资源类型

教学资源指支持教学活动的各种资源，是为教学的顺利进行提供的物质保障。美术教学物质资源的完善程度是衡量中小学美术学科建设、美术教学水平的重要标志之一。

一、校内美术教学资源

中小学校内美术教学的物质资源包含美术专用教室、必备的课桌、多媒体教学设备等，此外，还包含校园内美术教学环境的创设。

（一）校园的美术环境

美术教学环境就是中小学校园环境的设计及其所体现的校园文化氛围，它将潜移默化地影响着学生的成长。环境也是"教育"的一部分，为此，现代学校正致力于打造富有创造性和艺术气质，且符合中小学生心理特点的教学环境，这将对学生的成长以及美术素养的提升产生积极的影响。学校因所处的地域不同，会各具建筑和文化特色。室外活动场地除了种植花草树木之外，还应注意建筑外墙的美化，如墙面色彩的搭配，设置装饰性的壁画和浮雕，悬挂美术作品等；校园内还可以设置宣传栏、小画廊、景观小品、点缀雕塑等；室内如门厅、走廊、食堂、会议室等，都可以画上壁画或悬挂各种美术作品，既能美化环境、营造校园特色文化，又能给学生以直观审美感受和文化陶冶。所有这些，既是学生们观察、欣赏的景物，又可作为写生的对象。

（二）教室的美术环境

除了美术专用教室要功能明确、有浓厚的美术环境氛围以外，在普通教室中也应该开辟一些墙面空间展示本班学生的美术作品，或通过黑板报营造艺术氛围。而且对于处于具体形象阶段的小学生而言，形象生动、想象力丰富的美术作品还能促进其他学科的学习。

（三）美术角

美术角是普通教室的一角，是一个供学生自由欣赏和创造的活动空间，是学校中最小的美术环境。美术角可以放置一些画册、美术常识类书籍、若干简易的美术创作工具和材料，也可以陈列各种小型的学生作品；有时也可放置一些应时的盆栽花草，能改善教室的生态，也提供给学生观察或表现植物的机会。需要强调的是，学生在美术角的活动是一种自发、自主、自由的活动，也许还包含一些突发奇想、灵感闪

📝 教学案例

留给母校的美术作品

日本茨城大学附属小学规定，每届学生毕业时都要给母校留下一件美术作品，每届学生都参与了美化自己的母校。

教学楼大厅两侧墙上留下了某两届毕业生的作品。作品创作时要求每个学生做一片树叶或一只小鸟，要在背后写下自己的人生诺言。作品完成时学校举行隆重的仪式，学生宣读自己的诺言，然后贴到墙上，并约定在20年后摘下这些树叶或小鸟，检验是否践行了自己的人生诺言。

资料来源：王大根2003年10月摄于日本茨城大学附属小学。

现和即兴创作。美术角对学生美术能力、创造力及个性的发展有着不可低估的作用。

上述各种环境中所用的绘画、壁画、雕塑、设计、手工等美术作品，可以是经典名作的复制品，但最好是学生的作品（如集体创作的壁画或浮雕），能极大地激发学生美术创作的热情；更重要的是使校园成为由学生自己参与营造的学习和生活的场所。这不仅能体现学校是学生的情感与思想的精神家园，又能突出具有地方特色、"以学生发展为本"的校园文化。

二、校外美术教学资源

（一）地方的美术教学资源

新课程强调开发校本课程，增强课程对地方、学校及学生的适应性。教师可以利用身边的本土资源开发有地方特色的校本课程，如：当地的山川河流、有特色的动植物等自然资源，美术馆、博物馆、人文古迹、传统工艺、民间习俗、曲艺戏剧等丰富的文化资源，有些被列为非物质文化遗产的资源尤其值得关注。从中不仅能吸取多种美术知识与技能，还能让学生了解和热爱自己的家乡。

（二）校外美术教学人力资源

美术教学的人力资源主要指授课老师，其美术表现能力、教学风格等相对比较单一。新课程强调"加强课程内容与学生生活以及现代社会和科技发展的联系"，"积极开发并合理利用校内外各种课程资源"，尤其要充分利用当地美术方面的人力资源，如本校有美术专长的其他学科教师、其他学校有美术特长的美术教师、民间艺人、有一技之长的学生家长、当地的专业美术家、美术馆或博物馆的美术评论家等，都可以通过"请进来""走出去"的方法，请他们参与学校的美术课、选修课、美术社团或兴趣班的教学。

随着现代信息技术及交通工具的日益发达，甚至有可能与国外的学校与教师建立联系，开展远程美术教学、双方学生进行线上美术创作交流、外国教师开展线上专题美术讲座等形式多样的教学活动，当然也可以聘请外籍教师直接来学校任课，从而使学校的美术课更加丰富多彩，更有特色，也更有利于学生的多方面发展。

第二节　媒体与技术

一、关于教学媒体

媒体是人与人之间实现信息交流的中介，即信息的载体，也称为媒介。多媒体就是多重媒体，可以理解为直接作用于人感官的文字、图形、图像、动画、声音和视频等各种媒体的统称，即多种信息载体的表现形式和传递方式。教学媒体是指在教学活动中承载和传递教学信息的媒体。使用教学媒体的目的是按照教学需要和学生特点，从范围、形式、结构、功能等方面对客观事物进行改造，使之成为便于学生接受的信息。

二、关于教学技术

技术有多重含义，从单纯的硬件到解决问题的具体方法，都可以称为技术。教学技术学是一种设计、实施和评价特定目标下的整个教学过程的系统方法，以人类对学习理论和传播理论的研究为基础，并利用人类和非人类资源的结合，实现更有效的教学。教学技术是设计、开发、利用、管理和评估教学过程和教学资源的理论与实践。

媒体与技术是进行美术教学活动必不可缺的硬性条件。教学媒体及技术的迅速发展使其在教学活动中发挥着越来越大的作用。

三、教学媒体与技术选择的依据

教学媒体与技术选择并不是最新、最潮的就最合适，需要综合考虑以下因素。

1. 学生特征

学生特征主要指学生的年龄、认知结构、兴趣、态度、动机等。比如，某些动画片可以当作中小学美术课的启发性材料，但用成人的某些电影就未必合适。

2. 学习任务

学习任务主要指美术学习内容与目标等因素。有的教学内容必须用图像或实物展现，如造型或色彩；有的则需要教师示范，如持木刻刀、国画执笔等，微

> **信息链接**
>
> **21 世纪的核心技能之"信息素养、媒体素养和 ICT 素养"**
>
> 信息素养
> - 能有效地获取有用信息，能批判性地评估信息，能准确有创意使用信息来处理面对的问题或事件。
> - 对信息获取和使用的道德／法律问题有基本的理解。
>
> 媒体素养
> - 了解媒体传达信息的方法、目的，使用的工具、特点和惯例。
> - 研究如何以不同的方式解读信息，有正确的价值观看待信息而不被媒体等因素影响。
> - 对于围绕信息获取和使用的道德或法律问题有基本的理解。
>
> ICT（信息、通讯和技术）素养
> - 合理使用数码技术、通信工具和用网络来访问、管理、整合、评估及创建信息，以便在知识经济中发挥功能。
> - 将技术作为一种工具用于研究、组织、评估和沟通信息，并且对围绕信息获取和使用的道德或法律问题有基本的理解。
>
> 资料来源：[美] 伯尼·特里林, [美] 查尔斯·菲德尔.21 世纪技能：为我们所生存的时代而学习 [M].洪友, 译.天津：天津社会科学院出版, 2011：61—66.

视频能更清晰地展示教师的示范，并可重复观看；3D 打印、激光雕刻等数字技术能多样地呈现学生的作品；等等。

3. 教学管理

教学管理包括活动规模、教师能力、活动安排等。大班、小班和个别化活动所使用的媒体常常不同，如十多台电脑可用于小班活动，但不适用于大班。选择活动媒体还受到教师能力和活动安排等因素的影响，比如教师不会操作某些新设备，就无法运用；若教师不善于管理，也会使教学秩序失控，导致教学的失败。

4. 媒体特点

媒体特点包括六个方面：① 媒体资源，即媒体硬件、软件的现有储备或添置的可能性。② 媒体功能，即媒体显示信息的特性能否满足活动的需要，如图像质量、尺寸大小、静止或动态、语音或文字、智能化程度等。③ 操作性能，媒体操作的方便程度，以及掌握操作方法所需时间。④ 适应性，即媒体在不同情况下的适应性，几种媒体配合使用的可能性及其效果。⑤ 质量，媒体使用时性能的稳定性。⑥ 使用环境，媒体使用时对所需场所要求，对建筑设施的要求。

5. 客观因素

主要涉及媒体的易获性、适用性等，包括资源状况、经济能力、师生技能、管理水平等因素。因为新技术发展飞快，必须因地制宜地使用好媒体与技术。

> **新手导航**
>
> 当我们广泛使用电脑、网络、多媒体进行教学时，还可以在美术课堂教学中充分利用功能越来越强大的小型信息技术设备，如手机、平板电脑等，还可以利用手机投屏等方式辅助教学，如果用好了，会为我们的课堂带来意想不到的效果。

第三节 美术教学的媒体与技术

一、传统美术教学的媒体与技术

传统美术教学媒体是指在美术活动中使用的图像、实物和师生具体操作所需的物质资料，具体包括：美术作品（原作和印刷图片、优秀学生作品等），实物教具（写生的道具、标本、模型和演示的教具），教师示范、演示和辅导的材料，学生动手操作的材料等。使用传统美术教学媒体的目的是为学生提供学习、参考和模仿的对象，具体操作的工具和材料，发展学生的美术表现能力和动手能力。传统美术教学媒体有以下特点。

1. 具体形象性

美术教学内容是对形象和形式的认识、塑造、加工和创作，无法只用语言描述，必须用真实的实物、模型、图像和具体演示进行呈现和感知，传统教学媒体的特点是高度的真实感和具体形象性。学生感知和获得的视觉表象具有重要的记忆编码和贮存功能，是运用各种知识的基础，更是美术想象、构思、模仿和创作的基础。

2. 实际操作性

美术教学要求学生学习并掌握多种美术技能，而技能和经验都必须通过实际操作获得。操作包括：教师的示范性操作，即对于各种材料、工具、操作方法和步骤的讲解、示范；学生的实际操作，即对各种媒材的了解、技能的习得和相应的体验，如油画颜料的气味和黏稠感、笔墨在宣纸上的晕染、陶泥的手感等。因此，现代乃至未来的美术教学中，要发展学生的美术表现能力和动手制作能力，就必须依赖于传统的美术教学媒体，这是其他形式媒体所不能替代的。

二、美术教学的现代信息技术

20世纪70年代以来，幻灯机、投影仪、录音机、电视机、录像机等视听设备进入我国教学领域，给美术教学带来新面貌。视听教学媒体又称电化教学媒体，是指运用电光学、电磁记录和无线电技术的教学设备，其主要特点是能结合教学内容展示大容量、高质量的图文声像信息，拓展教学时空，提高教学质量。但随着信息技术的发展，视听教学媒体已逐步淘汰。20世纪80年代以来，数字化教学已经成为国际教育改革的重要趋势。如今，全球的数字化教学环境已基本建立，要求教师具备运用和制作多媒体课件的能力、网上教学和交流的能力，以及终身学习的能力。

（一）关于现代信息技术

现代信息技术是个内容十分广泛的技术群，它包括微电子技术、光电子技术、通信技术、网络技术、感测技术、控制技术、显示技术等。这些技术及其相应的产品迅速发展，已成为中小学美术教学的基本设备和手段，并极大地影响着美术教学方式。我国从20世纪80年代起进入计算机辅助教学（Computer Assisted Instruction，简称CAI）时代，但仅仅是单机操作的计算机辅助教学；21世纪以来进入网络信息时代，"网络就是计算机"已成为人们的共识，计算机也真正成为名副其实的"电脑"，成为人脑的最佳"伙伴"。

> **新手导航**
>
> 无论是传统媒体与技术，还是现代信息媒体与技术，都各自的优势与局限，千万不能片面地认定孰优孰劣。应当理智地研究，并因地制宜、创造性地用好各种媒体与技术。

（二）美术的计算机辅助教学

计算机辅助教学是指运用计算机技术辅助的教与学，目前已经发展到利用平板电脑和智能手机端的各种APP进行教学。与其他学科相比，美术计算机辅助教学有其独特性，主要表现如下。

① 主体参与性。它不仅是教师操作，更重要的是让学生自己操作。

② 软件应用性。美术计算机辅助教学最主要的功能是学生对电脑绘图和设计软件功能的掌握和创造性地运用。而且，随着软件功能越来越多样、越来越强大，学生美术学习效果也越来越好。

③ 创造性。弱化了对造型和某些动手操作技能的要求，允许学生调用现成的照片、剪贴画、美术字、材质等素材，侧重于软件运用能力、艺术思维、创造能力等方面的培养。

（三）美术教学中的现代网络技术与资源

现代网络技术是指把互联网上分散的资源融为有机整体，实现资源的全面共享和有机协作，能使人们透明地使用资源的整体能力，以及按需获取信息的技术。现代网络技术的基础是计算机和互联网，全球成千上万的计算机用户通过互联网连接在一起，他们可以互发电子邮件，可以进行音频、视频等多种交流，这无疑都可以成为美术教学与交流的手段。

在实际美术教学中，主要的计算机辅助教学技术有有以下两种。

① 美术教学演示，运用Office系统中PowerPoint或WPS制作图文并茂的美术教学PPT（演示文稿）；用摄像机或手机拍摄，并用相关的软件制作成美术操作的微视频（微课）或定格动画。

② 计算机绘画，亦称"电脑绘画"，目前有大量带有绘画功能的电脑软件和手机APP，如配上数码绘图板和带压感的电子笔就有更强大的绘画功能，非常适合中小学学生使用。

三、基于现代信息技术的学习革命

（一）关于基于现代信息技术的学习

进入21世纪以来，现代信息技术的飞速发展使人们的生活发生了巨大改变。信息技术的发展引发了智能革命，也带来了新的知识观。"知识爆炸"的同时也加速了旧知识的淘汰，鼓励在已有知识基础上的建构与超越，从而产生了基于现代信息技术的学习革命。它是指"依托信息技术将真实情境与虚拟情境融会贯通的学习，是以信息技术（包括通信工具、网络、计算机等）作为强大认知工具的潜力无穷的学习"[1]。这是由技术进步引发的一场思想领域的大变革。技术是基础、技术是手段、技术是媒介，由此引发的教与学理念的改变成为人们关注的焦点。

> **新手导航**
>
> 在21世纪互联网信息时代，借助媒体与技术辅助教学已然成为趋势。我们不仅仅要关注用了什么信息技术，教学内容是否更加丰富等；更要关注如何有效利用信息技术，能否促进学生自主、合作和探究地学习，如何转变学生的学习方式，提高美术教学的实效性。

（二）基于现代信息技术的美术教学

随着电子信息技术的飞速发展，除了计算机之外的相关电子产品也应运而生，而且功能越来越强大，体积越来越小，价格越来越便宜，并日益普及，成为日常生活用品、学习用品或办公用品。如：数码照相机、数码摄像机、数码录音笔、数码绘图板、扫描仪、打印机、智能手机、平板电脑等，其中智能手机、平板电脑等移动便携设备能被学生和教师方便地使用，并作为一种强大的认知工具灵活运用到学习中，发挥着不可替代的作用。

比如，在一项研究性学习活动中，学生能用手机拍摄相关素材、用聊天功能开展小组讨论与交流；用绘画或设计软件进行研究和创作，寻找工具和材料进行制作，或用3D打印机输出作品；用电脑软件排版设计说明书，用打印机打印并装订成册；用手机记录整个研究过程，还可制作后续的微信推送，展示自己的美术创作活动与成果；等等。教师则可以在"智能化线上学习平台"看到各组学习进度，进行有针对性的交流、帮助、指导和调控，最后能自动生成学生的成绩单，从而实现"基于现代信息技术的学习革命"。

总之，现代信息技术不仅给美术教学带来了新的学习工具和途径，也拓展了美术教学的时空与资源。正如日本学者佐藤学所说，这种教育"扩大了学习的语脉。这种扩大有若干维度，这就是学习的地理空间的扩大，人际关系中语脉的扩大，从学习主体看私人的、公共的维度中语脉的扩大"[2]。教师需要注意，电子设备越多越要求教师认清设备的功能与作用，使现代信息技术与美术课堂完美整合，而不是让其盲目涌入课堂，导致教学目标的杂乱或偏离。

（三）基于网络技术的美术教学

现代网络技术的发展为美术教学活动带来了前所未有的便捷，也提供了许多宝贵的资源，我们按教学所需将其分类如下。

（1）学习资源　目前我国很多地方都实现了"校校通"，线上资源库的建设极大地丰富了网络信息资源，从而能让中小学生利用网络，通过自主学习的方式学到丰富的知识。

（2）促进交流　校园网的建设促进了师生、生生、家校间的交流与沟通。教师可以通过QQ群、微信群、钉钉群等，加强与学生、学生家长、学校领导及社会各界之间的沟通与交流，有利于形成良好的师生关系，建立学习共同体；还可以通过微博推送教学案例、教育叙事、美术作品等，面向全社会进行展示和交流。

（3）教学科研　网络能为学生提供便捷，同时也是教师的"百宝箱"。教师通过网络能直接浏览世界各地的美术馆、博物馆，准备更多的材料来充实基本知识；可以借鉴他人的教学成果和经验，或在线观摩优秀教学视频等，进一步完善自己的课堂教学；也可以通过网络发现值得研究的课题、获得教学研究的资料、借鉴有效的案例，促进自身教学水平的发展。

（4）远程教育　2020年，在新型冠状病毒肺炎疫情的影响下，我国各地教育部门纷纷推出了线上教

1　钟启泉，崔允漷，张华. 为了中华民族的复兴　为了每位学生的发展《基础教育课程改革纲要（试行）》解读［M］. 上海：华东师范大学出版社，2001：20.
2　［日］佐藤学. 课程与教师［M］. 钟启泉，译. 北京：教育科学出版社，2003：171.

学，组织优质课程资源，以网络视频的形式面向当地学生开展教学。各地学生通过"雨课堂""腾讯会议""钉钉""学习通"等线上学习平台实现了远程学习。线上学习平台的功能也在不断完善，逐步实现了线上签到、课堂点名、师生互动、提交作业、作业批改、课程回放、微课制作、直播课堂、答疑辅导、发布试题及测试、教育超市、教研备课等众多功能，也真正实现了"基于现代信息技术的学习革命"。在此之后，相信线上线下相结合的多种学习方式将会成为新常态，将极大地扩展学习的可能性，比如实现两个城市甚至跨国课堂的远程同步教学，双方都能看到对方的教学，能实现异地提问、答疑或讨论等形式的互动教学。

第四节 创客教育

一、创客教育及其文化内涵

（一）关于创客

创客源自英文单词"Maker"，原意是"制造者"。现在，创客是指利用网络、3D打印技术以及各种开源硬件，把创意转换成现实，勇于创新的一群人。[1] 美国互联网时代思想家克里斯·安德森认为，"因为制造本身正处于向数字化转变的过程中，实体物品已经成为屏幕上的种种设计，而这些设计可以文件形式在线共享"，最大的变化不是制造过程本身，而是谁在做，"今天，任何人都可以把自己的发明或产品设计上传给某一服务商，将想法转化成现实"。[2]

（二）关于创客教育

创客教育是创客文化与教育的结合，是基于学生兴趣，以项目学习的方式，使用数字化工具，倡导造物，鼓励分享，培养跨学科解决问题能力、团队协作能力和创新能力的一种素质教育。[3] 2016年6月，教育部颁布《教育信息化"十三五"规划》(教技〔2016〕2号)，强调"有条件的地区要积极探索信息技术在'众创空间'、跨学科学习（STEAM教育）、创客教育等新的教育模式中的应用"。近年来，随着教育信息化和人工智能等领域的飞速发展，创客教育也得到蓬勃发展。虽然创客教育是近年来新兴的教育理念，但它的理论基础却是建立在多种成熟的教育理念之上的，如图9-1所示。

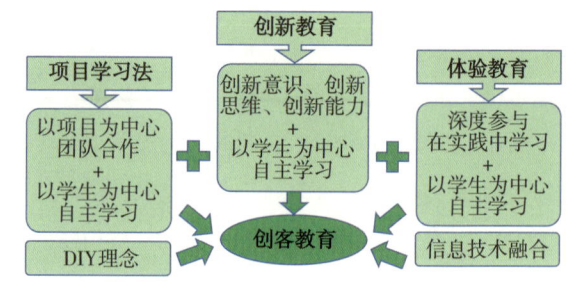

图9-1 创客教育的理论融合[4]

当前，云计算、大数据、物联网、移动计算、3D打印等新技术不断涌现，各行业信息化步伐不断加快，社会整体信息化程度不断加深，信息技术对教育的革命性影响也日趋明显。

美国佛罗里达州立大学艺术教育系陈怡倩博士认为，知识学习的单一化已无法适应知识的复杂性与多面性。因此，统整学科的学习是21世纪的必然趋势。创客空间与STEAM的理念相通，不同的地方在于STEAM着重于打散学科、力求统整，以知识的融通与运用为核心，创客空间则以"创新"的元素为首，强调发散思维中精细化改造的过程。创客空间有以下特点：① 强调运用科技、善用工具和技术来创新、发明；② 思考的过程为解决问题的核心；③ 创作实体产品来改变现状（包括个人、社区、社会、世界）；④ 分享智慧、凝聚力量来精化创意与制作。[5]

（三）创客教育的文化内涵

创客教育与传统教育最明显的区别是：由只学书本知识变成能根据社会需求，把颇具技术挑战的创意转变为现实，形成产品。创客体现出一种永无止境地追求创新的精神与态度，这种态度与既有的工匠精神一脉相承，具体表现为：① 以培养创客为目标；② 以新兴信息技术为教育手段；③ 以创客空间为平台；④ 以"做中学"为路径；⑤ 创客教育全面提高学生的创客素养和能力。

创客教育是教育发展史上的又一次革命。因为创客教育运用现代信息技术，使从个体性教育转变而来的集体性教育又回到了个体性教育。这不是简单地回到了原点，而是经历了一个螺旋上升的飞跃，是一种历史性的进步。互联网＋教育，使创客教育有了坚实的技术基础，使个人在任何时间、地点接受任何形式和内容的教育成为可能。[6]

因此，创客教育要树立创客精神、营造创客教育的氛围，更要立足于培养创客素养，才能实现创新创

> **新手导航**
>
> 美术教学具有典型的"做中学"教学特征，特别在"设计·应用""综合·探索"等学习领域，更是与创客素养的培养密切相关。我们在美术教学过程中，应当思考结合创客教育理念，通过一定的跨学科研究型学习，使学生自主、合作、探究的学习能力得到提高。

教学案例

当撕纸遇到创客——西游人物撕纸文创

本课程教学对象为六年级学生，教学目标是以《西游记》人物为创作主题，采用撕纸的表现形式，利用信息化技术，最终完成一件文创产品。

设计思路：以《西游记》人物为主题，以传统撕纸的创作技法为切入口，结合六年级学生的动手能力和兴趣爱好，带领着学生像艺术家一样，围绕制作一件西游文创产品的真实性学习任务展开，融合美术、语文、历史、信息技术学科的相关知识，通过赏析和借鉴传统撕纸技法，从书籍、互联网等渠道收集西游人物的相关素材，创作《西游记》人物的撕纸作品，并且学会使用热转印工艺将其印制在杯子等媒介上，完成一件文创产品，使原本的平面撕纸作品，创新地展示在日常生活用品上。

本单元设计既让学生了解传统撕纸艺术，体验了撕纸的乐趣，又在传承传统撕纸技法的同时，有意识地运用"创客教育"理念，形成主动探究、善于观察、勤于思考、敢于探索、勇于创新、互相合作的学习态度。引发学生对传统工艺和现代工艺的深度思考，启发学生利用现代化技术对传统的美术样式进行再创造，鼓励探索创新，将其运用到实际生活中。

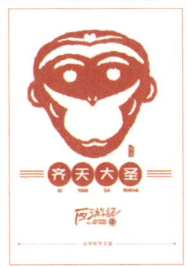 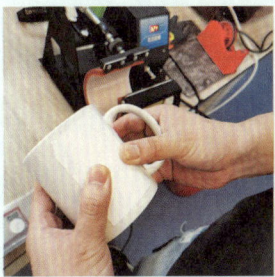  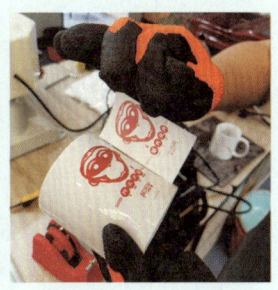

撕出形象，排版设计　　贴在杯子上，用胶带固定　　放入烤杯机，开始烘烤　　烤制完成，撕掉拷贝纸

用热转印技术制作的马克杯　　用热转印技术制作的环保手提袋　　用3D打印技术制作的书签

案例来源：上海市奉贤区古华中学钱雪峰老师执教并提供。

---

1 李凌，王颉."创客"：柔软地改变教育［N］.中国教育报，2014-09-23（5）.

2 ［美］克里斯·安德森.创客：新工业革命［M］.萧潇，译.北京：中信出版社，2015：26.

3 吴俊杰.创客教育中的道德发展和价值引导［J］.湖北教育（教育教学），2017（5）：63.

4 资料来源：祝智庭，孙妍妍.创客教育：信息技术使能的创新教育实践场［J］.中国电化教育，2015（1）：16.

5 ［美］陈怡倩.统整的力量：直击STEAM核心的课程设计［M］.长沙：湖南美术出版社，2017：277.

6 秦虹.关于创客与创客教育的探索［J］.天津市教科院学报.2016（5）：28.

业的培养目标。创客素养是指创造性地运用各种技术和非技术手段，通过团队协作发现问题，解构问题，寻找解决方案，并经过不断地实验形成创造性的制品能力。同时，创客素养又与学生人际沟通、团队协作、创新问题解决、批判性思维和专业技能等方面的能力有关，也决定着学生在未来是否能够适应社会与工作，以及获得自我实现。

创客精神提倡个体的自强进取与个性开放，提倡社会协作分享与融合创新，提倡民族与国家的重工尚器与民智国强，三位一体构成了创客精神的实质，也是众创文化的精神内涵。

二、创客教育与现代技术

（一）创客教育与现代加工技术

"工欲善其事，必先利其器。"创客教育以实物作品为成果，创客空间是用新技术、新设备把产品做出来。产品的制作离不开现代化的工具和设备，利用各种现代加工技术，学生可以将自己的创意变成作品，现代加工技术为创客教育创造了良好的条件。与美术学科相关的现代加工技术主要有以下几种。（图9-2）

1. 激光切割技术

激光切割技术的基本原理是利用高功率密度的激光束照射被切割材料，材料受到辐射后快速升温，使材料受热熔化或汽化，也有的是通过氧气与材料发生化学反应进行切割。常见的三种激光切割技术分别为激光熔化切割、激光汽化切割和激光火焰切割。

2. 激光雕刻技术

激光雕刻技术是以数控技术为基础，激光为加工媒介，使加工材料在激光雕刻照射下瞬间产生熔化和气化的物理变性，从而达到加工的目的，具有雕刻精度高、速度快的特点，常用于模型制作、原型雕刻、拼版构接物件的制作等。

3. 3D打印技术

3D打印技术是快速成型技术的一种，是以数字模型文件为基础，运用粉末状金属或塑料等可黏合材料，通过逐层打印的方式来构造物体的技术。3D打印具有制造快速、CAD/CAM（计算机辅助设计/计算机辅助制造）技术集成、再现三维效果、创造显著经济效益和应用领域广泛等特点。

4. 数码热转印技术

数码热转印技术是把传统的热转印技术和数码印刷技术相结合而形成的一项新技术，具有无须制版、图文清晰、色彩丰富、适用材质范围广等特点。金属、木材、石材、陶瓷、玻璃、PVC、皮革、化纤布料上都可以用热转印技术转印精美的图案。利用该技术，学生的绘画和设计作品马上能制成产品，比如陶瓷马克杯、PVC手机壳、T恤、帽子等产品的装饰设计就常用到数码转印技术。

（二）创客教育与现代信息技术之间的辩证关系

1. 独立性与分享性

独立性使意欲成为创客的学生能够借用现代信息技术进行独立自主的学习，接受符合自己需要的教育，与众不同，最容易激发创客的创造性。而分享性则是指独立学习者之间并不是相互隔绝、封闭、互不来往的，相反，他们相互交流，分享各自的学习成果，这种分享常常是跨越学科、领域、地域之界的，借助互联网技术，使远隔万里的交流变得近在眼前。

2. 局部性与国际性

局部性是指学习者借助现代信息技术进行独立自主的学习，这种学习在组织上是小型的、局部的，在学习内容和学习形式的选择上也是局部的，可能是解决一个疑难问题，解释一个模糊概念，论证一个不明公式等，知识的容量是微型的。同时，借助互联网技

图9-2a 激光雕刻机

图9-2b 3D真空热转印机

图9-2c 烤杯机
图9-2d 烤盘机

图9-2e 高压平板烫画机

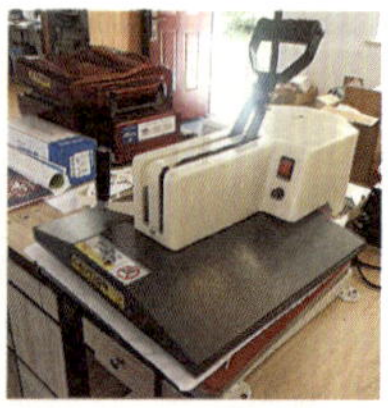

术，每一个局部性的教育教学都能与域内、域外的教育教学建立起联系，相互沟通交流，使教育教学超越时间、空间的局限，真正成为一种国际性的活动。

3. 技术性与人文性

创客教育以现代信息技术为支撑，许多学校所建立的各种创客空间都有很强的技术性，技术是支撑创客教育的骨架。但是，创客教育也是富有人文性的教育，创客教育依靠现代信息技术，更依靠建立在现代科学技术与文化基础上的人文，表现出人文关怀、人文至爱，因为创客教育将是迄今最适合人性的教育。[1]

示范性案例10

单元课题	中国风动画电影之美	教学对象	高中二年级	课业类型	现代媒体艺术
基本问题	国产动画电影如何强化中国风之美？	小问题	\multicolumn{3}{l}{1. 一部优秀的动画电影必须具备哪些要素？ 2. 不同国家的文化传统对动画电影的艺术风格有何影响？ 3.《天书奇谭》的中国风格体现在哪些方面？ 4. 如何在定格动画创作中融入中国传统文化元素？ 5. 如何在定格动画创作中有创意地体现中国风？ 6. 如何全面呈现中国风动画电影艺术的学习成果？}		
单元设计思路	\multicolumn{5}{l}{　　高中生大多对动画艺术学习有浓厚的兴趣，有较强的艺术感知和思辨能力，愿意投入到相关课题的探究中；高中生在知识积累、语言表达、理解能力方面相比初中生更为突出，对动画艺术的学习热情更高。虽然他们对动画作品并不陌生，但从未系统学习，对动画艺术的风格特点、创作手段、人文内涵等知之甚少。这都为本单元的学习奠定了良好的基础。 　　本单元整合上海高中艺术教材的相关内容，确定以"中国风动画电影之美"为主题的单元教学。首先，通过鉴赏中外动画电影，研究不同文化背景下艺术表现形式的差异和丰富的思想内涵，并聚焦中国风动画电影艺术特色的探究。其次，小组合作实地调查相关场馆，了解中国风动画电影的艺术特色和表现手法。最终，学生结合中国传统文化的内容找到表现的视角，探索以一个成语为主题，借助信息技术完成模仿风格的中国风定格动画创作，并举办动画电影的成果展示会。 　　本单元运用情境创设、项目化学习等教学策略，采用合作探究、交流讨论、实地考察、实践练习等教学方法，从审美立德、文化立身的育人角度，通过比较欣赏、交流评价、课堂辩论、创意实践等多种活动展开教学，理解中国风动画电影的艺术风格和表现手法，感悟作品中传统真善美的价值引领，同时运用质性评价方式关注学生美术学科核心素养发展水平，为改进教学提供依据。}				
课程标准	\multicolumn{5}{l}{　　1. 知道现代媒体艺术的内涵及主要表现手段，了解其科技、艺术和人文理念相结合的特征，既需要掌握现代数码媒体技术，又需要艺术感悟、造型和设计能力，还需要深度的人文思考和社会关注。在此基础上，进一步对不同的媒介类型进行比较和判断，认知其各自的技术特点。 　　2. 了解现代媒体艺术创作所需的基本知识，如摄影、摄像或数码绘画作品中的构图，摄影和摄像中的拍摄技巧，数码绘画与数码设计所需的软件知识等。 　　3. 通过欣赏和练习，自主地分析摄影、摄像中美术语言的运用，挖掘其独特的形式美感及其背后的文化内涵；尝试运用"构成、空间、时间、行为、声音、光线和符号"等基本的媒体要素及视觉表现语言进行媒体艺术的基础练习。}				
单元目标	\multicolumn{5}{l}{**知识与技能：** 1. 了解不同国家动画电影的艺术风格，体会其表现主题的艺术方法。 2. 学会欣赏不同风格的动画电影作品，理解作品的深刻寓意和文化内涵。 3. 知道动画电影的艺术表现形式，体会经典国产动画电影中的中国风。 4. 学会借助信息技术完成模仿中国风定格动画的构思与创作。 **过程与方法：** 　　确定定格动画创作主题—欣赏动画电影《天书奇谭》—学习动画电影的表现手法—收集相关素材、构思创作，形成方案—完成定格动画创作实践—举办定格动画展，表达创作意图。 **情感态度与价值观：** 　　在定格动画的构思与创作中，乐学善学、勤于反思，能与他人合作并学会有效沟通、交流与分享。在遇到困难、解决问题时能尊重他人、包容理解。在创意实践中理解中国学派是国产动画电影的发展根基、树立文化自信，感悟"传承与创新是中国风动画电影的发展之本"。}				

---

[1] 秦虹. 关于创客与创客教育的探索［J］. 天津市教科院学报. 2016（5）：28.

评价方案	欣赏		技法		构思与创作		展评		
	动画形象练习	中外动画比较	分镜剧本创作	影评报告	定格动画创作	分工合作	海报、宣传册设计	成果展	KWL 表
	10%	10%	10%	10%	20%	10%	10%	10%	10%

一、主题

设置情境，生成主题，创设真实而有意义的主题

小问题：一部优秀的动画电影必须具备哪些要素？

学习目标：学生按照体验活动的角色分配自由选择，分成若干项目小组，明确各小组的学习目标及任务。形成初步的中国风定格动画的创作方案和评价量规。

单元学习活动一：发现艺术之眼

活动要求：学生组成合作小组，在"剧本家""艺术家""影评家"三个角色中任选其一，根据各自的角色背景对中国风动画电影作品进行探究考察。

从《中华成语新编》中寻找一条成语作为主题，思考自己的定格动画创作。

二、欣赏

鉴赏名作，研究大师的人生和艺术观（2课时）

小问题：不同国家的文化传统对动画电影的艺术风格有何影响？

学习目标：赏析《花木兰》《大闹天宫》《千与千寻》等中外电影片段，了解不同国家动画电影的艺术风格，体会其表现主题的艺术方法。观察花木兰的形象特征，试对其造型特点进行分析。

思考：从角色定位、画风、线条、色彩等方面描述其造型要素。

三、技法

借鉴经典，熟悉工具材料，学习技法，临摹作品（2课时）

小问题：《天书奇谭》的中国风格体现在哪些方面？

学习目标：学生分项目小组通过田野调查等方式，完成项目化学习任务，感悟动画电影《天书奇谭》的民族风格，初步了解《天书奇谭》在故事题材、美术设计方面的艺术特色，理解电影的传统文化内涵，尝试借鉴其艺术表现手法创作中国风定格动画脚本。

课堂实践：学生自由选择"剧本家""艺术家""影评家"中的一个角色，依据各自的角色背景有针对性地对作品进行分析（分项目小组对考察学习的过程进行汇报交流）。以《中华成语新编》中的成语为主题，初步设计一个微电影的分镜头脚本。

1. 学生分组，认领主题，调查研究
2. 学生设计分镜头脚本，作业展示、交流评价
3. 开展课堂辩论，发表观点，思辨理解

四、构思	**调研采风、筛选信息、创意构想** 小问题：如何在定格动画创作中融入中国传统文化元素？ 学习目标：掌握动画电影拍摄与制作的基本流程，设计定格动画创作方案。收集素材、筛选信息，运用超轻黏土并借助信息技术完成模仿风格的主题定格动画创作。 1.《中华成语新编》定格动画创作。要求：① 主题明确；② 合理运用民族元素；③ 动画完整、流畅；④ 配音、配乐恰当。2. 运用超轻黏土完成人偶制作。3. 完成布景及拍摄。4. 完成后期剪辑及配音。5. 交流与评价。	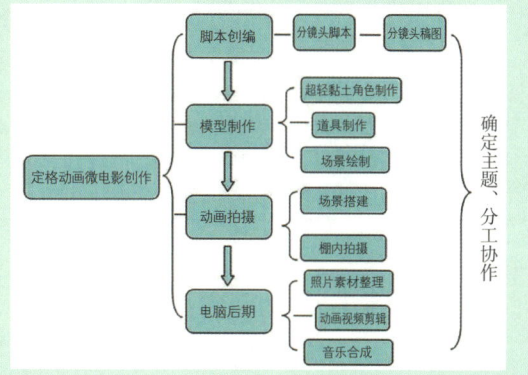
五、创作	**运用材料、工具和技法不断尝试探索，改进完善** 小问题：如何在定格动画创作中有创意地体现中国风？ 学习目标：运用合适的工具材料，借助信息技术修改、完善定格动画。能以小组合作的形式通过创意实践和交流分享理解"传承和创新是中国风动画电影的发展之本"。   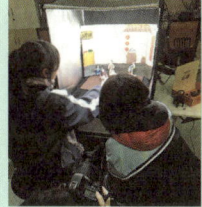 	

		我已经知道了什么？（K）	我还想知道什么？（W）	我用这些知识解决了怎样的问题？（L）
六、展评	展示美术作品和过程性、文字性作业（2课时） 小问题：如何全面呈现中国风动画电影艺术的学习成果？ 学习目标：小组合作，策划完成成语主题的定格动画公开展示与交流，深入理解"传承和创新是中国风动画电影的发展之本"。	中华传统文化可以为动画电影提供丰富的剧本素材。 动画电影以动画特有的幽默诙谐的方式诠释对社会、人性的探讨。 ……	怎样在继承传统艺术的基础上设计出符合时代审美的动画角色？ 动画电影的配乐如何在符合主题的基础上体现民族特色？ ……	我能运用国画线描的方式进行简单的动画人物设计。 我在分镜头场景绘画中能体现国画中移动视点的空间表现方法。 ……

案例来源：上海理工大学附中顾超老师执教并提供。

案例点评
《中国风动画电影之美》的教学设计，以"国产动画电影如何强化中国风之美"这一基本问题以及一系列小问题为导向，强化中华优秀传统文化和审美意识，各小单元学习目标层层递进，通过六个小单元的真实性学习任务驱动，以合作、探究、实践等方式培养高中生解决问题的能力。其中既运用了传统手工技术制作人偶与布景，又运用网络和现代多媒体技术查寻信息、拍摄定格动画、后期剪辑及配音，以及运用平面设计的知识制作海报、宣传册等，是一个有效运用多种传统技术和现代信息技术，系统培养学生美术学科核心素养的优秀教学案例。

【学习单9-1】
改进【大单元1】中对传统媒体技术与现代媒体技术的运用，以及相关的学习活动；一定要以小组的智慧和力量发现并改正错误。

重点提示：
【大单元1】中六个小单元课型不同，学习任务不同，所用的媒体技术也不同。一是所使用的主要媒体技术是由课型决定的，如绘画、雕塑、版画等必然主要采用传统媒体技术，但也可以采用现代媒体技术收集资料、画草图、微课示范，甚至拓展出媒体艺术作品。二是在不同环节小单元中，需要灵活运用媒体技术，如主题、欣赏环节就会涉及展示大量图片、视频等的技术；技法、创作环节主要用传统媒体技术等。三是许多学校使用智能化学习平台，现代媒体技术已融入教学的全过程中，要予以关注。总之，围绕学生核心素养的发展，既要灵活而有效地使用媒体技术，又要避免媒体技术的滥用。

【学习单9-2】
分工合作，深入理解民间美术资源，设计好【教参】中的课程分析部分。

具体要求：
1.【教参】中的课程分析又分为课程性质（核心概念的定义、课程性质、课程特征）、课程意义、课程内容与结构三部分，要按所分配的任务，认真研究并完成。
2. 在【调研】时收集的民间美术资料都可以用于课程性质中，【教材】编写思路的内容可用于课程意义、课程内容与结构部分，使民间美术【教材】与【教参】保持一致。

思考与练习

识记：教学资源、教学媒体、现代信息技术、现代网络技术、创客教育。

理解：1. 说出媒体与技术在教学中的作用。

2. 列举几种传统美术教学媒体，并说出其优势和局限。

3. 能用自己的语言表述什么是"基于现代信息技术的学习革命"。

4. 能举例说明现代加工技术在创客教育中的运用。

建议阅读

1. ［美］克里斯·安德森. 创客：新工业革命［M］. 萧潇，译. 北京：中信出版社，2015.

2. ［美］陈怡倩. 统整的力量：直击STEAM核心的课程设计［M］. 长沙：湖南美术出版社，2017.

3. 徐韧刚. 玩转App的美术课堂教学［M］. 上海：上海教育出版社，2018.

4. 杨晓哲，任友群. 数字化时代的STEM教育与创客教育［J］. 开放教育研究，2015（5）.

5. 祝智庭，孙妍妍. 创客教育：信息技术使能的创新教育实践场［J］. 中国电化教育，2015（1）.

6. 祝智庭，雒亮. 从创客运动到创客教育：培植众创文化［J］. 电化教育研究，2015（7）.

7. 秦虹. 关于创客与创客教育的探索［J］. 天津市教科院学报，2016（5）.

第十章 美术欣赏教学

基本问题：

如何指导学生学会美术欣赏？

学习目标

【任务一】【任务三】：知道并理解美术语言由表及里的三个层次、美术欣赏的概念、美术欣赏教学的方法与步骤；做到能在自己的【大单元1】欣赏环节运用"描述、分析、解释、评价"这些欣赏方法，引导学生学会欣赏美术作品。

【任务二】：讨论本组【教参】的大单元参考教案（即【大单元2】）的设计思路与分工。

师生共建			
	课前	课中	课后
教师	1. 第十章研究的美术欣赏，是学习美术知识、提高审美能力、指导美术创作的重要环节。 2. 上传相关的参考文献；了解并指导"小老师"对各种美术欣赏的理解和教学设计；发现并纠正他们的误解或理解偏差。 3. 指导并纠正"小老师"【大单元1】中欣赏教学设计的错误。	1. 关注"小老师"对美术语言、美术欣赏方法等核心概念和重点的理解正确与否；教学思路和教学活动的合理性和有效性。 2. 关注"小老师"能否发现并纠正师范生的【大单元1】欣赏环节设计的错误。 3. 组织评价组对讲课组提问和点评。对"小老师"的教学进行点评、纠错和补充；突出教学重点。 4. 布置各组讨论【教参】中【大单元2】的设计思路与分工。	1. 要求学生进一步阅读相关文献，深入学习并理解美术语言由表及里的三个层次，掌握美术欣赏教学的方法。 2. 要求师范生改进各自【大单元1】中欣赏教学环节的设计，以及相关学习活动。 3. 各组讨论并确定【教参】大单元参考教案（即【大单元2】）的课题，分工并开始设计。
"小老师"	1. 钻研教材，查阅相关文献，理解本章美术语言、美术欣赏方法等重要概念，设计好教案和课件。 2. 按本章要求设计好自己的【大单元1】的欣赏教学环节。	1. 抽查师范生的【大单元1】的欣赏教学环节，通过提问、讨论发现问题；示范自己的【大单元1】的改进过程，指导师范生修改欣赏教学环节。 2. 运用阅读、讨论、提问等策略与方法，引导师范生进一步理解欣赏教学。	1. 总结本组和个人的教学设计和教学活动；完成教学反思和自评报告。 2. 把教案与课件改进后上传至线上学习平台；做出本章教学的微页，并发送至班级群。
师范生	1. 预习本章内容，上网阅读相关文章，记下不能理解的问题。 2. 按本章要求设计【大单元1】欣赏教学环节。 3. 完成【教参】的课程分析。	1. 带来设计好的【大单元1】打印稿，积极参与教学互动。 2. 通过听课和小组讨论发现并标注【大单元1】欣赏教学环节中的错误，课后改正。	1. 进一步阅读本章的示范性案例和相关文献。 2. 改进【大单元1】中欣赏环节的提问和学习活动。 3. 确定【教参】大单元参考教案（即【大单元2】）的课题，分工设计。

第一节　理解美术语言

一、美术语言

通常我们认为美术语言就是点线面这些基本元素，其实这并不全面。美术语言是人类用视觉形态来表达情感、交流思想的工具，由材料、技法、造型元素和形式原理构成一定的系统，是一种特殊的文化社会现象。如图10-1所示，美术语言包含三个层次：美术的语言形态是美术的物质基础，由造型元素和形式原理构成，是美术本体，语义信息和超语义信息必须以其为载体。三者结合才能体现美术的存在方式，并传达出主题思想、社会文化等信息和价值。反之，只有从这三个层次由表及里地去理解美术作品，才算真正领悟、读懂了美术作品。

美术语言不是抽象概念，它体现于具体的美术门类和作品中，并能被人们感知和理解。由于不同的美术门类所使用的材料工具、表现手法和创作观念不同，形成了各种专业美术语言，比如素描语言、水彩画语言、陶艺语言、剪纸语言等，每种语言都构成了一个美术门类相对独立的知识体系。如图10-2所示，都是以"女人"为主题的作品，国画、油画和版画所使用的专业美术语言却截然不同。

此外，不同国家、不同时期的不同艺术家由于个性特质、创作观念的不同，又形成了不同的风格与流派，即风格语言，比如中国画的工笔重彩、白描、大写意等，西洋画的古典主义、写实主义、表现主义、印象主义等。图10-3三幅作品同属油画语言，但艺术家笔下呈现出来的风格面貌却变化多样，这些具体

> **新手导航**
>
> 英国美术史家贡布里希（E. H. Combrich）曾说："艺术家跟作家一样，需要一套艺术语汇才能动手搞现实的一个'摹本'。"就像识字后就能阅读各种文章一样，只有掌握美术的基本语言，才可能识读各种美术作品，体验像艺术家一样的思考和创作活动。所以美术语言是美术课程的重要概念，掌握美术语言也是最重要的知识与技能目标之一。

的美术语言才是需要学习并掌握的美术基础知识，是教学的重点。

图10-2　国画、油画和版画的专业美术语言的差别

图10-3　表现主义、野兽派和印象主义所使用美术语言的差别

二、造型元素

造型元素是构成美术作品的基本成分，是美术创作的基石。美国学者米歇尔认为，人们对图像的观看、观察的能力与语文阅读一样，都要通过学习获得视觉经验，即"视觉识读能力"[1]。以下将简要介绍和

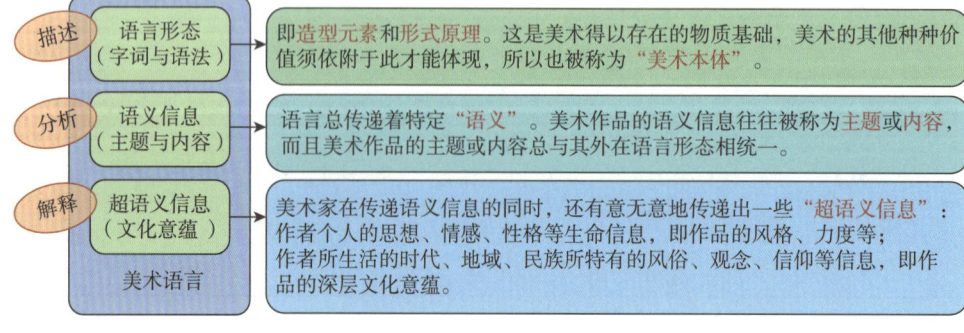

图10-1　美术语言三个层次示意图

描述各种基本造型元素的特征和性质，以便教师学会引导学生用"视觉"去"识读"艺术家是如何使用这些元素实现他（她）的目的的。

> **新手导航**
>
> 教师要意识到美术语言所具有的特征和作用，能有针对性地设计一些看上去简单而又能引向美术本质的课题和受学生欢迎的练习，引导学生去体验、去感悟、去尝试、去发现美术语言的特征和规律。这样，可以使学生较深入地理解美术的本质规律，并达到相应的"深度"。

1. 线条

线条能清晰地表达物体的轮廓与外形、方向与运动。艺术家利用线条的粗壮与纤细、光滑与粗糙、流畅与间断等特性，能够传递不同的信息和思想感情，如水平线会给人平静安宁的感觉，而锯齿形线则给人混乱或骚动的感觉。

2. 形状

形状是具有长度和宽度的二维平面形象。环绕着形状四周的是边缘，亦称轮廓。形状可分为规则的几何形状，如圆形、方形等；不规则的自由形状，如自然界中的一片树叶、一朵花等。

3. 形体

形体是指具有高度、宽度和深度的三维物体，有空心和实心之分，例如，篮球与岩石。形体如同形状一样，也分为规则的几何形体和不规则的自由形体。

4. 空间

空间有正负之分。正空间是指由一物体所占据的区域；而环绕物体的区域，即限定物体边缘的区域，称为负空间。艺术家常常运用平行透视或成角透视，使艺术作品中的景物或人物产生纵深感和距离感。

5. 明暗

明暗指色彩的明度和暗度。在无彩色的情况下，明暗呈现出阶梯式的灰色深浅变化。艺术家运用不同的明暗变化能够表现三维物体的立体感、空间感及其质地、肌理、图案等。

6. 色彩

色彩包括无彩色和有彩色。物体上的色彩是由物体对光的反射或吸收的程度不同而引起的视觉上的不同感觉。色轮上的色彩有原色、间色、复色之分，其属性包括色相、明度、纯度。色彩能够唤起人们的联想，进而产生各种情绪和感受，如冷色、暖色以及中性色。

7. 肌理

肌理可分为有凹凸起伏感的触觉肌理和无凹凸起伏感的视觉肌理。艺术家在创作艺术作品时，通过触摸感觉到的，通常称触觉肌理或实际肌理；通过视觉来感觉的，通常称视觉肌理或模拟肌理。

三、形式原理

形式原理，是为了让作品唤起人们某种视觉经验和相应的审美心理反应，将各种美术元素构成一定艺术形式的组织原理和基本法则。也就是说，一位艺术家要恰当、准确、有效地表达自己的思想与情感，需要将造型元素以一种满足其表现意图的方式组织起来。因此，对于形式原理的认识能使学生更深入地了解艺术作品。

1. 平衡

艺术作品中的平衡，意味着各种艺术元素是按照它们的"视觉分量"来排列的。在艺术创作中，艺术家往往会运用三种类型的平衡——对称、不对称以及辐射状来进行排列。此外，艺术家还会运用色彩的冷暖、深浅变化等来平衡画面。

2. 强调

艺术家运用强调是为了使作品的某部分醒目。强调的方式有三种：一是突出某一个元素或事物最强烈、最重要的部分，一般称为主导型元素；二是创造某一个聚焦点或者有趣的中心点；三是对比，即突出两种不同事物之间的不同之处。

3. 比例

艺术家们认为，人体存在着各种标准比例，世界上任何物体都与我们自身的人体比例有关。但在艺术创作时，他们往往通过夸张或变形等方式来强调物体的比

---

[1] W.J.T. 米歇尔. 图像转向 [M]// 陶东风, 金元浦, 高丙中. 文化研究: 第3辑. 天津: 天津社会科学院出版社, 2002: 17.

> **教学案例**
>
> **线的韵律与表情**
>
> 　　这节课的重点是让六年级的学生理解线除了能够造型，其本身也具有韵律和表情，不同的工具能画出不同的线，不同的线能产生不同的韵律和表情。教师说："同学们，今天我们一起来画这盆花。"学生反应黯然。"但是，今天画花有个特别的要求：不能用笔来画。""什么？不用笔？那怎么画呢？"不一会，学生想出了冰棒棍、一次性筷子、纸卷、硬纸片、树枝、棉签等物，甚至用手指、指甲蘸墨水、颜色后都能画画。由于不用笔来画，学生觉得轻松愉快、特别好玩，非常投入，最终作业效果千姿百态。画完后，老师并不强调画得"像不像"，而是让学生比较用不同的工具画出的线形分别有何特点？同样的工具画得快或画得慢又有何不同？不同的线分别产生了怎样的韵律和表情？这些线适合用来表现什么事物等。最后再让学生比较古今中外名画上的各种线，学生深切地体会到各种线的韵律与表情。
>
> 　　资料来源：王大根.从美术教学的难度与深度说开去[J].中国美术教育，2004（2）.

例变化，使观者产生异样的感觉。

4. 图形

图形是指线条、形状、色彩等元素的重复使用，如生活中所见的地毯、墙纸甚至书籍排列形成的图形等。艺术家能制作规则的呈几何形状的图形，但自然界的不规则图形往往会使艺术家从中获得灵感，创造新的图形。

5. 节奏

艺术家在一件作品中对视觉元素进行重复利用，就会产生节奏感。节奏可使作品中的物体产生动感，如平缓的、激烈的、多变化的或无秩序的。常见的节奏类型包括有规律的节奏、交替变化的节奏以及渐进式的节奏。

6. 统一

为了使作品的每个局部都服从作品的整体，有时艺术家会选择一个主题或中心思想，然后在构图时采用多种方式，安排各种形状或元素来支持作品的主题或中心思想，使画面达到统一。

7. 变化

艺术家在创作时，往往会在他们的构图中增加一些变化，如运用少量的对比色、改变重复元素的大小或形状、利用不同线条或肌理产生变化等方式，来为一件作品增添魅力。

> **新手导航**
>
> 　　无论学生将来是否从事美术工作，无论是专题欣赏还是学习美术技能，学会欣赏都非常必要。欣赏课重要的并非欣赏了多少作品，而是让学生学会欣赏的方法与步骤。

第二节　美术欣赏概述

一、关于美术欣赏

美术欣赏是美术活动中一个不可或缺的重要环节，美术的审美功能、教育功能以及认识功能等只有通过欣赏才能发挥和实现。从定义上看，美术欣赏是一种视觉心理活动。它从视觉对作品的直观感受开始，通过知觉与联觉、统觉而变成情感和意识的过程。[1] 其中感性和愉悦性的成分更多一些。高中课程中所讲的美术鉴赏则是从哲学、美学、美术学、历史学、社会学等角度对美术作品的表现形式、艺术技巧、思想内容、文化价值等方面进行理性的分析和批评后，所做出的价值判断，也称为美术批评。因此，美术欣赏与美术鉴赏并无本质区别，都是人在感知、体验、理解美术作品与美术现象时所产生的情感、思维活动——观赏者不是被动、消极地接受艺术形象的感染，而是能动、积极地对艺术作品进行"再创造"和"再评价"。而在这个过程中，又需要一定的美术常识和相关知识的支持。所以，在专业美术欣赏学习中其实包含了高校中的美术概论、中外美术史、美术鉴赏与批评三门课程的内容。

二、美术欣赏的方法

（一）费德门的欣赏方法

美国学者费德门提出的美术鉴赏程序：叙述、形式分析、解释、评价四个步骤[2]，综合了形式主义鉴赏、心理学鉴赏、文化和社会学鉴赏等理论，得到世界各国学者的认可，也是学校美术欣赏课中应用最为广泛的方法。《儿童与艺术》的作者为儿童课堂设计了具有游戏意味的"描述、形式分析、阐释、评价和已知偏爱"四个欣赏环节。汤姆·安德森在《为生活而艺术》中，根据"这是什么？目的是什么？意味着什么？有什么价值？"提出"反应、描述、阐释和评估"四环节，其中，描述（"是什么""目的是什么"）承担着大量任务，阐释（"意味着什么"）则是最为重要的成果。《美术教学指南》中也引用了安德森的观点并提供介绍详细的"汤姆·安德森的批评卡"。巴特莱在《艺术的阐释》中提到"主题＋媒介＋形式＋背景＝意义"，以及"关于艺术品的描述、分析、解释、判断及理论化的行为是相互联系、相互依赖的"等观点。归纳起来，这些欣赏方法都是根据图 10-1 美术语言三个层次，进行由表及里地欣赏，再加上自己的感受和评价。

1. 描述

回答"你看见了什么？"，即描述作品类别、大小、材质、色调、构成、造型、形式等造型元素和形式原理，关注作品的基本内容，如人物、风景、动物、抽象等；以及给你什么视觉审美感受，如愉快、悲伤、崇高等。教师要帮助学生区别"客观性描述"和"个性化或形象性描述"之间的差异，后者更能激发想象力，应当鼓励学生使用。学生信心十足的表达也许会引起争议但也会引发有趣的观察，有利于小组讨论和学生相互之间的学习。

2. 分析

回答"作者想表达什么？"，即分析作者如何运用造型元素和形式原理塑造艺术形象、营造整体审美感受，创作出的艺术作品有怎样的气氛、感情、内容、主题思想或意义等内涵。学生要首先识别不同形式作品大概的创作背景和目的，比如一座雕像与一幅招贴画，其形式与创作目的截然不同。一旦学生能够鉴别元素和原理了，就能够继续探索一些艺术（设计）元素相互作用的方法，从而引起深入而持续的观察，也为随后的解释创造了条件。

3. 解释

回答"作品有何意义？"，即解释时代、种族、地域、文化、政治、经济等社会背景与作品的关系，作者的个性、思想和艺术观等如何反映在作品上，即探讨作品背后的文化意蕴。教师要引导学生找到相关的文字或图像资料，了解并研究艺术家的生平阅历、创作理念、美学思想以及社会背景，从而形成解释阶段的主题讨论。它们是开放性的，没有绝对正确和错误的答案，目的是帮助学生建构个人的意义世界。

4. 评价

回答"你喜欢这件作品吗？为什么？"。运用上述已知知识有见地地评价一件作品的艺术、文化、历史等价值，是职业批评家的职责。而学生的评价是要从个人偏爱转变为理性评价并说出理由，比如阐明作品的成败之处及社会意义、美学价值等，从而突显其重要性和影响力。学生要勇于表达自己的观点和看法，老师要尊重学生的真实体验和情感取向，在恰当的引导下帮助学生形成较高的价值判断能力和审美情趣。

然而，不同风格流派的美术作品在描述、分析、解释这三个层次上所表现的侧重点是不同的：现实主义比较看重主题思想，其形式为内容服务；现代主义强调标新立异，目的是创造有意味的形式，不太关注主题，往往以"无题""作品×号"为题；后现代主义超越形色的框架、纯美学的范畴，更关注作品所表达的观念、文化隐喻和哲理性思考等。因此，教师可以根据作品的不同特点有所取舍，或按不同的教学策略来调整欣赏的顺序。

【学习单 10-1】
选择一件你喜爱的艺术家的作品，根据鉴赏的四个步骤——描述、分析、解释、评价，撰写一篇字数不少于 1000 字的美术鉴赏报告。

---

1 中国中学教学百科全书总编辑委员会体音美卷编辑委员会.中国中学教学百科全书：体音美卷［M］.沈阳：沈阳出版社，1991：427.
2 尹少淳.美术及其教育［M］.长沙：湖南美术出版社，1995：324-329.

教学案例

一名高中生的鉴赏报告《米勒〈拾穗者〉》

《拾穗者》由法国著名画家让·弗朗索瓦·米勒于1857年完成，这是一幅布面油画，原作尺寸为83.5厘米×111厘米，如今收藏于巴黎奥赛美术馆。画面以暖色调为主，不似凡·高笔下的浓重，更不似莫奈笔下的模糊，只是真实地还原了农民拾捡麦穗的场景。这幅画一开始并不会给人留下很深刻的印象，但当我长久注视着它时，却似渐渐地融入画中，仿佛走进了那个年代。越深入，越会被莫名地吸引。

《拾穗者》

1814年，米勒生于法国诺曼底一个村庄的农民家里，这使他养成了简朴的性格，热爱身边劳动者的生活。在我看来，米勒的画就同白居易的诗一样平民化。而米勒的画同样不需要绚丽的色彩，就有百看不厌的效果。他们作品的共同点就是——真实。

《拾穗者》作为最能代表米勒风格的一件作品，它没有任何戏剧性的场面，只是人们在秋收时节从地里拣拾麦穗的情景。画面以高高堆起的麦垛和忙碌的人群为背景，而主体不过是三个甚至连表情都看不清的弯腰拾麦穗的农妇。她们穿着粗布衣衫，踩着笨重木鞋，体态健硕，美丽优雅亦与她们无关。再细细看，能看到背景里那骑着高头大马，悠闲监工的主人。明显的，米勒把这画中唯一的高层阶级人物画得如此不起眼，却不至于让观赏者忽略他。而那三个农妇与之相比，她们谦卑的屈身动作虽然朴素却显得尤为庄严。两相对比，间接地暗示了农民的疾苦，更能令我感受到米勒对农民的同情。

米勒这幅作品采用横向构图的方式，他画笔下这三个纪念碑式的人物分别戴蓝、红、黄色的帽子，衣服也以此三色点缀，这样的暖色调紧紧抓住了人的视线。光源被布置在了画面左侧，照射在人物身上，愈发显得她们结实而坚忍。或许她们已经疲于长时间的劳作，可她们依旧在坚持。尽管脸部表情几乎全被隐去，可她们的动作和躯体所表现的内容更甚于表情，引人深思，让我看到了那时农民的最真实的写照。

一切艺术都源于生活，失去生活本质的东西注定不会长久，这正是米勒的画的魅力所在。他以质朴简约的概括力极富表现力地塑造平凡人物，用画笔勾勒出了他眼中的农民，在一百多年后的现代中国出现了一个他的知音——作家苇岸。苇岸曾在他的作品中提道："每个关注自然和熟知乡村的人，都亲身感受或目睹了它们前所未有的沧海桑田性的变迁。"他们同样关注农村、农民，一个为农民而画，一个为农民而著，他们都在用艺术最简朴而真实的一面为生活在最底层的农民呐喊。

细细品味《拾穗者》，我联想到了一首古诗：锄禾日当午，汗滴禾下土。谁知盘中餐，粒粒皆辛苦。那样简单而朴素的感动便是米勒打动我的地方。

资料来源： 江苏省锡山高级中学学生祝悦，朱海莲老师指导。

（二）中国画的欣赏方法

作为中西两种不同文化体系中的艺术样式，中国画与西洋画在哲学观、美学观、创作观上存在诸多差异，各有其不同的话语体系。譬如"书画同源"一说概括了中国传统美术语言的基本形态和美学特点。因此，当我们在品鉴中国画时，应回归中国画的话语体系，以南朝谢赫"六法"来探讨。

1. 气韵生动

气韵生动原指作品中人物形象的气度神韵，后扩至其他题材作品的整体气势和神韵。鉴赏中国画时要观其气韵，或雄强饱满，或清淡雅致，或繁花似锦，或逸笔草草，各具特色。"气"主要是指贯穿绘画作品的气韵、气质或神韵，是最高层面的审美追求，综合体现了画家的气质品格、综合素养、人生品位与精神境界等修养。

2. 骨法用笔

骨法用笔即用笔的骨力和功力，是体现中国画材料工具特点和文化内涵的重要元素。鉴赏中国画时首先要看其线本身的内涵与功力，行笔要生动、有活力，线与线的组织和搭配有序而富有变化等。

3. 应物象形

应物象形指画家的描绘要与所反映的对象形似，强调"以形写神"。无论是描绘人物造像、犬马走兽，还是山水树石、房舍舟桥、花鸟鱼虫等都要有基本的造型能力。无论是工笔还是写意，也都需要符合一定的造型或变形的规律。

4. 随类赋彩

随类赋彩是按所画物象之特点或要求，赋予适当的颜色。中国画的色彩或工笔重彩，或白描，或水墨，或浅绛，都是作者主观的"赋彩"，并不完全写实，但各有千秋，所以主要看色调的和谐与否。

教学案例

中国山水画鉴赏学习单

方法	主导问题	具体要求
描述	作品有何整体效果？	作品形式（立轴、长卷、扇面等形制与尺寸） 气势造型（整体气势与感受） 风格样貌（细腻精致、写意灵动、狂野奔放等）
分析	作品怎样表达其意境？	骨法用笔（线条、皴法、点法的运用） 应物象形（山水形势，建筑、人物、动物等的形态） 随类赋彩（赋予画面的色彩、墨色和情调） 经营位置（气势、主次、章法与布局） 传移模写（技法、风格的继承与创新） 气韵生动（上述技法所综合营造的气势、韵味和意境）
解释	作品有何意义和价值？	社会背景（社会的政治、经济、文化等影响） 文化影响（儒、释、道文化的影响） 艺术思潮（传神、写意、禅宗、复古等） 作者生平（人生经历与变化）
评价	你如何评价该作品？	历史价值；文化价值；艺术价值；其他价值

资料来源：浙江省元济高级中学孙芳执教并提供。

教学案例

观赏传统中国山水画

对于立轴山水画，需要凑近画面，按右边的示意图，从下往上一段一段地欣赏。

你就可以与画中人一起走进画面……

——起过小桥……

到山宅会友，畅叙旧情，而后绕向后山……

他路经一个小村庄，继续拾级而上……

最终走向隐藏于山巅的庙宇……

而画中桥上的游骑者、山宅相聚的诸人以及远处山径之人，也许就是作者在不同时间留下的身影。

中国古代画家早有这种意识，他们不满足描绘一个静止的对象，而致力于表现一个"可行、可望、可游、可居"的理想、超然的境界。

《洛神赋图》《千里江山图》《富春山居图》等长卷，则需要由右至左慢慢"卧游"，与作者一起游历崇山峻岭、湖光山色……相比西方绘画的静态空间，中国山水画是动态的、加入"时间"维度的"四维空间"。

资料来源：王大根.九年义务教育课本－美术（试用本）七年级第一学期[M].上海：少年儿童出版社，2019：12.

（明）周臣《春山游骑图》

5. 经营位置

经营位置是指精心营造和安排各物象的位置和形态，即构思和构图。然而中国书画作品有立轴、长卷、斗方、册页、扇面等形式，构图也就千差万别、多种多样，关键是如何通过布局和章法表达某种意境。

6. 传移模写

一般人只看到"模写"，即临摹和技法的学习，其实"传移"有传授、流布之意，即通过临摹学习前人的技法和表现风格。所以，我们还要看作品传承了何种风格，又有何创新。

对于书法作品而言，虽没有应物象形、随类赋彩，但其他方面仍然是一致的。一幅书法作品也有通篇的章法与气势、疏密与布局，也要看线条的功力与气质、韵律与表情，所形成的整体气韵，以及书体的传承与创新。

（三）比较鉴赏法

格式塔心理学认为，我们决不能孤立地理解事物，而总是将一个事物与其周围的事物联系起来理解。在美术鉴赏活动中，比较是行之有效的方法，即通过将两个或两个以上的美术流派、美术家、作品、种类、主题内涵等类比、对照及因果关系的并列比较，找出其中的共性和反差。比较的方式很多，有横向比较、纵向比较、求同比较、反差比较，局部与整体、局部与局部比较，构成模式、色彩特征、工具材料的比较，等等。

如图10-4所示，通过比较可以显著地呈现中外传统美术在材料技法、语言风格和创作观念等方面的不同之处，吸引欣赏者积极主动地对作品进行深入观察和剖析，从而较快地提高鉴赏能力。在"像艺术家一样创作"的过程中，教师还可以让学生把自己的作业与优秀作品进行比较，引导学生有针对性地分析、鉴赏优秀作品，从中获得启发，以提高创作质量。

图10-4 中国山水画与西方风景画

信息链接

横向比较与纵向比较

（一）横向比较是指对与欣赏对象有可比性的作品或事物作空间平行性的比较分析

（1）文化背景下的比较：在欣赏过程中联系不同的文化背景对作品中的物象进行比较分析，有助于理解作品中的意象。比如"羊"这个形象，在扬·凡·艾克所绘《羔羊的崇拜》中代表的是西方基督教教义里驯服的教徒，而在中国商代青铜器《四羊方尊》中却是美好吉祥的象征，有时也是一种神秘的威严的显示。

（2）艺术种类间的比较：在欣赏某些作品时，可联系文学、音乐、舞蹈等艺术语言和形象构成规律加以比较分析，利用通感来加深对作品的感受和理解。例如，在欣赏国画《江山如此多娇》时，可联系毛泽东词《沁园春·雪》的意境来理解画境。

（3）风格流派间的比较：美术史上的风格流派异彩纷呈、丰富多彩，各有其不同的造型形式和技巧特色，有时用语言文字来描述不易说明白，学生也难理解。但将这些作品放在一起形成比较则容易区分开来，学生也易于理解接受。

（4）艺术家间的比较：艺术家由于生活阅历、情感体验、时代背景等不同而形成千差万别的艺术观念以及各具特色的艺术作品。比如，同是画《圣母子》，15世纪法国的富盖由于身处政治、宗教动乱和英国入侵时期，其画中的圣母平视基督，表情麻木略带忧郁，体现出画家的担忧和关注；而16世纪意大利画家拉斐尔画的圣母却是美丽的平民妇女形象，体现出慈爱、善良、温顺的高尚品质，引起人们对生活的美好憧憬。这样进行比较，相映成趣，对于学生理解欣赏作品大有裨益。

（二）纵向比较是指对作品有关的事物作时间性纵向的比较分析

（1）艺术种类不同发展阶段的比较：把某类艺术不同发展期的作品进行并置比较分析，则容易把握这类艺术发展体系的总特征，有助于整体认识其语言特色并理解单个的作品。例如我国古代青铜艺术经历成长期、繁盛期、衰变期和更新期四个阶段，其形制、质地、纹饰等方面存在较大的差别，各具特色又不失其庄重、神秘的整体风格。

（2）艺术流派不同发展时期的比较：比较某一流派不同时期的作品是抓住该流派艺术特色发展线索的关键。例如，通过解读印象派莫奈，到新印象派修拉，到后印象派塞尚、高更等画家及其作品，能够反映出印象派艺术的发展过程及主要特色。

（3）艺术家不同成长阶段的比较：艺术家的成长过程与其各个时期的艺术观念和表现特色息息相关。例如，毕加索的一生风格多变，只有结合这位艺术大师不平凡的人生经历和精神世界，联系各个时期的作品及相关事物进行纵向比较分析，才能较为全面透彻地把握其作品的真谛。

（4）作品创作过程中各阶段的比较：一件艺术作品最终完成时的效果有时与创作动机中预想的效果相差较远，甚至完全不同。例如，席里柯的《梅杜萨之筏》最初构思取材于"搭救"这一情节，最后却选择了发现救生船这一动人心魄的瞬间。通过这番探讨以后，对于深刻理解作品的内涵，其作用是不言而喻的。

资料来源：彭根亮.美术的比较欣赏及其教学[J].中国美术教育，1998（6）.（编者节选）

第三节　美术欣赏教学

一、美术欣赏教学概述

美术欣赏是中小学美术教学的重要内容，旨在提高学生的艺术素养、陶冶情操、开阔视野、扩大知识领域。美术欣赏教学按其目的的侧重面不同可分为美术常识与美术欣赏两种类型。二者的共同点是，都需要介绍一定的美术史和美术基础知识，也要欣赏和分析一些美术作品。然而二者又各有侧重：美术常识课主要让学生形成美术知识结构，其中的种种概念或知识必须通过欣赏、分析美术作品加以说明；而美术欣赏课侧重让学生们学会欣赏的方法，其中会涉及美学、美术学、历史学、社会学等知识，目的是让学生利用这些理论和知识去理解美术作品。可见，同样是美术欣赏课，有的侧重于美术常识，有的侧重于美术欣赏，因此在教学方法上也有不同的要求。

美术欣赏既是美术课程中独立的学习内容，同时又能从形式、技法、创作观和文化背景等方面帮助学生进行美术表现和创作。一方面，义务教育阶段设置了"欣赏·评述"学习领域，高中阶段也有"美术鉴赏"模块，为的就是让学生从小参与美术欣赏活动，逐步提高视觉感受能力，侧重于培养"像美术批评家一样鉴赏"的视觉感知力、美术鉴赏力，形成健康的审美情趣；另一方面，基于核心素养的美术教学强调让学生体验"像艺术家一样创作"的学习过程，在创作出属于自己的美术作品的同时，全面提升美术学科核心素养，是把美术欣赏作为培养美术创造力的一环、培养美术学科核心素养的重要途径。

二、美术欣赏教学的目标与形式

（一）美术欣赏教学目标

美术欣赏教学目标的设定应适应时代发展，由学生的年龄特征和审美水平决定，体现出以学生为本、感性与理性分析并重、审美规律与个性化鉴赏相结合的原则。以下教学目标供教师参考，并根据不同年龄的学生加以调整。

- 有兴趣接触不同形态的美术作品，能运用整体观察的方法感受美术作品的材质、形式和内容特征，懂得美术可以表达美术家或设计师的不同思想、感受；初步了解中外美术的优秀成果，并能用这种眼光观察、欣赏和判断自己生活中的视觉形象。

- 运用美术知识和术语，从形式、技巧、表达手法、主题思想和创作观念等方面去描述、分析、解释、评价美术作品，能表达自己的独到见解；能通过美术欣赏促进自己的美术创作，在创作体验中深化对美术的理解。

- 逐渐形成宽容、开放的现代审美观念；逐渐形成自己的审美个性，并尊重自己和他人的审美判断；理解美术对人类社会、文化及生活的意义和贡献；崇尚文明，珍视中华优秀传统文化，尊重世界多元文化。

（二）美术欣赏教学的重点和难点

- 以宽容的审美态度去评价不同的艺术流派、不同国家的艺术特点、不同时代的艺术风格等，尤其是对非写实主义的美术作品。

- 承认和尊重他人在美术欣赏趣味上的多样性、差异性。教师不能对美术作品做简单化的肯定或否定，应鼓励学生大胆表达、各抒己见。

- 人体艺术是美术的重要组成部分，应适当介绍并正确引导学生欣赏人体艺术。一方面，教材中人体艺术作品的选择要慎重，内容要健康，数量上不宜过多；另一方面，教师在教学时要正确地引导学生欣赏人体艺术。

- 现代艺术和后现代艺术反映了现代社会的观念和特征，标志着美术发展的最新趋势，因此对于形成学生的"现代文化心态"具有重要指导作用。[1]但理解这些艺术形式需要一定的知识背景和文化素养，所以，作为现代美术教师，有责任去培养学生对现当代艺术进行图像识读和审美判断的能力。

> 📖 **新手导航**
>
> 现当代艺术是高中美术鉴赏内容之一。与传统艺术相对固化的审美评判标准不同，现当代艺术的"多义性"及"不确定性"更能够培养学生的批判性思维能力，教师需要引起重视。

---

[1] 王大根.视觉文化时代与高中美术课程[J].中国美术教育，2005（4）：2—5.

(三) 美术欣赏教学的形式

美术欣赏教学一般可分为专题美术欣赏、随堂美术欣赏、参观欣赏等多种形式。

1. 专题美术欣赏

专题美术欣赏是用整节课时，围绕某一历史时期、某一美术种类、某一美术家、某一经典作品或某一风格流派进行欣赏和学习，使学生较系统、深入地了解相关知识，提高学生对美术作品的理解水平，学会"像美术批评家一样鉴赏"。

2. 随堂美术欣赏

随堂美术欣赏是"像艺术家一样创作"的重要组成部分，是为了对后续的学习和创作起到借鉴和指导的作用，而从技法、造型、构思等角度进行的示范性美术欣赏。目前，美术教材中提供了大量经典美术作品，随堂美术欣赏已渗透于日常美术教学的全过程。

3. 参观欣赏

参观欣赏是组织学生走出学校，前往美术馆、博物馆、社区、景区或艺术家工作坊等，面对实物进行的美术欣赏和研究活动。比如结合青铜、书画等藏品组织学生参观博物馆，开展专题欣赏；或通过参观艺术博览会、双年展等拓宽学生的国际视野；或了解城市建筑、景观设计、地方传统文化特点；或访问美术家、民间艺人，并观看其作品，了解艺术表现技法和创作过程；或去市中心观看橱窗展示设计、商品造型设计、平面广告设计；等等。参观欣赏在发达国家已成为常规的美术教学形式，我国虽处于起步阶段但发展前景广阔。

三、各学段美术欣赏教学的特点

《义务教育美术课程标准（2011年版）》关于美术欣赏的教学内容、教学实施与目标的描述主要集中在"欣赏·评述"学习领域，对不同学段提出了不同的教学要求（表10-1）。高中阶段的美术鉴赏模块则以大概念为导向，针对高中生的特点，实施比小学、初中阶段更加广泛而深入的教学，以进一步提升美术学科核心素养。

在美术欣赏教学实施过程中，一方面，教师可以引导学生从多角度、多层面联系文化、生活情境鉴赏美术作品；充分运用现代信息技术开展自主、合作和研究性的学习；设计和运用多种学习工具帮助学生自主学习，开展有效的教学评价；积极利用地方文化资源，开发有特色的美术鉴赏教学实践活动；采用跨学科融合的教学方式，通过文学、音乐等其他学科或艺术类型深化美术理解等。另一方面，教师在教学中要不断探索与各学段学生相适应的教学活动。

（一）小学的美术欣赏教学

对于小学生而言，他们只能欣赏与他们的年龄、感知能力和认识能力相匹配的美术作品，否则就会看不懂，反应冷淡。通常小学生接受的美术作品和欣赏活动有如下特点。

① 从内容上讲，小学生喜爱那些与他们生活、性格特点接近的事物。相对而言，女孩更偏爱有生命、有情感、有情节的事物，而男孩则更热衷于机械的、运动的、争斗的形象。

② 从形式上讲，小学低年级学生喜爱用线条勾画形象清晰、色彩鲜艳的作品。大一些的孩子喜欢写实作品，他们会赞叹形象的真实感。

③ 从年龄特点上讲，目前小学生知识面广，也在逐步接受美术常识，因而在欣赏活动中要适当增加信息量，特别要关注孩子们在教学活动中的切身感受。

④ 从学习方式上讲，小学低年级学生可以通过游戏的方式激发兴趣、保持注意力，或借助直观实物教具帮助其理解和建构美术知识。高年级学生可以发

表10-1 《义务教育美术课程标准（2011年版）》不同学段的美术欣赏教学要求

	第一学段（1~2年级）	第二学段（3~4年级）	第三学段（5~6年级）
目标	观赏自然景物和学生感兴趣的美术作品，用简短的话语大胆表达感受。	欣赏符合学生认知水平的中外美术作品，用语言或文字等多种形式描述作品，表达感受与认识。	欣赏中外优秀美术作品，了解有代表性的美术家。通过描述、分析与讨论，用简单的美术术语对美术作品的内容与形式进行分析，表达对美术作品的感受与理解。

挥他们在网络运用方面的优势。

（二）中学的美术欣赏教学

对于中学生而言，他们应能欣赏和识别不同的美术门类、风格、流派；了解中外美术史上著名的艺术家以及美术史的基本发展脉络；能运用描述、分析、解释、评价等美术欣赏方法进行学习和研究；能搜集资料，与同学交流自己对美术作品以及美术现象的看法；等等。因此，在美术欣赏课中，教师要注重培养学生具备以下能力素质。

① 认真、仔细、敏锐地观察美术作品，收集信息，必要时还需要做好笔记。

② 针对教师提出的问题，联系自己的生活经验积极想象和思考，并敢于真诚地发表自己的看法。

③ 敢于大胆地提出自己的问题，积极参与讨论或辩论；也要学会尊重他人的意见并从中吸取合理的因素，学会讨论或辩论的方法。

④ 能按教师的要求，认真查阅和收集资料，做好相关的笔记，学习写出自己对某一美术作品的体会或评价文章，逐步提高书面表达的能力。

> **文件摘要**
>
> 《普通高中美术课程标准》美术鉴赏内容系列
> 在美术鉴赏内容系列的学习中，学生应该持续理解下列基本观点：
> 1. 图像诉诸视觉，是与口语、文字、声音和动作不同的交流方式。借助于图像，人们既能获得知识和信息，也能表达思想和情感。
> 2. "整体观念"是美术活动中重要的观念，也是人们看待和处理问题最有效的观念之一。
> 3. 因观念、形态、材料和技法等差异，图像会呈现不同的形式和风格。
> 4. 图像会因为形式美原理的运用，显示出不同的审美特征和品位，给人们带来丰富的视觉感受。
> 5. 图像受不同文化的影响，包含丰富的文化信息，能反映不同时代和民族的文化特征。
> 资料来源：中华人民共和国教育部.普通高中美术课程标准：2017年版[S].北京：人民教育出版社，2018：10.

> **教学案例**
>
> 中学美术鉴赏教学中的"小先生"课堂
> 有时候鉴赏活动往往成为一种外在于学生的活动，他们要么是没有认真听课，要么在听却几乎没有受到触动，情绪和思维无法随着教学而发生变化。针对这种情况可以采用让学生当"小先生"的方法变换教学方式。具体操作时，可以是指派对美术有认识的同学担任"小先生"，也可以采用毛遂自荐的方法由学生自己争取，还可以以小组合作的方式参与。以北京市海淀实验中学"小先生"的美术鉴赏课为例，"小先生"需要认真阅读和研究教材，通过网络或其他方式收集素材和资料，准备教案和演示文稿，真正在讲台上面对其他同学上课。这种方式不仅可以让参与准备的学生进行自主学习和研究性学习，而且由于同龄人或同学的身份，可以使其他同学产生一种亲切感和新鲜感，从而产生良好的学习效果。需要注意的是，这种方式不能代替教师的教学，而是一种变化教学节奏、追求特殊教学效果的方式。
> 资料来源：尹少淳.美术教育学新编[M].北京：高等教育出版社，2009：278.

四、关于美术欣赏教学的讨论

（一）美术欣赏教学的误区

美术教师要正确掌握美术欣赏教学方法，避免出现以下的教学误区。

① 以美术家的介绍代替美术欣赏。美术家的个人经历与作品创作相关，但其生平、传说、趣闻逸事等必须与作品的欣赏相结合，才能有助于理解作品。

② 以文学解释代替美术欣赏。某些主题性美术作品背后的历史故事、人物，以及作品中的情节非常吸引人，但如果不能和作品的美术语言、形式、风格相结合，也不是真正的美术欣赏。

③ 以作品的社会影响代替美术欣赏。一些著名作品是基于艺术价值与社会价值的完美统一而得以流芳百世的，教师若忽略其艺术价值而只谈历史影响的话，仍不是真正的美术欣赏。

④ 以教师个人经验解说代替美术欣赏。某些教师喜欢将个人的欣赏方式和观点强加于美术作品，容

易对学生造成误导。

（二）美术欣赏教学的注意事项

美术欣赏课是学生在教师引导下的一系列的审美活动，其中，教师应当注意以下事项。

① 教师是学生与美术作品之间的桥梁。教师在引导学生观察作品的形式和内容时，应当尊重学生自己的感受和分析，可以先让学生通过书籍和网络查阅相关资料，去了解作品的主题思想和时代背景，教师再给予一定的补充和分析。

② 教师要引发学生对美术作品的真实情感。教师不要对作品做过多的评述，或在讲授时带有明显倾向的个人情感或观点，而应该较客观地引导学生去观察、感受和分析，通过比较、讨论等方式使学生产生真切的审美体验。

③ 教师要设计好一系列问题。欣赏是观赏者对作品能动、积极的再创造，教师可以提前预设趣味问题并通过问答和讨论的形式，激发学生兴趣并引导学生观察、感受和思考，使学生学会欣赏。

④ 尊重学生对作品的看法。"一千个读者，就有一千个哈姆雷特"，美术欣赏并无统一定式，教师不要急于将自己或专家的观点强加给学生，相信学生随着年龄的增长和知识的积累，会慢慢懂得作品真正的内涵。

示范性案例 11

课题	西方现代绘画艺术——马蒂斯《红色的和谐》		教学对象	高中二年级	课业类型	美术鉴赏
基本问题	艺术家是如何继承或打破传统从而形成自己的艺术思考的？	小问题	1. 西方现代绘画为什么与传统绘画的艺术风格大相径庭？ 2. 时代背景和文化观念是如何影响艺术家创作的？ 3. 艺术家通过何种方式表达他们的想法和感受？ 4. 艺术的真实等同于生活的真实吗？ 5. 艺术美的标准是一成不变的吗？			
设计思路	高中学生大多对艺术学习有着较为浓厚的兴趣，有较强的艺术感知能力和一定的艺术思辨能力，愿意尝试以项目化学习的方式投入艺术相关课题的探究中，这些都为本课的学习奠定了基础。本课围绕"艺术风格"这一大概念设置基本问题和小问题，创设真实性学习情境，采用小组合作探究法，组织学生开展欣赏、讨论、体验、分析、评述、创作等多元化的艺术活动，以人文视角分析和研究艺术家的经典作品，共同探索西方现代绘画的表现形式，形成正确的审美判断，感悟作品中真善美的价值引领。					
教学目标	1. 知道画家的个人经历、时代背景及艺术风格对其作品的影响，理解作品内涵并学会分析其艺术特色，学会借鉴大师风格进行数字油画创作。 2. 通过欣赏、讲解、讨论、探究实践等活动的开展，尝试分析马蒂斯作品的艺术特色，懂得西方现代绘画的创作观念和原则。 3. 在感受、理解艺术美的同时体会西方现代艺术中乐观、向善、尚美的价值追求，学习画家博爱豁达、探索创新的精神。					
评价方案	1. 比较西方传统与现代绘画的风格差异，知道西方现代绘画的创作理念和艺术价值。 2. 学会判断西方现代绘画野兽派代表画家马蒂斯的艺术风格。 3. 学会分析西方现代绘画野兽派代表画家马蒂斯经典作品的艺术特色及表现方法。 4. 深入理解西方现代绘画风格的形成原因和影响因素。					
教学过程	一、引导阶段 **学习目标**：比较分析维米尔《戴珍珠耳环的少女》和马蒂斯《艾米丽的画像》在绘画风格上的差异。 **主要活动**：教师提出基本问题并组织学生以头脑风暴的形式对小问题进行讨论。 二、发展阶段 **学习目标**：通过赏析马蒂斯代表作品《红色的和谐》，深入理解野兽派的艺术风格。					

续表

主要活动：

（一）学生以小组形式完成职业角色体验游戏。

1. "艺术家"小组。侧重分析作品的艺术手法和特色，包括马蒂斯作品在内容题材、人物造型、画面色彩及空间构图上的表现，分析这样的处理对表现主题所起的作用。
2. "艺评家"小组。侧重分析绘画的风格流派。
3. "收藏家"小组。侧重分析作品的艺术价值及影响。

（二）学生通过图书馆查阅画册、相关资料的收集整理、艺术场馆的实地考察、艺术家的探访等活动完成一系列表现性任务。

1. 鉴赏报告。"艺术家"小组能从艺术特色、艺术内涵、艺术评价等方面分析马蒂斯绘画作品的风格特征。
2. 课堂辩论。"艺评家"小组针对"艺术的真实等同于生活的真实吗？"这一辩题进行课堂辩论。
3. 模拟拍卖会。"收藏家"小组举办虚拟作品拍卖会，向参与竞拍的学生介绍艺术风格差异较大的几幅绘画拍品。教师以此评价学生是否掌握了艺术风格的判断标准。
4. PPT汇报交流。各小组进行学习成果展示。

三、拓展阶段

学习目标： 通过创作实践进一步理解现代绘画的创作理念和审美价值。

主要活动： 教师组织学生在前期欣赏学习的基础上借助数码绘图板，运用绘画软件完成模仿马蒂斯风格的数字油画创作和相应的文创衍生品设计。

《戴珍珠耳环的少女》 《艾米丽的画像》

《红色的和谐》

  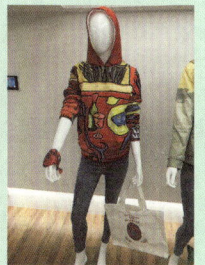

学生数字油画作品《窗边》及衍生文创卫衣设计

学生的作品鉴赏学习单

描 述

	作品名字	《红色的和谐》		姓名	马蒂斯
艺术作品	尺寸大小	纵180.5厘米、横221厘米	艺术家	代表作品	《舞蹈》
	创作年代	1908年		风格流派	野兽派

你看到了什么？作品带给你怎样的审美感受？
红色为主体的画面中，一位妇人正在准备餐点，饱满的色彩给视觉带来了强烈的冲击。

分 析

艺术特色	造型元素（形状、线条、形体、色彩、空间、肌理等）	马蒂斯在作品中强调造型的简洁和平面化，突出色彩的作用，画中线条合理的组织、富有韵律的安排，具有和谐的美感。桌椅墙窗的直线与人物果盘的弧线形成对比。画面中彻底抽掉透视法，以饱满的色彩来展现一个充满对比色的图案世界——橙与蓝、黄与紫、红与黑。
	形式原理（对称与均衡、节奏与韵律、对比与和谐、多样与统一）	马蒂斯从东方艺术中学习到不同构图形式中画面秩序的处理方法，把三维空间描绘在二维平面上。蓝色纹样富有韵律感地分布在桌布和墙面上，建立起空间幻觉，从而在红色平面上清楚地将水平面和垂直面加以区分。红色为主色调，橙与蓝、黄与紫、红与黑的色彩对比使画面丰富又统一。

续表

		解 释
艺术内涵	作品内涵(结合所处时代、社会背景、艺术思潮、个人经历等因素) 画家的思想、情感	20世纪初,西方绘画艺术思潮风起云涌、流派众多,其中诞生了一个具有震撼力的绘画流派——野兽派。野兽派主张绘画要表达主观感受,注重发挥纯色的作用,其作品大多用色鲜明、造型简练、笔触直率,具有装饰性。 《红色的和谐》来源于马蒂斯生活中的幸福感,折射出他质朴而又和谐的幸福家庭。他对画面空间有着自己的独到理解:"与科学透视规律相比,平面化的空间具有更强的表现力和感染力"。马蒂斯基于绘画对象本身进行符合其审美理想的艺术加工,创造了田园牧歌式的美好场景。他将这种幸福用艺术手法加以表达,与世人分享快乐。
		评 价
艺术评价	从历史、文化、艺术经验的角度评价作品,阐明你的观点和理由	从后印象派到野兽派,从立体主义到抽象主义,以及现当代的很多绘画流派,都通过在绘画形式上的不断追求使画家的主观性得到重视。通过赏析马蒂斯的绘画作品,我们不难发现马蒂斯的《红色的和谐》跳脱出写实派风格,将装饰画艺术融入其中,简单地传达出对生活的热爱和满足。 马蒂斯的绘画使色彩达到了真正意义上的主体地位,他追求平面化、装饰性,以简化的线条造型、单纯的色块组合,开创了形式风格独特的野兽画派,提出"简化绘画""纯粹绘画"的艺术主张,"和谐"是其绘画的最高追求。 艺术打动人的力量并不依赖精确地复制自然,而是依赖艺术家面对自己选择的客观对象时那深沉的感受,依赖艺术家凝聚其上的注意力和对其精神实质的洞察。艺术作品最终是艺术家对客观事物的感觉和审美理想的统一。

美术鉴赏小报告(高二2班 曹昕玥)

　　《红色的和谐》,顾名思义作品的主体颜色是红色,画面的色彩和线条都富有冲击力。画面使用了浅灰、拿坡里黄这两种鲜明的色彩,与背景的大红形成对比,给人强烈的冲击感,但又使相互矛盾的色彩产生和谐的美感。画面左部的远景主要是蓝紫色的天和墨绿色的地。当人们的目光向画面的左上移动,从桌子上的花纹转向窗外的绿地时,就会产生由近及远的空间感。《红色的和谐》多采用抽象简洁的线条,人物不做细描。餐桌上放着水果,瓶中盛酒,房内布局如梦如幻,画中充溢着装饰的味道。桌子、墙、地面的轮廓没有用线勾画,仅用人物、椅子和瓶子等造型暗示出桌子、墙面与地板的位置,形成既有空间感又是平面的特殊空间关系。藤蔓植物花纹均匀地分布在墙面和桌面上,增强了红色调的画面效果。

　　《红色的和谐》的色彩和线条表现都具有开创性,是西方油画中独树一帜的作品。画面表达出马蒂斯对形式革命的探索,使色彩达到真正意义上的主体地位,绘画追求平面化、装饰性,简化的线条造型、单纯的色块组合,开创了具有独特形式风格的野兽派。他提出"简化绘画""纯粹绘画"的艺术主张,"和谐"是其最高追求。马蒂斯指出"精确并非真实",即艺术打动人的力量并不依赖精确地复制自然,而是依赖艺术家面对自己选择的客观对象时那深沉的感受,依赖艺术家凝聚其上的注意力和对其精神实质的洞察。艺术作品最终形成的是艺术家对客观事物的感觉和审美理想的统一。从后印象派到野兽派,从立体派到抽象派及现当代各绘画流派,都通过对绘画形式的不断追求使画家的主观性得到重视。通过赏析作品,不难发现马蒂斯所强调的艺术的本真也是他简化艺术创作手法所追求的效果:最大形式的简化、最纯粹的色彩及形式,以达到简约的平面装饰性效果。西方现代绘画观念已发生了巨大的变化,画家们不断增强作品的表现力,更多追求的是符合其审美理想的艺术形式,作品表现的是主观所认为的真实的自然。

　　马蒂斯的作品告诉我们,绘画不应只是我们所观察到的客观对象的投影,评价一幅画好坏的标准绝不只是"像"或"逼真"。马蒂斯的艺术理想是用单纯、和谐的平面装饰语言来表现自我,表现对自然丰富而深刻的感受。

案例来源:上海理工大学附属中学顾超老师执教并提供。

案例点评

　　西方现代绘画艺术因形式多样、表现手法新颖独特,一直是高中美术鉴赏教学中的难点。顾超老师以"问题"为导向,创设情境,帮助学生实现从知识本位到素养本位学习的转变。首先,引导学生以"艺术家""艺评家"和"收藏家"的角色,从不同角度深化对艺术作品的图像识读和文化理解,学会由表及里的欣赏程序和方法。"作品鉴赏学习单"和"美术鉴赏小报告"有效地帮助学生深度思考和鉴赏作品。随后,在艺术场馆考察、课堂辩论、模拟拍卖会等活动中,教师充分调动学生自主学习,通过搜集资料、建构知识、交流讨论等方法,提高他们对西方现代绘画的审美判断能力和对艺术发展规律的认识,并将学习效果放在解决问题的情境中进行评价和检测。最后,在鉴赏的基础上融入数码绘画、设计和展示等美术实践活动,从而促进学生美术表现和创意实践等美术学科核心素养的提升。

【学习单 10-2】
改进【大单元1】中欣赏教学环节的设计,以及相关学习活动,通过小组讨论发现并改正错误。
重点提示:
1. 结合本章内容的学习,要进一步优化鉴赏教学,引导学生从语言形态、语义信息和超语义信息三个层面鉴赏作品,能深度鉴赏美术作品,同时要列出撰写鉴赏报告的要求。
2. 对于低、中年级的学生,也可以有创意地设计图形分析、填空、连线等练习,便于学生学会鉴赏。

【学习单 10-3】
【教参】中大单元参考教案(即【大单元2】)是工艺、设计、跨学科类教学设计,确定各组课题,开始分工设计。
具体要求:
【教参】中大单元参考教案(即【大单元2】)必须是工艺、设计、跨学科类的教学设计。一是按民间美术的学习和创作设计出工艺类的大单元教学;二是简要学习民间美术的工艺,进而依此设计出平面、产品或环境艺术等设计类的大单元教学;三是把民间美术作为元素,设计出有现当代艺术特征的跨学科艺术类的大单元教学。
建议教师通过抽签、选择或分配等方式将任务布置给学生,确保全面落实工艺、设计、跨学科三类教学设计,以期通过后期的交流(最好在教育实习时试行),使学生能全面了解这三类课程不同的设计思路和教学特点。

思考与练习

识记:美术语言、造型元素、形式原理、美术欣赏、美术鉴赏。

理解:1. 美术语言的三个层次及相互关系是什么?

2. 简述美术欣赏的基本方法和步骤。

3. 美术欣赏教学的误区有哪些?

4. 美术欣赏教学中教师和学生分别需要注意什么?

建议阅读

1. 王大根. 高中美术新课程理念与实施[M]. 海口:海南出版社,2004.

2. 钱初熹. 美术鉴赏及其教学[M]. 北京:人民美术出版社,2007.

3. 胡知凡. 全球视野下的中小学美术教育[M]. 上海:上海教育出版社,2019.

4. [美]汤姆·安德森. 为生活而艺术[M]. 马菁汝,刘楠,译. 长沙:湖南美术出版社,2009.

第十一章 美术创作教学

基本问题：

如何引导学生在真实性情境中进行美术创作？

学习目标

【任务一】【任务三】：知道并理解中国画创作、绘画创作、雕塑创作和版画创作教学的基本原理、基本要求和差异性，从而采取不同的教学策略与方法；做到能在各教案中设计出"像艺术家一样创作"的学习过程，指导学生将各种美术知识与技能有机整合，并迁移和运用于美术作品创作中，促进其美术学科核心素养的全面落实；提交设计好的【大单元1】。

【任务二】：分工合作设计好【教参】的【大单元2】。

师生共建			
	课前	课中	课后
教师	1. 第十一章研究美术创作教学，是创作视觉形象表达情感与思想的活动，是最基础的美术素养。 2. 上传相关参考文献；了解并指导"小老师"对美术创作的理解和教学设计；发现并纠正他们对各核心概念的误解或理解偏差。 3. 指导并纠正他们的【大单元1】中设计的错误，尤其要关注启发引导、材料工具和方法步骤，及其学习工具设计的有效性。	1. 关注"小老师"对美术创作的重要概念、各环节启发引导、材料工具和方法步骤，及其学习工具的设计等重点理解正确与否；教学思路和教学活动的合理性和有效性。 2. 关注"小老师"能否发现并纠正师范生的【大单元1】各环节设计的错误。 3. 组织评价组对讲课组进行点评；对"小老师"的教学进行点评、纠错和补充，要突出以上重点。 4. 布置设计【教参】的【大单元2】。 5. 发【学习单11-3】，布置试卷命题任务。	1. 要求学生进一步阅读相关文献，深入学习并理解美术创作及其教学的重要概念与方法。 2. 要求师范生改进各自的【大单元1】中美术创作教学各环节学习活动和学习工具设计。收【大单元1】作业，并仔细批改。 3. 要求师范生按所分配的课题，分工寻找资料，设计好【大单元2】。 4. 要求师范生完成试卷命题初稿。
"小老师"	1. 认真钻研教材，理解本章的大概念、基本问题和深度学习等重要概念，设计好教案和课件。 2. 按本章要求设计好自己【大单元1】中的美术创作教学活动和相应的学习工具。	1. 抽查师范生【大单元1】，通过提问、讨论发现问题；示范自己的【大单元1】改进过程，讲解相关知识和要求，指导师范生修改美术创作学习活动和相应的学习工具。 2. 运用多种策略与方法，引导师范生进一步理解不同的美术创作教学方法。	1. 总结本组和个人的教学设计和教学；完成教学反思和自评报告。 2. 把教案与课件改进后上传至线上学习平台；做出本章教学的微页，并发送至班级群。
师范生	1. 预习本章内容，上网阅读相关文章，记下不能理解的问题。 2. 按本章要求设计好【大单元1】的美术创作教学活动与方法，设计有效的学习工具。 3. 完成【大单元1】的设计。	1. 带来设计好的【大单元1】打印稿，积极参与教学互动。 2. 通过听课和小组讨论发现并标注【大单元1】中美术创作教学或相应学习工具的错误，课后改正。	1. 进一步阅读本章示范性案例和网上文献。 2. 改进【大单元1】中美术创作学习活动或相应的学习工具，交作业。 3. 按分工寻找资料，设计【大单元2】。 4. 分工完成试卷命题初稿。

第一节 美术创作概述

《义务教育美术课程标准（2011年版）》指出："美术学习活动大致可分为创作和欣赏两类。为了便于学习，将创作活动再具体分为'造型·表现'和'设计·应用'两个学习领域。"又认为"'造型·表现'是美术学习的基础，其活动方式更强调自由表现，大胆创造，外化自己的情感和认识"，具体包括"描绘、雕塑、拓印、拼贴等手段和方法创作视觉形象的美术创作活动"。本章将以"造型·表现"学习领域为例阐述创作教学。

一、美术创作原理

新的美术教育观强调培养学生的美术创造力。创造力是指产生新思想、发现和创造新事物的能力，是成功地完成某种创造性活动所必需的心理品质。美术中的创造力可表现为不同的层次，如无意识的创造、无目的的创造、恶意的创造、有目的的创造等。[1] 而且，即使学生用某种方式画出了对象、创作了作品，也不等于真正理解了美术。换言之，人们表达情感与思想的方式多种多样，我们的目标是让学生学会并运用美术语言来表达自己的情感和思想。英国艺术史家贡布里希曾说过，艺术创作重要的内核是"我们头脑中有一种固有的图式，我们正是靠图式来整理自然，让自然就范……对于艺术家来说，他理解自然的图式主要来自传统，来自他那个时代的风格"[2]。而且，在某种意义上说，"艺术家的倾向是看到他要画的东西，而不是画他所看到的东西"[3]。

美术创作是作者运用个体经验、审美态度以及美术观念，通过一定的材料、技法和美术语言，为描绘客观世界、表达主观情感与思想、美化环境与生活，把特定内容塑造为有审美价值的美术形象和作品的创造性活动。

如图11-1所示，美术创作是作者眼、脑、手高度协作的过程。作者需要通过欣赏名作，借鉴其美术语言（风格、技巧和创作观）、提高眼界，通过临摹或练习，学习必要的技法，即继承；同时又要体验和观察现实生活，通过写生获得创作素材，并通过构思、构图和一系列创作过程完成作品，其中融入自己的个性、情感和思想，也就是创新。美术创作并非被动地再现对象，而是用一套美术语言去表现对象，美术教学首要的知识与技能目标就是学习并掌握各种美术语言。

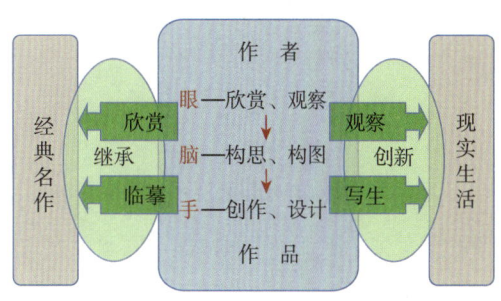

图 11-1 美术创作规律示意图

所以，未借鉴经典的作品像无本之木，没有风格、技巧和品位，也无应有的知识与技能；而一味模仿经典风格而无自己的个性、情感、思想和创造，也算不上美术创作。因此，要让学生学会运用某种美术语言来创作，就应该经历欣赏、临摹、观察、写生、构思和创作这一"像艺术家一样的创作"的过程——这就是美术学科的研究性学习，也是新课程提倡的学习方式。这种带有某种经典风格痕迹又联系自己生活的作品才是学生应有的创作。

二、美术创作教学目标

• 借鉴名作，学习构思、构图、造型、色彩、形式处理等美术创作的知识、技巧与观念，灵活运用

> **新手导航**
>
> 对于学生的美术创作，教师要重视引入与学生相关的真实性情境，从个人、社会和职业角度去创设情境，让学生结合自己的经历、体验和感受去构思和创作美术作品。

---

1 王大根. 如何在美术教学中培养学生的创造力——以绘画创作为例[J]. 画刊（学校艺术教育），2012（7）：11.
2 [英] E. H. 贡布里希. 艺术与错觉：图画再现的心理学研究[M]. 林夕，李本正，范景中，译. 杭州：浙江摄影出版社，1987：599.
3 同上，第101页。

各种美术材料、工具及表现技巧，大胆创新，理解美术。

● 学习艺术家认识世界的方式，以艺术家的眼光观察自然、现实生活和周围环境，积累感性经验和创作素材，学会从平凡的生活中发现美，发现真实而有意义的题材，产生创作的欲望和动力。

● 综合运用所学美术知识，借鉴前人的美术创作形式、方法、经验与观念，学习和体验美术创作的过程，使作品的形式与主题相统一，发展美术学科核心素养。

三、美术创作教学重点与难点

1. 美术创作教学的重点

（1）**培养创造意识** 美术教育重视培养学生的发散思维和想象力。教师要通过启发、联想等方式方法打开学生的创作思路，培养他们敏锐发现的眼光，树立积极的创作意识，即不重复他人、在平凡生活中去寻找或发现创作目标。

（2）**注重情感表达** 教师要引导学生以美术作品表达对于生活、社会、世界的认识，从而形成正确的世界观和价值观。教师要时刻把情感教育、立德树人渗透于美术创作教学全过程，促使学生形成良好的情感品质，创作出真、善、美统一的作品。

（3）**构图与表现** 教师要引导学生根据创作主题的需要组织画面，理解美术构成的原则，能艺术地处理构图的主宾、平衡、节奏、虚实、疏密、繁简等关系，使画面主题突出，层次分明，形成具有某种形式感的美术创作。

2. 美术创作教学的难点

美术创作的难点一是解决"画什么"，即基于学生个人的经验和认知基础，将头脑中的意象区分主次，并转化、落实于画面中；二是解决"怎么画"，即如何构图、造型、用色，以及用什么美术语言等，创作出更美、更有意义的作品。要解决这两个难点：一是平时多欣赏优秀美术作品，增加学生的创作资源和表象；二是创作时参照类似的经典名作，从中借鉴经验或技巧；三是借鉴同龄学生的优秀作品，最能使学生产生平视的共鸣；四是教师因材施教地提示和指导。

四、美术创作教学环节

素养来自实践，实践须植根于情境。重温核心素养本位"像艺术家一样创作"的学习过程示意图（图11-2），图中六个环节都是具体的美术实践活动，总结了美术家思维、创作和解决问题的过程。按核心素养"像专家一样思考"的原则，也就是学生学习美术和创作的过程；这些美术实践又与美术学科五大核心素养相互对应、环环相扣，从而使美术学科核心素养得以落实；同时，这也是新课程大力倡导的、美术学科特有的研究性学习方式。

下面结合图11-2，逐一解读各个环节的教学重点。

1. 主题

主题即"主题大概念"，是美术创作的核心。要求学生用所学的美术形式与观念来表达某个主题，如环保、未来、爱国、灾难等。但学生的认识往往很天真，与教师的意图不一致，所以，教学重点是引导学生深化对主题的思考和理解。比如教师提出"英雄"

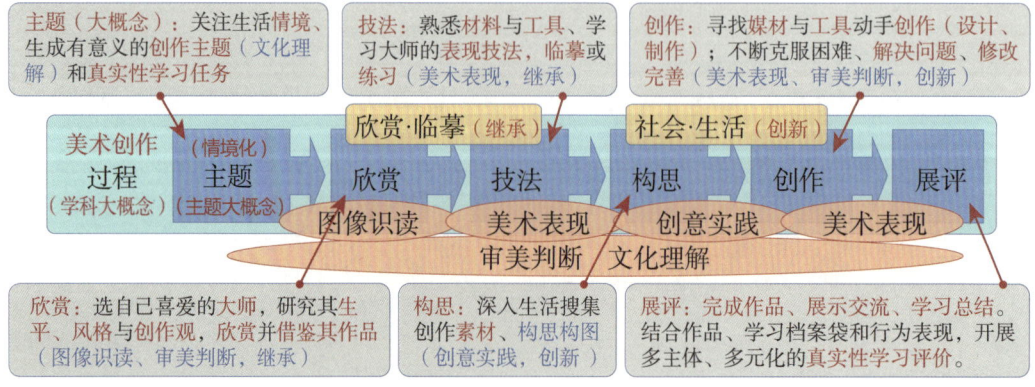

图11-2 "像艺术家一样创作"的学习过程示意图

这一创作主题，希望歌颂为社会发展做出杰出贡献的人，但学生想到的却是游戏、动画片中的英雄，甚至认为会赚钱的人就是英雄。这就需要开展提问、讨论甚至辩论：具备什么品质和行为才是真"英雄"？让学生认识英雄并写出自己理解的三个特点（比如无私忘我、不辞艰险、英勇奋斗、为国捐躯、壮志凌云、气吞山河、开创历史等），树立正确的英雄观。然后再联系真实性情境和现实生活确定自己的创作意向，酝酿于心并成为创作的内驱力。而且，大单元教学要求完成一个有适当尝试或难度的、"具有挑战性的真实性学习任务"，是处于学生最近发展区高端的学习任务，这才值得用多课时大单元学习过程去研究和探索，更好地发展学生的核心素养；同时，这样的学习任务又暗示着教师对学生的信任与高期望值，更有利于激发学生的潜能、产生神奇的"皮格马里翁效应"。

2. 欣赏

这里的欣赏课是指导学生风格化创作的开始，最好能让学生选择自己喜爱的大师、风格和代表作。教学 <u>重点</u> 不但要让学生学会由表及里地欣赏大师的代表作，还要联系对大师的生平和艺术发展的研究，了解其风格和创作观的成因，在欣赏报告中更深刻地表达自己的理解。此外，欣赏还是指导学生学习风格化的美术技法、构思和创作的重要依据，要贯穿于创作全过程，不断地学习或借鉴，使得创作建立在大师风格的"肩膀"上。

3. 技法

美术创作不是被动模仿对象，而是用风格化的美术技法表现对象，传达作者的情感和思想。同一对象，用写实、表现、抽象、装饰等不同风格去创作，会有截然不同的审美效果和情感表达。核心素养导向的技法课的 <u>重点</u> 不仅要介绍该美术样式的材料工具，通过教师的正确示范，让学生掌握基本的步骤与方法，而且要让学生将基本步骤方法与大师的风格相结合，进行临摹、写生或练习，尽可能学会风格化的美术技法，并在后续的创作中进一步思考、运用和提高技法。

4. 构思

构思是美术创作的想象和创造性思维，是美术作品有无创意之关键。构思是按既定的美术样式和主题，对生活表象和现象进行重组和改造，使之成为具有一定审美价值的美术作品。构思课的 <u>重点</u> 主要有两方面。<u>一是收集素材</u>。做好想象、思维和创作的准备，其中又可包括两类素材：① 若干幅与自己所选风格、题材相似的美术作品的图片，主要借鉴其中的形式风格、美术语言及其艺术处理手段；② 若干幅与自己创作意图的表现对象相关的图片，主要参考其中的造型、结构和动态等。<u>二是启发引导</u>。教师要通过故事、文字、图片、视频、讨论、头脑风暴等形式引发学生的思维和想象，架起生活现象与美术样式之间的桥梁，将想象中的意象变成具体构图，并不断完善。由于平面或立体、西洋或中国、工艺或设计、传统或现代等不同艺术样式的构思方式与特点各不相同，不同学段的启发引导方法也不同，因此，要培养学生创新创意，教师必须有高人一等的想象力和创造力。

5. 创作

创作课具有综合性特点。其 <u>重点</u> 是既要以主题大概念和题目不断思考作品的文化和社会意义，又要以学科大概念和大师的风格，思考如何综合运用美术材料工具、技法手段、美术语言和创作观念更好地表达创作意图，从而创作出充分表达自己个性与心声的美术作品。教师要不断地提醒学生，如何完善作品的形式语言，更好地表达主题和心声，鼓励学生运用所学知识与技法，根据理想的目标，与作品不断地互动、改进和完善，创作出属于自己的美术作品，并完善创作思路。

> 📖 **新手导航**
>
> 对于学生的美术创作，教师不仅要重视作品的整体效果，而且要关注学生在创作过程中的体验、感知和思考的过程，从而培养学生的想象力和创作思维。

6. 展评

美术创作的目的不但要以作品表达作者的思想与情感，从接受美学角度讲，还要让观者感知与接受，所以美术作品展览才是美术创作活动的完成、教学的最终成果。尤其经大单元教学完成的学生作品具有更高的审美品质、观赏价值和文化内涵，必须展出每位学生的作品和学习档案袋，以证明学生的知道、理解和做到，促进美术学科核心素养的发展，并增强学生的成就感与学习动机，助力后续美术课程的学习。展示部分的重点是策展、布展和海报、报道等宣传，是对美术教学成果的二度创作，营造有特色的美育校园文化；评价部分的重点包括对学习过程和作品的评定，或对美术知识的测评等，全面总结美术教学的学业质量水平。

以上介绍了基于核心素养的"像艺术家一样创作"的基本教学过程，它适用于各学段的中小学生，以此过程展开教学，必将产生不同于以往、更具深度的教学效果。

教学案例

学生眼中的外滩风光

教学对象	小学一年级
教学目标	1. 学生能表达自己对外滩风景的氛围感受和见解。 2. 能用各种形状来构图，通过一个元素（窗户）近大远小的变化来表现景深感。 3. 尝试使用油画棒混合色表现各种颜色、色调，用深浅的对比表现空间感。 4. 能够有从平面构图到立体模型制作的转换能力。用废旧材料拼搭出外滩建筑造型，并表现窗户元素。 5. 用丙烯颜料给建筑模型上色。
一、欣赏与分析（1课时）	1. 欣赏罗伯特·德劳内的《窗》，分析画面由哪些形状和颜色组成？ 2. 有哪个特殊的元素（窗户）？
二、构图（2课时）	1. 分析自己寻找的外滩风光图片中建筑物的特点。 2. 借鉴罗伯特·德劳内的《窗》，用各种图形在画面中构图。
三、涂色（6课时）	1. 通过色谱，认识各种颜色、冷暖色系。 2. 油画棒技法训练。 3. 用近深远浅的颜色表现景深感。
四、勾线（1课时）	1. 在画面中用深色勾出所需要的建筑物轮廓。 2. 画出从大到小的方块，表示从近到远的窗户，体现空间感。
五、拼搭建筑模型（4课时）	1. 每人寻找废旧材料。 2. 形成4~6人的小组。 3. 讨论和尝试，将废旧材料组合成建筑造型。（可采用两种形式：浮雕和全立体） 4. 用胶带或双面胶将不同形状的材料组合起来。
六、上色（2课时）	1. 用丙烯颜料给底板上色，粘贴上建筑模型。 2. 给建筑模型上色（两种颜色）。

法国画家罗伯特·德劳内《窗》（1912/1913）

资料来源：上海市协和双语学校 [法] Cecile Girard（中文名"西西"）、徐闻彦老师执教并提供。

第二节 中国画创作教学

一、中国画的特点

中国画是用传统的笔、墨、纸、砚等工具材料进行创作，融诗书画印于一体的绘画样式，是在中华民族独特的创作观念、思维方式、美学思想和哲学精神中形成的艺术形式。广义的中国画还包括壁画、白描及各种民间绘画等。中国画是中华优秀传统文化之瑰宝，在世界美术领域自成体系、独树一帜。中国画教学是中小学美术教学的重要组成部分，对于增强传统文化的认同和自信具有重要的作用。中国画主要具有以下特点。

1. 抒情达意的艺术观

西方美学发源于古希腊的自然哲学和亚里士多德的"模仿说"，艺术品追求写实和逼真。而中国古代美学思想源于伦理学，始终把"礼"（伦理、道德）和"乐"（艺术、审美）相联系，成为中国哲学、美学、艺术的总根源，认为"凡音之起，由人心生也"（《乐记·乐生篇》），崇尚作者主观的抒情与表现，并强调将发自内心创作的艺术作品与外部世界相统一，达到人与人、人与社会、人与自然的统一，即"天人合一"。

源于同一文化土壤的中国画与中国诗歌一样，都注重比、兴手法。中国古代画家大都能诗善文，绘画对于文人而言，和吟诗、弹琴一样，是用以"借景抒情，状物言志"的手段。画中的山水树石、梅兰竹菊等皆为象征物，以表达主体的人格、情怀和精神。宋代苏轼评唐代王维，"味摩诘之诗，诗中有画；观摩诘之画，画中有诗"，说明了诗画之间的关联。

唐代已形成"外师造化，中得心源"（张璪）的创作原则，"师造化"是手段，"得心源"才是目的。两宋及之后，老庄思想盛行，佛教东渐产生的禅宗思想也广为流传，逐渐出现直抒胸臆的文人画家，主张"古画画意不画形"（欧阳修）、"论画以形似，见与儿童邻"（苏轼）、"逸笔草草，不求形似，聊以自娱"（倪瓒）等，传统绘画由"传神论"逐渐走向"写意论"。为更好地抒发情意，文人画家干脆把诗题写画上，形

> **新手导航**
>
> 在中国画创作教学中，不但要重视学生对于中国画材料的感知、认识和掌握，还要注重对于中国画的理解，让学生理解中国画蕴含的精神意义和其内在的文化观念、哲学思想。

成诗书画印合璧的独特面貌，不断强化中国画抒情达意的特点，写意从而成为中国画的主要创作观。

2. 以线为主的表现手法

中国画秉持以线为主的表现手法，其发展深受书法及线条的影响。南朝谢赫"六法"就将"骨法用笔"定为重要的品鉴标准。唐代张彦远说："夫象物必在于形似，形似须全其骨气，骨气形似皆本于立意，而归乎用笔。"中国画的意境、形象、抒情皆"归乎用笔"。

中国画历来重法度、讲功力，强调笔墨的美感、韵律与力量，有"曹衣出水""吴带当风""力透纸背""如锥划沙"等说法。但是，线和描绘自然对象却存在矛盾，自然界不存在线，重线还是重形象？古代画家在绘画发展过程中，逐渐创造出一整套流传有序、体系完备而又灵活多变的笔墨程式，既能描绘自然对象的主要特征，又能成全"线"本身的表现力，还能表达画家的个性与情感，形成中国画独到的话语体系。"无论赫赫大师还是莘莘学子，都无法绕过这套笔墨程式而取得成功。"历代画家不断传承、不断创造，推动了中国画的发展。

3. 理想超然的时空观

西方绘画致力于透视学的研究，形成了静止、固定的焦点透视、成角透视等原理，使绘画能在二维平面上逼真地模仿三维现实的景象。然而中国古人则认为宇宙、世界、万物是运动的，既矛盾又变化。老子说："道生一，一生二，二生三，三生万物，万物负阴而抱阳，冲气以为和"，太极图就形象地反映了这种哲理。由此而产生的绘画观察方法也是运动、变化、物我交融的。"肇自然之性，成造化之功，或咫尺之图，写千里之景。东西南北，宛尔目前；春夏秋冬，生于笔下。"（王维《山水诀》）因此，中国画不是描绘静止、瞬间、对立的景色，而是追求"可行、可望、可

游、可居"的理想、超然的艺术境界，不仅画出三维现实，而且融入时间与心理进程，形成多维时空。无论《清明上河图》《富春山居图》等长卷，还是《匡庐图》《溪山行旅图》等立轴，无不形象地诠释了中国画的多维时空观。古时没有飞行器，山水画以"三远法"所营造的宏大景象，表达了古人心灵的翱翔！

二、中国画创作教学目标

学生通过中国画创作学习应能逐步达到以下目标。

- 掌握中国画的材料工具和使用方法，通过临摹和创作学习中国画的笔墨语言，能结合自己的生活情境进行创作、抒情达意。
- 赏析中国画各阶段和各领域的经典作品，学会运用谢赫"六法"欣赏中国画，提高学习兴趣，加深对中国画的理解。
- 认识中国画的图式符号与含义，从而理解、认同、传承与弘扬中华优秀传统文化，增强文化自信。

三、中国画创作教学的阶段

（一）中国画临摹阶段

1. 中国画临摹的教学意义

传统东、西方学童都从临摹入手，美术理论家贡布里希认为其中有一重要的内核就是："艺术家跟作家一样，需要一套艺术语汇才能动手搞现实的一个'摹本'"[1]，他说的"艺术语汇"指的正是来自传统的"成熟的图式系统"。艺术家通过不断地矫正、调整、顺应，才推动图式的演化与发展。贡布里希尤其注意到中国画中的程式化现象，"比较固定的中国传统语汇是怎样像筛子一样只允许已有图式的那些特征进入画面"[2]，然后在介绍了《芥子园画传》如何画兰草的章节后指出，"没有一种艺术传统像中国古代的艺术传统那样着力坚持对灵感的自发性（即中国画的写意性。——引者注）的需要，但是，我们正是在那里发现了完全依赖习得的语汇的情况"[3]，道出了中国艺术继承与创新之间的辩证关系。

中国画不强调模仿对象，而是用笔墨表现对象，并借助笔墨特性来传达自己的情感。正如"喜画兰草怒画竹"，笔墨显露着作者的内心。因此，创作中国画不但是运用对象的象征意义，更直接通过不同的笔墨特性传递创作者内心不同的情意。

中国画临摹是学习中国画的必经之路，是掌握和理解中国画的基本元素、笔墨语言以及审美追求的重要手段。在教学中，教师必须对方法步骤进行正确、规范的示范和讲解。（图 11-3、图 11-4）

> **新手导航**
>
> 贡布里希说，艺术家是看到他要画的东西，而不是画他所看到的东西。意思是画适合其特定美术样式和语言的对象。对于学生来说，在理解和感知对象的基础上，要注意绘画风格和语言的运用、画面的主观处理和安排。

2. 中国画临摹的教学目标

学习中国画的基本用笔方法和笔墨语言，并在后续的创作过程中不断完善。

3. 中国画临摹的教学原则

（1）经典性　临摹对象应选择经典临本和传世名家名作，如《芥子园画传》等，帮助学生建立起高水平的审美视野和标准。

图 11-3a　学生的中国画临摹作品，山西临汾尚艺美育研究中心行卫东指导

图 11-3b　初中学生临摹的《芥子园画传》作品，上海师范大学美术学院王大根指导

图 11-4a　学生的中国画写生作品，山西临汾尚艺美育研究中心行卫东指导

图 11-4b　学生的中国画写生作品，江苏省常州市"天真水墨画展"（2019 年）

（2）**适龄性**　小学低年级学生应该用中国画笔墨自由地画儿童画，无须临摹；到小学中高年级之后，应选择符合学生年龄特点的优秀美术作品作为摹本，欣赏加临摹才更有效。

（3）**基础性**　临摹贵在学习基本笔墨技法，切不可没完没了地临摹，要尽快转入创作，在运用中感悟和完善笔墨。

（4）**领悟性**　不能重造型却轻笔墨，也不能为笔墨学笔墨，要引导学生通过欣赏和临摹，领悟不同笔墨所传递的力度、美感、情绪和精神，领会画中的诗意与品格。

（5）**表现性**　对学生临摹作业的评价不以酷似为标准，而重学生对作品的感受与大胆表现，看重笔墨的轻松、大胆、表现力和写意性。

（二）中国画写生阶段

如前所述，中国画强调"外师造化，中得心源"，在山水画、花鸟画创作中虽然参考对象特征，但更关注画面的布局、章法和意境，不太强调写生；即使写生，也会根据画面效果加以选择或取舍。重视写生的主要是人物画，既要画出人物形象特征、神情气质，又要体现中国画笔墨、色彩的处理。也就是说，中国画的写生不是被动描摹，而是加入主观感受的创作，是用笔墨语言对物象的表现与创作。中国画写生教学的要点如下。

① 要感知写生对象的形象与特征、神情与气质，

1　[英] E.H. 贡布里希. 艺术与错觉：图画再现的心理学研究 [M]. 林夕, 李本正, 范景中, 译. 杭州：浙江摄影出版社, 1987：104.
2　同上，第 101 页。
3　同上，第 181 页。

或山水的形势、主次、形象等。

② 构思如何用笔墨（线与墨、干湿浓淡、颜色等）、章法（主体位置、虚实关系等）与气韵（浓重或淡雅、整体气象和趣味等）去表现对象。用工笔画法写生的成功率比较高，而用写意画法写生难度较大，但比较生动，或许能产生某种意外的效果。

（三）中国画创作阶段

当学生经历了临摹和写生，熟悉了中国画材料工具的使用和基本技法，能掌控笔墨的干湿浓淡之后，就可以进入创作阶段，在创作的过程中不断发展笔墨技法。

1. 中小学中国画创作的形式

（1）儿童中国画　　小学低年级的中国画创作就是用中国画的材料工具，自由自在地画儿童画。儿童本来就用线画画，只要能控制笔墨，就能画出中锋线和天真烂漫的儿童中国画。

（2）模仿性创作　　让学生根据自己的喜好，选学名作，改变其中物象的位置、大小、方向、数量或疏密等，或改变其中的形象、布局、笔墨、风格等，形成自己的作品。

（3）自主创作　　学生经历欣赏、技法学习之后，根据自己的意愿和已有素材（速写、照片等）进入构思和创作阶段，用中国画语言表达自己的意图，或者把想表达的对象转化为中国画的笔墨形式，比如在风景照片里找到皴法或树、叶和石头的画法等。

2. 中国画创作教学重点

中国画创作不重模仿和写实，而重笔墨和写意。一是重笔墨与形象所营造之"意"，即诗意、情意和意境，结合诗书画印，体会中国画的精神，最好让学生以诗作画，或为画题名或题诗。尤其初中和高中学生已具备一定的文化理解和审美意识，更要重视对传统中国画文化精神的理解。二是重"写"，即"表现力"，中国画的笔墨是在"意"驱使下的有感而发，既反映作者当时的喜怒哀乐，也显露其气质与人格。因此，这种表达不可"教"，也不可由教师代笔，应是学生内心和情感的自然流露。教师要激发学生赋予主题或对象某种意义或情感的能力，意在笔先，以情带技，大胆落笔，一气呵成。（图11-5）

图11-5　小学生国画创作作品，江苏省常州市"天真水墨画展"（2019年），"'米罗可儿'十周年儿童美术展"（上海，2018年）

第三节 绘画创作教学

绘画是使用一定的物质材料和工具，用线条、明暗、色彩和构图等造型手段，在平面上描绘形象的美术种类。绘画是中小学美术教学的主要形式，其任务是学习绘画基本知识和各种绘画技能，培养观察、记忆、想象、形象思维、创造和审美等多种能力。绘画的种类众多，在中小学美术教材中包含素描、速写、色彩绘画（包括彩色铅笔、油画棒、彩色水笔、水彩、水粉等）等画种，还包括临摹、写生、创作等多种学习方式。

一、绘画创作教学的要点

（一）绘画创作教学目标

- 学会观察自然、生活和周围环境，从自己对自然、对现实生活的体验和感受中提高自我的认知和理解，并积累感性经验和创作素材，学会从平凡的生活中发现创作主题。
- 学会熟练运用各种绘画材料、工具和表现技巧，并能够利用绘画的相关知识和技能（构图、色彩、造型、空间关系等）进行创作。
- 学会在自我认知和经验的基础上，借鉴前人绘画创作的形式语言、技法、风格和观念进行创作。
- 从个人的生活经验、情感和想象中，从对人类的真理和幸福、对社会性命题的关注和思考中，产生创作的欲望和动力。

（二）绘画创作形式

（1）记忆画　反映学生自己经历过的生活片段，比如家庭生活、学校生活（学习、科技、体育、娱乐等）、社会活动等。

（2）想象画　学生在自我认知的基础上，对于历史上的、未来的、童话故事中的、幻想中的、梦境中的场景或景象进行想象创作。

（3）联想画　由某些名作、事物产生联想，进行改变之后创作的作品。

（4）抽象画　抽象画是强调表现作者内心情感或抽象形式美，不反映任何具体物象的绘画形式，可表现某种主观情感、音乐联想或潜意识等。学生经诱导能产生联觉，并利用形状、色彩等主观地进行表达。关键是教师要提供有效诱导的方法。

（5）集体创作　由小组或全班学生一起参与的主题性创作活动，必须采用"像艺术家一样创作"的过程和小组合作的方法。集体创作有非常壮观的展示效果，也能很好地促进学生之间的情感交流，培养合作精神。

教学案例

听音乐画抽象画

抽象画鼻祖康定斯基把绘画看成是一种能唤起听觉的"内在音响""群星的乐曲"，他经常从听觉或音乐的角度体会绘画色彩，所以他的作品是抽象色彩的点线面集合，被认为是"凝固的音乐"。

要让学生通过听音乐画抽象画，需要解决的问题是：让学生知道抽象画是什么样子？既要知道抽象画不是乱画，又要大胆放松地画出自己的抽象画。用什么方法诱发学生的作画动机？笔者尝试让学生听热情欢快的民乐、深沉悲壮的《命运》、梦幻缥缈的《梦幻曲》、疯狂激烈的《霹雳舞曲》四种情绪截然不同的音乐片段，让他们选最喜欢的一首作画（与心灵对应）。在学生作画时反复提醒：一定要用你最喜欢的颜色，画出最喜欢的样子！学生不但画出所选音乐的情感，也画出他们的内心状态。

资料来源：王大根"用学生抽象绘画作为心理健康测试工具的研究"，系全国教育科学"十五"规划国家一般课题"美术教育促进青少年心理健康的实验研究"。钱初熹．美术教育促进青少年心理健康［M］．上海：上海文化出版社，2007：84-90．

二、绘画临摹教学的要点

（一）临摹教学概述

临摹是按照范画进行模仿绘画。模仿是人类的基本学习形式，同样适用于学习风格化的绘画语言和技法。随着美术教育观的改变，人们开始注重培养学生的审美、想象、创造等能力，却对临摹的积极意义关注甚少。一方面临摹似乎被等同于因循守旧或压制创造力而遭到冷遇，另一方面又因为省事方便而让临摹充斥于课堂教学之中，这都是不可取的两种极端。

（二）临摹教学的原则

临摹的目的是让学生习得绘画技能并获得审美体验与审美理解，本章第二节中国画临摹教学原则提出的经典性、适龄性、基础性、领悟性、表现性同样适用于绘画的临摹教学。需要注意的是，临摹不是目的，而是为了学习美术语言，为了"站在前人的肩膀上"，能更专业、更有表现力地创作作品。

三、绘画写生教学的要点

（一）写生教学概述

写生是面对实物进行的描绘，是训练观察能力、分析能力和造型能力的重要手段，也是美术联系现实生活的重要途径。西方以写生为主体的美术教学体系在我国专业美术院校中占统治地位，也影响到中小学美术教育，且明显带有写实主义的倾向。但写生不该仅仅模仿对象，而应该用风格化的绘画语言，生动地表现对象。（图11-6）

（二）写生教学的原则

（1）**写生对象的形象性** 对于中小学写生教学，写生对象不应是专业美术教学中单调的石膏几何体、坛坛罐罐等，而应该具备形象性、色彩感、审美性等特点。例如，学生身边的，如书包、牛奶盒、小家电、自行车、可爱的玩具、民间工艺品等，甚至书桌一角、床头物件、窗台盆栽等都能入画。让学生懂得"美"就在身边，就在日常生活中，培养他们发现美的眼睛。

（2）**表现方法的多样性** 在工具和材料方面，可选择钢笔、铅笔、油画棒、马克笔、水彩、水粉等，或采用综合性绘画技法，只要能完成写生任务，可放宽对表现技法的要求，主要看学生对写生对象的认识、对绘画语言的运用、对画面整体效果的把握。

（3）**写生目的的创造性** 中小学的写生作业不能过于强调写实性、准确性，而应强调学生对写生对象的独到感受、处理，或取舍等，强调作业的生动性、表现力和独特的审美性。

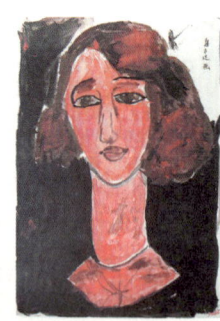

图11-6 初中生的绘画临摹作业，上海师范大学美术学院王大根执教并提供

(三) 写生中的观察

观察是指有目的、有计划地知觉过程，也是丰富记忆表象和视觉思维的过程。学会观察是美术教育的重要任务，也是写生的首要前提，还是发展学生认知能力的重要组成部分。

1. 整体观察法

在专业美术教育中多用整体观察法，强调"整体→局部→整体"的观察顺序，主要运用理性的观察和分析来把握形象特征和相互之间的关系，适用于中学学段专业性较强的素描或油画等长期作业。

2. 局部观察法

局部观察法是从一点（最感兴趣、最主要或最前面等某一点）开始画，向周围逐步扩展，看一点画一点，直至画完，是一种注重感觉的观察方法。其特点是：① 适合以线造型的绘画方式；② 与儿童原生态画法一致，易被学生接受；③ 造型不太准确，却有将错就错、纯真稚拙的艺术效果。所以，局部观察法在中小学美术教学中使用广泛。

3. 单眼观察法

单眼观察法是用一只眼睛来观察的方法，也被称之为"平面观察法""照相机（单镜头）观察法"等。其原理是从眼睛的生理功能上消除因物体深度透视变形而产生的错觉，确保观察的客观性、准确性。在艾尔·赫维茨、迈克尔·戴《儿童与艺术》中就详细介绍了这一方法；贡布里希在《艺术与错觉》中无数次提及"用一只眼睛看"，并引用图 11-7 丢勒的版画专门说明。

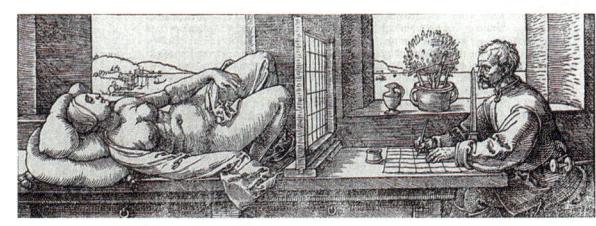

图 11-7 丢勒的版画作品（约 1527 年）

单眼观察对象，乍一看，并不觉得有何特别之处，但经分析便可发现，该观察法下深度空间感已几

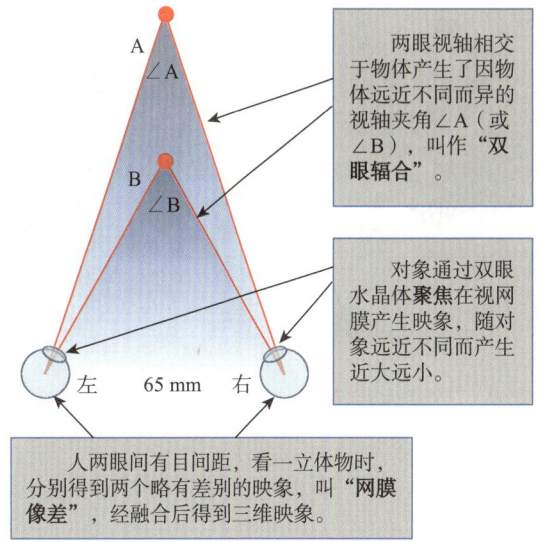

图 11-8 双眼深度知觉示意图

乎消失，剩下的只是一个近乎平面的图像了。这是因为人的双眼感知深度共有三条线索（见图 11-8）：① 单眼观察已经消除了"双眼视觉"时形成的"网膜像差"，视中枢就失去了"立体知觉的重要线索"，这一判断物体远近距离的主要机制也就不复存在了；② 单眼观察又消除了"双眼辐合"时两眼视轴相交于物体而产生的辐合角，也就失去可帮助人们精确知觉物体距离的线索；③ 只剩下单眼水晶体的聚焦一条线索了，即"单眼线索"。三种双眼深度知觉都消失了，只剩下单眼观察看到的一个平面图像。[1]

事实上，在单眼线索的情况下仍有一定的深度感，这是因为物体的重叠、形体透视（近大远小）、空气透视（近实远虚）等原因，此时物体的远近关系已经转化为上、下、左、右平面重叠的层次关系了。在写生时，我们先画出前面物体，再观察后者从前者何处"长出来"，相互"咬住"，一层一层地向后画，就能正确地画出相互重叠（空间）的关系了。单眼观察法适合儿童以线造型的画法，造型不太准确，却将错就错、纯真稚拙，因而在儿童美术教学中广泛使用（图 11-9）。写生教学时，教师主要任务就是引导学生观察：事物是什么形状？有什么细节？有什么特征？相互之间有何区别？相互之间有何关系？并逐步深化。（图 11-10）

---

[1] 王大根. 试析"单眼观察法"及其生理机制[J]. 阜阳师范学院学报（自然科学版），1993（1）.

图11-9 单眼观察的方法与写生作品

说明:让学生遮住一只眼,伸出手指"描摹"对象轮廓,然后把观察的印象画下来,看一部分画一部分。有教师让学生戴上"海盗眼罩",就能更加方便学生的单眼观察和写生。此法可见于[美]艾尔·赫维茨,[美]迈克尔·戴.儿童与艺术[M].长沙:湖南美术出版社,2008:136-137.

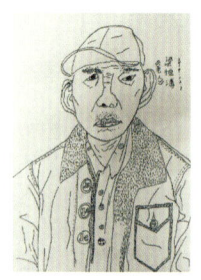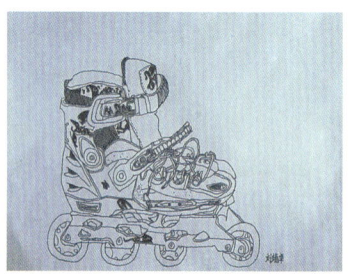

图11-10a 中小学学生写生作品,山西临汾尚艺美育研究中心常正琪

图11-10b 中小学学生写生作品,上海师范大学美术学院王大根执教并提供

教学案例

单眼观察法

一位四年级女生第一次画人物全身速写，不到十分钟她画出了右边的头像。我发现她画的是想象中的人物，即"画其所知"，而非"画其所见"。我说："你能否闭一只眼，观察他从额头到鼻子、到嘴唇、到下巴这条线是怎样的，能否把它画出来？"她用单眼观察后，点点头说，我能。我看着她画出了脸部这条线后，知道她已经学会如何观察，能"画其所见"了，就离开了。过了20分钟，她已经画好上半身，到上课结束时，她第一次画人物速写，就画出这样的效果。

这就说明，只要学生学会观察，就能变"画其所知"为"画其所见"，就能学会写生。

资料来源：上海师范大学美术学院王大根执教并提供（2000年）。

第四节　雕塑创作教学

一、雕塑概述

雕塑是利用一定的物质材料，通过雕、刻、塑、敲击、焊接、组合、编织等手段创造的，以反映社会生活、表达情感和思想的立体美术作品。雕塑的历史与人类历史同样久远，源远流长且从未间断，由于种族、地域、文化的差异，形成了千姿百态的形态与风格。雕塑可分为圆雕和浮雕两大艺术样式，二者结合，又衍生出第三种样式——透雕。

"雕"是做减法，先取一块大于雕塑成品的材料，经由表及里地雕、刻、凿、磨，最终完成作品。"塑"是做加法，先做个骨架或内芯，然后逐步添加黏土等材料并加工，直至塑造完成。泥塑作品晾干（或彩绘）即成作品，或经烧制成为陶制品，或经翻模、铸造制成青铜等作品。

雕塑的材料分为可塑性材料和硬质材料。可塑性材料有黏土、陶泥、雕塑油泥等，便于雕塑家做出不同肌理，形成不同风格和审美效果；硬质材料有木料、石料和金属；某些现代雕塑又运用各种现成品和废品。不同的材质赋予了雕塑不同的美感寓意。

二、雕塑创作教学特点

中小学美术教学中的雕塑教学采用相对较简易可行的雕塑样式，如用石膏块、肥皂、萝卜或较松软的木材做雕刻型作品；用轻型彩泥、黏土、陶泥、彩面等做塑造型作品；用各种废旧物品、小型现成品、树根、石块、贝壳等做集合型作品等。

雕塑的表现题材广泛，动物、人物、传说故事、各科教学内容都能表现，深受学生欢迎。中小学雕塑教学首先要把课本上的内容进行校本化处理，成为适应地方特点（城市或乡村、沿海或内地、水乡或山区、历史悠久地区或新兴地区等）、学校条件（专用教室、设备、材料和工具等）和学生特点（小学、初中或高中，一般学校或重点学校等）的雕塑课，因地制宜地找到合适的材料，或联系当地传统文化特色（如泥塑、彩塑、面塑、陶塑、木雕、砖雕等），从而形成既便于实施、形式多样，又有校本特色的雕塑课。

三、雕塑创作教学建议

雕塑创作教学都可以按照情境化主题"像雕塑家一样创作"的大单元教学进行，但由于雕塑创作的材料工具不同、展示方式不同，因此其教学方式也很不一样，建议如下。

① 根据不同学段的教学内容的特点，备齐相应的材料、专用工具和相关设备。有的需要统一计划和采购，如轻型彩泥、陶土、石膏粉等，有的则需要收集，如小树根、鹅卵石、贝壳、废旧材料等，都需要足够的数量，并要注意存放和使用的安全。

② 低年级学生安全意识和动手能力较弱，通常采用纸质雕塑、泥塑、陶艺等易塑造且安全的种类。教师传授基本方法之后，主要是按情境化主题启发学生大胆想象和主动表现。

③ 小学中高年级学生已具备一定的造型能力和理解能力，可以进行不同雕塑材料和形式的尝试与探索，例如：泥塑、面塑、纸雕塑、立体构成雕塑、废品雕塑等创作。最好能借鉴当地的民间艺术的形式，结合民间传说、历史故事等主题组织教学。

④ 初中生、高中生已经具备一定的文化理解能力和审美意识，雕塑教学应引导学生从不同地域和文化角度欣赏雕塑艺术，也可以尝试更多材料、更丰富的形态和不同创作观念的雕塑创作，努力创作出更有艺术性、更有品位的作品，从而更全面、更深刻地理解雕塑艺术。（图 11-11 至图 11-13）

图 11-11　湘西农村小学生的雕塑作品，选自"蒲公英行动——儿童与民间美术"展览（2004 年）

图 11-12a　选自上海"小小蓬皮杜创造力展"（2017 年）

图 11-12b　选自"山东省潍坊市美术教育成果展"（2019 年）

图 11-13a　初中生用高密度板创作的浮雕作品，上海市万里城实验学校薛凯伦老师执教并提供

图 11-13b　高中生创作的陶艺作品，山东 271 教育集团昌乐二中陈淑玲老师执教并提供

第五节　版画创作教学

一、版画概述

版画是运用各种制版方法和印刷手段创作的美术作品。其特点在于版材的肌理、刀法的风格和拓印的趣味性，有丰富多变的肌理效果和强烈的凹凸美感，是一种以肌理与印迹来传达艺术效果的独立艺术。中国的印刷术与造纸术为版画提供技术支持和必要的媒材，使中国成为版画艺术的发源地，现存的唐代咸通本《金刚般若波罗蜜经》卷首图，是世界上最早有款刻年月的版画作品。版画具有间接性和复数性的基本特点。

1. 间接性

版画先要在版材上通过刻、刮、贴、画、感光、腐蚀等多种手段制版，然后以版为媒介，借助印刷技术制成版画作品，不允许直接画形、涂色或修改。

2. 复数性

同一块版可以印刷出多件作品，每一幅都是原作，不能印制多幅相同作品的都不算真正的版画。2018 年"国际学院版画联盟大展暨学术研讨会"对独幅版画、数码版画、摄影版画等有争议的版画种类重新定义，这些种类作品均被纳入版画展览，在版画历史上具有里程碑意义。

版画十分讲究版材特性及画稿、制版、印刷等技巧，按不同的制版和印刷方式，版画可分为凸版、凹版、平版和孔版四种。版画粗犷、单纯的特点决定了其不追求油画、素描般的写实效果，而大多采取夸张、变形等手法，所以深受少年儿童的喜爱，也成为世界各国中小学美术教学的重要内容。

二、版画创作教学特点

中小学美术教学中的版画教学多选用简便易行的版画样式。

在制版技术上：有实物版画（选用树叶、窗纱、碎布、牙签等材料）、吹塑纸版画、拼贴纸版画（用纸材拼贴并与实物结合）、镂刻纸版画（在卡纸上剔、刻等）、木刻版画（有中国传统线描风格和西洋风格）、凹版画（用塑料垫板针刻、金属版腐蚀等）、孔版画（用卡纸、塑料片镂空）、综合版画（综合多种版材、制版和印刷技术）等；有单色版画，也有套色版画。条件更好的学校已经有电脑设计、感光制版、专用印刷设备等。

> **新手导航**
>
> 当学生面对一种新的美术材料和语言形式时，在安全使用材料、工具和方法的基础上，要注重学生运用这种新材料和美术语言形式所产生的体验感、探究性，以及实际操作能力的培养。

在印刷技术上：低幼学段制版之后，往往用铅笔、油画棒磨拓印刷；制作吹塑纸版画者，用水粉颜料对印印刷；制作木刻、实物等凸版画者，可用油墨和木蘑菇（或用瓶盖、勺子代替）磨印，有条件的学校可用版画印刷机压印。小型版画印刷机已是较普及的设备，制作凹版画者，必须用版画印刷机压印；一般孔版画多用海绵、笔刷等蘸颜料印刷。

在教学内容上：可选择学生家庭生活和校园生活的情境化主题；可结合所学各学科中的成语故事、寓言故事、历史事件等；也可以结合当地的木版年画、农民画等形式，选取当地民俗文化、传说故事、名人逸事等主题进行创作。

三、版画创作教学建议

版画创作教学依然可以按照情境化主题"像版画家一样创作"的大单元教学进行，由于版画创作会涉及很广泛的制版材料，各种专用木刻刀、印刷辊筒、油墨和调墨板等工具，以及版画印刷机、晾画架等专用设备，因此教学方式也比较特殊，建议如下。

- 版画中要使用到刻刀和剪子等易伤人的工具，还有油墨、辊筒等易污染衣物和环境的材料、工具，因此教师一定要不断提醒并强调操作步骤与方法、操作规范和注意事项，注意材料工具的安全存放，学会做事。

- 小学低年级学生由于手腕肌肉还未发育好，动手能力较弱，建议其创作简便、易于操作的纸版画、实物磨拓版画、吹塑纸版画等简易版画。

- 小学中、高年级学生已经具备一定的造型能力和操作能力，可进行纸版画、胶版画、吹塑纸粉印版画、针刻凹版画、综合材料版画等创作，能创造出生动而优秀的作品（图11-14）。

- 初中生、高中生已具备更深入的文化理解能力和审美意识，可以尝试更多材料、更丰富的表现形式、更多样的创作主题，体会版画艺术不同于其他艺术的独特表现方式和审美特点，深化对版画艺术的理解和认识。（图11-15）

图 11-14　小学生创作的各种版画作品，广东省深圳市园岑小学王鹏教师执教并提供

图 11-15 初中生创作的版画作品，江苏省镇江市第三中学张蓓老师执教并提供

示范性案例 12

单元课题	向老树学画中国画	学习对象	八年级	课业类型	绘画
基本问题	老树的作品是中国画作品吗？	小问题	1. 老树为什么要创作这样的作品？ 2. 怎样用墨色表现对象？ 3. 怎样临摹出老树的作品？ 4. 你能写一首诗表达你的感受吗？ 5. 你能借鉴老树的风格画一幅写意中国画吗？ 6. 你能向老树学到什么？		
关键词	谢赫"六法"、打油诗				
学科领域	思想品德	语文√	数学	外语	历史	地理
	音乐	美术√	体育	物理	化学	生物
	信息技术√	社区服务	社会实践	劳动技术	其他：	
大单元设计思路	本单元通过对老树作品的欣赏、技法学习、临摹、构思、创作、展示，体验"像艺术家一样创作"的过程，让学生走入中国画并理解中国画的内涵，从而增强对传统文化的认知。初中生有较强的求知欲望，面对问题，有一定探究能力，也能比较深入地思考与分析问题。因此，主要采用学生自主、合作与探究的学习方式。 本单元教学先选取了老树不同时期的作品为欣赏重点，学生从画面内容、笔墨的视角赏析探究老树风格的成因，完成一份欣赏报告，引起对中国画的学习兴趣；知道笔墨和"六法"在老树作品中的体现之后，选择并临摹一幅自己喜欢的老树作品，学习中国画的笔墨技法，知道如何用中国画语言表现事物；根据老树作品的风格特点，以"我的班级生活"为题，完成创作草图，并创作一首符合画面内容的打油诗；然后，联系生活实际情境，模仿老树的创作思维和笔墨形式，创作一幅有老树画风的写意小品，真正体验和理解老树作品的精妙之处，从而感受中国画的魅力；最后，梳理单元课程学习轨迹（包括学习工具、研究报告、临摹作品、打油诗、创作作品等），形成单元学习电子档案，撰写学习总结，完成过程性学习评价。 本单元每节课学生都会根据自己的表现进行评价，并将自己的收获（作品、感悟、疑问、学习瞬间等）记录在单元电子学习成长档案袋中，教师根据学生电子学习成长档案袋进行评价，促进学生的学习与成长。					

续表

国家课标	1. **目标**：有意图地运用线条、形状、色彩、肌理、空间和明暗等造型元素以及形式原理，选择传统媒介和新媒材，探索不同的创作方法，发展具有个性的表现能力，表达思想与情感。 2. **学习活动建议**：选择写实、变形和抽象等方式，运用造型元素和形式原理，开展造型表现活动，描绘事物，表达情感和思想。学习透视、色彩、构图、比例等知识，提高造型表现能力。学习速写、素描、色彩画、中国画和版画等表现方法，进行绘画练习。 3. **评价要点**：选择适合自己的造型方式，积极参与造型表现活动。知道基本的造型元素和形式原理，并能在创作活动中有意识地运用。运用中国画的基本笔法、墨法进行表现。
单元目标	**知识与技能**：欣赏老树的中国画作品，从画面内容、章法和笔墨方面总结老树作品的特点与成因；学习中国画的基本技法，运用"六法"对老树风格的中国画作品进行临摹与创作。 **过程与方法**：欣赏并完成老树中国画作品欣赏研究报告；临摹老树作品的笔墨技法；运用老树的风格创作"我的班级生活"为主题的打油诗和写意小品；在班级、年级范围内进行展示、评价。 **情感态度与价值观**：理解中国画所追求的笔墨美与意境美，学会"像艺术家一样创作"，用画笔记录自己的生活、表达自己的情感。

评价依据		主题	欣赏	技法	构思	创作	展评
	主要任务	设置情境，生成主题	欣赏名作，研究大师	借鉴经典，学习技法	收集素材，构思构图	寻找材料，动手创作	完成作品，展示反思
	评价对象	主题意向	欣赏报告	临摹作业	打油诗+草图	写意小品	展示评价
	权重	10%	20%	20%	15%	25%	10%

大单元学习计划表

子课题	小问题+学习目标	教师活动	学生活动
一、设置情境，生成主题	**小问题**： 老树为什么要创作这样的作品？ **学习目标**： 1. 欣赏老树中国画作品，从画面内容、章法、笔墨三方面说出老树作品的特点。 2. 总结老树风格的成因，完成作品研究报告。 3. 在欣赏中理解美术记录生活的功能，学会用美术手段记录生活、表达情感。	1. 提前将老树作品布置在教室里，以帮助学生更好地学习；课前将学生用课件推送给学生。 2. 分析课件中的老树中国画作品，从画面内容、章法、笔墨三方面说出老树不同时期作品的特点。 3. 引导学生根据老树作品的特点，讨论并说出老树为什么要创作这样的作品？ 4. 欣赏视频，总结老树作品风格的成因，完成作品研究报告。 5. 通过了解老树创作背后的故事，说说老树作品为什么如此受欢迎，给自己哪些启示。 6. 教师在学生自主学习过程中巡视指导，发现问题，根据情况进行引导。 7. 教师点拨。 （1）帮助学生理解老树作品。 （2）美术作品记录生活的功能。	1. 学生打开平板电脑登录271BAY，下载学生用课件。 2. 欣赏老树不同时期的作品，根据问题引领，完成老树中国画作品研究报告。 3. 欣赏271BAY上的视频，分析老树中国画作品形成的原因以及背后的故事。 **核心探究**：老树中国画作品的特点。 4. 展示自己的研究成果。 5. 针对展示、教师点拨，整理好自己的研究报告，填写自我评价表。

续表

老树中国画风格形成研究报告	
根据资料包中对"六法"的研究，完成下列老树中国画作品研究报告。	
老树是何许人也？	本名刘树勇，1962年5月出生于山东临朐，1983年毕业于南开大学中国语言文学系。
为什么老树的作品能快速走红？	他的作品水墨加诗文的形式颇有古风，然而又与当下的日常相关，读来十分有趣，深受年轻人的喜爱。
一、了解老树作品风格形成背后的故事，总结老树作品形成的原因。	
你能从左边两幅老树的作品中找到哪位大师的影子？	第一幅：潘天寿　齐白石 第二幅：八大山人 （我觉得这可能是"六法"中的传移模写）
从左边两幅作品中自选一幅进行分析：	
画中笔法和墨法如何体现？	我选择第二幅作品。笔法粗犷，墨色富有变化，鱼肚中中锋勾勒，鱼背用浓墨，鱼尾用淡墨表现，点线面结合，我觉得这体现了骨法用笔。
画中气韵生动如何表现？	画面中的两条鱼一大一小，各不相同，但是都好像翻着白眼，借鉴了八大山人画鱼的方法。
二、为何老树停笔20年？	其实老树一直都非常喜欢画画，但画了一段时间之后发现一直在模仿，并没有自己的东西，索性就不画了。然后重新摸索自己应该如何发展传统，最后带着自己的特色重新回归，画出了自己的代表性作品。
三、结合以下老树作品的研究，总结老树作品的风格特点。	
是什么让老树可以画得如此古意盎然，又深深吸引着现代人？	停笔20年后，老树重新拾起画笔，画民国人物。由于笔墨生疏，一些原来画画的程式忘了，留下来的就是自己的东西。老树的作品既保留了中国画的韵味又表达了现代人的生活情感。
从左边两幅作品中自选一幅进行分析：	
画中经营位置是如何体现的？	我选第一幅作品。画中人物在中间位置，但一眼看到的却是中间浓浓的墨团，会让我们思考画中的人物在做什么、想什么。
分析画中笔法和墨法是如何体现的？	画面中大多以中锋用笔画出事物的线条，又以浓淡相宜的墨色，点线面结合地画出画中的动静关系。
本节课对老树的研究，对我有哪些启发？	要像老树一样先向大师学习，再吸下大师的风格，留下绘画最纯粹的东西，然后加上自己的思考和经历重新出发，始终坚持，有信心，最后形成自己的风格特点。要想自己的作品有发展，既要传承又要创新。

自我评价表		
水平	描述	等级
水平一	欣赏作品，参与作品的研究。	
水平二	能通过鉴赏老树不同时期的中国画作品，合作完成研究报告，梳理自己的感悟。	
水平三	能通过鉴赏老树不同时期的国画作品，独立完成研究报告，从中国画的角度赏析美术作品，感受老树作品创作过程，梳理自己的感悟。	

子课题	小问题+学习目标	教师活动	学生活动
二、欣赏名作，研究大师	小问题： 怎样用墨色表现对象？ 学习目标： 1. 仔细观察老树中国画作品，分析画家是怎样运用笔法和墨法进行创作的。 2. 借助271BAY中的资源，进行墨分五色的水墨练习，掌握基本的用笔、用墨方法。 3. 在体验中领悟中国画的艺术魅力。	1. 提问：怎样用墨色表现对象？ 2. 借助271BAY中的资源，对老树作品笔墨进行分析和实验练习，完成任务单。 3. 教师巡视指导，并做好集中问题记录。 4. 教师点拨及问题预设：以老树某一经典作品为例，分析作品中笔法和墨法的运用。 （1）画面中为什么会有墨色的变化，不同的墨色在画面中的作用是什么？ （2）为什么老树的直线总是画不直？	1. 学生结合学生用课件，明确任务要求和学习路径。 2. 学习271BAY中的资源，练习并体会墨分五色。 3. 体验笔墨情趣。 4. 思考教师的设问，完成后拍照提交，然后张贴在黑板上，展示自己的临摹作品。 5. 认真学习记录，并针对自己作品出现的问题进行修改。完成自我评价表。

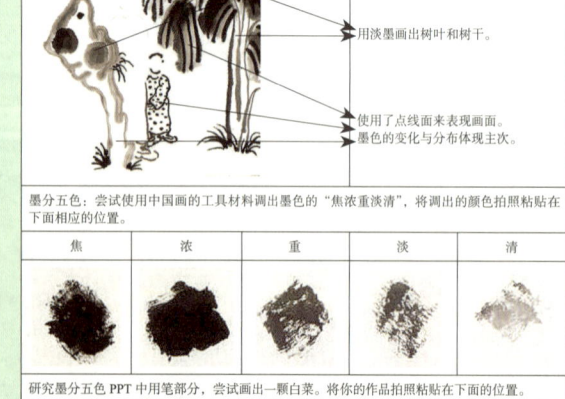

向老树学画画——技法练习任务单

选择一幅老树的作品，从笔墨的角度深度分析。
- 作品中墨色的变化非常明显。
- 用淡墨画出树叶和树干。
- 使用了点线面来表现画面。
- 墨色的变化与分布体现主次。

墨分五色：尝试使用中国画的工具材料调出墨色的"焦浓重淡清"，将调出的颜色拍照粘贴在下面相应的位置。

焦	浓	重	淡	清

研究墨分五色PPT中用笔部分，尝试画出一颗白菜。将你的作品拍照粘贴在下面的位置。

自我评价表		
水平	描述	等级
水平一	只知道墨分五色和常用的墨法，但画不出来，也不理解老树作品中笔墨的运用。	
水平二	知道墨分五色和常用的墨法，并能够画出来。	
水平三	知道墨分五色和常用的墨法，并能够画出来，也能理解老树作品中笔墨的运用。	

续表

子课题	小问题+学习目标	教师活动	学生活动
三、借鉴经典，学习技法	**小问题：** 怎样临摹出老树的作品？ **学习目标：** 1. 选择一幅自己喜欢的老树中国画作品，说出"六法"在老树中国画作品中的体现。 2. 模拟老树的创作过程，临摹一幅有老树中国画风格的写意作品。 3. 在临摹中感受老树用画笔记录生活的创作初衷。	1. 课前将学生用课件推送给学生。 2. 回顾老树作品风格，结合中国画的笔墨技法，思考怎样临摹出老树的作品。 3. 布置任务，自选一幅老树经典作品进行分析研究，并根据要求完成临摹。 4. 学生进行体验活动时，教师巡视指导，解决问题，并做好问题的集中和记录。 5. 组织学生展示自己的作品，并结合作品交流自己对作品的理解。 6. 教师点拨及问题预设： 以老树某一作品为例，结合教师的临摹作品，谈谈如何临摹出老树的风格，让学生理解"六法"在老树作品中的体现。	1. 学生打开平板电脑登录271BAY，下载学生用课件。 2. 自选一幅老树作品，根据要求完成临摹。 （1）理解画面内容，符合客观规律。 （2）研究、学习画面章法。 （3）画出墨色和笔法的变化。 **核心探究：**谢赫"六法"（气韵生动、骨法用笔、应物象形、随类赋彩、经营位置、传移模写）在老树作品中的体现。 3. 从自己的绘画实际思考临摹老树作品中遇到的困惑，假设让你创作，你该如何去表现画面？ 4. 将自己的作品拍照，上传至271BAY，然后将照片保存到自己的电子学习成长档案袋文件夹中。 5. 将自己的作品张贴在黑板上。 6. 展示作品，分享作画感受，结合自己的作品说出对老树作品中体现的"六法"的理解。 7. 认真学习记录，并针对自己的作品中出现的问题进行修改。完成自我评价表。

老树中国画作品临摹

请根据下列提示，完成老树中国画作品临摹。

我选的老树作品（请将老树的作品复制到此处）	这幅画的主要画面内容有哪些？	人物、桥、河流、树木、印章。
	这幅画中主要体现了"六法"中的哪几点内容？	气韵生动、骨法用笔、应物象形、随类赋彩、经营位置。
	这幅画中"气韵生动""经营位置"和"骨法用笔"是如何体现的？	"气韵生动"画面中的人物具有一种生动的气度韵致。"经营位置"画面前密后疏，构图饱满，有留白。"骨法用笔"所画人物的形象体现了身份气质。
	分析这幅画中笔法与墨法是如何体现的？我将如何运用到自己的作品中。	这幅画采用兼工带写的手法，桥上石头的线条有粗细、浓淡变化。细线条可以用勾线笔完成，粗线条用大白云。
欣赏视频，模拟老树的创作过程，完成右边的活动（请将临摹的作品复制到此处）	我能控制好毛笔中的水分和墨的比例，画出作品中墨色变化。	水分和墨的比例是3:7，运笔速度要适中，尤其是长线条，要一口气画完，不要用短线条连起来，要有中国画中笔断意连的效果。
	模拟老树的创作过程，重点观察气韵生动、经营位置和骨法用笔在他的作品中的运用，并思考如何将其运用到自己的作品中。	"气韵生动"画面中的人物具有一种生动的气度韵致，富有生命活力。"经营位置"画面前密后疏，构图饱满，有留白。桥要占画面的三分之二，人物要比树木小，人物造型要准确，线条要有墨色浓淡变化。"骨法用笔"所画人物的形象体现了身份气质。

自我评价表

水平	描述	等级
水平一	构图完整，能临摹出老树画面的风格特点。	
水平二	能够较好地体现墨分五色的应用，对造型能力的把握没有大的偏差。	
水平三	构图完整、造型准确。能够运用所学的用笔、用墨的方法，临摹老树风格写意中国画作品，体现墨分五色以及线条的变化。	

子课题	小问题+学习目标	教师活动	学生活动
四、收集素材，构思构图	**小问题：** 你能写一首诗表达你的感受吗？ **学习目标：** 1. 研究老树作品中的"经营位置""气韵生动"及用笔用墨，说出如何画一幅有老树风格的作品。 2. 研究打油诗创作资料，完成一首打油诗，并配上合适的画面，画出创作草稿。 3. 在打油诗与中国画作品中领略中国文化与艺术的魅力。	1. 教师提前将学生用课件上传。 2. 以老树作品中的打油诗导入，设问：你能写一首诗表达你的感受吗？ 3. 布置本课学习任务：以"我的班级生活"为题，创作一幅有老树风格的中国画作品。 4. 组织学生自主学习打油诗并进行老树风格中国画的创作。 5. 教师在学生体验活动过程中巡视指导，及时解决问题，并做好问题的集中和记录。 6. 组织学生进行展示交流。 7. 教师针对学生展示中出现的问题进行点拨。 （1）什么是打油诗？ （2）打油诗的特点？ （3）什么叫押韵？	1. 学生打开平板电脑登录271BAY，下载学生用课件。 2. 围绕本课学习任务自主学习。以"我的班级生活"为题，创作一幅有老树风格的中国画作品。 （1）构思自己作品的主题和内容，画出草图。 （2）研究打油诗学习资料，完成一首符合自己画面内容的打油诗。 3. 结合自己的打油诗和"经营位置""气韵生动"，修改草图，思考用什么笔墨来表现。 **核心探究：**如何让自己的作品符合"经营位置""气韵生动"。 4. 展示交流。给自己的作品拍照，提交至271BAY，说一说自己创作的思路和自己创作的打油诗。 5. 认真学习记录，并针对自己的作品出现的问题进行修改。完成自我评价表。

自我评价表		
水平	描述	等级
水平一	能够运用之前所学,创造一幅以"我的班级生活"为主题、具有老树风格的中国画草稿。	
水平二	作品完整,能够运用之前所学,创造一幅以"我的班级生活"为主题,具有老树风格的中国画草稿,对造型能力的把握没有大的偏差。	
水平三	作品完整,能够运用之前所学,创造一幅以"我的班级生活"为主题,具有老树风格且构图合理的中国画草稿,并写出一首押韵的打油诗。	

子课题	小问题+学习目标	教师活动	学生活动
五、寻找材料,动手创作	小问题: 你能借鉴老树的风格画一幅写意中国画吗? 学习目标: 我班写意小品 结合老树风格 苦心位置经营 有诗有画谐和 气韵生动表现 用笔用墨心得 记录身边生活 精彩大家来喝	1. 教师课前将学生用课件推送给学生。 2. 教师创作了以"我的办公生活"为主题、体现老树风格的中国画,配上自编打油诗导入,引导学生更好地创作。 3. 教师布置任务:创作一幅以"我的班级生活"为主题、体现老树画风的写意小品。 4. 教师巡视指导,解决问题,帮助学生形成较好的画面效果。 5. 组织学生进行展示交流。 6. 教师点拨。 (1)根据学生展示时出现的问题及时点拨。 (2)抓住重点点拨"经营位置"(结合教师自己的作品,画面和谐,大胆取舍,主次分明,线面大小,疏密留白)。	1. 学生打开平板电脑登录271BAY,下载学生用课件。 2. 明确本节课的学习任务,进行创作。学生结合本课的任务要求,根据自己的进度创作和完善作品。 3. 作品展示交流。按小组展示并拍照上传至271BAY。 4. 认真学习记录,并针对自己的作品出现的问题进行修改。完成自我评价表。

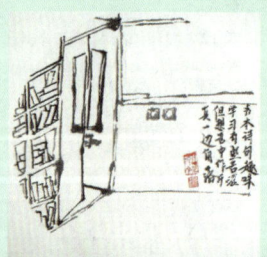

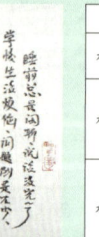

水平	描述	等级
水平一	能半临摹半创作地完成一幅以"我的班级生活"为主题的中国画作品。	
水平二	作品完整,能半临摹半创作地完成一幅以"我的班级生活"为主题的体现老树风格的写意小品,能够较好地体现和应用墨分五色,对造型能力的把握没有大的偏差。	
水平三	作品完整,能够运用之前所学的用笔用墨方法创造一幅以"我的班级生活"为主题、体现老树风格的写意小品,画面中能体现墨分五色的变化,并将打油诗融入画面,构图完整、造型准确。	

子课题	小问题+学习目标	教师活动	学生活动
六、完成作品,展示反思 (展示美术作品,以及过程性、文字性作业)	小问题: 你能向老树学到什么? 学习目标: 1. 回顾本单元所学内容,整理完善所有学习材料。 2. 小组分工合作,结合学习单要求,完成并展示"向老树学画中国画"单元学习报告。 3. 学会用画笔记录生活,感悟中国画的艺术魅力。	1. 教师提前制作教师用和学生用课件,课前将学生用课件推送给学生。 2. 总结本单元学习内容。 3. 布置本课时的任务。 举办一场"向老树学画中国画"的单元成果研究展。 4. 教师巡视指导,帮助学生解决问题,对出现的问题进行及时反馈,争取使学生画面有更好的效果。 5. 教师点拨。 (1)对学生展示的形式进行优化点拨。 (2)总结学生作品展。	1. 学生打开平板电脑登录271BAY,下载学生用课件。 2. 明确这节课的任务,展开活动。 (1)整理自己的单元学习资料,放到学习档案袋中。 (2)添加自己在学习过程中的研究照片、感悟等。 (3)小组为单位创编成果展示形式,并合理分工。 3. 各班级举办单元成果研究展。 4. 以小组为单位展示单元成果。 5. 完成自我评价表。

自我评价表		
水平	描述	等级
水平一	能够完成自己的单元学习资料整理。	
水平二	能够完成自己的单元学习资料整理，积极参与小组成果展的策划和展示。	
水平三	能够完成自己的单元学习资料整理，积极参与小组成果展的策划和展示，能对中国画有更深层次的认识和理解。	

	单元反思
教师总结	1. 整体体现"像艺术家一样创作"的过程，符合2017年版高中美术课标的理念。 2. 体现出单元教学思路：欣赏、技法学习、临摹、主题构思、创作、展评的完整过程。 3. 271BAY是山东271教育集团内部创建的网络智能化学习平台，为学生资源选择、素材搜集、创作、展示形式提供更加快捷、多样的可能性，具有资源共享、交互功能、网络展示、投票评价等体现现代教育理念和特点的功能，方便学生相互学习，调动了学生参与创作、投入创作的积极性。 4. 整个单元教学能全面落实图像识读、审美判断、美术表现、创意实践、文化理解五大美术学科核心素养。
学生总结	1. 通过欣赏、技法学习、临摹、主题构思、创作、展评这一系列的过程，我能独立创作出一幅写意中国画作品，我还学到了怎样通过美术创作表达自己的生活感受，今后我要试着创作。 2. 通过271BAY的资源共享、交互功能，实现了素材搜集、创作的自由选择与借鉴，使我容易产生获得感和成就感。

资料来源：山东271教育集团昌乐二中张彤、刘莉莉、孙溪悦老师执教并提供。

案例点评
这是山东271教育集团昌乐二中的校本化中国画课程，整个教学活动都能围绕"老树的作品是中国画作品吗？"这一基本问题展开，引导学生学习谢赫"六法"以及中国画的笔墨语言，学习、分析老树作品的中国画表现特点；同时又让学生围绕"我的班级生活"这一个人情境创作主题，构思自己的创作主题和内容，并创作一首符合画面内容的打油诗，从而成为能表露学生内心世界的真实性学习活动。整个教学活动都充分运用了271BAY网络智能化学习平台，教师把课件和学习资料上传至平台，便于学生的自主学习；学生在上面完成任务单、上传作业、建立学习档案袋等，提高了教学效率，使学生学会学习。

【学习单11-1】
1. 改进并完善【大单元1】中绘画样式的特征，技法、构思和创作等学习活动，以及相应的学习工具的设计。
2. 通过小组讨论发现并改正错误，完成【大单元1】，同时提交纸质版和电子版。

重点提示：
1. 检查教案是否运用了该绘画样式的技法并体现了其特征，是否明确了绘画创作的方法、要求和步骤。
2. 审视并修改关于中国画或绘画教学的规律、教学特点与要求，使学生的作品既有继承又有创新，既有个人情境又能有所理解。

【学习单11-2】
各组要按所分配课题的性质和特点，学习第十二章、第十三章相关内容，寻找资料，设计好【大单元2】。

具体要求：
【大单元2】是针对工艺、设计、跨学科类的教学设计，这三类课程各具特点，而且是师范生比较薄弱的方面，因此，一定要认真学习第十二章、第十三章相关内容，要广泛了解这三类课程各具艺术特色的作品，及其不同方式的创意思维，然后按大单元教学设计的要求进行设计。切记，确定各类课程最终的真实性学习任务是关键。

【学习单11-3】

《中小学美术教学论》试卷命题要求与模板

一、"标准化试卷命题"基本原则
- 试题应覆盖教材全部篇章（不允许偏于某些章节）。
- 试题应形成合适的难度结构（不允许太易或太难，应包括下表所示的四个水平）。
- 试题应具备一定的量（不允许题目太多或太少）。
- 规定每种题型的分值（不允许题型一般要求）。
- 防止泄题和作弊（从足够大的题库中选编分量、难度相等但题目不同的A、B卷）。
- 制订试卷双向细目表，分析四个水平、各章节题量的合理分布（由供稿教师完成）。

	识记	理解	简单运用	综合运用	章合计	单元合计
第1章						
第2章						
第3章						
……						
合计						

二、命题的步骤和要求（每位同学要做的具体要求，必须认真细致）
- 每人从各自授课的"课文"中找出2项重要内容（通常为标蓝的概念），并全组汇总。
- 每组再从"学术观点"或"学术动态"中选出1题拓展内容。
- 根据命题数量和题型要求，全组讨论挑选确定本组内容，按题型要求，编成8道试题。题目必须：重要、规范、有迷惑性和答案唯一性。用本组题目替换模板中"×"。
- 请仔细阅读每种题型的命题要求，避免出错。
- 每组8题，15组共120题，由教师组成题库，下发给同学们作为复习题。每份试卷40题，题库范围为300%，再加上"教案设计题"（40）,共41题。
- 把本文件名改为"××组×章试题.docx"，不用此模板、文件名未改或不正确者拒收。
- 确认无误后，由组长将电子试题发至老师电子邮箱：××××@××.com。
- 邮件必须有称呼、说明和署名，匿名信一律拒收，视为未交。
- 老师会批阅试题初稿，指出错误或不当的地方后，给一次返回修改的机会。再次提交的试题修改稿即为定稿，老师将按命题的正确性评分，每题12.5分，全组统一成绩。

第×组《中小学美术教学论》试卷命题（得分：　　共8题，每题12.5分）
第×章　××××××（小组汇总的题目，按命题质量评出小组成绩）
一、填空题（每题1分，共14分）
1. ××××_____××××。
答案：×××，××
2. ××××_____××××。
答案：×××，××
【命题要求】每题两个空，每空一个词，必须是关键词，具有唯一性，主语不能是填空项。

二、单项选择（每小题1分，共6分）
1. ×××××××。（　）
A.　　B.　　C.　　D.
答案：C。
【命题要求】正确选项必须有唯一性，其他选项则有迷惑性，不能一看就知道是错的。

三、多项选择（多选、少选、错选均无分。每小题1分，共8分）
1. ×××××××。（　）
A.　　B.　　C.　　D.　　E.
答案：B、D、E
【命题要求】正确选项都必须有唯一性，错误选项有迷惑性，不能一看就知道是错的。

四、改错题（在错误的文句下方划一横线并将正确的文句写在下面。每小题2分，共10分）
1. ×××××××
答案：×××××××
【命题要求】必须是错误命题。往往是选择新课程不主张的传统观念或方法等，具有一定的迷惑性。

五、辨析题（正确的打"√"，错误的打"×"，并说明理由。每小题2分，共10分）
1. ×××××××。（　）
答案：对／错。
【命题要求】可以是正确题目，也可以是错误题目，都应具有一定的迷惑性。

六、简答题（每小题4分，共12分）
1. ×××××××××？
答案：×××××××××……××××××××××

【命题要求】应该选重要的概念或知识。

七、拓展题（按题型定分值）
1. ××××……
答案：×××××××……

【命题要求】可从"学术观点""学术动态"中选题，可用以上任何题型，要求同上。

命题组：第××组，组长：_____　20　年　月　日
成员：_____

📖 思考与练习

识记：美术创作、中国画、绘画、单眼观察法、雕塑、版画。

理解：1. 简述美术创作教学的基本过程和教学目标。

　　　　2. 简述中国画创作教学特点和教学目标。

　　　　3. 阐明绘画创作的教学重点、难点，以及怎样指导学生创作。

　　　　4. 简述雕塑教学的特点和要注意的问题。

　　　　5. 简述版画教学的特点和要注意的问题。

📚 建议阅读

1. ［英］E.H.贡布里希. 艺术与错觉：图画再现的心理学研究［M］. 林夕，李本正，范景中，译. 杭州：浙江摄影出版社，1987.

2. 王大根. 关于临摹教学的思考与实验［J］. 小学教育理论与实践，1993（3）.

3. 王大根. 学校美术教育目的论［M］. 长沙：湖南美术出版社，2014.

4. ［美］贝蒂·艾德华. 像艺术家一样思考［M］. 张索娃，译. 海口：海南出版社，2003.

第十二章 设计与工艺教学

基本问题：
如何指导学生形成设计意识和实践能力？

学习目标

【任务一】【任务三】：知道设计的基本知识及其与人们衣食住行的密切关系，了解各种设计作品的功能、审美等要求；理解"以人为本""借鉴传统、锐意创新"等设计观念，养成耐心、细致、有序的工作习惯，培养动手能力，改善环境与生活。做到能组织学生进行"调查、创意、设计、评价"等学习过程；学会初步的设计思维与流程、设计材料与工具的使用，画出简单的设计图或做出模型，写出设计思路；促进美术学科核心素养的全面落实。

【任务二】：设计好【教参】的"教学建议"部分。

师生共建			
	课前	课中	课后
教师	1. 第十二章所研究的设计与工艺，与人们衣食住行密切相关并发展迅速，掌握设计与工艺是基本素养。 2. 上传相关参考文献；了解并指导"小老师"对本章内容的理解和教学设计；发现并纠正他们对各核心概念的误解或理解偏差。 3. 发现并纠正他们的【大单元2】设计或工艺教学的错误，尤其要关注启发引导、材料工具和方法步骤，以及学习工具设计的有效性。	1. 关注"小老师"对设计与工艺各种概念、设计思维、设计过程与方法，以及学习工具的设计等重点理解的正确与否；教学思路和教学活动的合理性和有效性。 2. 关注"小老师"能否发现并纠正师范生【大单元2】中的错误。 3. 组织评价组对讲课组提问和点评。对"小老师"的教学进行点评、纠错和补充，要突出上述重点。 4. 督促交试卷命题初稿。 5. 检查【大单元2】分工和设计的进展情况；布置撰写教学建议任务。	1. 要求师范生进一步阅读相关文献，深入学习并理解设计与工艺的特点、教学原理和要求。 2. 要求让师范生根据本章内容改进各自【大单元2】中设计、工艺、跨学科教学活动的设计。 3. 要求师范生设计好【教参】的教学建议部分。 4. 要求师范生完成试题命题初稿的修改。
"小老师"	1. 要认真钻研教材，查阅相关文献，理解设计与工艺特点和教学原理；分别设计好本章教案和课件。 2. 分别设计好自己的【大单元2】设计与工艺教学活动。	1. 抽查师范生【大单元2】，通过提问、讨论发现问题；示范自己的【大单元2】的改进过程，指导师范生修改设计与工艺教学及学习工具设计的问题。 2. 运用多种策略与方法，引导师范生理解设计与工艺的区别，教学方法的差异，特别要强调启发引导、材料工具和方法步骤的重要性。	1. 总结本小组和个人的教学设计和教学，完成教学反思和自评报告。 2. 把教案与课件改进后上传至线上学习平台；做出本章教学的微页，并发送至班级群。
师范生	1. 预习本章内容，上网阅读相关文章，记下不能理解的问题。 2. 按本章要求设计好【大单元2】有关设计与工艺的教学活动。	1. 带来设计好的【大单元2】打印稿，积极参与教学互动。 2. 通过听课和小组讨论发现并标注【大单元2】设计与工艺教学或相应学习工具设计的错误或不足，课后改正。	1. 进一步阅读本章的示范性案例和网上文献。 2. 完善【大单元2】；完成【教参】教学建议部分。 3. 完成试题命题初稿的修改。

第一节 设计教学概述

一、关于设计

设计是指为生产满足人们实用或陈设需要的物质产品而进行的预想与计划,以及为之绘制的视觉化的图样或模型等。设计是为满足人们的生理或心理需要而进行的创造,"以人为本"已是当今世界公认的设计宗旨。

全球经济的腾飞和物质的极大丰富,使消费者和生产者发生了深刻的变化。对消费者来说,当基本的生存需要和商品的使用功能得到满足后,审美需要就日益增长,在服装、家具、电子产品、汽车等领域,品牌和审美甚至已成为首要的条件;对生产者来说,消费者的需要就是市场,为争夺市场,商品、企业、地区、国家之间竞争激烈,这要求商品不仅拥有很好的使用价值,还要造型美观、新颖,并有良好的品牌效应,以赢得消费者的青睐。而介于二者之间的工业设计,不仅为了满足消费者需求,更以其开拓、创新的精神引领消费和审美潮流,促进生产的发展。

如今,创意和设计已无处不在,社会与人们生活日趋艺术化、个性化,面对日益丰富的物质世界,每个人的形象、每个家庭空间环境,每个商店或每个企业的形象,都是个性设计和审美选择的结果。所以,为提高审美的品位和生活质量,在 21 世纪,人人都是设计师。

我国的传统设计历史悠久、技艺精湛,在世界上享有盛誉。但是中国的现代设计却是从改革开放之后才真正蓬勃发展起来的,较发达国家晚了半个多世纪。因此,通过美术教育让全体公民都有机会学习、了解设计,意义重大。可以说,要想实现中华民族伟大复兴的"中国梦",发展工业设计是拉动生产和经济的重要策略,而从义务教育阶段就开始培养学生初步的设计意识和设计能力已成为当今美术教育的新任务。

二、设计教学的性质

20 世纪 90 年代以前,在我国的学校美术教育中设计学科是以图案(design)课的形式存在的。1992 年颁布的《九年制义务教育全日制小学美术教学大纲》中,"设计"的内容很少,甚至从属于"工艺",当时人们的设计意识淡薄,设计教学不受重视。随着改革开放的逐渐深入,在世界设计潮流的影响下,设计才日益受到重视。2001 年颁布的《全日制义务教育美术课程标准(实验稿)》专设"设计·应用"学习领域,从而开始成为中小学美术教学的组成部分。

美术课程包括造型类课程与设计类课程,两者都有描绘和创造等特点。但造型类课程强调"表达自己的情感和思想",是随意的、自我表现的;而设计类课程则需要学会考虑客观条件,注重设计的理性思维和规范化表达,始终考虑使用者的喜好和方便,具有"以人为本""利他主义"特点。这是所有造型类美术形式与实用性设计的本质区别。

设计课与劳动技术课也有相似之处,都强调动手能力的培养。但是,设计是以创意为前提,动手做模型是实现创意的手段;而劳动技术课则以学习、掌握和熟练某种生活技术为目的,不追求用该技术表达更多的内涵。

核心素养本位的设计教学原则就是"像设计师一样设计",模拟设计师的工作流程并以此组织教学,让学生面对生活中的真实问题,经历和体验设计流程。就像儿童画一样,学生,尤其是低幼学生,设计的作品虽然会幼稚甚至荒诞,但学生经历了设计过程,通过"做中学",不但设计出自己的作品,也了解了"以人为本"的设计理念、设计意识、设计思维,以及设计的知识与技能。

三、设计教学的内容与教学目标

(一)设计教学的内容

设计的范围广阔,门类众多,"不同的设计领域有不同的规律和现实的特殊性,同时又遵循着设计思维发展的共同方向,相互渗透、联系和影响,并且也体现出融合的迹象"[1]。所以,对于学生而言,主要是通过不同的设计载体,学习各种设计中共同遵循的基本知识和基本技能,包括设计原理、设计程序、设计语言、具体方法，以及设计作品的评判等。

人们以工业化大生产为基础，通常将设计分为视觉传达设计、工业设计、环境艺术设计、服装设计、数字媒体艺术设计等。各地新课程教材中纷纷选择了其中部分内容进行改编，使之成为学生能够接受、便于操作且行之有效的学习内容。

（二）设计教学的目标

设计教学的目标并不是要求学生设计出真正的产品，而是通过设计教育，培养初步的设计意识和实践能力，鼓励他们大胆想象和有目的地创造，能够逐步做到以下要求。

① 了解设计的基本知识及其与人们衣食住行的密切关系，初步了解各种设计作品的功能、审美等要求，初步学习和掌握各种设计技能，完成所学的设计作品。

② 学习调查、创意、设计、评价等初步的设计思维和流程，掌握设计材料与工具的使用方法，能画出简单的设计图或做出模型，写出设计思路。

③ 树立"以人为本""借鉴传统、锐意创新"等设计观念，养成耐心、细致、有序工作的习惯，提高相应的动手能力，能运用所学改善环境与生活。

四、设计教学的过程

素养来自实践，实践须植根于情境。我们根据美国斯坦福大学设计学院（Hasso-Plattner Institute of Design）提出的设计思维五阶段模式，结合我国美术学科核心素养等要素设计了图12-1，来说明"像设计师一样设计"的教学过程。图中五个环节是具体的设计活动，并组成了设计的基本流程，总结了设计师思维、设计和解决问题的过程。按核心素养"像专家一样思考"的原则，这既是学生学习设计的过程，也是美术学科设计类课程的研究性学习方式，同时，这些设计实践又与五大美术学科核心素养相互对应，从而使美术学科核心素养得以落实。

下面结合图12-1，以产品设计为例，逐一解读各个阶段的教学重点。

1. 同理心（empathise）

依据真实情境和生活实际，通过用户或专家访谈，与受众产生共鸣，通过评估需求或实地观察，发现与探索需要解决的问题（真实性学习任务）。其重点是尽可能深入了解用户及其需求，以及开发该产品所面临的问题。教师要引导学生融入情境，学会换位思考，形成同理心；通过访谈或评估需求，在过程中获得生活经验，并对结果进行整理分析，为提出问题和选题做准备。

2. 定义（define）

汇总同理心阶段创建和收集的信息，发现并确定要解决的具体问题，提炼出核心问题，确定产品属性，用"以人为本"的理念定义一个问题陈述。其重

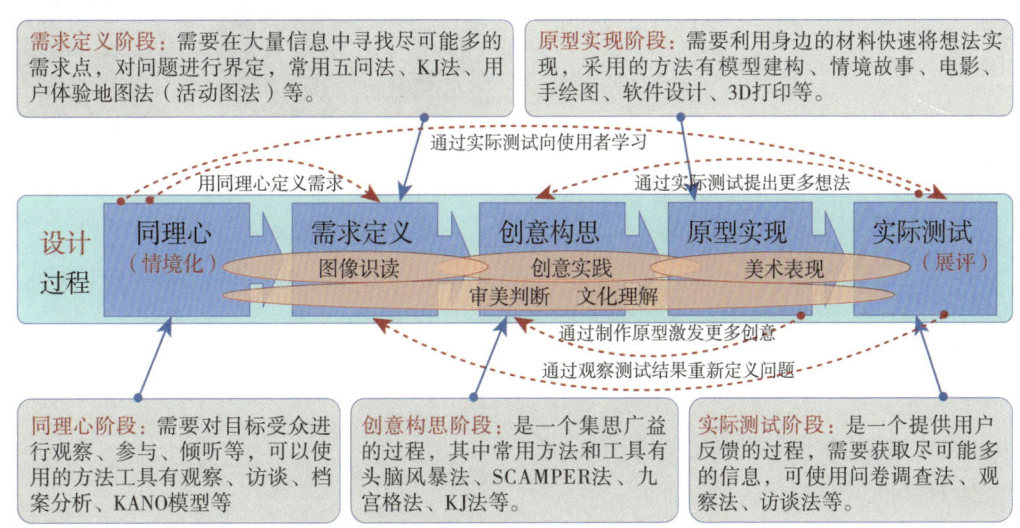

图12-1 "像设计师一样设计"的学习过程示意图

---

1 周至禹. 思维与设计[M]. 北京：北京大学出版社，2007：200.

点是，培养学生多角度观察事物和独立思考的能力；培养学生提出问题，由一个疑问联想到多个问题，提炼核心问题的能力。了解设计内容相关信息，明确产品设计目标；培养学生合作能力，小组之间进行分享、头脑风暴，最终提出一个有价值的问题；能对所提问题进行深入分析与思考；研究并借鉴前人解决问题的方法，结合自身设计特点，赋予产品内涵，划定产品定位。

3. 构思（ideate）

构思是设计师开始创造想法，即需要跳出思维局限、从不同的角度，为问题陈述寻找解决方案。其重点是：首先，可采用头脑风暴、思维导图、列出最糟糕的想法等方式，鼓励学生奇思妙想，形成总体方案；之后，搜集相关素材和成功的设计案例，依据实用性、审美性、材料性、工艺性、流通性等设计原理，引导学生的思路，寻求参考和借鉴；最后，对各种想法进行可行性分析，逐步形成清晰的想法或方案。

4. 原型（prototype）

原型就是制作产品模型，是用实物呈现学生想法的环节。其重点是：提前准备好所需材料工具，教师进行必要的示范，讲解重难点、步骤方法，学生按照个人设计想法和草图动手操作，做出粗糙、简单的产品原型；对制作的产品质量开展评估、测试，检验能否解决提出的问题，或组织用户调研（美术教学中可找三至五位同学或家长充当用户），分析产品优缺点，产品可能会被接受或被拒绝，需要不断改进、逐步完善；逐步对该设计有一个更全面的理解。

5. 测试（test）

测试是评估人员和用户对照最佳解决方案严格测试产品，其结果往往又成为下一轮改进产品质量和价值、优化产品的起点。在美术教学中就是发布、展示作品，接受师生、家长、观众的评价，即展评环节。其重点是：学生要明确质量标准，按标准分析评价作品的优缺点；对产品质量进行相应的改进评估；通过展示作品获得真实反馈，学会以同理心思考受众心理，提升对问题的认识，为新一轮设计做准备。

以上阐述了产品设计的五个阶段，然而在实践中，这五个阶段并不总按顺序进行，不应僵化套用，设计过程是更灵活和非线性的。图 12-1 中的红线与箭头表示了五个阶段之间的相互影响与多种反馈，信息被不断地用于对问题和解决方案的理解，并重新定义问题，促使了产品的改进，也能不断地、可持续地促成新思路、新方案的产生。

第二节　各类设计教学

一、视觉传达设计教学

（一）视觉传达设计的概念及内容

视觉传达设计是指为了传达某种信息而在平面物上进行的美化、装饰和设计，故俗称"平面设计"，包括：图案设计、字体设计、标志设计、书籍装帧设计、广告设计、包装设计（图 12-2）、版式设计等。视觉传达设计的范围极广，实用性很强，能让学生们知道设计与生活密不可分，生活处处都存在着设计，并学会用设计装饰自己的学习与生活环境。在视觉传达设计中，需要用视觉元素传播自己的设想和计划，用文字和图形传达信息。

图 12-2　六年级学生的系列包装设计作业

（二）视觉传达设计的特点

视觉传达设计针对特定的主题与内容进行设计，传达具体的信息和意义。相比其他设计类型，视觉传达设计的思维方式与绘画的形象思维最接近，都是借助视觉形象和形式来表达自己的想法，但二者的性质却不同。绘画作品虽然有主题，但内涵却是多义而不确定的，使作品丰富、深刻而回味无穷；而视觉传达设计都有明确的主题，用强烈而简洁的视觉形式，使人们能快速明白作品的意思，没有歧义。

视觉传达设计的基本要求是：作品能准确达意、简练和美观。

视觉传达设计作品的制作是综合性的，既需要一丝不苟的制作态度，也可以运用奔放、随意或个性化的表现手法，以及滴洒、吸附、浸染等各种特殊技巧，也提倡运用电脑设计软件以及各种图片资料、材质库的素材进行设计。

（三）视觉传达设计的教学要点

由于各种视觉传达设计有不同的用途和目的，所以有不同的设计特点和要求。教师要联系生活实际说明其用途、基本概念和设计要求。视觉传达设计的教学重点是：了解图形的意义、象征性和趣味性；了解色彩的情感、象征与合理搭配；文字简洁明了，正确传达信息，理解不同字体的情感和意义，合理安排文字的大小和位置。视觉传达设计教学的难点是让学生学会运用比喻、象征的手法巧妙地表达特定的意义。

在教学中，教师需要剖析优秀作品，通过图片示例、讨论、头脑风暴、思维导图等多种手段启发引导，使学生产生自己的想法。教师恰当地讲解现实生活中的实例，或让学生分析自己身边的作品，或以当地社会活动、校园主题活动为命题等，都有助于拓宽学生的设计思路，激发学习兴趣，提高设计质量。

> **新手导航**
>
> 视觉传达设计教学中也有设计绘图等活动，但不同于一般绘画，设计绘图要通过经典案例展示、分析等方式，提醒同学们对设计图形的关注，需注意构成样式、字体设计等方面与一般绘画的区别。

在设计实践方面，视觉传达设计有较为明晰的设计目标，应对学生提出明确的作业尺寸和操作要求等，如要求学生运用直尺、圆规、模板等制图工具；要统一作业题目、班级、姓名的书写位置与格式，提高学生作业制作的工艺性和规范性，培养应有的设计能力和学习态度。

教学案例

绍兴城市招贴设计（高中一年级）

子课题	小问题+学习目标	教学活动
一、设置情境，生成主题	小问题：你会如何向朋友介绍你的家乡？ 学习目标：了解招贴在现实生活中的作用。	1. 你如何向朋友介绍你的家乡？ 2. 出示高速广告牌"绍兴印象"，分析其优缺点，并思考画面呈现的内容是不是越多越好？ 3. 课题：《招贴设计》
二、鉴赏名作，研究大师	小问题：招贴应该由哪几个部分组成？ 学习目标：总结、概括出招贴主要的组成元素。	1. 招贴应该由哪几个部分组成？ 2. 发现招贴设计元素。 3. 组成元素可归纳为"文""图"和"色"。

续表

子课题	小问题+学习目标	教学活动	
三、借鉴经典，学习技法	小问题：如何让图形"说话"，突出文化内涵？ 学习目标：概括出招贴的特点，明晰设计方法。	文：设计宣传绍兴的广告语，文字要简洁、凝练、特色突出。 图：主题鲜明、简洁明了、文化内涵丰富。思考如何让图形"说话"，突出图形的文化内涵与创意方法。	图
四、收集素材，构思构图	小问题：图形如何创意表达？ 学习目标：对画面进行分析解读，进行展示陈述。	这些图形如何转化形式、创意地表达？逐一解构图形，解读内涵。 分解组合、置换与重构、变异、正负形、矛盾空间与视错觉。 小结：文、图+创意=优秀招贴。	图
子课题	小问题+学习目标	教学活动	
五、寻找材料，动手创作	小问题：如何有创意地表达绍兴特点？ 学习目标：了解招贴设计全过程，完成招贴设计。	以船和桥为素材，用概括、添加、变形、组合等方法，打开思路。 构思素材；截取局部，手绘草图；提炼概括，电脑绘制；调整完稿。	
六、完成作品，展评反思	小问题：哪幅是有创意、有内涵且美观、实用的招贴设计？ 学习目标：展示招贴设计作品，能写出赏析报告。	组织学生做好招贴设计的展评活动： 1. 为自己的招贴画作品写出自评报告； 2. 展示学生作品，由大家一起投票选出最佳创意作品奖； 3. 为自己最欣赏的招贴作品写出赏析报告。	

资料来源：戴泽华（浙江安吉高禹中学）、金桓亦（浙江安吉孝丰高中）、郭伟（浙江湖州爱山小学）、丁伟民（浙江安吉第七小学）、金瑶（浙江湖州第四中学）、王建芳（浙江湖州飞英小学）。

二、工业设计教学

（一）工业设计的概念及内容

工业设计就是为满足人的使用需求对工业产品进行的设计。工业设计广泛存在于我们生活的衣食住行之中，与学生生活密切相关，从铅笔、橡皮到台灯、电脑，从座椅、书桌到摩托车、轿车、飞机等都离不开工业设计。中小学美术课的工业设计教学主要是画出设计构思和效果图，或做出小模型等。

由于服装使用功能的特殊性和服务对象的多样性，服装设计已成为独立的设计领域。服装设计是以服装为对象，运用恰当的思维形式、美学规律、设计语言和设计程序，完成整个服装的设计及缝制的创造性行为。随着生活水平的提高，人们对服装的功能、面料、款式、工艺及其文化内涵等方面都不断提出新的思路和要求，促使服装设计飞速发展。服装设计必须考虑到使用的季节或时间，使用的场合或环境，使用者的年龄、性别、职业、身材及不同的用途等，尤

图 12-3 七年级学生的服装设计作业，上海师范大学美术学院 2003 届葛婕好执教并提供

其还应展现出民族特点和时代精神。中小学的服装设计教学重点和难点包括：服装使用者的身份和功能，服装款式设计、色彩设计，也可以适当考虑面料的选择。（图 12-3）

（二）工业设计原则

首先，工业设计的中心是人，所设计的产品应能够最大限度地满足人的生理、心理等需要，即满足实用性和审美性需要，这是工业设计最基本的原则。其次，任何产品的设计都将受到生产材料和加工工艺的制约，许多新产品往往是由于新材料、新工艺的发明而诞生的，否则，设计就只是"纸上谈兵"，无法实现。但在中小学设计教学中只需要介绍一些常识，使学生略有所知即可。最后，还要注意流通性原则。产品设计要考虑生产成本、市场需求、消费对象、销售方式等问题，设计师往往会针对某消费阶层进行定位设计，否则会因脱离消费对象而不能广泛流通。综上，工业设计必须考虑的五大原则是：实用性、审美性、材料性、工艺性和流通性，也需要让中小学学生有所了解和思考。

（三）工业设计的特点

在工业设计教学中，大多只要求学生画出效果图或做出模型，并不需要做出最终的成品。虽然学生的设计不是为了生产，但在设计过程中必须遵循工业设计的实际程序与方式，考虑产品的功能、审美等问题。工业设计有其独特的思维特点，既要以形象思维设计其外在造型和色彩，又要以逻辑思维来设计其使用功能和结构。如果要做出模型，就要考虑模型的材料、制作工艺和制作者的动手能力，即具体行动思维，所以工业设计需要一种综合性的思维能力。

工业设计的作业一般是画一幅设计效果图，可用自己喜爱的、能出效果的材料工具，这一点似乎与绘画无多大差别，但工业设计还应该写出设计说明，反映设计过程中的想法和设计意图，这是设计的要求，也是与绘画的区别。在服装设计时可以采用拼贴的方式表现设计效果，在汽车造型设计时可以用卡纸、废旧物品制作模型，无论哪种形式都应该有设计效果图和设计说明。

教学案例

设计制作立体书（四年级）

这堂课带领学生们感受立体书与平面绘画的区别。通过学习，激发学生对立体书的探索欲望和学习兴趣，通过欣赏不同表现形式和风格的立体书作品，提升学生的审美素养，使他们学会欣赏美、感受美，并且能够创造美。此外，还强调对废旧资源的收集和运用，需要学生用一双发现美的眼睛寻找身边可利用的废旧材料，根据废旧材料的材质、色彩、形状等再次加工运用在立体书创作中。从立体书的趣味性、互动性、创新性等方面来研究学习，丰富了立体书的表现方式，让学生的阅读和艺术创作更为多样化。

1. 教师带领学生们了解什么是立体书，以及立体书的演变历程。
2. 让学生们了解著名纸艺大师，体会艺术家们的奇思妙想和无限创意。
3. 学生亲身感受纸张的多种用法，通过切割、折叠和弹起，让纸张从平面转换成立体。

4. 根据主题需求搜集易于表现的内容，设计出符合立体书技法原理的设计草图，将天马行空的创意转化为具体图像。

5. 分解机关的结构，找出落实创意的动力装置，并就技法的可行性等问题不断讨论修改。

6. 展示小组制作的立体书，并能分析和评价作品，小组或班级之间进行分享和交流。

通过这节课让学生明白要善于发现，积极思考，大胆想象，勇于尝试；要积极参与小组合作，并乐于与同学分享、交流、讨论；使学生能从设计的角度对作品进行描述与分析，表达自己的创意。

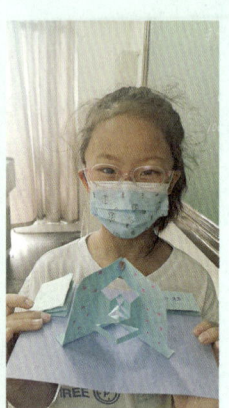

资料来源：四川成都成华小学蒲雅琴设计并提供。

（四）工业设计的教学要点

1. 基本概念和基本知识

虽然学生设计的是生活中常见的东西，但他们并不了解该如何设计，所以，教学时必须传授基本概念和基本知识。比如：什么是服装设计；服装的功能是什么（遮体、御寒、审美等）；服装设计需要考虑什么问题。从使用者的角度考虑，可包括年龄、性别、功能、季节和场合等问题；从服装生产角度考虑，应包括款式、面料、色彩、配件、加工工艺、价格等问题。

2. 教师的启发和引导

可用图片、视频或往届学生作品来启发，也可以一系列问题让学生展开讨论。比如：某产品的基本功能是什么？能否有更多的功能？必须具备怎样的造型来满足这一功能的要求？能不能更新颖、更实用？它是在何处、由何人使用？怎样使其造型和色彩更受欢迎？怎样设计才能更便于销售？等等。对于初高中学生还可以引导他们思考采用什么设计理念，如原生态、极简主义、民族风格、环保绿色、未来主义等，以更好地理解现代设计观念。

3. 要联系学生的生活

工业设计的对象都是学生生活中能接触到的东西，能使学生深刻体会到设计的实用价值。可采用研究性学习的方法，安排学生通过社会调查了解该产品

> **新手导航**
>
> 工业设计与环境艺术设计等教学中往往会有模型制作，既能体现创意，也能培养动手能力。这一过程中要提醒学生不可没有依据地"自由发挥"，要让学生理解其中有关功能、材料、技术、安全和社会文化等方面的要求，能够做到基本的从实际出发，形成综合思考的意识。

的现状与问题，然后产生自己的设计思路与方案。如果能带领学生有针对性地去参观科技展、工业博览会、科创园区、大型商场的专卖店等，能极大地开拓学生的视野、激发创意和学习动机。

工业设计作业的命题范围不可太笼统、太大，如设计一个交通工具、设计一件玩具等，这样的命题反而会使学生找不到确切的构思方向。应要求学生从设计对象的功能、审美、材料和加工工艺等方面来构思，提出明确要求。（图12-4）例如：为学校一百周年校庆设计一套夏天的礼服（男、女均可），可以选用绘画或布贴的方法，写出设计说明；等等。

虽然工业设计课都要求兼顾功能与审美、写出设计说明，但学生往往容易强调功能而忽视造型的审美性，或突出了审美性却忽略了功能，有时还会出现种种荒诞现象。对此，教师要持宽容的态度，应注重设计的创意而轻实用性，并对不同学段的学生区别对待。

图12-4 七年级学生的产品设计和制作作业,上海番禺中学周性茂执教并提供

三、环境艺术设计教学

(一)环境艺术设计的概念及内容

环境艺术设计是改变人与自然关系,创造理想的空间环境的设计。环境艺术设计的范围相当广,包括建筑室内设计、室外景观设计等。随着社会的进步,人们越来越深刻地意识到优美的环境能使人们的生活舒适、美观、和谐、统一而有序,会直接影响人们的生活质量。

在美术课程中主要安排一些学生感兴趣的环境艺术设计内容,比如游乐场或儿童乐园的设计、公园设计、社区设计、家庭居室设计、校园规划设计等,也可以结合当地建筑特点组织教学。如果能结合当地旧城改造、城市规划、旅游发展、乡村民宿建设等真实情境,设计教学内容将更有意义。

(二)环境艺术设计的教学要点

环境艺术设计与工业设计相似,都是对具体产品的设计,教学基本要求也可以参照工业设计。与工业设计不同之处是,环境艺术设计要考虑的因素更多、范围更大,也更加深刻。在现代社会中,环境规划和设计尤其要考虑环境保护和可持续发展、环境绿化、环境艺术化、环境的人文关怀、地方传统文化的继承和发扬等问题。这些问题看起来都非常专业,但是只要教师能够意识到并渗透于教学活动之中,就能唤起学生们此类意识,他们就会朝这些方向去思考、调

📝 教学案例

人居相依(七年级)

《人居相依》是上海市少儿版美术教材中的一课,由"孟母三迁"的故事,引出为孩子选择一个有利于成长的人文环境的重要性。教师首先提出基本问题:如何营造体现你理想的和谐家园?并把教案发给每个学生,让学生与家人共同探讨自己的理想,探讨怎样的人才能称之为伟人,选择自己所崇拜的伟人;然后,学生分别阅读所选伟人的传记、总结伟人的精神、提炼出能代表伟人精神的元素;进入设计阶段后,要求运用这些元素设计草图、运用综合材料制作能体现伟人精神的建筑模型或室内设计模型;最后,在学校范围内展示作品和学习档案袋,邀请全校师生和家人一起参观和评价——这种追求学生理想的和谐精神和人文环境设计,就达到了"人居相依"的境界。而且,要求学生与家人全程一起参与探究与设计的学习方式,也促进了每个学生家庭的精神建设与和谐家园的营造。

 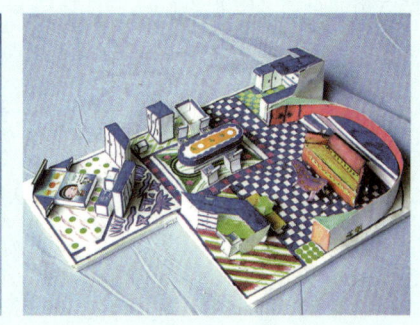

七年级学生《人居相宜》环境艺术设计作业,上海番禺中学周性茂执教并提供(2003年)

左图为《居里夫人之居》,是以居里夫人的科学精神、放射性符号为元素设计,用银色的铝箔卡纸制作而成的建筑模型;

右图为《蓝色旋律》,是以贝多芬多彩的音乐作品和人生起伏为元素设计而成的室内设计。

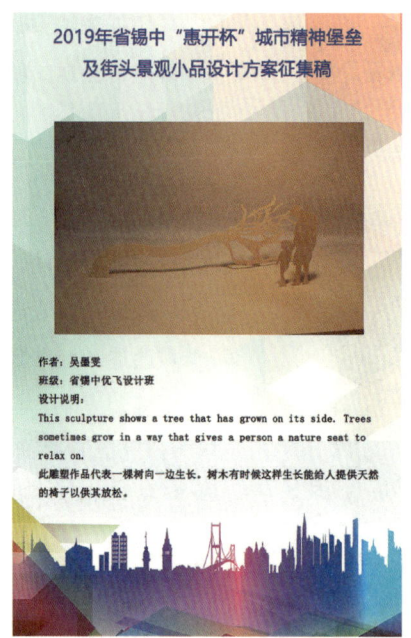
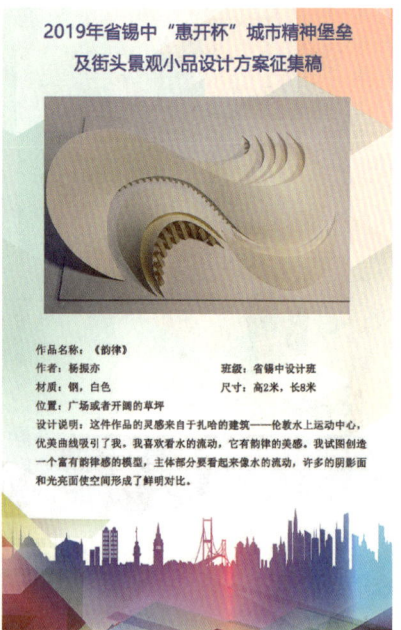

图12-5　高中生景观设计方案，江苏省锡山高级中学朱海莲提供

研、收集资料和创意设计，并把自己的思路或多或少地体现在他们的设计作品中，还可以通过设计思路表达自己对这些问题的见解。（图12-5）

四、数字媒体艺术设计教学

（一）数字媒体艺术设计的概念及内容

媒体，包括传统媒体和新媒体。传统媒体主要面向大众群体的传播，传播媒介主要为报纸、杂志、广播等，是单向性传播；新媒体基于无线通信技术和互联网技术的开发，随着时代快速发展，其面向大众群体的传播更加快速精准，传播发展为交互性、网络性，传播媒介也更加多样化，如智能手机、数字电视、互联网新媒体（如直播、微博）等，能够使受众高效实时地接收到第一手信息，了解最新资讯。随着数字化、新媒体的不断发展，当下的数字媒体艺术已成为新媒体发展的新趋势。

数字媒体艺术是一个跨自然科学、社会科学和人文科学的综合性学科，集中体现了科学、艺术和人文的理念，它将艺术与科学结合并具有多种不同的展示方式。数字媒体艺术属于交叉学科领域，涉及造型艺术、艺术设计、交互设计、计算机语言、计算机图形学、信息与通信技术等方面的知识，主要包括游戏设计、动画设计、网络媒体设计、数码影视设计等。

（二）数字媒体艺术设计的教学要点

数字媒体艺术的主要内容是信息传播，因此了解受众群体的需求极为重要。在目前这个多元文化杂糅且信息化迅猛发展的时代，受众群体的需求多而繁杂，培养学生探索受众的心理需求，对受众群体进行精准的痛点分析便显得尤为重要。教师可带领学生分析鉴赏目标导向明确的数字媒体艺术设计作品，引导学生分析作品中的各类要素，如平面图形与立体结构的连接与转换带给人的视觉体验、网页设计中排版体现的美感等，只有让学生亲自感受不同设计带给人的不同感官体验，并不断探索与总结，才能创作出符合受众群体心理需求的作品。

要想学生具有个性化的创作能力，单靠教师引导是不够的，还应开阔学生的视野，为他们提供最新的前沿动态，告诉学生通过哪些网站渠道关注最新资讯。但要注意，不是仅仅关注就结束了，教师可以布置相关作业，让学生对自己所感兴趣的前沿动态进行总结评价，如：它们的优势在哪里？你为什么会关注到它们？它们对应的受众群体是哪些？对受众群体传播的意义是什么？如果是你，你会怎么改进？这些都有助于培养学生发现潜在资源并利用或开发的能力。

很多数字媒体艺术作品需要团队共同完成，教师可以在课堂上分配任务,例如,每人想一个形容词,小组成员把这几个词串联起来设计成一个艺术作品并讲出其设计内涵。这就需要小组成员不停地商讨、反复磨合、修改,最终交出一份大家都满意的"答卷",同时也提升了学生合作共赢的团队意识。

> **技术促学**
>
> **设计教育与创客教育**
>
> 创客教育强调与真实世界的连接性学习,注重学习过程中的自主探究、交流合作、设计创新、问题解决及知识共享等。同创客教育所倡导的理念相一致,设计教育也是以学生发展为中心,强调对学生创新精神、问题解决等综合能力的培养,都是以项目学习为依托、以小组合作的形式展开,强调以学生为中心的体验,是基于真实问题的探究性学习。这些精神上的有效契合及在目标上的一致性,正是设计可以应用于创客教育的前提和基础。(可参看第九章相关内容)

示范性案例 13

课题	创意U盘设计(4学时)	教学对象	七年级	课业类型	设计
基本问题	外观设计如何提升产品的整体价值?	小问题	1. 如何从用户的需求出发做设计? 2. U盘外观设计有何要求? 3. 好的U盘外观是什么样的? 4. 功能重要还是美观重要?		
单元设计思路	本单元按照"像设计师一样设计"进行教学设计与实施,帮助学生像设计师那样有逻辑、有创造性地完成设计并解决问题。子课题按设计过程分为探究与分析、创意与发展、创作与实现、反思与评价四个阶段,探究与分析阶段以欣赏探究总结为主,创意与发展阶段以设计方案呈现为主,创作与实现阶段以作品制作过程为主,反思与评价阶段主要是反思整个设计过程。让学生体验到一个产品从无到有的整个过程,最终学生以报告的形式呈现探究和思维的全过程。				
单元目标	**知识与技能**:能通过设计过程,了解产品外观设计的要求、发展趋势、理解功能、美观与设计的关系,能以设计图交流想法、展示创意,养成批判性思维和评估技能,能使用曲线切割工具创作作品。 **过程与方法**:通过设计过程进行探究,设计创意U盘,完成设计报告。通过体验产品设计完整的生命周期,学会一个作品从无到有的设计方法。 **情感态度与价值观**:感受设计过程,发展对功能和外观的感知与欣赏能力。形成设计意识,"像设计师一样设计",有逻辑、有创造性地形成设计和解决问题的能力,能像设计师一样思考。				
评价量规	整个单元以表现性评价为主,采用分学时评价的方法。			A	B	C
	探究与分析:能确立任务,对现有产品进行分析,能对探究进行总结。					
	创意与发展:能制定产品成功的标准,能展示可被他人解读的设计方案,能合理地选择并画出最终设计方案。					
	创作与实现:能完成作品,并对过程进行反思。					
	反思与评价:能设计检验方法、总结优点、提出改进建议。					

教学过程			
子课题	探究与分析(1课时)	小问题	如何从用户的需求出发做设计?
学习目标	1. 设置情境,确立需求;2. 提出问题,推进探究;3. 产品分析,启发灵感;4. 总结研究,形成思路。		
教师活动		学生活动	
1. 准备调查任务单。2. 介绍实用的设计过程,介绍单元任务。3. 通过PPT欣赏U盘外观设计。4. 讨论什么是产品外观设计,U盘外观设计的基本要求,U盘外观设计发展趋势等。5. 围绕U盘、用户、工具/材料/技术等方面分别进行讨论。6. 进行产品分析。		1. 确立需求,形成设计任务。 2. 提出问题:制订研究计划,用分解问题法,将任务分解为若干方面。 3. 截图选取3个或3个以上现有U盘产品,进行产品分析,启发设计灵感,并记录信息来源。	

4. 写出关于U盘设计的简短调查分析，叙述对设计思路有何影响，以及将如何设计。

子课题	创意与发展（1课时）	小问题	U盘外观设计有何要求？
学习目标	1. 制定标准，明确目的；2. 画出方案，展示创意；3. 选择最佳设计方案；4. 画出最终设计方案。		
教师活动		学生活动	
1. 准备设计任务单。2. 总结好的U盘外观设计特征。3. 提供成功标准的格式与要求：清晰、可测、全面。4. 强调评价标准，将根据它来判断设计是否成功。5. 指导学生设计草图。6. 让学生把设计图钉到墙上并相互交流，及时给出反馈。7. 进行"一对一"帮助。 		1. 制定设计说明书：根据调查的信息，制定U盘设计成功的标准。 2. 快速画出3个或3个以上的草图，并简要说明，以帮助解释设计方案。 3. 使用分数表，根据标准来比较3个设计方案，并以此为依据来选择最佳设计。学生应该清楚解释为什么这是最佳设计，以及它是如何满足设计标准要求的。 4. 画出最终设计方案，包含设计说明、尺寸、色彩等。	
子课题	创造与实现（1课时）	小问题	好的U盘外观是什么样的？
学习目标	1. 制订计划，引导创作；2. 遵循计划，进行创作；3. 解释遇到的困难；4. 解释方案修改的理由。		
教师活动		学生活动	
1. 准备任务单——调查；2. 介绍实用设计过程，介绍单元任务；3. PPT欣赏U盘外观设计；4. 讨论什么是产品外观设计，U盘外观设计的基本要求，U盘外观设计发展趋势等；5. 围绕U盘、用户、工具/材料/技术等方面分别进行讨论；6. 进行产品分析。 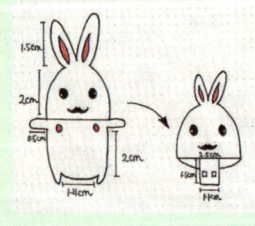		1. 制订制作计划，包含制作步骤，时间和工具。 2. 按照计划，使用材料、工具开始制作。 3. 根据最终设计方案，开始独立制作自己的U盘，并寻求反馈和帮助，以改进作品。列出创作中的困难，并解释你是如何克服这些困难的。 4. 撰写制作过程反思报告：你的最终设计是否做了改变？如果是，你做了什么改变？为什么？ 5. 展示作品。	
子课题	反思与评价（1课时）	小问题	功能重要还是美观重要？
学习目标	1. 制定检验方法，进行测试；2. 总结优缺点；3. 提出改进的建议。		
教师活动		学生活动	
1. 准备评价任务单。 2. 讲解问卷设计方法：以设计与发展阶段制定的设计说明书为依据。 3. 回顾整个设计过程的每个阶段。 		1. 根据制定的标准和问卷调查测试评估作品是否成功，选三位同学对你的问卷进行客观填写。 2. 根据测试结果，对U盘设计提出改进的建议。 3. 写出整个设计过程中做得成功和待改进的方面，要包含个人学习习惯、每个设计阶段。 4. 阐述作品的意义。 5. 完成报告。	

续表

资料来源：上海世界外国语中学金文娟设计并提供。
案例点评
《创意 U 盘设计》是 MYP 国际初中课程，"像设计师一样设计"的理念贯穿其中，帮助学生有创造性地设计和解决问题，像设计师那样按"探究与分析、创意与发展、创作与实现、反思与评价"四个阶段去思考，体验产品从无到有的整个过程。探究与分析阶段是欣赏探究与总结，创意与发展阶段是设计方案的呈现，创作与实现阶段是作品制作过程，反思与评价阶段则反思整个设计过程，最终学生以报告的形式呈现探究和思维的全过程。整个教案严格按照 UbD 的理念与方法设计，运用了基本问题和小问题引导学生的思考与探究，是个比较规范的工业设计的示范性教学设计案例。

【学习单 12-1】
根据本章内容设计好设计类课题的【大单元 2】，设计好同理、问题、定义、构思、创造、改进、发布七个小单元，以及学生的学习活动和相应的学习单。通过小组讨论发现并改正错误，逐步完成【大单元 2】。

重点提示：
要体现设计的理念、功能、审美等特征，引导学生经历"像设计师一样设计"的流程，学习设计方法；通过案例、启发引导等方式发展学生的创造性思维，最终制作出设计类作品，写出设计思路。

第三节 工艺教学

一、工艺教学概述

（一）什么是工艺

工艺也称为"手工""手工艺"，是指以实用或观赏为目的，利用各种物质材料、简单工具和手工技能制作产品的活动。任何一件工艺产品，都是复杂的创造活动的结果，是人的智慧和才能的体现。因此，即使在精美的机械产品充斥市场的现代化社会，质朴、自然的手工制品仍能博得人们的喜爱，具有独特的文化价值和特殊的艺术魅力。

在价值取向上，工艺一方面表现为各种传统手工艺，渗透着各地的风土人情，如景泰蓝、雕漆、玉器、金银器皿等；另一方面表现为现代手工艺，渗透着现代的材料工艺特性和审美情趣，如纤维编结壁挂、棒针编结等。需注意，现代手工艺是一种相对于传统手工艺而言的形态和概念。"现代"是一种时间概念：传统是古人的现代，现代也终将成为后人的传统。现代是在现代社会经济、生产条件、环境氛围、生活方式、时尚文化等条件变化下产生的概念，因此，现代手工艺是传统手工艺的现代形态。中国的传统手工艺有着悠久而灿烂的历史，在整个中国文化艺术发展史中占有重要地位。在文化史、美术史、设计史的发展过程中，手工艺是贯穿其中的主要内容之一。改革开放之后，文化艺术、设计艺术、手工艺的繁荣与发展，公共空间与生活空间的日益丰富，设计审美与艺术观念的演化更新，新材料、新工艺的大量出现，都推动传统手工艺向现代形态转变并被大众所接受。

在学校美术教学中，工艺对于培养学生的创造意识、设计思维和动手制作能力，以及提高学生未来在从事生产劳动、发明创造与美化生活等方面的基本素质都具有重要意义。

工艺受到多种条件的制约，也具有复杂的制作技艺。由于分类角度和分类标准的不同，出现了不同的分类方法和结果。例如，根据材料的不同分为纸工、泥工、木工、布工、金工等种类；根据制作工艺的不同分为雕刻、剪纸、编织、印染、刺绣、缝纫等种类；也可以从更为广阔的范围来加以划分，如根据作品的功能性质区分为观赏性工艺、实用性工艺、娱乐性工艺和科技性工艺等。

（二）工艺材料和工具

工艺材料包括基本材料和辅助材料。工艺的基本材料是指构成工艺品主体制作和生产的物质材料，包括各种天然原料（植物性和矿物性）、工业生产的人工材料，也包括各种各样的废旧材料等。比如纸（图12-6）、黏土、竹、木、石、线、布、塑料、金属

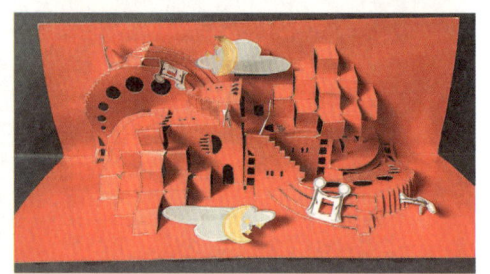

图12-6 初中生的各种现代纸艺作业，上海市新大桥中学周旖设计并提供

丝、金属片等；其他各种小型日常用品，如纽扣、闪光片、蝴蝶结、发卡、头饰、彩色丝带等；各种废弃物，如鸡蛋壳、瓜子壳、旧草席、铅笔屑、旧画报、旧麻绳、旧地毯、鸡毛等；各种粮食，如芝麻、豆子、小麦、花生等；植物，如树叶、花瓣、小草、树皮、松球等；贝类，如海螺壳、河蚌壳等。这些都可以成为基本材料，它们有些是当地的特产，以此制成的工艺品就具有鲜明的地方特色。<u>工艺的辅助材料是指工艺品制作和生产中各部件的连接材料和外表的装饰材料。</u>连接材料包括：固定用的钉子、螺栓、铆钉等；捆扎用的铁丝、绳、藤、麻等；串接用的竹木签等；以及胶带、黏合剂等。装饰材料包括：涂料、油漆、釉或保护剂等。

俗话说："工欲善其事，必先利其器"，加工设备和工具也是发挥双手劳动技巧的重要保证。由于不同的工艺种类需要不同的工具和设备，所以应该根据教学内容购置或自制。常用的工艺工具有：改锥、扳子、钳子、锥子；刀、剪刀；锯；斧、凿、锤；锉、刨子、砂纸；尺子、铅笔、毛笔；等等。目前市场上已经研发出各种适合中小学生工艺制作的微型机床。图12-7是一台新型多功能微型木工机床，有锯曲线、刨平、磨圆角等功能，适用于竹、木、塑料等材料的加工，既方便高效，又十分安全，有条件的学校可以选用。

在工艺制作时，使用工具加工物质材料形成了各

图12-7 多功能微型木工机床

种工艺技术，如纸工中的折、剪、刻、卷、贴等，需用不同的工具、按相应的技术要求规范操作。

（三）工艺的创作规律

工艺是对各种物质材料进行艺术加工改造的活动，会受各种内外部条件的制约和影响。

1. 工艺创作受使用功能的制约

工艺品或为了实用，或为了玩赏，不同的使用功能对工艺创作提出了不同的要求。例如草编，由于使用功能不同，制作成了茶垫、锅垫、小摆设、壁挂等不同产品，这些产品的造型和工艺也各不相同。

2. 工艺创作受材料和工艺手段的制约

不同的物质材料具有不同的工艺性能和审美特征，材料的制约性又往往成就工艺品的特点和风格。比如，泥的可塑性强，造型却不宜纤细、复杂，而粗犷、质朴、浑厚正是泥塑的特点，应该根据材料的特性合理利用。某种工艺通常只适合于特定材料和造

型，例如剪贴、编织、印染、雕刻、捏塑等。但若动动脑筋，有时也可以用某种工艺加工其他材料，即可产生新的工艺形式。比如，城市没有柳条而无法编筐，教师让学生利用废电线、包装绳、搓纸条来替代柳条，编出更新颖的小筐，提高学生学习兴趣。新型辅助材料也能使原先无法做到的事成为现实，比如，玻璃不容易黏合，现在有了热熔胶、硅胶，黏合就变得十分方便。

3. 工艺创作受审美和文化价值观念的制约

不同时代、民族、地区和个人的审美观念有着明显差异，使工艺形成不同的样式和风格，例如我国汉族刺绣与苗族刺绣、南方剪纸与北方剪纸等，又如传统砖雕与现代浮雕、传统泥玩具与现代工艺雕塑，都有不同的艺术风格和美学特征。衡量一件工艺制品的价值和效益，应该本着适用、经济、美观的辩证统一原则，而不应该单从经济价值和效益考虑。高贵的材料和高昂的成本未必能使工艺品具有较高的审美价值、实用价值或社会价值；相反，一些价格较低的普通材料甚至废旧材料，经过精心设计加工，也可能取得很好的艺术效果或社会价值。

二、工艺教学的内容与教学目标

美术课程工艺教学的内容主要包括：剪纸、撕纸、折纸等纸工艺，实物拼贴装饰画，印染工艺，编织工艺，布工艺，金属工艺，环保（废品）工艺，以及盆景、插花、菜肴雕刻、餐巾造型等内容。

工艺课的教学目标是学生通过学习逐步做到以下内容。

- 认识常见的工艺品，了解中外工艺品的常识及制作方法，了解材料和加工工艺对工艺品的主导作用，提高选用和发现材料的意识，发展立体思维、立体造型观念和相应的审美情趣。
- 初步掌握各种工具的使用方法和操作步骤，发展视觉、知觉和动手操作能力，形成耐心、细致、整洁、有序的工作习惯，成为心灵手巧的人；发展以敬业、精益、专注、创新为特征的工匠精神。
- 结合地方传统风俗和民间传说故事等文化背景学习并理解工艺特点，认识到民间工艺是我国非物质文化遗产的重要组成部分，能利用民间工艺的特点、元素或精神开展各种创新创意活动。

三、工艺教学特点

1. 工艺教学的材料和工具特点

在工艺教学中，教师必须事先想好并充分准备好所需要的基本材料、辅助材料以及工具和设备，否则教学就成了"无米之炊"而无法进行，后果十分严重。有的材料需要学生准备，必须事先通知学生准备好并带到学校。

2. 工艺教学的操作特点

工艺教学强调制作，每节课都要使用几种工具、多种方法，包括使用一些特殊的工具和方法。学生可能没接触过这类制作，也不会使用这些工具，所以需要教师耐心、细致地讲解和示范，还要特别提醒学生注意操作安全。

由于工艺制作过程比较复杂，要求教师认真研究教学过程，制订周密的计划，合理安排时间、空间和操作顺序，使教学工作有条不紊地进行；否则会手忙脚乱，耗时很多，却效率不高，甚至导致制作的彻底失败。也要让学生学会有计划地工作，使操作过程科学化、条理化。

3. 工艺教学的思维特点

在工艺教学中虽然也需要形象思维和逻辑思维，但更多的是具体行动思维（即一种借助于物体特征和动作进行的思维）。比如，各种材料的形状、大小、颜色、肌理等决定着学生的创作思路、作业的题材和形式。有时一块石头转了个角度，或两种材料放在一起后会表现出新的特点而使人产生创作灵感；有时作业做到一定程度，根据新的情况需要改变方案；等等。可以说，工艺制作的过程和结果都是不确定的，是不断产生问题、不断反思、不断解决问题的过程，是锻炼学生思维和培养解决问题能力的好途径。

4. 工艺教学的组织特点

由于工艺教学需要多种材料和工具，有的材料必须让学生自备，如各种碎布、废弃物、旧报纸等，且每人所带的东西都不同；在制作时，常需要相互帮助，所以最好采用小组合作的方式，有利于学生思维、情感的交流，材料、工具的共享，制作加工的互助，不但更容易产生好的作业效果，也有利于培养学生的合作精神。

四、工艺教学的要点

工艺教学可分为工艺仿制和工艺创作两类。与绘画、设计一样，工艺也应与创作结合，在模仿和创作中熟练技巧，不能因为学生的制作技巧不成熟而只一味仿制。学生的工艺设计、制作不可能很完美，但只要构思新颖、用材巧妙、意趣天成、率真自然，就应是佳作。

工艺教学应抓住以下几个教学环节，但由于工艺的种类繁多，制作程序不一，需要灵活运用。

1. 基本知识

每一种工艺都有其基本概念，及其材料、制作工艺、审美等特点，还有其产生的渊源、发展史、不同的风格和流派、有代表性的作品等。学习基本知识的重点是让学生理解这些基本概念的内涵、了解知识范围和内容。比如，工艺的类别是什么？如何区分传统工艺和现代工艺？能否识别工艺作品的材料和技术？通过不同类型工艺品的比较，更有利于学生欣赏和了解该工艺知识。

2. 构思与设计

工艺源于材料也受制于材料，材料又决定了工艺制作技术。因此，工艺的构思是基于材料与技术的创意与思考。由于学生从未从事过实际的工艺活动，需要通过教学活动启发学生的想象和创意，这也是工艺创作的重点之一。教学重点要根据材料与工艺技术来确定。某些工艺材料可塑性很强，像陶艺、泥塑、面塑、木版年画、剪纸等，只要确保其基本形式语言特点的，就可以像绘画、雕塑一样启发引导；某些工艺制作性很强，如编织、风筝、灯笼、印染等，就要在其基本工艺制作技术的基础上，提供优秀的、有创意的作品供学生参考与借鉴，或引入某种跨界艺术触发灵感；某些工艺特别受制于材料，如根雕、石雕、核雕等，必须"因材施艺"，即只有面对各种材料的形状、色彩、质地等特点，才能开展联想、构思与创意，甚至变换角度和方位才能产生灵感。总之，教师一定要熟悉该工艺的特点，充分分析创新的可能性，才能用新思路引发学生的创意。

3. 选材

恰当地选择形态、质地、尺度适宜的原材料，是保证顺利构思和制作的重要前提。民间工艺素有因意选材和因材施艺两个原则，好的材料才能制作出优秀的作品。选材的重点是材料要适合于学生的工艺品制作、适合于教学活动、能产生新意和美感。工艺选材有三个思路：一是依传统工艺本身的要求选材，如泥塑、剪纸、印染、根雕等，直接采用传统工艺的材料；二是采用专门生产的美术用品，如面塑、彩塑

> **新手导航**
>
> 工艺教学凸显动手能力，但也要注重与时俱进的创新思考，同时还要引导学生通过制作提升对传统文化的亲近感与关注，了解传统工艺与现代工艺的区别与联系，从而与一般"做手工"相区别，培养学生发展面向新时代的工匠精神。

> **文件摘要**
>
> 《保护非物质文化遗产公约》
> 根据联合国教科文组织通过的《保护非物质文化遗产公约》中的定义，"非物质文化遗产"指被各社区、群体，有时是个人，视为其文化遗产组成部分的各种社会实践、观念表述、表现形式、知识、技能，以及相关的工具、实物、手工艺品和文化场所。这种非物质文化遗产世代相传，在各社区和群体适应周围环境以及与自然和历史的互动中，被不断地再创造，为这些社区和群体提供认同感和持续感，从而增强对文化多样性和人类创造力的尊重。
>
> 资料来源：百度百科

等就可以选用彩泥、超轻黏土、软陶等更方便的材料；三是在某些不具备传统材料的地方，可以在日常生活中发现合适的废旧材料作为替代品等，比如用包装绳、废纸条制作编织工艺品，如本节中的教学案例《魅力纸编》。不同材料会产生不同的美感，或能做出不同造型、不同尺度的作品而产生新意，应鼓励和培养学生发现并利用身边材料进行创意制作的想法和能力。

4. 制作

制作是运用适当的工艺技巧加工、改造材料的形态性质，实现设计方案。其中运用的工艺手段很多，包括：利用原材料直接加工为成品；或将原材料裁切成型，零部件加工成型，然后再组装为成品；或通过中介环节（如制作模具）间接成型；等等。制作课的重点是教师要详细介绍材料的性能与特点，讲解并示范工具的性能、制作方法和步骤，工艺的要领、注意事项、安全要求等，并辅之以板书或微视频示范。让学生掌握工艺制作的方法、步骤和技巧，完成自己的作品，培养工匠精神。

5. 装饰

装饰是指对工艺制品外层施加恰当的装饰，美化和保护制品，是独立的工艺环节。比如泥玩具就有"三分做，七分绘"之说。装饰课的重点：一是让学生明白装饰的图案和色彩具有地方特色、民族传统和人文内涵；二是指导学生掌握涂绘、髹饰、着釉、贴面等装饰方法，美化自己的作品。

五、工匠精神

工艺设计教学特别要注意培养学生的工匠精神。工匠精神是一种职业精神，是职业道德、职业能力和职业品格的集中体现，是从业者应该具备的一种职业价值取向和行为表现。主要包括崇尚劳动、爱岗奉献的敬业精神，精益求精、追求完美的精益精神，内心笃定而着眼于细节的专注精神，不拘一格、巧夺天工的创新精神。[1]在我国，工匠精神的形成与传统手工业的发展是相辅相成的。传统手工业者追求极致的精巧，自然而然地酝酿出农耕社会的工匠精神。严格系统的传承程式使得传统手工业中的工匠精神代代积淀。

新时代工匠精神的基本内涵包括敬业、精益、专注、创新等方面的内容。

（1）敬业　敬业是劳动者因为对职业的敬畏和热爱而产生的一种全身心投入的认真尽责的精神状态。敬业乐群是中华文化的优良传统，早在两千多年前孔子就提出为人做事应该"执事敬""事思敬""修己以敬"；走进新时代之后，它也是社会主义核心价值观的基本要求，为我国的高速发展提供保障与助力。

（2）精益　精益是劳动者对每件产品、每道工序都凝神聚力、追求极致的职业品质，也就是精益求精。古往今来，各行各业的传统工匠无不在自己的领域追求这种技艺上的极致，从而创作出几十层的牙雕鬼工球、内壁作画的鼻烟壶、变幻莫测被日本人惊为天工的曜变天目盏等杰作。

（3）专注　专注就是内心笃定而着眼于细节的耐心、执着、坚持的精神。放眼古今中外，工匠精神都意味着一种执着，所谓"十年磨一剑""艺痴者技必良"，就如同《庄子》中游刃有余、切中肯綮，一把刀解牛十五年的庖丁一样，因为坚持所以专业。

（4）创新　创新是劳动者不断追求突破、追求革新的意识与行为。古往今来，热衷于创新和发明的工匠们一直是世界科技进步的重要推动力量。创新也是我国今天提倡大国制造的核心竞争力和基本要求。正是在创新精神的鼓舞下，我国民族企业的翘楚凭借自身的实力为中国制造乃至中国创造赢得了越来越多的市场份额，也赢得了世界的赞誉与敬佩。

随着现代工业化和机械化的不断发展，技术知识和技能在现代生活中变得越来越重要，世界上主要的发达国家越来越重视本国技术教育的改革和发展，纷纷推出关于技术教育的课程改革方案，重视技术教育，为年轻人就业和成为技术社会的公民做准备。英国是世界上最早将技术纳入课程体系的国家之一。1988年之后，设计和技术课程由一系列独立学科整合成为一门跨学科课程，这门崭新而又具有挑战性的课程已经从过去以手工技能为基础的课程发展为思考、

---

[1] 顾恩平. 课程思政视野下的高职生工匠精神培养策略[J]. 岳阳职业技术学院学报，2018（2）：27-30.

感受和活动的课程，并为所有义务教育阶段的学生提供广泛的学科基础。它注重培养学生的创新意识、进取心、设计与制作能力，以及应对快速变化的社会所需要的适应性，以满足21世纪社会发展对学生能力的需求。设计与技术课程被构建成为一个"过程"，但是学生所学的并非单纯的设计与技术知识，同时也强调来自其他学科的技能、知识和理解的价值，可以接触到物理、生物、数学、艺术、社会学等学科知识，从而有别于其他课程。这样既较好地处理了学科知识的学习与解决社会生活问题综合能力之间的关系，又把所学知识与生活情境中的实际问题进一步整合起来，使学生在学习中形成一种对世界的整体认知和解决问题的综合能力。

教学案例

魅力纸编（高中）

编织工艺是中国民间美术的组成部分。素有"中国蔺草之乡"之称的浙江省宁波市鄞州区黄古林镇，2005年被中国轻工业联合会命名为"中国草编基地"，黄古林草席编织技艺于2009年被评为浙江省非物质文化遗产，黄古林草编博物馆也于2010年开馆。

根据这一地方资源，教师利用学生身边的各种废纸开发了"魅力纸编"校本课程。目的是让学生们对纸编艺术产生兴趣；成为勇于探索、善于思考、细心、专心、耐心、心灵手巧的人；热爱民族的优秀传统文化，树立现代、后现代的创作观念。教学过程分为三个部分。

教学过程
第一部分，借鉴传统工艺形式开展纸编教学，借鉴传统造型、色彩、图案。

第二部分，运用现代美术语言开展纸编教学，强调个体造型美感和形式感，强调整体组合之美。

第三部分，融入后现代主义观念开展纸编教学，注重情感和象征意义的表达，强调观念的注入。

资料来源：浙江省宁波市鄞州中学王陈香设计并提供。

示范性案例 14

课题	扎制中国龙，传承龙文化	教学对象	高中一年级	课业类型		工艺
基本问题	中国龙的艺术和文化价值是什么？	小问题	1. 南北方典型的中国龙各有何艺术特征？ 2. 中国龙有何基本的工艺制作流程？ 3. 中国龙由哪些部分组成，分别该如何制作？ 4. 如何把中国龙扎得结实、美观？ 5. 如何策划一场社区舞龙活动？			
单元设计思路	本单元课题内容属于《普通高中美术课程标准（2017年版）》中"工艺"模块，要求有设计意识，具备绘制简单草图的能力，是一项动手操作、实践性很强的课题。课题开设对象为高中一年级学生，学生初步了解了义务教育阶段"造型·表现""设计·工艺""综合·探索"学习领域的内容，已经具备基本的造型表现能力，能够大胆通过想象和联想进行设计和工艺制作。 教学思路：以美术学科五大核心素养为统领，以让每个学生经历"像艺术家一样创作"为目标，鼓励学生合作学习和探究学习，以学生为中心和主导，成立项目研究团队，着力打造团队文化，既有任务分工也有合作完成。					
单元目标	知识与技能：欣赏不同地域的中国龙作品，能从文化和历史的层面解读当地中国龙的价值和特色，形成对本土民间艺术形式的认同感，团队合作设计、动手制作一条中国龙，并到社区进行舞龙表演。 过程与方法：鉴赏不同地域的中国龙作品，完成鉴赏报告，选择并研究某一地域中国龙的文化渊源及技法，学生合作探究，借鉴中国龙制作方法，完成设计草稿，合作完成一条中国龙。 情感态度与价值观：传承并创新龙文化，像民间艺人一样传承和保护文化遗产，在学习中发扬工匠精神。					
评价量规	整个单元以表现性评价为主，采用分学时评价的方法：			A	B	C
	学会鉴赏和写鉴赏报告，研究某地区扎制中国龙的方法，撰写研究报告。					
	熟悉材料工具，研究制作流程，临摹经典作品。					
	确定创作主题，搜集素材，构思草图。					
	开展跨学科探究性研究，参照草图，根据中国龙扎制步骤分工制作。					
	拼装中国龙，选择舞龙音乐与排练队形，舞龙活动展演，学习总结，理论测试。					

续表

子课题	鉴赏作品，初识中国龙（1课时）	小问题	南北方典型的中国龙各有何艺术特征？
学习目标	1. 欣赏南北方不同地域的中国龙，能从文化、历史的层面解读中国龙的价值和特色。 2. 以小组为单位，借助271BAY搜集整理资料，完成中国龙鉴赏研究报告。 3. 结合自己的研究说说对民间工艺美术的新认识。		

教师活动	学生活动
1. 播放舞龙活动视频，了解南北方不同的舞龙形式，并思考形成原因。 2. 教师根据学生对舞龙活动的展示和分享，简要说明开设课程的缘起和意义。 3. 分发"中国龙研究任务单""中国龙鉴赏学习单""中国龙鉴赏评价量规"。 4. 提醒学生充分利用好271BAY，广泛搜集整理资料。	1. 欣赏舞龙视频，思考形成南北方不同艺术风格的原因。 2. 分享家乡的舞龙活动，说说自己对舞龙活动的理解。 3. 根据所发的学习单，完成学习任务，以小组为单位完成一份"中国龙鉴赏研究报告"。 4. 各组将完成的鉴赏研究报告拍照上传到271BAY，选派一名代表进行展示分享。

子课题	借鉴经典，学习技法（1课时）	小问题	中国龙有何基本的工艺制作流程？
学习目标	1. 以小组为单位选择某地中国龙，了解其材质、造型、色彩和制作方法，并探索其与功能性、审美特征和现代生活的关系。 2. 总结某地中国龙的制作技法、基本步骤，划分好龙珠龙头制作组、骨架制作组、鳞片缝制组和舞龙排练组，制作出项目书。 3. 梳理出动手制作过程中的注意事项。		

教师活动	学生活动
教师通过271BAY给学生布置学习任务： 1. 认识不同地域中国龙的材质、造型、色彩和制作方法，探索其与功能性、审美特征和现代生活的关系。 2. 通过搜索和调查，了解和记录不同中国龙的艺术风格、适用功能、发展脉络，认知中国龙与民俗文化的关系，探索其象征和历史意义。 3. 分发"中国龙技法研究学习单"和"中国龙技法研究评价量规表"。	1. 以小组为单位，选择一个地区的中国龙进行深入研究。 2. 完成"某地区中国龙技法研究学习单"。 3. 了解扎制中国龙的造型规律和独特技艺，学会使用至少一种中国龙的制作工具，合理使用材料，按照工艺流程，掌握基本技能。 4. 研究完毕，以小组为单位上传研究成果到271BAY，推选一名代表进行展示分享。

子课题	搜集素材，设计草图（1课时）	小问题	中国龙由哪些部分组成，分别该如何制作？
学习目标	1. 借助网络搜集资料，总结出制作一条完整的中国龙需要有哪些主要组成部分。 2. 借鉴某地中国龙的造型规律，完成龙头、龙珠、龙骨架、鳞片、龙尾的草图绘制，完成设计说明。 3. 向民间艺人学习，体会其精益求精的工匠精神，增强对非物质文化遗产的兴趣和认同感，创新完成中国龙草图绘制。		

教师活动	学生活动
教师通过大屏幕布置学习任务： 1. 分发"中国龙草图设计学习单"。 2. 模仿借鉴某一地区的中国龙造型规律，学会从功能和审美的角度去鉴赏并完成中国龙各部分设计草图。 3. 草图绘制结束，组织学生上传草图到271BAY。	1. 学生按学习单搜集某地中国龙与民俗文化，深入了解制作材料、工艺流程，记录发展脉络。 2. 各组展示分享完成的设计草图，分别展示龙头龙珠设计、龙骨架设计、鳞片设计草稿，修改完善形成最终定稿。

续表

子课题	运用技法，动手制作（6课时）	小问题	如何才能把中国龙扎得结实、美观？
学习目标	1. 各项目组选定一名负责人，组织班内同学进行项目选报，组建团队，明确任务。 2. 学生以龙珠龙头制作组、骨架制作组、鳞片缝制组开展课堂体验，力争用6课时完成两条中国龙的龙头、龙骨架（20节）、龙尾、鳞片制作。 3. 根据设计的草图进行分工合作，要发扬工匠精神，确保每个项目高质量、高标准完成，要发扬团队精神，学会与小组同学合作。		

教师活动	学生活动
教师指导学生组建项目团队，根据完成的草图进行制作。 1. 教师深入各组，探讨项目实施中遇到的问题及解决方法。 2. 各项目组同时开展项目制作体验，小组长做好调度，给每个同学分配明确的学习任务，下课前进行项目阶段成果展示。 3. 教师要不断深入各项目组进行技术指导，同时引导各项目负责人要做好项目之间的衔接和沟通，确保项目顺利推进。	1. 各项目组制作前由小组长布置学习任务，组员对照任务分工，有序开展制作。 2. 根据设计草图开始设计活动，在体验过程中论证设计草图的科学性与严谨性。 3. 两个大项目负责人要与教师及时沟通交流制作过程中出现的问题。

 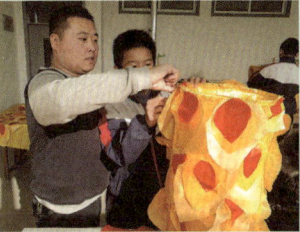  

子课题	社区展演，总结反思（2课时）	小问题	如何策划一场社区舞龙活动？
学习目标	1. 组织学生给制作完成的中国龙骨架安装支架，明确负责拿龙头、龙珠、龙骨架的同学，邀请体育和音乐教师排练队形，统一动作。 2. 组织舞龙团队到社区、幼儿园进行舞龙展演活动。 3. 完成学习本课题的心得体会，谈谈自己对扎龙舞龙这一民俗活动传承与创新的理解。		

教师活动	学生活动
1. 各小组分别负责安装中国龙骨架的支架，负责龙头的眼睛、胡须、牙齿、龙角的装饰。 2. 指导教师检查各部分的牢固性和美观性。 3. 邀请体育和音乐教师排练舞龙队形和动作，力争舞出活力、舞出青春。 4. 组织舞龙团队到社区进行舞龙表演活动。组织学生开展课程论坛，总结学习的收获，分享对中国龙的认识和理解。	1. 两个同学为一组，开始给每段龙骨架安装支架，确保舞龙表演活动顺利进行。 2. 安装支架完毕，挑选龙珠、龙头、龙骨架、龙尾的负责人，组建舞龙队。 3. 请体育和音乐老师给舞龙团队排练队形，指导舞龙动作，力争能完成专业、准确、优美的舞龙动作。 4. 完成舞龙表演活动进社区活动项目书，组织舞龙表演活动。

续表

资料来源：山东271教育集团昌乐二中崔建森主持、设计、教学并提供。

案例点评

《扎制中国龙，传承龙文化》以美术学科五大核心素养为统领，让每个学生经历"像扎龙艺人一样去创作"的过程。课题实施以271教育基本课堂模式为主要教学策略，课堂上采用小组合作的方式，鼓励学生合作学习和探究学习，以学生为中心和主导，成立项目研究团队，着力打造团队文化，既有任务分工也有合作完成。整个教案严格按照UbD的理念与方法设计，运用了基本问题和小问题引导学生的思考与探究，是个比较规范的示范性教学设计案例。

【学习单12-2】

根据本章内容设计好工艺类课题的【大单元2】，设计好基本知识、激发创意、构思与设计、选材、制作、装饰等六个小单元、学生的工艺学习活动和相应的学习单。通过小组讨论发现并改正错误，逐步完成【大单元2】。

重点提示：

要体现工艺的理念、功能、审美等特征，引导学生经历"像工艺师一样去制作"的过程，熟悉工艺材料，学习工艺技术，传承工匠精神；通过案例、启发引导等方式发展学生的创造性思维，最终做出工艺品，写出设计思路。

【学习单12-3】

要求学生按所分配课题的性质和特点，结合【大单元2】的特点，设计好【教参】的教学建议部分。

具体要求：

【大单元2】是工艺、设计、跨学科三类课程，各具特点，一定要结合第十二章、第十三章所学内容，结合【大单元2】的特点，设计好教学建议。最重要的是在设计教学建议时仍要与【大单元2】保持互动，不断改进和完善，保持二者之间的一致性。各类课程最终的真实性学习任务，及其不同的创意思维仍是重中之重。

思考与练习

识记：设计、视觉传达设计、工业设计、环境艺术设计；工艺、工匠精神。

理解：1. 分别简述视觉传达设计、产品造型设计、环境艺术设计的教学特点和学习目标。

2. 简述工艺教学的特点和要注意的问题。

3. 联系某种工艺教学，谈谈自己对工匠精神的理解。

建议阅读

1. 尹定邦.设计学概论[M].长沙：湖南科学技术出版社，2005.

2. 李砚祖.造物之美：产品设计中的艺术与文化[M].北京：中国人民大学出版社，2000.

3. [美]唐纳德·A.诺曼.设计心理学[M].梅琼，译.北京：中信出版社，2003.

4. [美]约翰·斯宾塞，[美]A.J.朱利安尼.如何用设计思维创意教学：风靡全球的创造力培养方法[M].王颋，董洪远，译.北京：中国青年出版社，2018.

第十三章 跨学科美术教学

基本问题：

如何运用跨学科美术学习解决真实情境中的复杂问题？

学习目标

【任务一】【任务三】：知道跨学科美术、"综合·探索"学习领域等概念、特点和教学目标，跨学科美术教学内容和教学方式；理解从跨学科的多角度阐释问题，学会综合、学会探索。能做到结合自己开发的民间美术校本教材，运用跨学科美术的教学思路，完成【大教案2】拓展环节的教学方案，设计出跨学科、与创客教育相结合的美术课。

【任务二】：进一步改进完善【教参】。

师生共建			
	课前	课中	课后
教师	1. 第十三章研究跨学科美术教学，研究综合学习、现当代艺术等，关注学习方式和艺术的变革。 2. 上传相关参考文献；了解并指导"小老师"对跨学科美术教学的理解和教学设计与课件，发现并纠正他们对核心概念的误解或理解偏差。 3. 发现并纠正【大单元2】拓展环节中民间美术跨学科拓展的问题及错误。	1. 关注"小老师"对跨学科美术的特点、综合方式、教学方式，及其学习工具的设计等重点理解正确与否；教学思路和教学活动的合理性和有效性。 2. 关注"小老师"能否发现并纠正师范生【大单元2】中关于跨学科教学的问题及错误。 3. 组织评价组对讲课组提问和点评；对"小老师"的教学进行点评、纠错和补充，要突出以上重点。 4. 督促师范生进一步完善【教参】。	1. 要求师范生进一步阅读跨学科美术的相关文献，学习并理解跨学科美术创作及其教学的理念与方法。 2. 要求师范生改进各自【大单元2】拓展环节中跨学科美术创作及其教学的相关问题。 3. 要求师范生进一步完善【教参】。 4. 交试卷命题修改稿。
"小老师"	1. 阅读教师上传的资料，认真钻研教材，理解本章跨学科美术及其教学的重要概念及相关内容；分工合作，设计好本章教案和课件。 2. 设计好自己的【大单元2】跨学科美术教学的拓展环节，以及相应的学习工具。	1. 抽查师范生【大单元2】的拓展环节，通过提问、讨论发现问题；示范自己的【大单元2】跨学科美术教学，指导师范生运用本章相关知识修改拓展环节和相应的学习工具设计。 2. 运用多种教学策略和方法引导师范生理解和掌握跨学科美术教学的相关内容，并能运用到教学实践中。	1. 总结本小组的教学设计和教学活动，完成教学反思和自评报告。 2. 把教案与课件改进后上传至线上学习平台；做出本章教学的微页，并发送至班级群。
师范生	1. 预习本章内容，上网阅读相关文章，记下不能理解的问题。 2. 按本章要求设计好【大单元2】拓展环节的跨学科美术教学。 3. 完善【大单元2】；完成【教参】的教学建议部分。 4. 完成试卷命题修改。	1. 带来设计好的【大单元2】打印稿，积极参与教学互动。 2. 通过听课和小组讨论发现并标注【大单元2】拓展环节跨学科美术教学和相应学习工具设计中的错误，课后改正。	1. 进一步阅读本章的示范性案例和网上文献。 2. 改进【大单元2】拓展环节跨学科美术教学和相应学习工具设计。 3. 分工合作进一步完善【教参】。 4. 完成试卷命题。

第一节　美术跨学科学习概述

一、跨学科学习

跨学科学习是整合两种或两种以上学科的观念、方法与思维方式以解决真实问题、产生跨学科理解的课程与教学取向。[1] 随着社会的发展和科技的进步，一方面人类知识的总量激增、知识不断更新、出现"信息爆炸"，另一方面，教育观、知识观由掌握书本知识转向解决现实生活的复杂问题和终身学习，使相互割裂、不断细化的分科学习的弊端和局限性日益凸显，从而引发全球性跨学科学习的研究高潮。目前，跨学科学习主要有STEAM课程、基于问题的学习（PBL，即Problem-Based Learning）、基于项目的学习（PBL，即Project-Bosed Learning）、超学科学习等。跨学科学习具有以下三个特点。

① 以跨学科理解为目的。在真实的问题情境中，当任何单一学科无法解决此问题时，需要运用两种或两种以上学科的观念与方法解决它，并由此产生新的理解。跨学科学习不是几门学科的简单叠加或机械混合，而是通过学科整合而诞生新的理解——跨学科理解。

② 植根于学科思维。跨学科理解与学科思维互为前提、相辅相成。唯有具备跨学科视野，才能不断深化对一门学科的理解。唯有植根于学科思维，运用相关学科的观念与方法，跨学科理解才能产生并发展。跨学科学习强调学科思维的充分应用，让学生像学科专家一样去思考。是否深度运用学科思维，是检验跨学科学习质量的一个标准。

③ 实现学科整合。每一门学科都是理解世界的一种独特思维方式，不同学科构成理解世界的丰富性与多样性。但由于世界本身存在内在联系，不同学科之间也有可能建立内在联系。跨学科学习需要根据不同问题情境的需要，将各学科的观念和思维方式基于其内在联系实现整合，由此帮助学生创造性解决问题、发展理解力。仅仅围绕主题将不同学科知识杂乱无章地罗列出来，不叫"跨学科学习"。[2]

美术是一种视觉化的语言和学习方式。一方面，学生可以结合任何学科的学习内容，构想、交流、表达自己的理解。另一方面，美术的视觉化感知、思维和表达方式能很好地融入任何学科的研究性学习，用美术的眼光去发现与观察（摄影、摄像等），用美术的方式思考（想象、形象思维、直觉与灵感等），用美术的形式表达课题研究的成果。例如，布展就是一种跨学科的实用性综合美术活动，需要很全面的设计能力和制作能力。[3]（图13-1）

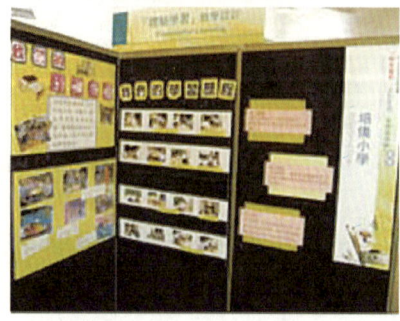

图13-1　香港"校本艺术文化生活教学新策略"展览中各种研究性学习展板设计

二、美术的跨学科属性

自古以来,美术从不是孤立、纯粹的艺术领域,而是一个与社会、文化、科技等领域有千丝万缕关系的跨学科领域。我们可以从以下三个方面的属性来分析。

1. 传统美术的跨学科属性

一般认为,美术起源于原始宗教,产生于图腾崇拜或巫术活动中;在其漫长的发展过程中,绘画、雕塑、建筑等传统美术都与历史、地理、宗教、社会、政治、教育等人文学科直接相关;美术品成为商品以来,又与社会的经济水平、市场流通、艺术评论、消费群体等因素发生联系。

2. 工艺与设计的跨学科属性

传统工艺与设计的发展则与生产技术水平、科技发展研究成果直接相关;现代工艺与各种现代设计更会敏锐地融合新材料、新技术、新设备、新工艺等新的科技成果,或受不同的设计理念、社会思潮、生活时尚等因素的影响。

3. 现当代艺术的跨学科属性

人类进入现代社会以来,物质生活和精神生活发生了极大变化,与科学、心理学和工业技术结合的各种现代艺术随之涌现,如野兽派、抽象艺术、立体主义、结构主义、未来派、超现实主义、光效应艺术、极少艺术、动态雕塑等。现代艺术主要有推崇追求纯粹(纯形式要素)、提倡原创、形式至上(为形式而形式,赋予形式以独立价值)、自我中心(闭门造车、自我表现、脱离观众)、整体单调(排斥传统和民族特征等)等价值取向。

从20世纪60年代末到70年代,世界局势动荡、战争、暴力冲突、通货膨胀等种种现实,使只重形式美的现代艺术软弱无力、捉襟见肘。人们开始思考:艺术还能做什么?艺术家在现实社会中的角色是什么?艺术家开始渐渐明白,艺术的出路在于走入社会,走进尘世间,勇敢地承担起生活中的道德责任。概而言之,现代艺术进行的是一场美学的革命,而后现代艺术却是思想观念的革命。[4] 从而产生如波普艺术、集合艺术、装置艺术、概念艺术、行为艺术、大地艺术等后现代艺术,涉及西方现代哲学理念、社会学和心理学等内容,美术与社会的联系也更加紧密。

三、跨学科的现当代艺术

1. 波普艺术(Pop Art)

波普艺术是一种主要源于商业美术形式的艺术风格,其特点是将大众文化的一些细节,如连环画、快餐及印有商标的包装进行放大复制。[5] 又衍化出商业波普、政治波普、文化波普等多种潮流,也影响到平面设计、产品设计等领域,成为一种设计风格。(图13-2、图13-3)

图13-2 安迪·沃霍尔,《玛丽莲·梦露》　　图13-3 魏光庆,《题词NO.10》

2. 集合艺术(Assemblage Art)

集合艺术也称为"综合材料艺术",是指通过组合各种元素,特别是将许多现成物整合成一件作品,以求创造出三度空间艺术品的一种技法,也指依此技法所构成的作品。集合艺术可以是直立的物体,也可以是板子上的堆积物,还可以包含艺术家所绘制、雕刻或塑造的元素。[6](图13-4、图13-5)

---

1 张华.论理解本位跨学科学习[J].基础教育课程.2018(22):10.
2 同上,第9-10页.
3 王大根.美术是一种重要的学习方式[J].中国美术教育,2006(3):4-8.
4 参考:葛鹏仁.西方现代艺术·后现代艺术[M].长春:吉林美术出版社,2005:160.
5 [美]拉尔夫·迈耶,[美]史蒂文·希恩.最新英汉美术名词与技法辞典[M].清华园B558小组,译.北京:中央编译出版社,2008.
6 同上.

3. 装置艺术（Installation Art）

装置艺术是为室内或室外特定空间和地点创作的多媒体、多维度、多形式的临时性艺术品。这种作品是在"一段时间中"被感知到，它们不像传统艺术作品那样被"看到"，而是在时间与空间中被体验，并与观众互动。[1]（图13-6、图13-7）

4. 概念艺术（Conceptual Art）

概念艺术又称观念艺术，于20世纪60年代中后期出现。概念艺术质疑"艺术"这一整体观念，尤其质疑传统的艺术客体的合法性问题，并将观念作为艺术创作的素材。既然作品的物质形式对于观念的表达并非至关重要，而且观念通常才是艺术品的起点，所以观念艺术家认为传统的媒介和作品物质显现不是必需的。[2]（图13-8、图13-9）

5. 行为艺术（Performance Art）

行为艺术是20世纪五六十年代兴起于欧洲的现代艺术形态之一，是指在特定时间和地点，由个人或群体行为构成的一门艺术。行为艺术有三个主要特征：现场进行、在观众面前发生、通常需要正在表演的艺术家。[3]（图13-10、图13-11）

以上介绍的只是一小部分有代表性的现当代艺术，它们既各具特点，又可能相互交融、相互重叠而难以区分，并且还在不断的发展和变化之中。

图13-4　劳申伯格，《姓名缩写》

图13-5　徐冰，《凤凰》（2008—2010）

图13-6　艾未未，《自行车系列》

图13-7　安东尼·格姆雷，《土地》，2003年展于上海第十钢铁厂遗址

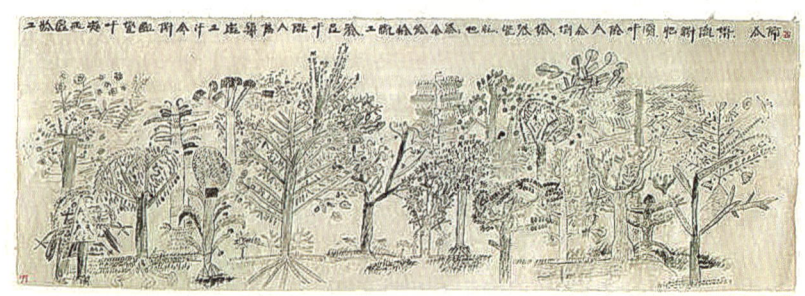

图13-8　徐冰，《木林森计划》

图 13-9 约瑟夫·科苏斯，《一把和三把椅子》

图 13-10 玛丽娜，《潜能》

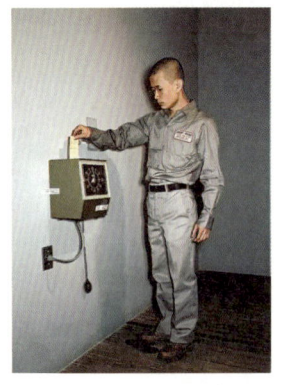
图 13-11 谢德庆，《一年行为表演 1980—1981：打卡》

第二节　跨学科美术教学概述

一、跨学科美术教学的综合方式

美术课程的跨学科学习是基于学生的兴趣和直接体验，围绕真实的情境化主题，以美术课程为主干，引导学生整合美术和不同学科的相关知识、技能和思维方式，主动探索、研究、创造与综合解决问题的学习活动，强化课程的协同育人功能。

《义务教育美术课程标准（2011 年版）》的"综合·探索"学习领域，既体现现代课程与教学跨学科整合的理念，又融入现当代艺术观的全新学习领域，需要我们引起关注并深入研究。

> **新手导航**
>
> 跨学科美术学习既借鉴了现代主义和后现代主义美术观，也借鉴了建构主义教学观，是美术观与教学观的双重突破，也是对新美术教师的巨大挑战。作为新教师，一旦能接受挑战，转变观念，就能更好地实现转型和跨越式发展！

"综合·探索"学习领域是指通过综合性的美术活动，引导学生主动探索、研究、创造与综合解决问题的美术学习领域。它分为三个层次：① 融美术各学习领域（"造型·表现""设计·应用"和"欣赏·评述"）为一体；② 美术与其他学科相综合；③ 美术与现实社会相联系。三个层次之间又有着不同程度的交叉或重叠。

《普通高中美术课程标准（2017 年版）》中也多处提到"跨学科"和"现当代艺术"的概念，如：基本理念就提出"学会用美术及跨学科的方式解决学习、生活和工作中的问题"，在课程目标中提出"综合运用美术学科及跨学科知识与技能解决问题，增强社会责任感"，美术鉴赏模块内容要求"了解现当代艺术的创作观念、创作手法和代表作品，认识现当代艺术的多样性"，"选择中外著名艺术家或当代美术现象进行专题研究，在调查、分析和讨论的基础上撰写评论文章，并通过宣讲、展示等方式发表自己的看法"。

（一）美术各学习领域相融合

美术学科内的综合是融"造型·表现""设计·应用""欣赏·评述"为一体，把各学习领域的知识与技能融会贯通。比如《灯笼》，先创意设计灯笼的造型、结构（设计），用竹篾捆扎、纸张裱糊（工艺），再画上有吉祥寓意的花鸟画（绘画）综合而成。又如装置艺术、综合材料艺术都是既有设计又有绘画和制作，也是美术学科内部的综合。

（二）美术与其他学科相综合

一是美术与各艺术学科相综合。比如：可以从艺术语言形态切入，让学生比较美术、音乐、舞蹈中的节奏、对比、旋律、色彩等，既能体会各艺术间的相关性，又能凸显不同艺术语言的独特性；或从内容主题切入，如面对一幅美术作品，学生联想到哪首诗、哪首曲、哪座雕塑等；或从研究艺术深层文化意蕴切

1　[英]斯坦戈斯.艺术与艺术家词典[M].范景中，主编.刘礼宾，等译.北京：生活·读书·新知三联书店，2010.
2　同上.
3　同上.

> **新手导航**
>
> 艺术学科间的综合教学在实施中需要大家注意以下几点。
>
> 第一，应注重各学科教学目标的综合，即把传授各艺术学科基本知识和基本技能与培养学生积极的学科情感、正确的学科态度和价值观相统整。
>
> 第二，要注重各艺术学科内容上的综合，即各艺术学科内容的交叉综合，各学科内容与学生生活、当代社会生活的统整，教材与网络资源的统整，传统内容与学科的新发现、新观点、新问题的统整，等等。
>
> 第三，教学方法上的统整，即探究学习、合作学习、体验学习等多种教学方式的统整。

> **新手导航**
>
> 在进行美术与现实社会的综合教学时，需要注意的是要保持美术的学科特性，以美术学科知识为基础，体现美术课程视觉、形象的特点，强调美术要素，要应用美术的视野来综合、探索、认识世界，不能只是表面的、肤浅的、形式上的综合。

入，让学生分别研究现实主义的音乐、绘画、戏剧、雕塑、文学，研究现实主义的历史背景等，从文化理解的高度认识各种艺术。[1] 另外，诗配画、画配诗，听音乐画抽象画，做小指偶演课本剧，做彩泥舞蹈人偶并组成集体舞场面等，都属于此类综合。

二是美术与文理学科相综合。比如工艺教学可以与民间艺术、地方风情相联系；建筑艺术与历史、地理、宗教、科技直接相关；现代设计包罗万象，与科技领域最新研究成果和生产技术水平直接相关，还涉及新的设计理念、社会思潮、生活时尚等因素；现代艺术涉及种种西方现代哲学理念、社会学和心理学等研究成果；现代媒体艺术是艺术与电子技术的高度综合，与电子影像设备、计算机软件和网络的知识、技术相关。[2] 具体而言，教师可以把相关主题的美术与其他学科内容，调到同一时段授课，让学生体会各学科间的联系；美术教师也可以与其他学科的教师联手，开展主题式协同教学。这种模式基本上保留分科教学的形式，只是对内容、形式适当调整，加强美术

与其他学科的联系、渗透、辐射和整合，更有利于形成关联和整体的思维，如STEAM教育。

（三）美术与现实社会相联系

美术与现实社会相联系是一种超学科、面向现实社会、创造性解决复杂的社会性课题或科技类项目的学习活动，往往是综合研究性的项目学习、课题研究、基于问题的学习等。此类课题可以是当地社区发展中的问题，如对传统文化的继承与发展，工业发展与环境污染、当地生态情况等的研究；或是社会热点问题，如低碳生活、战争与和平、交通流量、旅游环境等；或是学生关心的校园文化、流行时尚等。

此类项目研究超越学科界线，不以某学科为主，要综合各学科的知识与技能，充分发挥学生团队合作研究的力量，也充分调动每位学生的特长，人尽其才、物尽其用，以创造性地解决问题为目的。美术在其中已成为发现与观察、想象与思维和图像表达课题研究成果的重要学习方式，发挥着不可替代的作用。

（四）教育中的艺术（AiE）

国际社会广为关注的教育中的艺术（Art-in-Educayion，简称AiE），即用艺术来促进其他学科的学习。比如小学低年级学生看图说话，或为了写作文，学生先画画再写作文，能明显提高作文的质量等。当然，实施好了也可能出现双赢的结果。

> **学术观点**
>
> **STEAM 教育**
>
> STEAM 从字义解释，是科学（Science）、科技（Technology）、工程（Engineering）、艺术（Arts）、数学（Mathematics）的缩写。它延续自 2009 年起美国以国家的力量推广的 STEM 教育，希望融合科学、技术、工程、数学的知识来打造科技创新的新世代，并提高国家的竞争力。这股热潮引发教育界的讨论与反弹，认为艺术的价值与科学技术同等重要，偏重于科学技术无法达到全人教育的目标。2011 年起前罗得岛设计学院约翰前田率先引领，STEM+ART=STEAM 的口号应运而生（Maede，2011；2013）。的确，艺术均衡科技 STEM 教育的学习方式，提供学习者运用多元化的学习模式进行感知联动（Reitenbach，2015）。艺术不仅提供一个不同的管道来帮助人类了解复杂的社会，此外，艺术创作过程中特有的创造力、解决问题、灵活思维和勇于承担挫折都是良善 STEM 教育的钥匙。
>
> 资料来源：陈怡倩．从 STEAM 的 A 来看美国 STEAM 教育[J]．香港美术教育期刊，2017（1）．

> **学术观点**
>
> **教育中的艺术**
> 艺术教育有两种可能的途径：第一，作为个别学习科目，通过各类艺术课程的教学，发展学生的艺术技能和对艺术的感受、鉴赏能力；第二，被视为教和学的方式，艺术与文化的内容被融合到所有课程科目中。后一种途径，即"教育中的艺术"，把艺术（以及与艺术相联系的实践和文化传统）作为教授普通科目的媒介和加深对这些课程理解的手段。建立在多元智能理论基础上的"教育中的艺术"，其目标在于把艺术教育的优势扩展到所有学生及所有课程领域中。
> 资料来源：联合国教科文组织.艺术教育路线图[R].葡萄牙里斯本：世界艺术教育大会，2006.

二、跨学科美术的教学目标

跨学科美术教学是一种综合探索活动，要联系学生生活的情境化主题，整合多学科的知识，以自主、合作和探究性学习的方式，进行跨学科、多课时的大单元探索。学生通过跨学科学习，应逐渐达到以下目标。

① 知道美术是一种可以用来记录事物和表达自己想法的书面语言，也是一种视觉化的学习方式，要充分运用视觉感知发现研究主题、设计学习方案，运用想象和形象思维进行探索研究、提出创新观点，运用各种美术形式表达和展示探索成果。

② 认识美术与自然、美术与文化、美术与生活、美术与科技之间的联系，尝试运用多学科知识和技能，发展综合解决问题的能力。

③ 乐于质疑并探究未知领域，善于发现问题，勇于追求真理，勤于动手实践，体验探究和解决复杂问题的愉悦与成功感；形成多元开放的艺术观和跨学科综合的学习观。

> **新手导航**
>
> 跨学科美术教学不该是人为、简单拼凑地"建立联系"，而是自然、有机地"发现联系"，即课程的内在联系。所以，根据新课程"开放性、生态性"的理念和《义务教育美术课程标准（2011年版）》"形成一个具有开放性的美术课程结构"的要求，跨学科美术教学不是在课程方案、课本上由专家综合成封闭而僵化的内容，而是由教师和学生根据自己的情境发现和综合，并得到动态发展。

三、跨学科美术的教学特点

1. 综合性

学生所处的世界、社会本身是综合的整体。跨学科美术教学选择的主题体现了个人、社会、自然的内在整合，体现了科学、艺术、道德的内在整合，因此是立足于每个学生的个性和全面发展的学习。

2. 开放性

课程目标的开放性和生成性，它面向每位学生的个性发展和特殊需要；课程内容的开放性，内容来自学生生活的世界，会随着来自人文、科学、社会等领域的新信息的加入而不断变化；学习活动的开放性，它关注学生活动过程中丰富多彩的体验和创造、质疑和探究，具有多元性评价标准。

3. 实践性

跨学科美术课程资源的开发主要以学生的现实生活和社会实践为基础，而非在学科知识的逻辑序列中构建。强调学生的亲身经历和参与，强调"做中学""用中学""创中学"，在活动中发现和解决问题，体验和感受生活，发展实践能力和创新能力。

4. 自主性

教学主题选自与本地区、本校相关或学生感兴趣的主题。教师可选择美术课程标准中的内容和活动，或开发自己的校本课程，使教学更灵活，更具自主性和创造性。教学是学生自愿参与、主动探索、自主建构、自由想象、积极创作和大胆表现的过程。

四、不同美术创作观的表现形式

在中小学跨学科美术教学中，根据不同的美术创作观会有三类艺术表现形式。

---
1 王大根.美术教育的跨学科学习[C]//第五届亚太地区美术教育交流会论文集.香港教育学院，2004.
2 同上.

图 13-12　湘西学生用各种自然物制作的美术作品，选自"蒲公英行动——儿童与民间美术"（2004年，湖南吉首）

图 13-13　《无题》上海市协和双语学校 Cecile Girard、王冰老师提供

图 13-14　《我的混沌领域》，李润兴（13岁），上海尚德实验学校

1. 用综合材料造型

采用各种废旧物品、有地方特色的自然物（山石、贝壳、树根、泥土、稻草等）、人造物进行立体造型创作。引导学生巧妙运用各种材料的形状、色彩和材质特点，创作某个形象或表达某故事情节，遵循现实主义美术创作观。（见图 13-12）

2. 综合材料的抽象艺术

巧妙运用各种材料的形状、色彩和材质特点大胆想象，创造出一种具有独特审美价值的抽象艺术形式，或古朴、或现代、或热烈、或安详、或轻盈、或沉稳……以表达某种情感或想法，追求现代主义抽象艺术的创作观。（见图 13-13）

3. 运用材料的象征性创作

高年级学生可以利用材料不同的象征意义进行创造。比如原木象征生命、成长等；花朵象征美好、娇嫩等；石头象征永恒、沉重等；有机玻璃象征透明、现代等。以材料各不相同的象征意义，表达丰富的寓意，是具有后现代观念的艺术创作观。（见图 13-14）

第三节　各种跨学科美术教学

一、综合材料艺术教学

综合材料艺术是指利用多种美术和非美术材料或现成品创作的艺术品，具有以下特点。

① 综合材料艺术是在现代艺术创作观影响下产生与发展的，适应工业时代、数字化时代和现代社会生活的艺术感悟的需求。

② 艺术家以发现的眼光和智慧，利用不同材料的形状、材质、色彩和隐喻，丰富艺术作品的形态和审美特点，增强艺术表现力，也深化了艺术作品中所隐含的意义。

③ 综合材料艺术形态多样，小到现代工艺品，大到各种装置艺术，有较平面的综合材料绘画，也有立体的综合材料雕塑，改变了我们传统的审美习惯和艺术观念。

在综合材料艺术教学中，教师要指导学生对材料进行选择和运用，引发学生对材料产生偏好，并对性能进行思考，要根据所表现的艺术形式、艺术观念以及主题进行选材。材料可以是布、纸、木、石、陶、漆、木板、纤维等，也可以是金属、蜡、电脑影像以及合适的现成品等。在创作的过程中教师要指导学生从实际出发，因材施艺，展现材料的形式美感，及其组合成新造型后的艺术价值。

教学案例

机器人伙伴

随着"科学创新""技术创新""跨学科"等热词的涌现，南京市金陵小学朱晴艳老师开启了《机器人伙伴》的拓展教学，让学生利用身边的废旧材料，以综合材料艺术的方式实现科技创新的可能。本课是江苏凤凰少年儿童出版社出版的义务教育《美术》二年级上册第二课的学习内容，希望通过主题性学习向科学家致敬，感受人工智能（AI）时代机器人发展的新可能，拓展想象力、创造力，激发探索未知领域的欲望，培养学生热爱科学的优良品质。

探究活动

（1）观看《中国国际机器人展》视频。通过影片，感受技术发展进入2.0时代。

（2）观看变形金刚定制版大型模型视频。

（3）家长进课堂啦。举行"大数据时代机器人发展新走向"的课堂活动，在真实机器人模型展示的趣味课堂中，同学们对机器人进行语音识别操作，实际感应机器人的智能性。

（4）打卡南京科技馆。在工作人员的带领下，孩子们徜徉在科技知识的海洋中，兴高采烈地观看机器人表演的跳舞节目，欣赏形式各异功能不同的机器蜘蛛、机器鱼等形象设计。

作品创作

（1）"机器人伙伴"艺术创作设计稿。为了设计出符合我们需求的机器人伙伴形象，凸显机器人与众不同的外形和功能，小朋友们根据之前所看到的机器人形象，结合自己的喜好，用夸张、变形、组合等方法展开想象。

（2）废物利用，机器人模型"超级变变变"。孩子们通过欣赏认识不同特性的材料，学会拼一拼、剪一剪、贴一贴、折一折和添一添等方法。自主寻找生活中适合的废旧材料，制作出一个功能独特且具有创意的机器人小伙伴模型。孩子们纷纷将废旧材料改造成酷炫的机器人形象，自信心从中得到极大满足，大大提高了创作兴趣，同时也树立了节约资源的意识。

成果展示

（1）小小解说员。孩子们绘声绘色地从作品的材料、机器人的作用、如何体现机器人特点等方面进行演示说明。作品种类包含厨师机器人、博士机器人、熊猫机器人、袋鼠机器人等，具备看病、写作业、陪伴、打仗、洗碗等本领。制作材料丰富多样，有废弃的牛奶盒、化妆品包装盒、快递盒、皮球、易拉罐、铜丝、抹布、瓶盖等。

续表

（2）机器人科技馆。孩子们的每件机器人小伙伴作品都十分特别，利用教室资源，在教室内办展两周，孩子们可以随时看到自己的作品，也能看到其他小朋友的作品并相互学习。

资料来源：江苏省南京市金陵小学朱晴艳提供。

二、装置艺术教学

装置艺术是当代艺术中的重要样式，具有开放性、沉浸性、主题性、互动性、非收藏性等特征，它综合使用绘画、雕塑、建筑、音乐、戏剧、诗歌、影像、音效等手段进行创作。

在中小学美术教学中引入装置艺术，有利于培养学生多种艺术形式综合运用的能力，并体会到艺术与生活、与社会的广泛联系。教学中需要注意下面几点。

① 装置艺术是一门综合运用眼、脑、手能力的实践课程，因此要重视学生在整个学习过程中的参与和感受，通过有序推进促进深入学习，而不是仅仅追求作业结果。

② 虽然中小学生做的是装置艺术的模型，但在教学中同样要导入当代艺术观念和环保意识，关注美术创作活动中观念、材料、方法和技术方面的新发展。

③ 要注意渗透美术鉴赏、设计、绘画、雕塑、工艺等知识与技能，还要积极联系相关文理学科等方面的知识与技能，从而更有利于学生对装置艺术的学习和理解。

三、活动式学习

活动式学习是一种新型的跨学科教学方式，是教师根据教学内容和学生特点，组织学生将美术学习与游戏、音乐、戏剧、舞蹈或行为艺术等相关综合性表演活动结合，促进学生知识习得和技能掌握的教学方式。具体特点如下。

① 凸显以人为本。通过游戏、音乐、戏剧、舞蹈或行为艺术等活动，能更好地发展学生的主体性、能动性、创造性和综合解决问题的能力。

② 凸显情感体验。学生在综合性表演活动的过程中有更多兴趣和情感的投入，能更形象地体验、经历，通过"做中学"获得对主题或内容的感悟和理解。

③ 凸显综合能力。借助于美术与综合性表演活动的结合，能提高学生收集和加工信息、分析和解决问题、肢体语言和群体造型组合能力、团结合作等能力。

教学案例

基于 Arduino 的灯装置艺术

本单元是在浙江人民美术出版社义务教育《美术》教材八年级上册第八课《从生活中汲取设计的灵感》的基础上进行的改编，主要从学生发现生活中常见的装置作品展开，结合生活中的所见所闻，以小组合作的方式创作艺术与科技结合的装置艺术品，并为后续综合艺术的学习奠定基础。

本单元的核心任务是艺术与科技结合，制作一件基于 Arduino 的灯光装置作品，把生活中的事物变得更新颖有趣。整个单元的作业分为四部分来完成：单元作业 1，设计灯光装置图稿；单元作业 2，制作装置骨架；单元作业 3，Arduino 灯光设计；单元作业 4，设计装置外观。

资料来源：浙江省杭州市瓶窑镇一中曹丽君提供。

四、项目式学习

项目式学习是一种以学生为中心的教学方式。在项目式学习中，学生会积极地收集信息、获取知识、探讨方案，能够应用所学的学科知识解决具有现实意义的问题。项目式学习包括六个环节：选定项目、制订计划、活动探究、作品制作、成果展示和活动评价。

在进行美术与现实社会的综合教学时，通常会运用项目式学习来展开。有效的项目式学习通常具有以下几点特征。

① 有一个驱动或引发性的问题。
② 有一个或一系列最终作品。
③ 关注的是多学科交叉的知识。
④ 强调学习活动中的合作。
⑤ 学习具有一定的社会效益。
⑥ 学习是在现实生活中进行探究。
⑦ 学习过程中需运用到多种认知工具和信息资源。

五、STEAM 学习

具有跨学科学习本质的 STEAM 教育有三大特征：真实性、综合性、发展性。

① 真实性体现在学习发生的情境性以及 STEAM 教育的工匠性。与传统课堂教学相比，STEAM 教育的优势在于真实情境学习的沉浸性、积极性和建构性。

② 综合性不仅体现于学习内容的综合，更体现在学习目标和学习过程的统整。它是统整多种学习内

> **新手导航**
>
> 在项目式学习中，项目的选择很重要，它应该由学生根据自己的兴趣来选择，教师在此过程中仅仅作为指导者。首先，所选择的项目是否和学生的日常生活相关；其次，应该考虑学生是否有能力开展该项目的学习，并且项目应能融合多门学科，如自然、数学和语文等；再次，项目应该丰富，值得学生进行至少长达一周时间的探究；最后，学校有能力对该项目式学习进行检测。

容、方式、情境和学习评价的过程。

③ 发展性体现于学生在真实情境中学习的连续性，统整STEAM学习空间的泛在性使学习过程得以延续，学生逐渐体会到终身化学习、持续发展性学习的乐趣。[1]

STEAM学习的实施可以采用项目式学习模式，即围绕项目组织学生学习，使学生参与到设计、问题解决、决策制定、建模、测试、优化、沟通、反思等活动中去，给予学生相对独立学习的机会，最终形成可行的产出或展示。STEAM学习的实践方式是多元化的，有融合创客教育的STEAM教学模式，基于工作坊的STEAM学习，以少儿编程为代表的STEAM教育产品，等等。

六、AiE学习

AiE也就是用"艺术在教育中"的方式学习，发挥美术教育"视觉感知、形象思维、图像表达"这一视觉化的学习方式的作用，促进其他学科学习的效果。

📝 教学案例

PRE-TEXTS项目：让艺术教育成为多学科教育的载体与手段

PRE-TEXTS理念就是艺术融合，是一种将美术表现与表演融汇于各学科学习的教学方法，让学生通过艺术来表达自己的学习理解。它采用灵活的教学方法，使学生通过艺术创造的方式学习复杂的文学作品或科学文献，成为有创造力的阅读者。

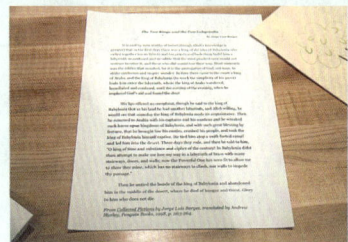
阿根廷寓言故事《两个国王和两个迷宫》

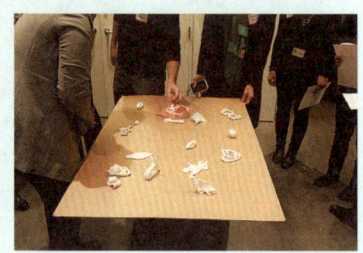
将对故事的问题写在纸上与别人分享

用纸雕塑来表现故事中的一句话

三人一小组，表演故事内容中的一个小节

动手绘制故事情节拼图

用纸团的空间关系来表达故事情节中的人物关系

资料来源：哈佛大学语言与文学教授Doris Sommer。

📝 示范性案例15

当代艺术走进学校美术教育——"云间翼"大地艺术活动
活动背景
"蒲公英行动——儿童与民间美术"贵州丹寨营区首都师范大学志愿者团队一行十人，赴贵州黔东南自治州丹寨县雅灰乡支教，在当地开展儿童美育夏令营和乡村美术教师师资培训等系列活动，"云间翼"大地艺术为本次儿童美育夏令营中的一项活动，时间为2019年7月到8月。 "最后的鸟图腾部落"——这颇具神秘色彩的称谓是贵州省黔东南苗族侗族自治州丹寨县的特色，当地至今仍保留着对玄鸟图腾的崇拜，鸟的形象随处可见。因为爱鸟，鸟笼是当地人生活中的重要元素。丹寨县卡拉村有400多年的鸟笼编织历史，以制作传统鸟笼而闻名中外，被誉为"中国鸟笼之乡"。

续表

鸟儿是具有灵气的生物，但与鸟笼结合，不免产生禁锢之感。"云间翼"的灵感正由此而来，希望能让鸟儿们都从笼中飞出来。基于教育视角，其实施具有一系列积极的鼓励和隐喻意义。

艺术来源
大地艺术是兴起于美国20世纪六七十年代之间的一种艺术运动，主张把艺术与大自然有机结合。大地艺术并非将自然景观进行重新翻改，而是在其原有基础之上创造一种富有艺术性情境的视觉艺术。 　　大地艺术也可说是庄子"天人合一"哲学思想的具体实践。在丹寨县雅灰乡，当地无现代化美术材料，因此利用乡土材料进行这一艺术活动，既贴合当地实际，也更能强化孩子们在艺术课程中的参与性。 　　活动从孩子们动手画鸟开始，一起做"鸟笼"，一起布线，"放飞百鸟"，放飞梦想和希望，最终完成整件艺术作品。通过这一系列沉浸式艺术体验达成全员、全程、全方位育人之目的。

活动目标与意义
1. 孩子们体会艺术创作不限于纸上绘画，艺术创作也不难，很好"玩"，种下艺术的种子，伴随其成长。 2. 孩子们"放飞百鸟"，放飞写在"百鸟"上的心愿，能如鸟儿一样，勇敢飞向更为广阔的天地。 3. 活动结合当地自然及文化资源，当地师生及村民共同参与，帮助他们认识到美术与自然、与生活、与自我的联系，激发民族文化认同感，促进优秀民族文化和非遗的传承，实现精神与经济的共同腾飞。 4. 希望社会各界关注农村少儿美术教育，使农村少儿享受优质的艺术教育，并使美术成为其看世界的一扇窗。

活动过程		
1. 构思理念	在查阅文献资料时，吕胜中的"小红人"系列给"云间翼"一些启发。"小红人"源于中国民间剪纸，运用重复手法交叠与幻化，是当代艺术与民间艺术结合的成功案例，既原始质朴，又有现代边界。 　　"云间翼"孕育初期，便是将鸟笼和鸟形剪纸两种载体进行结合。以打开的鸟笼门为中心布线，鸟儿呈放射状从笼内飞出，取丹寨以鸟为图腾之特色，寓"百鸟飞翔，共筑梦想"之意。	
2. 确定实施方案	抵达当地后根据实际情况集思广益，围绕鸟笼大小和形态进行活动方案的讨论。根据"蒲公英行动——儿童与民间美术"在有限条件下做到更好、更多的"节俭式创新"理念，并未使用当地成品鸟笼，而是用竹子制作一个大型鸟笼。考虑到美观及搬运方便，鸟笼暂定为具象。为强化孩子们的参与性，丰富课程内容，红色剪纸被替换为彩绘鸟形纸片。活动确定为户外大地艺术。	
3. 准备材料	志愿者在三天时间内制作了大量形态各异的鸟形剪影纸片，当地教师帮助准备好一批毛竹。但了解后得知鸟笼制作要经过砍竹、蒸煮、笼箍等多项工序，有极高的技术要求。志愿者发现，若制作具象鸟笼，不仅费时、操作难度大，而且学生的参与度也将相当低。反复思考后决定将鸟笼由具象改为意象，并利用自然材料制作出模型图。	
4. 确定活动场地	方案确定后，志愿者依据作品呈现所需要的空间及自然环境标准，对支教学校附近区域进行多次实地踩点、讨论，最终确定活动地点。 　　学校在山腰处，步行不到十分钟有一片天然平台，可容纳30多个孩子自由活动；平台布满植物，环境安全、大气、优美，适合作品呈现。志愿者根据地形再次调整设计草图，将"鸟儿"由放射状飞出变为沿山路向山下方向飞出，并用竹竿测试地面土质，确定能方便树立竹竿。	

1　李王伟，徐晓东. 作为一种学习方式存在的STEAM教育：路径何为［J］. 电化教育研究，2018（9）：31。

5. 绘制鸟形纸片	志愿者提前为孩子们准备了鸟形纸片绘制课，教孩子们使用油画棒装饰纸片；又给会折千纸鹤的同学每人两张纸折纸鹤；还带领孩子们用撕纸方式制作鸟儿外形。志愿者鼓励孩子们在作品背面写上自己的心愿，让孩子们充满了憧憬。第二天，孩子们抑制不住兴奋和好奇来到教室，准备进行下一步的活动。 	
	抵达活动场地，志愿者用绳子围起活动区域，大孩子在志愿者引导下，帮忙挑选高大粗壮的竹子搭建"鸟笼"，小孩子在一旁写生。待到"鸟笼"外形出来，邀请所有的孩子，用麻绳和花草对"鸟笼"架进行装点。 	
6. "放飞百鸟"	志愿者用高大的竹子确定和布置"鸟儿"飞出方向的支架，待到孩子们将所有作品用麻绳串好，志愿者便将麻绳系在支架顶端，再立起来，远远便听见孩子们骄傲的欢呼声，"哇，鸟儿飞起来啦！"  "鸟笼"是一种有束缚、牢笼含义的符号，我们希望"鸟笼之乡"——美丽丹寨的孩子们，将写满祝福语的百鸟从笼中"放飞"，带着他们的心愿翻越青山，飞向更远、更为广阔的地方；希望丹寨能通过民族特色鲜明的各项非遗，实现精神与经济的共同腾飞。 	

续表

资料来源：教育部艺术教育委员会和中国美术家协会少儿美术艺术委员会主办的"蒲公英行动——儿童与民间美术"少儿美术教育专项课题"2019暑期美育夏令营暨教师培训活动"，首都师范美术学院段鹏、北京亦庄实验中学万佳等设计课程，首都师范大学团队具体执行并提供。
案例点评
《"云之翼"大地艺术活动》是体现当代艺术创作观念和特点的教学案例。案例利用贵州省黔东南苗族侗族自治州丹寨县人爱鸟（"最后的鸟图腾部落"）、编织"鸟笼"（"中国鸟笼之乡"）等文化特色元素，利用当地的纸、毛竹、麻绳、花草等各种材料，开展绘制鸟形纸片、搭建"鸟笼"、"放飞百鸟"等一系列沉浸式的艺术活动。其创作特点是，用具有灵气的"鸟"象征当地苗族和儿童；用麻绳围绕毛竹象征"鸟笼"以及"禁锢"；以"放飞百鸟"象征着放飞梦想和希望。策划者将整个活动安排在开阔的山坡、竹林之间，有大地艺术的意味和气势；组织村民和学生参与制作纸鸟、写生、编织和装点"鸟笼"、串好并"放飞百鸟"有当代艺术的意味；既融合了神秘而纯朴的贵州苗族传统文化，又展现出开放性、沉浸性、互动性等当代艺术特征，让学生深深地体会到艺术与自然、与生活、与社会、与文化、与自我的广泛联系，以达成"全人教育"之目的。

【学习单13-1】
结合自己开发的民间美术【教材】，根据本章内容设计好跨学科美术课题的【大单元2】，运用跨学科美术的教学思路，按照项目式学习"选定项目、制订计划、活动探究、作品制作、成果展示、活动评价"的教学程序，设计好六个小单元、学生的学习活动和相应的学习单。通过小组讨论发现并改正错误，逐步完善【大单元2】。

重点提示：
要体现跨学科美术的现当代艺术、创客教育等理念、形式和审美特征，引导学生围绕主题，联系现实生活情境，经历"像艺术家一样创作"的学习过程，熟悉材料特性和象征意义，学习综合性美术创作的方法；通过案例示范、启发引导等方式发展学生的象征、隐喻等创造性思维，最终做出创新而有意义的作品，写出创作意图。

【学习单13-2】
要求学生按所分配课题的性质和特点，结合【大单元2】的特点，进一步完善【教参】。

具体要求：
【调研】【教材】【教参】三者是相互联系的系统成果，至此，需要仔细检验【教材】【教参】【大单元2】的规范性、正确性；然后检验三者之间的逻辑关系和一致性，尽可能做好最后的改进与完善。

思考与练习

识记：跨学科学习、"综合·探索"学习领域、装置艺术、项目式学习、STEAM教育、AiE学习。

理解：1. 能用自己的语言简述跨学科美术教学的特点。

2. 简述跨学科美术教学的目标。

3. 列举在跨学科美术教学中不同美术创作观的表现形式。

4. 列举不同跨学科美术教学实践形式及其特点。

建议阅读

1. 严抒勤.中小学美术综合课程研究综述：调制中的鸡尾酒[M].南京：江苏教育出版社，2004.

2. 杨向东.如何基于核心素养设计教学案例[N].中国教育报，2018-5-30（05）.

3. [美]陈怡倩.统整的力量：直击STEAM核心的课程设计[M].长沙：湖南美术出版社，2017.

4. 李王伟，徐晓东.作为一种学习方式存在的STEAM教育：路径何为[J].电化教育研究，2018（9）.

第十四章 美术教师

基本问题：

核心素养时代，怎样才能成为卓越的美术教师？

学习目标

【任务一】【任务三】：知道并理解核心素养时代美术教师的角色定位、素质要求、打造学习共同体和教师的转型式发展，并切实付诸教学实践；做到学会教学、学会研究、学会反思的可持续教师专业发展。提交试卷命题。

【任务二】：完成并提交【教材】和【教参】（含【大单元2】+PPT+微课）的打印稿和电子稿。

师生共建			
	课前	课中	课后
教师	1. 第十四章研究教师角色、教师素质、教师专业化发展等，是师范生学做教师的最终目标。 2. 上传相关的参考文献；了解并指导"小老师"对本章内容的理解和教学设计；发现并纠正他们对各核心概念的误解或理解偏差。 3. 发现并纠正"小老师"【大单元2】中教师角色定位、学习共同体建设等内容的错误。	1. 密切关注"小老师"对教师角色、教师素质、教师专业化发展等各核心概念理解正确与否；教学思路和教学活动的合理性与有效性。 2. 关注"小老师"能否发现并纠正师范生的【大单元2】中教师角色定位、学习共同体建设等方面的错误。 3. 组织评价组对讲课组提问和点评。对"小老师"的教学进行点评、纠错和补充；强调学习共同体建设的重要性。	1. 要求师范生进一步阅读相关文献；对一位优秀的美术教学名师进行访谈，深入学习并理解教师角色、素质要求以及专业化发展等相关概念。 2. 要求师范生改进【大单元2】中教师角色定位、学习共同体的设计；完成【大单元2】。 3. 要求师范生完成并提交【教材】和【教参】（含【大单元2】+PPT+微课）的打印稿和电子稿。
"小老师"	1. 认真钻研教材，理解中学美术教师的角色、素质要求以及专业化发展，设计好教案和课件。 2. 完善【大单元2】成套教学设计。	1. 抽查师范生的【大单元2】，通过提问、讨论发现问题；示范自己的【大单元2】的改进过程，以及对教师角色定位、学习共同体的设计，指导师范生修改发现的问题。 2. 运用回忆、案例等策略与方法，引导师范生进一步理解新型美术教师的相关理念与要求。	1. 总结本组和个人的教学设计以及教学；完成教学反思和自评报告。 2. 把教案与课件改进后上传到线上学习平台；做出本章教学的微页，并发送至班级群。
师范生	1. 预习本章内容，上网阅读相关文章，记下不能理解的问题。 2. 完善【教材】【教参】（含【大单元2】成套教学设计）。 3. 完成试卷命题。	1. 带来设计好的【大单元2】打印稿，积极参与教学互动。 2. 通过听课和小组讨论发现并标注【大单元2】中关于教师角色定位、学习共同体等问题，课后改正。	1. 进一步学习网上文献，理解与本章相关的大概念，思考自我发展。 2. 完善【大单元2】中关于教师角色定位、学习共同体等的设计。 3. 完成并提交【教材】【教参】的打印稿和电子稿。 4. 提交试卷命题。

第一节 美术教师的角色

角色的概念源于戏剧，在社会学上是指人们期望中的具有一定地位或身份的个人所应有的行为和品质，并赋予一定的义务、职责和权利。一个人获得了某种社会地位或身份，他就扮演着某种角色，其行为便应符合社会或团体所承认的行为规范。教师角色是教师与其社会地位、身份相联系的被期望行为，[1]是对所有教师职业角色的共同要求，每个教师都应在工作中朝着这个目标努力。

一、人类文化的传递者

文化是指人类在社会历史实践过程中所创造的物质财富和精神财富的总和，特指精神财富，如教育、科学、文艺等。教师首先扮演的是文化传递者的角色，其条件是"闻道在先"，"术业有专攻"。"文化"过去一般理解为知识信息或动作技能，现在还包括智力技能、认知策略和态度等内容。

在知识信息的传授中，教师是学生从已知到未知的桥梁。现代认知心理学认为，进行系统而有意义的言语（符号）学习的最重要的内部条件是认知结构的可用性，这取决于教师能否唤醒学生记忆中的有意义的背景以及与新信息的关系。相同的知识信息，在自学条件下，学生可能要花数倍的时间才能掌握，有的甚至永远掌握不了。在美术技能教学中，美术教师提供必要的示范和矫正信息，可使学生容易取得进步并能保持较稳定、迅速的发展；否则就会进步缓慢甚至停滞不前。美术教学的认知策略、智力技能就是创造性思维、反思和解决问题的能力，美术教师的作用是通过种种提示信息进行积极的启发和引导，让学生学会创作、学会学习、学会解决问题。美术是人类精神领域的创造性活动，无论在美术作品中，还是在美术创作中，都包含着各种情感态度和价值观的因素。在教学中，美术教师自身的情感态度和价值观将对学生起到重要的榜样作用。

二、学生人格的塑造者

教师的工作是培养人的活动。教师的认知优势、技能优势、年龄优势、社会地位等因素，以及世界观、价值观、理想、兴趣、认知风格、思维方式

📖 **文件摘要**

《中学教师专业标准（试行）》

中学教师是履行中学教育教学工作职责的专业人员，需要经过严格的培养与培训，具有良好的职业道德，掌握系统的专业知识和专业技能。应具备以下基本理念：

（一）师德为先

热爱中学教育事业，具有职业理想，践行社会主义核心价值体系，履行教师职业道德规范，依法执教。关爱中学生，尊重中学生人格，富有爱心、责任心、耐心和细心；为人师表，教书育人，自尊自律，以人格魅力和学识魅力教育感染中学生，做中学生健康成长的指导者和引路人。

（二）学生为本

尊重中学生权益，以中学生为主体，充分调动和发挥中学生的主动性；遵循中学生身心发展特点和教育教学规律，提供适合的教育，促进中学生生动活泼学习、健康快乐成长，全面而有个性地发展。

（三）能力为重

把学科知识、教育理论与教育实践有机结合，突出教书育人实践能力；研究中学生，遵循中学生成长规律，提升教育教学专业化水平；坚持实践、反思、再实践、再反思，不断提高专业能力。

（四）终身学习

学习先进中学教育理论，了解国内外中学教育改革与发展的经验和做法；优化知识结构，提高文化素养；具有终身学习与持续发展的意识和能力，做终身学习的典范。

资料来源：中华人民共和国教育部《中学教师专业标准（试行）》，2012年2月。

---

[1] 顾明远.教育大辞典：增订合编本[M].上海：上海教育出版社，1998：702.

等，乃至教师的风度、语言、手势、习惯等都是一种人格力量，会使学生产生模仿教师的倾向，对学生产生潜移默化的影响。一位优秀教师所产生的积极影响是很强大、很深远的，这就要求教师注意自己的人格和道德修养，通过言传身教充分发挥崇高人格的教育作用。这种影响还通过教师所创设的各种心理环境间接作用于学生，以达到"亲其师而信其道"之效。比如，"一言堂"式课堂或民主的课堂教学气氛，追求机械写实性绘画目标或看重自主创造性目标，等等，都会对学生产生截然不同的影响。

教师要根据学生的发展需要设定学习目标，促使所有学生都有所提高；通过创设民主宽松的学习氛围，激发学生的学习热情、主动探究，允许学生选择不同材料、不同方法进行创作，加强师生合作、分享快乐。教师要用发展的眼光看待学生，善于发现学生的闪光点，及时表扬，保护和提升学生的自信心和自尊心，提高他们对美术学习的兴趣，发展美术素养。

三、教学活动的领导者

教师需要履行三项重要职责：领导并管理学生，面对面地直接教育学生，并与同事、家长和其他人共同改进班级和学校的工作，[1]即领导、教学和组织三大职责。

教师是教学活动的领导者。同一教学内容，不同的教师会采用不同的顺序和教法，从而产生迥异的教学效果，或殊途同归地得到良好结果。随着对美术教学认识的深化，美术教学活动需要思考的问题也渐趋系统化、复杂化，如何设计并使学生全面发展，全凭教师精心策划。即便是探究学习、发现学习、自主学习等学生为主的学习活动，也离不开教师的设计和领导，否则，教学势必会因放任自流而失败。

> **新手导航**
>
> 作为未来教师，试着回忆自己学生时代喜欢的老师，写下他的优点及喜欢的原因；做好一位优秀教师的记录；把身边老师感动你的行为也记录下来，保持对教师这一职业的敏感与新鲜；做好自己的成长记录。

美术教学是根据学生学习情况动态展开的，教师需要根据教学目标确定教学方法和作业要求，并按教学反馈信息及时调整教学活动。

以往的教学活动组织多是消极地理解"管理"，即控制学习进度、维持纪律、消除个别学生给集体带来的干扰。现在则倡导积极的管理，从而产生"集体动力学"，认为集体学习既有制约性、秩序性，也有能动性、创造性和相互激励等作用。这给美术教师带来诸多新启示：利用集体学习动力，变消极控制为积极促进，为学生提供相互诱发、相互补充的智慧碰撞机会，同时创设一个有利于培养学生社会生活技能、社会情感的良好社会环境，从而改变教师的"警察"形象，代之以"导游""顾问"式的新型教学管理者形象。

四、课程与教学的研究者

《教师教育课程标准（试行）》要求教师不仅要做课程的实施者，更要做课程的开发者。新课程倡导课程的生成性、开放性和适切性，要求教师以课程开发者的身份参与课程资源的开发和利用，开发并实施校本课程，让课程更加贴近学生生活、适应具体教育情境。转变了教师作为消极的课程实施者的角色，赋予教师参与课程开发的权利，尤其在校本课程的层面上，教师是课程开发的主体。美术教师要根据各地的美术资源，开发并形成具有地域文化特征的地方课程和校本课程，让中国优秀传统文化在教学中逐步发扬、传承和重生。

第二节　美术教师的素质要求

一、高尚的职业道德

教师职业道德，简称"师德"，是社会对教师行业的特殊道德和行为要求，是调整教师与教师、教师与学生、教师与学校领导、教师与学生家长以及教师与社会各方关系的行为准则。教师作为"传道之人"，必须"闻道在先"；作为塑造他人灵魂之人，必须要

> **学术动态**
>
> **关于有效教师的观点**
>
> 有效教学有其底线，即教师应当是有知识的，对自己教授的科目能够熟练掌握，并且关心孩子和青年一代的幸福。它也要求教师要有成果产出，主要是指学生的学业成就和社会学习。这些特征是教学的前提，但谈到有效教师，有效教师还应包括以下五种高级属性：
>
> 1. 有效教师能与学生、家长、同事建立互相信赖的关系。
> 2. 有效教师能为孩子和青少年创造一个展评、公平的课堂环境。
> 3. 有效教师对于知识有着积极的态度，他们必须掌握至少三类知识，即有关学科的广泛知识，有关人类发展和学习的知识，以及教育学知识。他们应利用这些知识指导其教学研究与实践。
> 4. 有效教师掌握整套教学技能，能激发学生的动机，提高学生的基本技能，提高学生的思维能力，并培养自律的学习者。
> 5. 有效教师善于反思、解决问题，他们认为学会教学是一个终身的过程，并且能够根据实际情况做出判断和调整，同时能恰当地利用专业知识提高学生的学习成绩，促进学校的发展。
>
> 资料来源：[美]理查德·I.阿伦兹.学会教学[M].丛立新，等译.第九版.北京：中国人民大学出版社，2016：20.

有高尚的灵魂。为此，不断提高自身的道德修养，完善自身高尚的师德是合格教师的首要任务。高尚的职业道德主要表现为以下几点。

1. 热爱学生

面对少年儿童纯真的眼睛，肩负时代和社会的重托，教师要有伟大的"教育爱"，对学生必须以心换心，这样便可迸发出强大的"教育力"。"你付出了爱，就会得到更多的爱"，当学生的学习取得成功，也会由衷地热爱教师，使教师感到欣慰和幸福，从而支持教师长久地无私奉献，也促使教师更加无微不至地关爱学生。

2. 积极的人生态度

新课程强调"情感态度与价值观"目标，教师首先要具备积极的人生态度和理想，如爱岗敬业、热爱学生、诲人不倦、无私奉献、献身教育、甘为人梯等，这是教师人生观、价值观和世界观的基本体现，对教师的行为、工作及其发展起着决定性作用。而教师积极的人生态度又将影响学生的人生观，最终将对整个社会的进步和发展起到积极的推动作用。美术教师是神圣而崇高的职业，也是值得我们去热爱、去献身的职业。

3. 健康的艺术品德

美术从属于意识形态领域，美术作品必将反映出不同的哲学观念、政治态度、文化属性、时代精神等。美术教学的重要任务是提高学生的审美能力，陶冶高尚的情操，培养良好的品德，增强爱国主义精神，这就要求美术教师具备健康的艺术品德，包括崇高的艺术信仰、健康的审美品格、真诚的创作态度、执着的艺术追求等，才能引导学生面对形形色色的美术流派、艺术风格、表现内容做出客观、公正的评价。

4. 严肃的学术道德

教师是一个专业的教学与研究的综合体，要想领导好教学活动，必须有严肃的学术研究和行动研究态度。教师要坚守学术道德，遵守学术规范，不剽窃他人成果，严格遵守我国的各项知识产权法律法规；恪守职业道德，崇尚严谨求实，转变教学观念，勇于探索创新，不断积累自己的美术教学研究成果。

二、扎实的美术知识技能

1. 丰富的美术理论知识

美术教师要掌握美术学科的基础理论、基本知识，具备高雅的审美品味和扎实的美术鉴赏能力，能根据美术课程标准的要求胜任美术教学任务。核心素养本位的美术教学强调美术本质观和深度学习，不仅要求学生"知道"和"做到"，还要"理解"美术，即"知其然，知其所以然"，这对美术教师的美术史、美术欣赏和美术理论提出了更高的要求。

2. 全面的美术技法知识

现代美术教学将绘画作为学生学习美术知识技能和自我表达的基本手段，要求美术教师全面掌握各

---

1 [美]理查德·I.阿伦兹.学会教学：第九版[M].丛立新，等译.北京：中国人民大学出版社，2016：26.

> **📖 文件摘要**
>
> **《中小学教师职业道德规范（2008年修订）》**
>
> 一、爱国守法。热爱祖国，热爱人民，拥护中国共产党领导，拥护社会主义。全面贯彻国家教育方针，自觉遵守教育法律法规，依法履行教师职责权利。不得有违背党和国家方针政策的言行。
>
> 二、爱岗敬业。忠诚于人民教育事业，志存高远，勤恳敬业，甘为人梯，乐于奉献。对工作高度负责，认真备课上课，认真批改作业，认真辅导学生。不得敷衍塞责。
>
> 三、关爱学生。关心爱护全体学生，尊重学生人格，平等公正对待学生。对学生严慈相济，做学生良师益友。保护学生安全，关心学生健康，维护学生权益。不讽刺、挖苦、歧视学生，不体罚或变相体罚学生。
>
> 四、教书育人。遵循教育规律，实施素质教育。循循善诱，诲人不倦，因材施教。培养学生良好品行，激发学生创新精神，促进学生全面发展。不以分数作为评价学生的唯一标准。
>
> 五、为人师表。坚守高尚情操，知荣明耻，严于律己，以身作则。衣着得体，语言规范，举止文明。关心集体，团结协作，尊重同事，尊重家长。作风正派，廉洁奉公。自觉抵制有偿家教，不利用职务之便谋取私利。
>
> 六、终身学习。崇尚科学精神，树立终身学习理念，拓宽知识视野，更新知识结构。潜心钻研业务，勇于探索创新，不断提高专业素养和教育教学水平。
>
> 资料来源：中华人民共和国教育部《中小学教师职业道德规范（2008年修订）》

种绘画的理论、知识和技法，高屋建瓴地指导学生写生、创作与表达。如今，美术课程大幅度增加了设计、工艺和综合探究类内容，不少是20世纪80年代后引进的新观念、新理论和新方法，内容广泛、包罗万象，与时俱进，与学生的当前生活实际、终生生存品质直接相关。这就需要美术教师全面掌握各种设计、工艺、综合艺术的技能。

3. 广博的文化科学知识

随着"大美术观"的形成和美术课程内容的扩大，涉及的相关人文知识、自然科学知识也越来越多，迫使美术教师更加博学。博学是建立教师威信的重要条件之一，信息时代的学生兴趣广泛、知识丰富、求知欲强，常会提出超越专业范围的问题，令教师难以应对。为此，美术教师必须终身学习，不断充实自己，并在与学生的互动中教学相长，时时更新知识结构。

4. 旺盛的艺术创作力

核心素养本位的美术教学推行"像艺术家一样创作"的学习方式，如果美术教师不具备美术创作意识、能力和经验，怎能指导学生的美术创作？这就迫使美术教师必须积极从事美术创作活动，培养敏锐的发现意识，丰富的想象和构思能力，个性化的美术创造力和表现力，这样才能创造性地启发和指导学生的想象、思维和创作活动。

三、有效的教育教学能力

课程改革的重要任务就是确立核心素养本位的教育观念，树立新的知识观、学习观、课程观、教学观和评价观。课改成败取决于教师的教育观念、教学策略与方法先进与否。

1. 基础教育教学理论

教师已经成为一个专业，必须掌握正确的教育观点，掌握教育学、心理学、学科教学法等基础教育教学理论知识，提升教学技巧和教学质量。进入核心素养时代，对教学的要求越来越高，仅仅靠个人的经验和悟性取得成功的想法现在已成为天真的幻想。所以，掌握科学的教育教学理论不仅是美术教学工作的需要，也是进行美术教学实验和改革所必需的，更是美术教师可持续发展的前提。

2. 教育教学基本技能

核心素养时代，美术教师应该具备的基本教学技能主要有：① 教学设计能力。教师教学并非简单重现教学内容，而应当根据学生实际、课程特点、教师自身条件以及教学理论设计教学，形成自己的风格，也能更适合学生的学习。② 教学表达能力。专业的语言表达、提问、答疑或表扬的能力；板书、板绘、教具使用和示范的能力；眼神、表情、手势等肢体语言表现能力；以及使用现代信息技术进行教学的能力；等等。

3. 教学领导力

新课程背景下的教师，需要形成卓越的教学领导力，这是一种创造、组织和管理的能力。比如，有远见的教学思路，有想象力和决策力设计和实施大单元教学；创造性地使用教学策略和方法，有指导学生自主、合作和探究学习的能力，灵活而高效地实施课堂教学；以及协调学校、家庭、社会等各方面的能力，确保教学活动的顺利进行。

四、健康的心理素质

教师是广大学生的表率，心理状态必须非常健康，并积极影响学生的心理。

1. 奋发向上的动机

当今社会充满变化与挑战，教师必须树立与时俱进、奋发向上的动机。敢于面对现实，更新观念和知识结构，提高教学能力，以终身学习应对时代变化。在教学中则表现为追求真理的探索精神，不断开拓的创造精神，一丝不苟、严肃认真的教学态度；在生活中则表现为朝气蓬勃、健康乐观的生活态度等。这都将对学生的人格完善产生持久而深远的影响。

2. 理智的心理调节能力

心理调节是用心理技巧改变个体的心理状态，一是改变心理强度，减低或提高心理力量，二是改变心理状态的性质，由消极状态变为积极状态。教师是一个崇高而又艰辛的职业，需要有豁达开朗的心胸、乐于奉献的情怀，而学生的进步、成长及其对教师的好感、信任和尊敬是对教师最好的回报，能使很多困难、烦恼随之消融，减少消极情绪。但教师也会受到分配不公、人际关系紧张、个人挫折等影响，应以乐观的态度，正确应对困难和挫折，调适自己的心境和情绪，以保持良好健康的心理状态。

五、文明的仪表风度

文明是指人类社会进步的状态或具有较高的文化水准。风度就是人的言谈、举止、行为、态度、待人接物的形式。优秀教师应具备文明、得体、规范的仪表风度，成为学生心中的"偶像"。教师仪表风度有极好的示范性，也能广泛而深刻地影响社会。

美术教师的仪表风度是在教学生涯中逐步形成的，既包括外在形象，又包含内在修养；不纯粹是个人个性、爱好和习惯，而是受教师职业规范制约的社会性意识和行为。教师仪表风度应当端庄稳重而不矫饰，活泼开朗而不轻浮，热情大方而不做作，谦逊和蔼而不庸俗。美术教师的仪表风度也来自个人的生理特点、性格气质和教学实践，与外界保持平衡并进行自我调节，既展现个性特征，又与教师职业、时代脉搏相统一，展现出更好的人格魅力。具体表现如下。

1. 衣着

教师是知识和教养的化身，衣着应能体现美术教师的职业特点和高雅的审美情趣，得体大方而不失个性，不可过分奇异、艳丽和轻浮，也不宜浓妆或佩戴太显眼的首饰，以免分散学生注意力。

> **新手导航**
>
> 初为人师的师范生应注意：进教室要精神饱满、自信镇静、亲切和蔼，使学生产生信任感、好感；讲话时应面对学生，便于情感交流；讲课时语速不能过快，或只顾背教案，也要避免语音太轻、太含糊。作为美术教师，还必须有一手漂亮的板书和板绘，使知识系统化呈现。

2. 举止

教师举止的基本要求是自然稳重、落落大方，即坐如钟，站如松，不卑不亢。姿态优雅端庄而不轻浮，行动灵活敏捷而不忙乱，举止不轻浮，说笑不放肆，作风不散漫，行为不粗俗，成为可供学生效仿的楷模。

3. 性格

性格是人社会化过程中的产物，是价值观和世界观的体现。教师的性格取决于他是否热爱教师职业，并注重自我塑造。美术教师的性格特点应当开朗大方、坦诚潇洒，乐于与学生交往并赢得信任和爱戴。

4. 语言

教师的日常语言应该文雅高尚、幽默流畅，讲究语言艺术，无粗话脏话、不强词夺理、不恶语伤人无不良"口头禅",应时刻注意自己的身份和语言修养。教师的教学语言应该是最规范、最讲究的,要求<u>准确精练、生动活泼且富有感染力</u>,维护人民教师的尊严和人格。

5. 教态

<u>教态是教师在课堂教学中的仪表风度、形象姿态</u>,是各种因素的综合反映。课堂如舞台,教态是一种独特的艺术,不为表现自己,而是要自然大方、真情实感地与学生交流,促进学生学习和发展,从而实现育人的目标。

第三节 美术教师的专业化发展

一、教师专业化发展概述

20世纪60年代,欧美发达国家逐渐把中小学教师的学历水准提高到大专、本科和本科后,也曾为中小学教师是否属于"专业人员"争论不休,随着社会的发展,认为"教学只是一个普通职业"的人越来越少。1966年,联合国教科文组织和世界劳工组织(ILO)的《关于教师地位的建议》指出:教育工作应被视为一种专业。这种专业要求教师经过严格且持续不断地研究,才能获得并维持专业知识和专门技能,从而提供公共服务;教育工作还要求教师对其教导之学生的教育和福祉具有个人的和共同的责任感。

20世纪80年代后,各国学者和政府认识到,教育改革的成功与否取决于教师,教育质量的高低取决于教师。于是,"促进教师专业发展""提高教师专业地位"成为各国学者、各国政府和国际社会不约而同的呼声。

<u>教师专业化是指教师职业具有自己独特的职业要求和职业条件,有专门的培养制度和管理制度</u>。教师专业化的基本含义包括:第一,教师专业既包括学科专业性,也包括教育专业性,国家对教师任职既有规定的学历标准要求,也有必要的教育知识、教育能力和职业道德的要求;第二,国家有专门的教师培训机构,并且有规定的教育内容和措施;第三,国家有统一的制度和机构对教师资格进行认定和管理;第四,

教师专业发展是一个持续不断的过程,教师专业化也是一个不断深化发展的过程。

2012年,教育部颁发了"教师〔2012〕1号"文件,出台了《幼儿园教师专业标准(试行)》《小学教师专业标准(试行)》和《中学教师专业标准(试行)》,对于教师职业的专业理念与师德、专业知识、专业能力等方面分别提出60多条具体要求,需要教师们认真学习并贯彻落实。

二、教师的转型式发展

有一种观点关注教师的职业生涯周期,认为教师是经历"新手—熟手—专家"等阶段逐步成长的,而且"由于教学问题的高度复杂性,教学专长的形成甚至需要比10年更长的时间。不经过大量的课堂教学实践是不可能成长为专家型教师的"[1]。这种观点偏重学科知识和教学经验的<u>积累式发展</u>,然而,不少"熟手"教师却停滞不前,并未成为专家。

另一种观点则指出,有效教师"需要在期望完美的动力之下有目的地行动,也即需要这样一种态度:学会教学是一个终身发展的过程,在这期间,教师通过反思和质疑逐渐找到适合自己的风格"[2]。这一观点更强调教师自主发展的意识、反思和研究的过程,以不断适应社会需求并持续发展,也可能获得跨越式发展。

如今教师专业发展的目标必须能适应新课程的理念和要求,从单纯地传授美术知识与技能,转变为指导学生能自主、合作和探究地学习,能"像专家一样思考"、自主建构地学习和解决问题,即改变学习方式、学会学习。正如美国小威廉姆·E.多尔所说,需要"一种超越单纯的积累走向转型的发展观"[3]。即要求教师由原先偏重学科知识和教学经验的积累式发

> 📖 **新手导航**
>
> 随着基础教育课程改革的深入,对教师的专业发展也提出了全新的要求。作为师范生,首先要了解转型式发展及其原因,然后要思考自己该如何转型,并在教案设计、教学、实习等活动中逐步尝试。

展,走向具备后现代课程理念、以提高"教学领导力"为核心的转型式发展。

教师专业发展必经"新手—熟手—专家"等阶段,但教师专业发展的目标已经随课程改革的深化而变化。传统教学强调教师的"教""教学经验"和"授之以鱼":教师的美术学科知识、讲授能力、示范水平、美术技法指导等,是一条积累式发展之路。而信息社会的有效教学则强调教师如何指导学生"学""学会学习"和"授之以渔":教学方案的策划和设计、学习共同体的建立、学习活动的组织与管理、教学过程的调控、教学评价的运用等"教学领导"的智慧和能力,是一条由关注"如何教"转向指导学生"如何学"的转型式发展之路。二者是两种不同性质、层面和方向的发展观,需要不同的课程观念、智慧和能力,是值得每一位教师引起关注并努力研究的新课题。

今天的美术教师如果仍囿于传统美术知识和教学经验的积累式发展,再努力、再熟练也不可能承担核心素养课程赋予的使命。然而,也有很多美术教师理解了核心素养的理念,形成了教学领导力,踏上转型式发展之路。所以,教师的跨越式发展是指教师在先进的教学观念、理论和方法指导下,形成教学领导力,为实现有效教学自觉地反思和研究,从而跨越传统教师的积累过程而获得更好的发展。⁴ 这就是目前很多年轻教师能够迅速脱颖而出的根本原因。

三、核心素养时代的卓越美术教师

2018年9月,教育部颁发《关于实施卓越教师培养计划2.0的意见》,提出:通过实施卓越教师培养,培养造就一批教育情怀深厚、专业基础扎实、勇于创新教学、善于综合育人和具有终身学习发展能力的高素质专业化创新型中小学教师。到2035年,师范生的综合素质、专业化水平和创新能力显著提升,为培养造就数以百万计的骨干教师、数以十万计的卓越教师、数以万计的教育家型教师奠定坚实基础。

该文件为美术师范生的职业发展指明了方向,即包含"美术骨干教师—美术卓越教师—教育家型美术教师"三个层次,需要教师们确立目标,一步一步地成长。师范生的优势是具备转型式发展的条件,有核心素养教学观念,有教学领导力,有智慧和活力,很容易"弯道超车"而成为当地的美术骨干教师;当他们在核心素养教学观念指引下,不断地探索、反思和研究,经过磨炼和成果的积累,就能成长为美术卓越教师。当然,教育家型美术教师则是人生的远大理想和目标,只要热爱教育、与时俱进,也完全可能实现。

根据核心素养时代对美术卓越教师的要求,需要我们更新观念,从积累式发展转变为转型式发展,并实现跨越式发展。信息社会要求教师既全面吸收前人成果又能超越前人,要在后现代课程理念支持下,具备一种对教学活动进行整体策划、设计和实施的教学领导力。

教学领导力是教师民主的领导学生建立学习共同体、协调教与学的各种活动、在实践与反思的过程中共建经验,达到学业目标和社会性目标的能力。[5] 这种能力完全不同于以往强调的知识与技能的传授能力,而是注重指导学生"如何学"的能力,教师更像社会活动的策划者、公司经理、导演,其能力具体包括以下几个方面。

1. 建立学习共同体的能力

教学是师生之间以爱为前提的心灵沟通。通常,热情而有爱心的教师总能比那些冷酷淡漠的教师获得更好的教学效果。因此,美术教师首先要具备充满爱心的学生观,与学生形成心心相印的学习共同体,使教学活动进入相互信赖的良性循环。同时,当教师相信学生能力并抱有高期望值之后,就会激发学生的潜能,产生神奇的"皮格马里翁效应"。

信息社会提供了更多人际交往的渠道。网络学习平台、班级QQ群、微信群等都能成为课堂教学交

---

1 余文森,连榕,等.教师专业发展[M].福州:福建教育出版社,2007:159.
2 [美]理查德·I.阿伦兹.学会教学:第九版[M].丛立新,等译.北京:中国人民大学出版社,2016:29.
3 [美]小威廉姆·E.多尔.后现代课程观[M].王红宇,译.北京:教育科学出版社,2000:94.
4 王大根.由"积累"走向"转型"的教师专业发展[N].中国教育报.2010-05-21(05).
5 同上.

> **推荐阅读**
>
> **核心素养时代美术教师的成长**
>
> 在当前国内外教育界倡导并实施核心素养教学的形势下，美术教师的标准和要求被进一步提高。在人类社会中，人需要诸多的能力，其中最重要的是解决问题的能力。这种能力是带有综合性的。核心素养的内涵是在现实情境中发现问题、提出问题，并调动与运用个人心理资源和社会资源解决问题的综合品质和能力。因此，所谓培养人的核心素养，实质上是培养人解决问题所需要的品质和能力。
>
> 在努力培养学生解决问题能力的同时，作为美术教师，我们也需要培养自己解决问题的能力。除了前述几点外，我们还需要掌握项目学习、任务驱动学习等带有研究性、合作性学习方法的教学程序和要点。这是核心素养时期美术教师必备的知识与能力，也是当下美术教师应该自我完善和充实的方向。
>
> 资料来源：尹少淳. 核心素养时代美术教师的成长 [J]. 中国中小学美术，2019（9）：5-6.

流、提问、答疑的延伸空间，为打造心心相印的学习共同体提供更多的可能性。

建立学习共同体还包括与学校领导的沟通、不同学科教师间的协作、与学生家长的交流、与社会美术界人士的交往等，多方努力，共同提高教学质量。

学习共同体是一个"环境"，处于学习共同体中的个体拥有共同的目标、共同的关系，并互相关心，有共同的情感取向和行动标准。良好的学习共同体具有如表14-1所示的特征。

美国的理查德·施穆克和帕特里夏·施穆克（Richard Schmuck and Patricia Schmuck，2001）指出，当教师教给学生人与人之间交流技能的时候，就是在创造一个有效的学习共同体，并确定了使课堂成为一个积极的学习共同体的六个程序。

① 交流。课堂成员大多数以口头交流和非口头交流的方式进行沟通。

② 友情和凝聚力。课堂成员之间互相尊敬的程度和友谊是怎样影响课堂氛围和学习的。鼓励教师把课堂环境创设为同龄人集体，其中没有任何一个学生会被孤立。

③ 期望值。每个成员都对他人和自己抱有一定的期望，并逐渐影响课堂环境和学习。

> **新手导航**
>
> 能否用你的智慧和能力打造学习共同体？请在实践中不断地探索和改进。

④ 规范。规范是教师和学生对课堂行为的共同要求：能使学生自觉自愿地参与学习，同时还鼓励学生之间形成积极友好的关系，达成共同的目标。

⑤ 领导力。领导力是一种处世方法，而非一个人的特性。领导（各个小组都参与）在课堂中怎样发挥他们的权力和影响，又是怎样影响小组成员之间的相互关系和合作的。

⑥ 冲突。冲突存在于任何人类的群体之中，课堂也不例外。教师应使其中的冲突能被意识到，并在课堂中得到有效解决。[2]

2. 开发美术校本课程的能力

新课程实行国家、地方、学校三级课程管理，鼓励教师开发校本课程，也要求教师具备课程开发的能力，促使课程地方化、校本化和个性化。中国地大物博，各地都有丰富的地方自然资源和文化资源，这些资源往往成为当地特色或非遗项目，是需要学生了解和传承的优秀传统文化。美术教师要寻找并利用当地的资源，结合自己的专业特长，积极开发具有地域文化特征的地方课程和校本课程，让中国传统文化得以传承和发扬光大（详见第三章第四节"校本课程的开发与设计"）。美术教师也能在校本课程开发与实施中得到专业发展。

表 14-1 有效学习共同体中个体和群体的特征[1]

个体	群体
学生和教师具有共同的目标	制定标准以发掘每个学生最大的学习潜力
学生认为，自己有能力，可以自己做决定	制定标准以确保学习任务顺利完成
学生认为，自己和同学是互相协作的关系，彼此欣赏	制定标准以让学生互相帮助
学生和教师共同反思过去的经历，庆祝取得的成就	制定标准以支持开放的交流和对话

3. 设计大单元教学的能力

新一轮课改强调"像专家一样思考",美术学科倡导通过"像艺术家一样创作"的学习过程,让学生体验各种美术活动,在创作自己美术作品的同时,全面提升美术学科核心素养,必须采取大单元教学(这在本教材第六章第三节已有介绍)。这就要求教师不但要学会设计单元教学计划,还要学会设计指导学生"像艺术家一样创作"的学习任务书、学习单和评价量规,学会打造学习共同体,并组织和领导学生自主建构地学习和创作。

4. 实施真实性学习的能力

核心素养强调培养在不可预测情境下解决复杂问题的能力,所谓复杂问题主要指区别于书本知识的真实性社会问题。《普通高中美术课程标准(2017年版)》前言指出:"……更新了教学内容。进一步精选了学科内容,重视以学科大概念为核心,使课程内容结构化,以主题为引领,使课程内容情境化,促进学科核心素养的落实。"因此,核心素养也就是真实性学习,基于美术学科核心素养的教学特征就是真实性学习,创设真实性的学习任务。

相比原先单课时教学的封闭系统、简单结构和累积变革等特征,基于核心素养的大单元教学受后现代课程观的影响,具有小威廉姆·E. 多尔提出的"4R课程"特征³,是动态的开放系统,具有适量的不确定性、异常性、无效性、模糊性、不平衡性、耗散性与生动的经验(丰富性,richness)。在师生与环境对话、人际对话和自我反思的过程中,不断促进内部的转型和更新,是师生共同不断创作、不断反思和行动研究的过程,无固定起止,每个终点都是一个新起点,每个起点都是从先前的终点中浮现(回归性,recursion)。由于教学探索的是美术学科创作或社会话题,要把课程与其产生的背景相联系,考查其地域性、历史性、民族性,使课程具有教育和文化双重意义(关联性,relation)。美术教师要灵活运用先进的教学理念和策略,指导学生借鉴现代美术观,借助现代信息技术,运用自主、合作和探究性学习,不断解决学习或美术创作中的问题、深化研究,创造性地完成美术作品(或研究课题)。这并非单一学习任务的完成,而是对未知领域的开拓与探索,需要从组合的角度界定严密性——解释性和不确定性组合(严密性,rigor),常会出现始料不及的问题,也会出现新的灵感,需要教师在问题诊断和教学设计处方之间的持续互动,将教学设计嵌入教学过程,呈现"非线性系统的动态特征"。⁴最终完成视觉化学习成果,如绘画、雕塑、行为艺术、装置艺术、模型、视频等,进行展示和交流,通过研究报告进行反思和总结(发展性评价),等等,"让课堂焕发出生命的活力!"(叶澜)

5. 教学反思与研究的能力

新课程提倡个性化教学、创造性教学。在信息社会,新的挑战和机会不断产生,每个教师在课堂中所面临的问题都是情境性和个别化的,别人的成果或经验都未必适合于自己的教学情境。因此,解决问题、改进教学就只能靠教师自己。

美术教师要以研究者的心态,凭借理论的指导和教学经验,缜密地分析问题,反思自身的教学行为,提出假设并进行实验,总结经验,不断完善,从而实现"课程、教学与研究一体化"。通过嵌入课程开发和教学的行动研究完善课程,教师本身也由此得到持续的专业发展。可以说,自觉的批判反思和研究意识是教师专业发展的源动力和基本标志。

要求教师成为研究者,已成为教师专业化发展的国际趋势。传统上,教师教学与专家研究彼此分离,导致教学发展滞后。"课堂即实验室",教师是教学主体,有丰富的专业知识和教学经验,有足够的教学研究优势。教师应以研究者的心态反思教学行为和研究教学问题;以解决教学问题为中心,通过教学实验和理性思考,完善自己的创见,并不断检验、不断改进,形成有效的个性化教学风格和教学成果;提升教学理论和学术水平,促进专业化发展和可持续发展。

---

1 [美]理查德·I. 阿伦兹. 学会教学:第九版[M]. 丛立新,等译. 北京:中国人民大学出版社,2016:136-137.
2 同上,第146-147页。
3 [美]小威廉姆·E. 多尔. 后现代课程观[M]. 王红宇,译. 北京:教育科学出版社,2000:248-261.
4 [美]坦尼森,[德]肖特,[德]西尔,等. 教学设计的国际观. 第1册:理论·研究·模型[M]. 任友群,裴新宁,译. 北京:教育科学出版社,2005:458-471.

示范性案例

本教材每章都有供大家学习和参考的示范性案例，按理说，本章也不该例外，应该介绍一位有代表性的、有示范性价值的优秀美术教师。可是，全国范围内优秀美术教师很多，选哪位好呢？也许他曾是省级、国家级优秀教师，但是他的课能符合"基于核心素养的美术教学"的要求，组织"像艺术家一样创作"、学生自主建构地学习的大单元教学吗？而且，长江后浪推前浪，一代更比一代强，新教师不断涌现，现在选了某一位教师，能保证他永远领先吗？

正如拿破仑的名言："每一个士兵的背囊里都有一根元帅的指挥棒。"同理，师范生"每人都有一棵优秀教师的苗"！为此，本书决定把本章的示范性案例留给我们每一位师范生。今天，我们先要成为自己心目中的优秀教师，成为优秀的实习教师；将来踏上社会之后，成长为真正适应社会发展需要的、基于核心素养的优秀美术教师、美术骨干教师，乃至美术卓越教师，并终身努力，成为教育家型美术教师！

【学习单 14-1】
改进【大单元 2】中教师角色定位、学习共同体的设计；完成【大单元 2】，通过小组讨论发现并改正错误。
重点提示：
素养来自实践。学生自主、合作、探究等学习素养和能力必须通过自己的实践才能提升，所以，教师在课堂教学中的角色必须改变，打造学习共同体，做好大单元教学设计，有效地引导学生学会学习，使学生在完成自己作品的同时，全面提升美术学科核心素养。

【学习单 14-2】
要求学生完成并提交【教材】【教参】(含【大单元 2】+PPT+ 微课) 打印稿和电子稿。
具体要求：
组长要仔细检查【教材】【教参】【大单元 2】，确保规范性、正确性；检验三者之间的逻辑关系和一致性，尽可能做好最后的改进与完善，做到最好，不留遗憾，然后打印、装订并递交。

思考与练习

识记：教师角色、教师专业化、教学领导力、学习共同体、教师的跨越式发展。

理解：1. 描述美术教师有哪些角色要求和素质要求？

2. 在美术教学中，教师应如何建立学习共同体？

3. 美术教师应当形成怎样的教师领导力？

4. 明白什么是美术教师的转型式发展及其原因了吗？试着说明。

建议阅读

1. 联合国教科文组织国际教育发展委员会. 学会生存——教育世界的今天和明天［M］. 华东师范大学比较教育研究所，译. 北京：教育科学出版社，1996.

2. 联合国教科文组织. 教育——财富蕴藏其中：国际21世纪教育委员会报告［M］. 联合国教科文组织总部中文科，译. 北京：教育科学出版社，1996.

3. ［日］佐藤学. 课程与教师［M］. 钟启泉，译. 北京：教育科学出版社，2003.

4. ［美］乔伊斯，［美］肖沃斯. 教师发展：学生成功的基石［M］. 唐悦，肖俏纯，译. 北京：中国轻工业出版社，2005.

5. 叶澜. 让课堂焕发出生命活力——论中小学教学改革的深化［J］. 教育研究，1997（9）.

6. 宁虹，刘秀江. 教师成为研究者：教师专业化发展的一个重要趋势［J］. 教育研究，2000（7）.

7. 钟启泉. 教师"专业化"：理念、制度、课题［J］. 教育研究，2001（12）.

8. 董明慧. 新课程背景下美术教师专业化发展的必要性［J］. 美术教育研究，2010（7）.

参考文献 （按章节出现为序，重复者略）

张华.论核心素养的内涵[J].全球教育展望，2016（4）.

张华.论学科核心素养——兼论信息时代的学科教育[J].华东师范大学学报（教育科学版），2019（1）.

钟启泉.基于核心素养的课程发展：挑战与课题[J].全球教育展望，2016（1）.

余文森.从"双基"到三维目标再到核心素养——改革开放40年我国课程教学改革的三个阶段[J].课程·教材·教法，2019（9）.

[美]格兰特·威金斯，[美]杰伊·麦克泰格.追求理解的教学设计：第二版[M].闫寒冰，宋雪莲，赖平，译.上海：华东师范大学出版社，2017.

[美]林恩·埃里克森，[美]洛伊斯·兰宁.以概念为本的课程与教学：培养核心素养的绝佳实践[M].鲁效孔，译.上海：华东师范大学出版社，2018.

尹少淳.学科核心素养的抬升与降落——以美术学科为例[J].基础教育课程，2018（3）.

段鹏.普通高中美术新课程教学解析[M].北京：北京师范大学出版社，2018.

花笃贯.图画工作科指导法（理论与实践）[M].东京：日本文教出版社，1999.

朱智贤.儿童心理学[M].北京：人民教育出版社，1980.

杜威.杜威教育论著选[M].赵祥麟，王承绪，编译.上海：华东师大出版社，1981.

[美]茄德纳.艺术教育与儿童成长[J].美术教育，1987（5）.

屠美如.儿童绘画发展阶段初探[J].美术教育，1988（1）.

[美]V.罗恩菲德，W.朗伯特·布里顿.创造性与心理发展[J].尹少淳，节译.中国美术教育，1989（6），1990（1）.

常锐伦.关于儿童绘画发展阶段的称谓及其理论——与屠美如等同志切磋[J].中国美术教育，1990（5）.

[美]H.加登纳.艺术涂抹——论儿童绘画的意义[M].兰金仁，高金利，译.北京：中国商业出版社，1994.

王大根.高中美术新课程理念与实践[M].海口：海南出版社，2004.

[美]艾尔·赫维茨，[美]迈克尔·戴.儿童与艺术[M].郭敏，译.湖南：湖南美术出版社，2008.

[美]霍华德·加德纳.智能的结构[M].沈致隆，译.北京：中国人民大学出版社，2008.

中华人民共和国教育部.义务教育美术课程标准：2011年版[M].北京：北京师范大学出版社，2011.

中华人民共和国教育部.普通高中美术课程标准：2017年版[M].北京：人民教育出版社，2018.

中华人民共和国教育部.学校课程管理指南（讨论稿）[S]，2002.

[美]小威廉姆·E.多尔.后现代课程观[M].王红宇，译.北京：教育科学出版社，2000.

钟启泉，崔允漷，张华.为了中华民族的复兴　为了每位学生的发展《基础教育课程改革纲要（试行）》解读［M］．上海：华东师范大学出版社，2001．

钟启泉．现代课程论：新版［M］．3版．上海：上海教育出版社，2006．

奚传绩，尹少淳，教育部基础教育课程教材专家工作委员会．普通高中美术课程标准（2017年版）解读［M］．北京，高等教育出版社，2018．

王大根．美术教案设计［M］．上海：上海人民美术出版社，2007．

［美］迈克·帕克斯，［美］约翰·赛斯卡．美术教学指南［M］．郭家麟，孙润凯，译．长沙：湖南美术出版社，2015．

钟启泉．单元设计：撬动课堂转型的一个支点［J］．教育发展研究，2015（24）．

胡知凡．美国国家核心艺术标准的特点与借鉴意义［J］．教育参考，2015（3）．

英特尔公司．英特尔®未来教育核心课程［M］．中文7.2版，2011．

王大根．中小学美术教学论［M］．南京：南京师范大学出版社，2013．

王大根．以"基本问题"探索美术的"大概念"［J］．中国美术教育，2018（2）．

王大根．三维目标须以"单元化研究型教学"来落实［J］．现代中小学教育，2010（5）．

王大根．谈谈美术教学中"过程目标"的落实［J］．画刊（学校艺术教育），2012（4）．

［美］丹奈尔·D.史蒂文斯，［美］安东尼娅·J.利维．评价量表：快捷有效的教学评价工具：第2版［M］．陈定刚，译．广州：华南师范大学出版社，2014

［美］韦珀．怎样评价学生才有效：促进学习的多元化评价策略［M］．陶志琼，译．北京：中国轻工业出版社，2016．

［英］伊恩·史密斯．学习性评价行动建议200条：小学版［M］．剑桥教育（中国），译．北京：教育科学出版社，2016．

［澳］瓦伦缇娜·克兰诺斯基，［澳］克莱尔·怀亚特-史密斯．教育评价：标准、评判和调整［M］．张晓涛，主编，沈蕾，译．南京：江苏凤凰教育出版社，2016．

杨向东．"真实性评价"之辨［J］．全球教育展望，2015（5）．

王中男．学习评价：评价领域的哥白尼式转向［J］．教育理论与实践，2013（34）．

莫景祺．重申"促进学习的评价"［J］．基础教育课程，2019（21）．

［美］B.S.布卢姆，等．教育目标分类学：认知领域［M］．罗黎辉，丁证霖，石伟平，等译．施良方，校．上海：华东师范大学出版社，1986．

［美］D.R.克拉斯沃尔，［美］B.S.布鲁姆，等．教育目标分类学：情感领域［M］．施良方，张云高，译．瞿葆奎，校．上海：华东师范大学出版社，1989．

［美］A.J.哈罗，［美］E.J.辛普森．教育目标分类学：动作技能领域［M］．施良方，唐晓杰，译．瞿葆奎，校．上海：华东师范大学出版社，1989．

施良方，崔允漷．教学理论：课堂教学的原理、策略与研究［M］．上海：华东师范大学出版社，1999．

何克抗，郑永柏，谢幼如．教学系统设计［M］．北京：北京师范大学出版社，2002．

［美］安德森，等．布鲁姆教育目标分类学：分类学视野下的学与教及其测评：完整版［M］．蒋小平，等译．北京：外语教学与研究出版社，2009．

［美］荷烈治，等．教学策略——有效教学指南：第八版［M］．牛志奎，译．北京：中国人民大学出版社，2011．

［美］理查德·I.阿伦兹．学会教学：第九版［M］．丛立新，等译．北京：中国人民大学出版社，2016．

［美］麦克泰格，［美］威金斯.让教师学会提问：以基本问题打开学生的理解之门［M］.俎媛媛，译.北京：中国轻工业出版社，2015.

布鲁斯·乔伊斯，等.教学模式：第8版［M］.兰英，等译.北京：中国人民大学出版社，2014.

［美］马扎诺，［美］肯德尔.教育目标的新分类学：第2版［M］.高凌飚，吴有昌，苏峻，译.北京：教育科学出版社，2012.

［美］莫妮卡·R.马丁内斯，［美］丹尼斯·麦格拉恩.深度学习：批判性思维与自主性探究式学习［M］.唐奇，译.北京：中国人民大学出版社，2019.

王大根.核心素养本位的美术教学方式的转变［J］.新课程评论，2019（3）.

尹少淳.美术教育学新编［M］.北京：高等教育出版社，2009.

夏雪梅.项目化学习设计：学习素养视角下的国际与本土实践［M］.北京：教育科学出版社，2018.

［美］克里斯·安德森.创客：新工业革命［M］.萧潇，译.北京：中信出版集团，2015.

杨晓哲，任友群.数字化时代的STEM教育与创客教育［J］.开放教育研究，2015（5）.

祝智庭，孙妍妍.创客教育：信息技术使能的创新教育实践场［J］.中国电化教育，2015（1）.

祝智庭，雒亮.从创客运动到创客教育：培植众创文化［J］.电化教育研究，2015（7）.

秦虹.关于创客与创客教育的探索［J］.天津市教科院学报，2016（5）.

［美］陈怡倩.统整的力量：直击STEAM核心的课程设计［M］.长沙：湖南美术出版社，2017.

徐韧刚.玩转App的美术课堂教学［M］.上海：上海教育出版社，2018.

钱初熹.美术鉴赏及其教学［M］.北京：人民美术出版社，2007.

胡知凡.全球视野下的中小学美术教育［M］.上海：上海教育出版社，2019.

［美］汤姆·安德森.为生活而艺术［M］.马菁汝，刘楠，译.长沙：湖南美术出版社，2009.

［英］E.H.贡布里希.艺术与错觉：图画再现的心理学研究［M］.林夕，李本正，范景中，译.杭州：浙江摄影出版社，1987.

王大根.关于临摹教学的思考与实验［J］.小学教育理论与实践，1993（3）.

王大根.学校美术教育目的论［M］.长沙：湖南美术出版社，2014.

［美］贝蒂·艾德华.像艺术家一样思考［M］.张索娃，译.海口：海南出版社，2003.

从临摹到创作（系列丛书）［M］.上海：上海书画出版社，2006.

王大根.新课程初中美术教学案例［M］.北京：少年儿童出版社，2004.

高文，王海澜.混沌学与教学系统设计［J］.外国教育资料，1996（4）.

尹定邦.设计学概论［M］.长沙：湖南科学技术出版社，2005.

李砚祖.造物之美：产品设计中的艺术与文化［M］.北京：中国人民大学出版社，2000.

［美］唐纳德·A.诺曼.设计心理学［M］.梅琼，译.北京：中信出版社，2003.

［美］约翰·斯宾塞，［美］A.J.朱利安尼.如何用设计思维创意教学：风靡全球的创造力培养方法［M］.王颐，董洪远，译.北京：中国青年出版社，2018.

王大根.美术教育的跨学科学习［C］//第五届亚太地区美术教育交流会论文集.香港教育学院，2004.

严抒勤.中小学美术综合课程研究综述：调制中的鸡尾酒［M］.南京：江苏教育出版社，2004.

王大根.美术核心素养本位的教学与评价［J］.中国美术教育，2017（2）.

杨向东.如何基于核心素养设计教学案例［N］.中国教育报，2018-05-30（05）.

李王伟，徐晓东.作为一种学习方式存在的STEAM教育：路径何为［J］.电化教育研究，2018（9）.

联合国教科文组织国际教育发展委员会.学会生存——教育世界的今天和明天[M].华东师范大学比较教育研究所,译.北京:教育科学出版社,1996.

联合国教科文组织.教育——财富蕴藏其中:国际21世纪教育委员会报告[M].联合国教科文组织总部中文科,译.北京:教育科学出版社,1996.

[日]佐藤学.课程与教师[M].钟启泉,译.北京:教育科学出版社,2003.

[美]古斯基.教师专业发展评价[M].方乐,等译.北京:中国轻工业出版社,2005.

[美]坦尼森,[德]肖特,[德]西尔,等.教学设计的国际观,第1册:理论·研究·模型[M].任友群,裴新宁,译.北京:教育科学出版社,2005.

[美]乔伊斯,[美]肖沃斯.教师发展:学生成功的基石[M].唐悦,肖俏纨,译.北京:中国轻工业出版社,2005.

[美]威廉·威伦,贾尼丝·哈奇森,玛格丽特·伊什勒·博斯.有效教学决策:第6版[M].李森,王纬虹,译.北京:教育科学出版社,2009.

叶澜.让课堂焕发出生命活力——论中小学教学改革的深化[J].教育参考,1997(4).

宁虹,刘秀江.教师成为研究者:教师专业化发展的一个重要趋势[J].教育研究,2000(7).

钟启泉.教师"专业化":理念、制度、课题[J].教育研究,2001(12).

王大根.美术是一种重要的学习方式[J].中国美术教育,2006(3).

王大根.由"积累"走向"转型"的教师专业发展[N].中国教育报,2010-05-21(05).

董明慧.新课程背景下美术教师专业化发展的必要性[J].美术教育研究,2010(7).